U0857904

走進中國
藝術殿堂

请您循着中国艺术的长河，开始我们的文明之旅……

现在，我们把开启艺术宫殿之门的钥匙交给您，去体悟中国艺术的意境、韵律和风姿，以获得艺术情趣和美的享受吗？拓展出一个繁花似锦、充满想像的艺术天地。您想艺海拾贝，将艺术知识、艺术创作活动及艺术作品欣赏梳理和编织在一起，

本书以艺术的演进轨迹为经，以艺术门类为纬，配以图画和音符，历史表明，琳琅满目的中国艺术珍品具有迷人的魅力和永恒的审美价值。中国艺术在世界艺林中别具一格，自成体系。

走进中国艺术殿堂

◎高　奇　等编著

山东大学出版社

图书在版编目（CIP）数据

走进中国艺术殿堂／高奇编著．—济南：山东大学出版社，2014.7
（中华文明之旅）
ISBN 978-7-5607-5064-4

Ⅰ．①走…　Ⅱ．①高…　Ⅲ．①艺术史—中国
Ⅳ．①J120.9

中国版本图书馆 CIP 数据核字（2014）第 135042 号

中华文明之旅丛书——走进中国艺术殿堂
编　著：高　奇　高毅清　米永盈　耿爱英　李传实
孔培培　郑振豹　高　原　戚立强　于　健

策划编辑：刘旭东
责任编辑：朱以青
美术编辑：牛　钧
版式设计：王　钧

出版发行：山东大学出版社
社址：山东省济南市山大南路20号
邮编：250100
电话：市场部（0531）88364466
经销：山东省新华书店
印刷：山东华鑫天成印刷有限公司
规格：720毫米×1000毫米　1/16　137.75印张　3048千字
版次：2014年7月第1版
印次：2014年7月第1次印刷
定价：480.00元

目录

第一章 艺术的发生

中国是世界上最早的文明发源地之一。早在170万年前，在这块广袤的土地上便有人类在生息、繁衍、劳作，伴随着原始先民的生活、祭祀、狩猎、耕种、战争等活动，原始艺术也应运而生。原始时期的艺术是上述活动中的重要内容甚至是必要手段，它们服务于整个氏族的共同利益,人们对其功用性的强调往往多于对其艺术性的欣赏。同时，原始时期的艺术正值萌芽阶段，各个艺术门类尚未独立，音乐、诗歌与舞蹈密不可分，绘画与装饰紧密相连，刻画是文字与书法的前身。也正是在这诸多艺术形式相互依存并与人类生活共生的状态中，原始艺术获得了发展。

在原始社会乃至后来的很长时期内，由于歌、舞、乐三者未分化为独立的艺术门类，存在很大程度上的相互依赖，因此，先秦典籍中的“乐”，是指代一种歌、舞、乐三位一体的综合性艺术形式，即 “乐舞”。原始乐舞体现了原始先民们已具有初步的音阶、音色观念，而那一时期出现的骨哨、骨笛等多种乐器更是原始社会音乐水平的真实显现。这些乐器既推进了当时音乐的进步，也为后世音乐的快速发展奠定了一定的技术基础。

原始社会美术的明显特征是艺术性与实用性的结合。旧石器时代晚期的原始居民在制作和使用石器工具的过程中，逐步认识到一些形式美要素，总结出了初步的造型规律，并制作出具有形式美的一些工具和装饰品，表达出了当时人们的审美意识。新石器时代的美术主要表现在岩画与陶绘方面，先民们用矿物颜料涂画出各种几何图案和动植物形象，淳朴逼真，生动有趣。它们反映了原始先民们的生活和精神意识，是后人了解当时美术水平的重要形式。同时，各种出土的简单陶塑和装饰品也显示了原始造型艺术的成就。

原始文字也是在原始人类共同的劳动、交往及经验交流的过程中逐渐产生的。当时的刻符与图画这两种记录形式为后来汉字及书法的产生打下了基础。

总之，原始艺术的产生标志着人类审美意识的建立，它为人类的艺术苗圃植下了丰壮的根苗。此后，在社会的发展与文明的进步中，人们在这一精神家园内把心目中的美培植成美丽的花朵，从而使五彩缤纷的艺术奇葩在这个大花园里争芳斗艳。

一、原始乐舞

狩猎 内蒙古岩画

在原始人类集体劳动的过程中，节奏对于统一人们的步调具有特殊的意义；同时，先民们虽然已经初步具有了音阶观念，对音色变化也有一定的追求，但受生产力水平和认识能力所限，那时的旋律是较为简单的。因此原始乐舞中节奏因素所发挥的作用应该更甚于旋律因素的功能。原始乐舞的面貌已无法全然窥见，后世对于这方面情况的了解主要依赖于古史文献和考古发现两个方面。

中国古代文献中有大量关于原始乐舞的记载。其中较具代表性的有：

朱襄氏之乐。据《吕氏春秋 · 仲夏纪 · 古乐》记载：远古部落朱襄氏治理天下之时，“多风而阳气蓄积，万物散解，果实不成。故士达作为五弦瑟，以来阴气，以定群生”。人们借助乐器来求雨，与干旱的自然条件作斗争，赋予音乐巫术般的功能。

陶唐氏之乐。据《吕氏春秋 · 仲夏纪 · 古乐》记载：原始部落陶唐氏当政之初发生了水患，河道淤塞不通。由于湿气严重危害着人们的健康，使得“民气郁阏而滞著，筋骨瑟缩不达”，所以人们“作为舞以宣导之”，发明了舞蹈来驱散湿气，舒展关节，与灾害和病痛作斗争。在这里，音乐的功能具有了更多的现实意义。

舞蹈 甘肃黑山岩画

《弹歌》。《吴越春秋 · 句践阴谋外

传》载："断竹，续竹，飞土，逐宍（肉）。"歌词简短而古朴，反映的是原始人类用竹子和泥丸制造弹弓，用来获取鸟兽的狩猎过程，流露出人们对制造灵巧工具的自豪和喜悦，也表现了他们获取更多猎物的渴望。

猎盘羊 *内蒙古岩刻*

葛天氏之乐。《吕氏春秋·仲夏纪·古乐》记载的葛天氏部落的乐舞可能是中国迄今所知最古老的一部多段体乐舞，由三人手持牛尾作为舞具，边舞边唱。其歌词内容已无从稽考，但从八阕乐曲的题目（载民、玄鸟、遂草木、奋五谷、敬天常、达帝功、依地德、总禽兽之极）来推测，当时的农业、畜牧业都有了很大发展，这部乐舞不但反映了人们的劳动和生活状况，也具有巫术功能，成为原始宗教祭祀的手段。

伊耆氏之乐。载于《礼记·郊特牲》："伊耆氏始为蜡……岁十二月，合聚万物而索飨之也。"其蜡辞曰："土反其宅！水归其壑！昆虫毋作！草木归其泽！"伊耆氏之时人们已进入农业定居阶段，并且在岁末进行祈求丰收的祭祀仪式，希望通过乐舞活动，来指挥和改变自然，使它服从自己的愿望。

原始社会后期，随着生产力的提高和人们艺术实践经验的积累，乐舞也获得了极大发展，出现了代表原始社会最高水平的作品《箫韶》。《箫韶》传说为帝舜时的乐舞，因主奏乐器为编管乐器箫而得名，同时又因包含九个段落、九次歌唱、九次变化而被称为《九韶》、《九歌》、《九辨》。而《尚书》中"《箫韶》九成，凤凰来仪"的记载又反映出其祭祀对象与神鸟凤凰有关。这部作品在表演时，有镛、磬、琴、瑟、笙、箫、鼗鼓、柷、敔等乐器的演奏，有人歌唱，有人化装为各种鸟兽起舞，场面宏大，感人至深。难怪春秋时期的吴公子季札在观《韶》后"叹为观止"（事载《左传·襄公二十九年》），

弄丸 *云南沧源岩画*

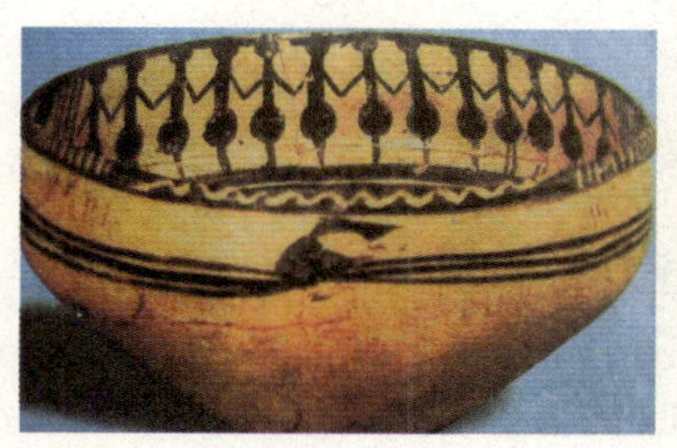
宗日彩陶盆

舞蹈纹陶盆

而孔子也给予“尽美矣，又尽善也”的评价，并被陶醉得“三月不知肉味”，发出“不图为乐之至于斯也”的感慨。

同时，一些石器时代的出土文物也是了解原始乐舞的重要途径。例如，青海省大通县上孙家寨村出土的新石器时代的彩陶盆，就展示了5000余年前原始人类造型优美的群舞场面。盆内壁所绘三组舞者，每组五人，牵手列队而舞。舞者头上皆饰有发辫，身边拖一小尾巴，正是人们扮成氏族图腾或狩猎对象而舞的情景，恰与文献中“击石拊石百兽率舞”（《尚书·皋陶谟》）的记载相吻合。而众舞人整齐划一的动作，则说明乐舞有着统一的节奏和韵律。另外，新疆康家石门子、云南沧源等地发现的岩画也为后人提供了部分原始乐舞图像。

二、原始乐器

乐器的出现对于音乐的发展，一如劳动工具对于整个人类的发展一样，具有巨大的推进作用。据考古发现，原始社会已有了多种乐器，其中有些可能是由生产工具和生活用品在一次次偶然应用于乐舞活动之后被派以专门用场的。在现代人看来，这些原始乐器不仅种类少而且粗糙、简陋，多以土、石、骨等材料制成，但在当时的条件下，制作工艺和原材料的选择受到很大局限，先民们能够制造乐器已是一种创举，而且也只有这些不易腐朽的材料才有可能历经几千年而保存完好。竹制乐器和弹弦乐器仅见于文献记载，目前，尚无实物可考。迄今所见原始乐器主要有：

骨哨、骨笛。骨哨和骨笛是后世笛、箫一类乐器的远祖。1973年，浙江余姚河姆渡遗址发现一批由禽鸟肢骨加工成的骨哨，长4～12厘米，多为2～3孔，部分能够吹奏出简单旋律，似鸟鸣声。据有关专家推测，这些骨哨应是当时的助猎工具，其时代距今约7000年。1986～1987年，考古工作者在河南舞阳贾湖遗址发现18支骨笛，这些骨笛以猛禽的肢骨制成，多为7孔，其中保存最完整的一支在出土时尚可吹奏一定旋律。贾湖骨笛是中国目前所见最古老的乐器，它的发现表明先民们至少在8000年之前就已学会制造乐器。

七孔骨笛 河南舞阳贾湖出土

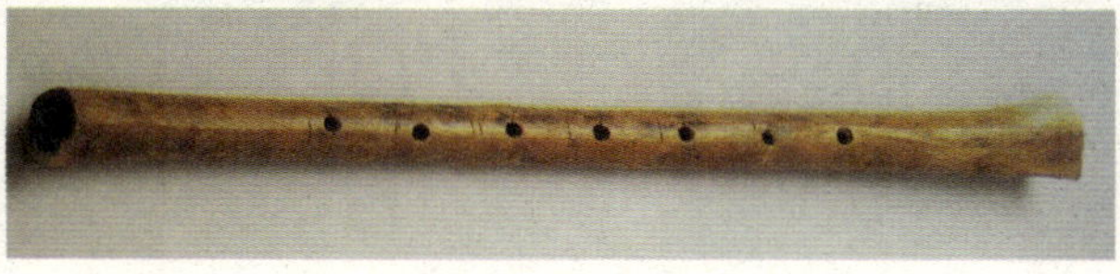

埙。埙是中国特有的一种古老吹奏乐器，用陶土烧制，有卵形、椭圆形、球形、鱼形、橄榄形等不同形制。从考古发现看来，埙的发展延续时间长、分布范围广，可见其应用较为广泛。早期的埙（如距今6000余年的河姆渡陶埙）只有一个吹孔。在艺术实践过程中，埙的音孔由无到有、由少到多。对部分陶埙的测音结果表明，新石器时代的陶埙已可吹奏一到三个音，分别构成小三度、大二度、纯四度、纯五度、小七度等音程关系，这对研究中国古代音阶的发展有着重要的意义。

角。《通礼义纂》云："长鸣，角也，按蚩尤师魑魅与黄帝战于涿鹿，帝命吹角为龙鸣以御之。"角在远古时期可能充当战争或狩猎时的信号工具。山东莒县陵阳河大汶口文化墓葬出土的陶角，距今有4000多年的历史，与传说中的黄帝时代相差不远，可互相印证。

摇响器。摇响器虽未见于先秦文献，却是出土数量最多、分布范围最广的一类原始乐器。大体分为空心响球、陶铃、龟铃三类。空心响球多为球状，腹内中空，装有陶丸、石子或沙粒，甘肃临洮寺洼山墓葬、陕西临潼姜寨墓葬、湖北京山朱家嘴遗址等都有此类器物出土。陶铃是以铃体与悬舌相互撞击发声，有半球形、豆形、圆柱形、橄榄形、陀螺形、哗啷棒形等形制。河南陕县庙底沟遗址、江苏邳县刘林遗址、湖北天门石家河遗址等都出土过此类器物。龟铃一般用小石子装在龟甲壳内摇动发声，最早发现于河南舞阳贾湖遗址，在稍后的山东大汶口文化墓葬中也有发现。

铜铃。出土于山西襄汾陶寺墓葬，以红铜铸造，合瓦形铃体，这件铜铃不仅是重要的音乐考古发现，也是中国目前发现最早的红铜器之一。

钟。原始社会的钟迄今仅见陕西长安县客省庄陶钟一例，其截面为扁形，形制与商代的铙、钲等较为相似，为研究中国特有的合瓦形铜钟的渊源提供了重要线索。

灰陶埙 山东潍坊出土

陶号角 山东莒县出土

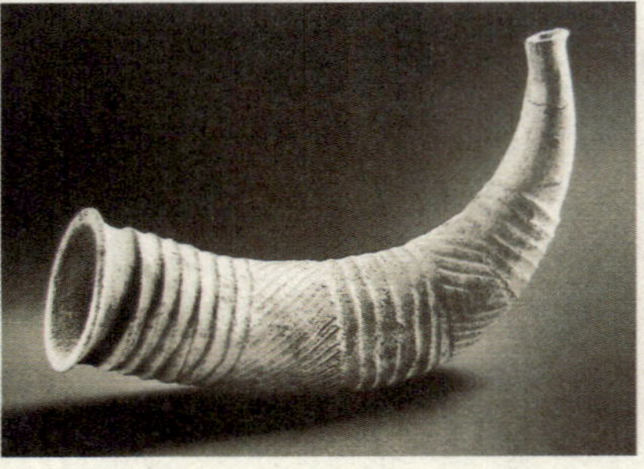

陶响器 陕西李家沟出土

红铜铃 山西襄汾陶寺出土

石磬 山西襄汾陶寺出土

陶鼓
永登乐山坪出土

磬。磬为石制乐器，又名“石磬”或“石”、“鸣球”。迄今所见时代较早的磬均出土自黄河中上游地区，山西五台阳白、襄汾陶寺、襄汾大崮堆山，河南禹县阎砦，青海乐都柳湾等处都有所发现。早期的石磬为特磬，制作较粗糙，形状不规则。夏商以后，磬的制作才逐渐趋于规范化，并有了几件一组的编磬。

鼓。鼓是人类最早拥有的乐器之一，在旋律尚不发达的原始社会中是必不可少的乐器乃至礼器，被誉为“群音之长”。后世钟、磬等乐器的受敲击部位被称为“鼓部”，某些乐器的演奏动作被称作“鼓”，原因便在于此。由于古人对鼓的发音原理还不能给出正确的判断，于是对此产生过种种推测和传说。出土的原始时期的鼓多以陶土作框，也有以挖空的树干为框者。由于长年深埋地下，鼓皮多已朽蚀。现见实例有山东泰安大汶口文化晚期墓葬出土的陶鼓和山西襄汾陶寺遗址出土的木鼓等。

原始乐器体现着祖先们的聪明智慧，更铭刻着他们一点一滴进化的艰难历程，是后人了解原始社会音乐水平乃至生产力水平的最为可靠的实证。

三、岩画

所谓岩画就是原始先民们雕凿或涂抹在岩石表面上的形象。从旧石器时代晚期到以后很长的历史时期，岩画都是先民们重要的艺术表现手段。岩画记录下了当时来自劳动生活或来自想像的形象与情境，其中包括与先民们生存密切相关的图腾、神灵、人物、动物等，这些形象被描绘在山川旷野中，表达了人们

生命之谜 贺兰山岩画

鹿 甘肃岩画

人面像 宁夏岩画

对自然、神灵的敬畏和祈冀，反映了先民的原始宗教意识，是全面展示人类原始社会生活和审美观念的壮丽画卷。

岩画大都创作于原始部落时期，中国是世界上岩画最丰富的国家。岩画遗存十分丰富，重要的有三十多处。中国岩画的分布与各地区的原始文化大体一致。根据岩画作品的内容以及它所处的文化地区，可划分出不同的技法风格。北方系统的岩画，主要分布在内蒙、新疆、宁夏、甘肃、青海等地，比较有代表性的有内蒙古阴山岩画、宁夏贺兰山岩画、甘肃黑山岩画、新疆阿尔泰山岩画等；北方草原地带的岩画内容多以动物、狩猎、放牧生活为主，由于这里的人们每天都与动物打交道，对动物的行为观察细致，所以岩画中的动物奔腾跳跃，人物质朴粗犷，具有比较浓郁的生活气息；其风格较写实，技法大都是岩刻。西南系统的岩画，主要分布在云南、广西、贵州、四川等地，云南沧源岩画、广西左江岩画等都是其中的代表；这一地区的岩画多以描绘人物的活动，特别以宗教祭祀为其主要的表现内容，人物形象给人以装饰化和符号化的感觉，平面、简约、单纯，充满神秘气氛，作品以红色涂绘为主。东南沿海系统的岩画，分布在江苏、福建、广东、台湾和港澳等地，内容大都与古代先民们的出海渔猎活动有关，形式以抽象的图案为主，都采用凿刻的技法。

祀神 广西岩画

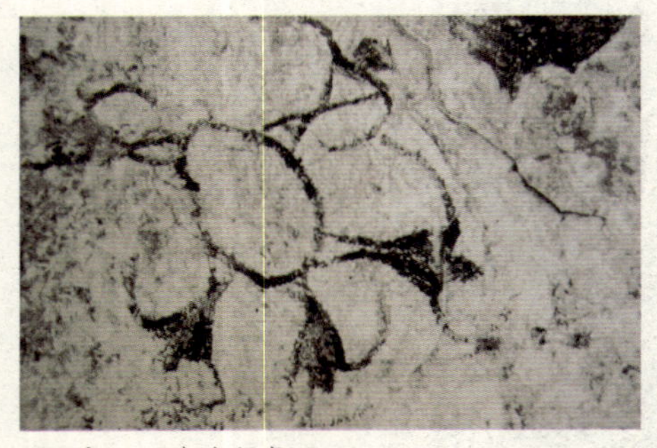
圆圈舞 云南沧源岩画

中国岩画在制作手法上可分为刻、绘两种。北方岩画多是磨刻、敲凿、线刻而成，作品具有粗犷、简洁、明快的特点。南方岩画的制作大都以红色图绘，色彩稳定，经久不变，表现手法古拙独特，人物形象多不表现五官，而通过四肢位置体现动作、体态和感情，动物亦重点刻画出角、尾、耳等特征部位。中国岩画作为一种艺术形式，看似拙朴，却强烈地写照了原始先民们的真实生活，并以其天真纯朴、形象生动的特征，显示出活跃的艺术生命力。

四、陶绘与黑陶艺术

新石器时代原始手工业中最突出的成就是发明了陶器。新石器时代生产陶器的地区分布很广，比较著名的有：中原地区的仰韶文化；黄河中上游地区的马家窑文化、齐家文化；黄河下游地区的大汶口文化、龙山文化；长江上游地区的大溪文化、屈家岭文化；长江下游地区的河姆渡文化、马家浜文化、崧泽文化、良渚文化等等。陶器不仅是实用器具，事实上它是一种艺术品。人们在早期就已经注意了陶器的造型、纹饰、质地和色彩等艺术要素。彩陶是先在陶坯上彩绘花纹后再烧制而成的陶器。彩陶的装饰纹样突出体现了中国新石器时代的绘画成就。仰韶文化的彩陶和晚期龙山文化的黑陶是新石器陶器的杰出代表。仰韶文化以1921年首次发现于河南渑池仰韶村而得名，主要分布在河南、河北、山西、陕西和甘肃等地，其中河南和陕西出土彩陶最多。仰韶文化大体可分为三期：早期以半坡类型为代表，中期为庙底沟式，晚期为马家窑式。

半坡型彩陶首先是在西安市东郊半坡村发现的，主要分布在陕西的关中平原。饰纹主要为黑色，动物纹居多，以鱼纹和人面纹最具特色。鱼纹主要有单体鱼纹和复体鱼纹。复体鱼纹，是由几条鱼首尾相接而成。早期的鱼纹以写实为主，晚期构图相对抽象和几何化。出土于西安半坡的“人面鱼纹盆”，描绘了人面与鱼的简练造型和生动组合：人面为圆形，画有鼻眼，头上有饰物，两耳左右各有一条小鱼，

鱼纹彩陶盆 西安半坡出土

人面鱼纹彩陶盆 西安半坡出土

圆点弧线纹彩陶盆 河南陕县庙底沟出土

鸟鱼石斧彩陶缸

口内又衔两条小鱼；人面图案与鱼或网并列相伴。这种图案被认为与半坡氏族公社的原始信仰有关。

庙底沟型彩陶主要分布在陕西、山西、河南三省交界之地。庙底沟彩陶是在半坡型的基础上发展起来的。器具主要是平底器，圆底器不多见（圆底器，器具的底部为弧形）。典型陶器有曲腹小平底碗和卷唇曲腹盆。曲腹，是庙底沟陶器的一大特色，其造型饱满，形制幽雅。纹饰以几何图案为主，主要由圆点、勾叶、弧线、三角和曲线构成连续的带状花纹。庙底沟的彩绘基本为黑彩，有时彩绘前罩一层白色陶衣，使纹饰更加鲜明。动物花纹比较少，主要为鸟纹和蛙纹。河南省林汝县阎村庙底沟晚期墓葬中，有一件彩陶缸腹部绘着鸟含鱼的图像。画面高37厘米，宽44厘米，在彩陶中属大型画面。画面鹳鸟有长喙、高脚，鸟眼圆睁，嘴叼一条鱼。鸟前方有一长斧，估计是象征权威的器物。此画面技法比较完整，形象生动，用笔苍劲有力，是原始社会绘画的突出代表。

马家窑文化包括石岭下型、马家窑型、半山型和马厂型等几个类型。石岭下彩陶以甘谷县王家坪出土的鲵鱼纹图像最具特色，画中鲵鱼形态生动，头部似人脸，细部刻画较具体，是人格化的形象。马家窑型彩陶装饰面积大，纹样以旋涡纹、波浪纹、弧边三角纹居多，具有构图繁密、纹饰旋转起伏、动感强烈等特点。半山型彩陶造型秀健大方，以锯齿纹及旋涡纹为多，色调和谐热烈。马厂型彩陶的底色以橙黄色为主，花纹为黑色。人们利用粗细均匀的线条的平行、弯曲、交叉的花纹变化，构成同心圆、涡状纹、垂幛纹等各种精美图案。彩陶的花纹往往满布于器物的口沿到接近底部，有一种雍容华贵之感。如前所述，出土于青海大通县上孙家寨的马家窑类型的舞蹈彩陶盆，展示了原始人的舞蹈场面，概括而又非常生动，堪称马家窑文化彩陶艺术之杰出制作。

双耳瓶上的鲵鱼纹 石岭下类型

旋涡纹彩陶四系罐 马家窑类型

旋涡纹彩陶罐 半山类型

螺旋纹彩陶双耳瓮 马厂类型

彩陶艺术的用笔已经表现出方圆、曲直、粗细、刚柔的变化，注意点、线、面的结合，用了类似毛笔的工具，将为数不多的黑、白、红、赭等几种色彩使用搭配得富有变化，反映出先民们已具备了朴素的自然美并运用了简单的造型规律。

黑陶罍　山东胶州出土

蛋壳黑陶高柄杯
山东日照出土

黑陶是新石器时代陶器类型的一种。其制作是在器物烧制的最后阶段，从窑顶徐徐加水，让木炭熄灭，产生浓烟，使之烟熏渗碳而成。黑陶艺术以山东龙山文化遗址出土的薄胎蛋壳黑陶的造型与工艺最为著名。龙山文化以最先于1928年在山东历城龙山镇发现而得名。后来在河南、陕西等地陆续发现了一些与其类似的文化遗存，但文化面貌有些不同。根据地域的不同，龙山文化可分为中原龙山文化，山东龙山文化，还有江浙龙山文化。中原龙山文化主要继承了仰韶文化的传统，以灰陶为主。山东龙山文化则继承了大汶口传统，主要是黑陶，也有少量的灰陶、红陶、黄陶和白陶等。

山东龙山文化，又称为“典型龙山文化”。由于黑陶陶胎为灰黑色，用黑色和红色进行彩绘，纹饰的艺术效果不明显，所以龙山黑陶以造型见长，而不以彩绘为主，这一点不同于仰韶文化。龙山黑陶中最富有特色的作品是黑陶鬶和高柄杯。在山东城子崖及两城镇出土的黑陶高柄杯，造型挺拔秀丽，其壁厚不超过0.3厘米，而最薄处甚至不到0.1厘米。因而有着“黑如漆、亮如镜，薄如纸、硬如瓮”的美誉，被世人称之为“蛋壳陶”。

五、象形文字

书法是随着文字的产生而出现的。中国文字的产生问题一直是人们探索的一个未解之谜。关于古代象形文字的产生，有一个传说就是“仓颉造字”。传说在上古时代，黄帝的史官仓颉看到用图画记载事情的缺陷，以其超人的洞察力，根据自然万物的变迁、山川星月的情势以及人们的生产实践、风俗习惯，把繁杂具体的图形简化、抽象为线条式的符号性文字，给世界万物赋予了专有的名称。从此，文字产生了。因而，仓颉被尊为中国创造汉字的第一人。历代都非常重视仓颉造字，极力赞颂仓颉的伟大功绩。当然，仓颉造字是人们对文字产生这一客观历史现象的原始认识和猜测而已。用历史的眼光看，文字的

仓颉像

产生是一个复杂而长期的过程，是人们在生产实践、经济交往过程中广大劳动群众经验智慧的结晶，绝非某一个人在某一个特定的时间创造的。

中国文字的基础是象形，是古代的人们根据实际需要，按照客观事物的形态，用抽象化或几近艺术化的线条刻画出来的文字符号。许慎在《说文解字》中明确指出："象形者，画成其物，随体诘诎，日月是也。"从象形文字由繁细到简约、由具体到抽象的演变过程来看，对于具体事物的描画即图画应是象形文字的前身，但是只有对这些图画赋以特定和专有的声音之后，才算是形成象形文字。象形文字的结构形态多种多样，它主要有以下三个特点：第一，有些汉字以刻画实物的整体表达一个意思。比如"日"字就是太阳的形态，"马"字就以马的全形来描画，"云"字就以天上流云的形态来描绘，"目"字就画成人的眼睛等。第二，有些汉字以刻画实物的局部代表整体表达一个意思。比如"牛"字即用动物牛的角代替，用动物羊的角来形象地表达"羊"字的意义等。第三，虽然古代象形文字与图画有着密切的渊源关系，但二者却有根本区别。从一定意义上说，古代象形文字是可以发音的"图画"，它一经产生就成为一种语言，具有专门的意义，而图画却无法成为语言。

由上所述可看出，象形文字的产生，可以说直接脱胎于原始绘画。上古社会的刻符与图形，应该是中国文字的前身。而且象形文字产生后，还成为汉字其他造字法的基础，后来的大部分汉字都是在象形造字法的基础上通过指事、会意、形声、假借等造字方法产生的，因而许多汉字都是以象形字作为偏旁部首出现的。进一步来讲，象形文字与书法艺术又是密切相关的，象形的特点本身就是当时书法的体现，同时象形文字的出现也为汉字书法艺术的产生提供了前提。

香港中國藝術殿堂

第二章 艺术的成型

原始社会末期，生产力的发展使氏族公社中有了剩余产品，也促成了氏族成员间的贫富和阶级分化。公元前21世纪，禹的儿子启破坏了民主推选的禅让惯例，继承了父亲的王位，从此，世袭制代替禅让制，中国历史上第一个奴隶制国家夏朝建立了。自此艺术就被打上了阶级的烙印。夏代最后一个王桀骄奢淫逸，众叛亲离，东方的商部落首领汤趁机起兵伐桀，建立了商朝。商人迷信，凡事皆请命于鬼神，其艺术也充满狂热的宗教色彩。商代末年，居住在渭水、泾水流域的周人强大起来，在首领周武王的带领下，于公元前11世纪推翻了暴虐无道的殷纣王，建都镐京（今陕西西安市南），史称西周。西周前期，统治者吸取前代的经验教训，采取严格的宗法制度，并制定了烦琐的礼仪以及与之相配合的音乐，史称“制礼作乐”。

在夏商西周时期，中国古代的各种艺术形式都获得了一定发展，已表现出确定的形态，并且各具特色。夏朝用乐舞《大夏》来歌颂大禹治水，音乐具有了为统治者歌功颂德的功能；《九辩》、《九歌》更被传说为夏王启三次到天帝那里去做客所得，以此启就可以假托天帝意志，巩固自己的统治。商代的音乐显示出当时迷信鬼神之风的盛行，代表性乐舞《大濩》用来歌颂商汤伐桀的功德，《桑林》则专门用于“桑林”之祭。商代青铜乐器的高度发展，更为乐舞的进步创造了有利条件。西周时期，统治者将乐与礼相结合，作为巩固统治的手段。根据周礼的规定，不同等级的人所享用的乐舞规格和乐队排列方式不同，在政治、军事、外交等各种场合，也各有相应的礼节和乐舞，从而建立了中国第一个宫廷雅乐体系。同时，为配合雅乐制度的实行，还设立了名为“大司乐”的音乐机构。此外，风俗性乐舞也获得了发展。西周时期的乐器也更为丰富，并且出现了对于乐器的“八音”分类法。

夏商西周是青铜艺术极为发达的时期，在世界青铜工艺史上占有重要地位。尤其是在商代后期和西周前期青铜工艺达到鼎盛，制作出了大批精美的青铜器物，其造型和纹饰既体现了当时的审美风范，又在工艺史上具有典范意义。这一时期的青铜礼器还是统治者用以区别尊卑等级的器物，具有重要的宗教意义和政治意义。玉器雕刻技术在夏商西周三代也获得了一定发展。书法在这期间随着文字的产生而出现，中国于夏商之际已形成完整的文字体系，商周时期的甲骨文和金文是中国出现最早的通用文字，它们在书法史上占有重要地位，甲骨文被称为汉字书法之始祖，对后世产生了深远的影响。

一、夏商乐舞

由于考古发现中可以确认为夏代遗存的实物较少，因此，目前关于夏代音乐的研究资料主要来自古代文献，且多数带有传说性质。相传尧做部落首领时，中原地区发生了持续数年的水患，禹的父亲鲧便因治水失败而被处死在羽山。舜即位后，任用禹治水，禹吸取父亲的教训，采用疏导黄河的方法，终于成功，并由此受到人们的爱戴和拥护，被推选为舜的继承人。夏代的乐舞《大夏》就是用来歌颂禹治水功德的作品，这开创了统治者用音乐为自己歌功颂德的先河。《大夏》主要采用龠为伴奏乐器，因而又名《夏龠》。尽管它的创作目的已具有阶级性，但人们在表演时皮帽、赤臂、白裙的劳动装束仍显示出它与原始乐舞之间有着千丝万缕的联系。据记载，《大夏》在后世表演时，舞队采用64人的庞大阵容。另一个关于夏代的音乐传说也说明了当时音乐的阶级色彩。据说启曾经三次到天帝那里做客，后来“得《九辩》与《九歌》以下”，人间从此就有了《九辩》、《九歌》这样美妙的音乐(载《山海经·大荒西经》)。看来，原始社会中用来祭祀神灵、膜拜图腾的乐舞，到夏代已为君王们所大胆享用。当然，启在享受“天乐”时并没有忘记假托天帝的意志，不仅为自己的奢侈行为找到了

大禹治水图　清

九歌劝民图　清

有夏昏德图 清

合理的依据，又借神之口巩固了自己的统治。

生产力水平的提高为夏代音乐的发展提供了可能，《孟子》一书中说，孟子就曾看到过夏禹时期的钟，且钟钮上的磨损痕迹反映出此钟被经常使用的事实，这说明当时的艺术实践活动相当频繁，而铜制乐器的应用也使音乐的色彩更加丰富、动人。到了夏朝后期，音乐规模更为壮观，相传夏桀时的乐队相当巨大，“大鼓钟磬管箫之音，以钜为美，以众为观，俶诡殊瑰，耳所未尝闻，目所未尝见，务以相过，不用度量”（《吕氏春秋·仲夏纪·侈乐》）。这些记载虽带有传说性质，但夏朝已有相当发达的音乐，应当还是可信的。夏代音乐不仅在规模和质量上远远超过原始社会，所带来的音响效果和艺术享受也是前所未有的。这种音乐就是历史上所说的“侈乐”。

除贵族们享用的大型乐舞外，夏代的歌曲也有很大发展。奴隶们就曾经唱出“时日曷丧，予及汝皆亡”（《尚书·汤誓》）的歌曲发泄对暴君桀的不满。而当时的音乐也已经初步具备了地域色彩，出现了南音、东音等的划分（见《吕氏春秋·季夏纪·音初》）。

随着夏王朝与周边部落交往的增多，音乐上的交流也是不可避免的，《竹书纪年》载“少康即位，方夷来宾，献其乐舞”，“后发即位，元年，诸夷宾于王门，诸夷入舞”，就说明了这种现象。

商代时人们迷信鬼神的风尚非常浓厚，其音乐也受到宗教的明显影响，具有酣歌狂舞、漫无节制的特征，乐舞中洋溢着神秘的宗教气氛，被称为“巫乐”。商代的代表性乐舞有《大濩》、《桑林》等。

能自得师图 清

《大濩》创作于商代初年，相传为商汤命伊尹所作，目的是歌颂商汤伐桀的功德，这部作品在商代被作为祭祀先王的乐舞，甲骨卜辞中就有“乙丑卜，贞：王宾大乙，濩，亡尤”的记载。到了周代，《大濩》被列入朝廷的祭祀大典之中，用来祭祀先妣。“桑林”是商人祭祀的场所，也是男女聚会结交的地方。《桑林》乐舞用于“桑林”祭祀中，从后世对它的描述来看，它应该是轻捷灵巧又优美动人的，《庄子》中就曾讲到庖丁解牛时的动作、节奏、音响“莫不中音，合于《桑林》之舞”。而《左传·襄公十年》记载宋公为晋侯演奏桑林之乐，晋侯竟然“惧而退入于房”，要求舞师去掉大旗后才勉强看完，为此在回国路上还大病一场。可见这部作品又具有原始乐舞神秘狂热的风格，在后人尤其是一些讲求礼法的人眼中，它是怪诞恐怖的，甚至可能带有淫秽色彩。除上述两部乐舞外，甲骨文中也记录了一些乐舞，如：求雨时用的《雩舞》，手持牛尾并相互传递，盘旋而舞的《隶舞》，驱鬼逐疫时戴面具而舞的《魌舞》等。另外，还有《多老舞》、《众舞》、《奏舞》以及其他一些尚不知名字的乐舞，由于记述得过于简略，很难详考。这些见于甲骨卜辞的乐舞都是祭祀中所用的宗教性乐舞，由巫来演出。巫既是祭祀中沟通人神的“使者”，又是乐舞的表演者，有人认为甲骨文中的“巫”和“舞”原本曾是一个字。

卜辞中的“舞”字

铜鼓 商

商代的音乐不仅用来祭祀鬼神，也供统治者们享受。尽管商人曾说过“惟王不迩声色”（《尚书·仲虺之诰》），努力地杜绝声色和歌舞享乐，且明文规定“臣下不匡，其刑墨”（《尚书·伊训》），责令臣子们对王的不良行为加以纠正，但统治者贪淫享乐的需求根本不是祖宗的遗训所能约束得了的。到了商代末年，史称：“知足以距谏，言足以饰非”的殷纣王就“好酒淫乐，嬖于妇人。……于是使师涓作新淫声，北里之舞，靡靡之乐。……大冣乐戏于沙丘，以酒为池，县肉为林，使男女倮，相逐其间，为长夜之饮。”（《史记·殷本纪》）殷纣王时的音乐与夏桀时的音乐并称为

沉湎冒色图 清

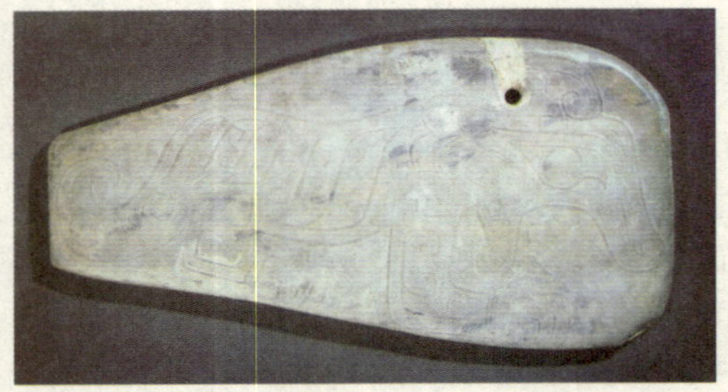
虎纹石磬 商后期

"侈乐"，也是历史上有名的"淫乐"。商代统治者不仅生前极尽声色之娱，还想像着死后也能继续纵情于此。1950年河南安阳武官村殷墓中出土女性骨架24具，并随葬有精美的虎纹石磬和三件小铜戈。有关专家推测，这些随葬的女性是墓主人生前的乐舞奴隶，即古代所谓的"女乐"，出土的石磬和铜戈应是她们表演时用的乐器和舞具。商代音乐的发展就是建立在音乐奴隶们凄惨的命运之上的，但统治者荒淫奢侈的生活需求却在客观上促进了当时音乐水平的提高，音乐奴隶的出现也使音乐的专业化成为可能。

二、西周雅乐和风俗性乐舞

西周音乐的重要特征是其与礼的紧密结合。根据周礼的规定，不同等级的人所享用的音乐规格有别，不能随意破坏；而在政治、外交、军事等不同场合，相应的礼节和音乐也有所不同，不得随意更改。例如，对乐舞规格和队列方面的要求为：周王观赏的乐舞可以由64人的队伍表演，诸侯则由48人的舞队表演，卿大夫32人，士16人。古代的乐舞行列是用"佾"的概念表示的，"佾"一般解释为8人的行列。以上规定即《左传·隐公五年》所载："天子用八，诸侯用六，大夫四，士二。"对"佾"的另一种解释为"自乘"，那么以上"八、六、四、二"的规定又可以理解为64人、36人、16人、4人。但不管如何解释，周代音乐严格的等级划分是显而易见的。对乐队乐器的多少和排列位置也有明确要求："王宫县，诸侯轩县，卿大夫判县，士特县。"（《周礼·春官·小胥》）即王的乐队排列在东西南北四面，诸侯的乐队排列三面，卿和大夫排列两面，士则只许排列一面。在不同场合中，所奏音乐是有区别的，如祭祀时，"王出入则令奏《王夏》，尸出入则令奏《肆夏》，牲出入则令奏《昭夏》"；大射礼时，"王出入令奏《王夏》，及射令奏《驺虞》"（《周礼·春官·大司乐》），"天子以《驺虞》为节，诸侯以《狸首》为节，卿大夫以《采苹》为节，士以《采蘩》为节"（《礼记·射义》）；王师大献"令奏恺乐"（《周礼·春官·大司乐》），

编镈 西周

审音知政图　清

等等。

周代在礼乐制度的基础上建立了中国第一个宫廷雅乐体系。周代雅乐用于宫廷中的祭祀、朝会仪礼等活动，其创作和表演如《礼记·乐记》所言：“非以极口腹耳目之欲也，将以教民平好恶而反人道之正也。”不是为了单纯的享乐目的，而是为了对人们起到一种教化和约束作用。这种仪式性的音乐对于音乐内容和思想的要求多于对音乐本身艺术性的强调，所谓“德成而上，艺成而下”（《乐记》）。它的风格是安静而肃穆、和谐而庄严的，篇幅长而规整并多有重复，节拍缓慢冗长，声调平和，以齐奏为主。正如《淮南子》所云：“朱弦漏越，一唱而三叹，可听而不可快也。”

西周雅乐的代表作品是“六代之乐”（又称“六代乐舞”，简称“六乐”），包括：黄帝时的《云门大卷》、尧时的《大咸》、舜时的《大韶》、禹时的《大夏》、商代的《大濩 》和周代的《大武》。不同的乐舞采用不同的调高，用来拜祭不同的对象：“乃奏黄钟，歌大吕，舞《云门》，以祀天神；乃奏太簇，歌应钟，舞《咸池》，以祭地示；乃奏姑洗，歌南吕，舞《大韶》，以祀四望；乃奏蕤宾，歌函钟，舞《大夏》，以祭山川；乃奏夷则，歌小吕，舞《大濩 》，以享先妣；乃奏无射，歌夹钟，舞《大武》，以享先祖。”（《周礼·春官·大司乐》）“六代之乐”中，前五个乐舞是历代的音乐遗存，《大武》是西周初年新创的乐舞，原本用来歌颂武王伐纣的丰功伟绩。其结构分为六段，所谓“始而北出，再成而灭商，三成而南，四成而南国是疆，五成而分，周公左、召公右，六成复缀，以崇天子”（《礼记·乐记》）。表演时舞者作顿足、挺立、刺杀等动作，乐舞的队列多有变化。音乐中还出现了两

黄帝像

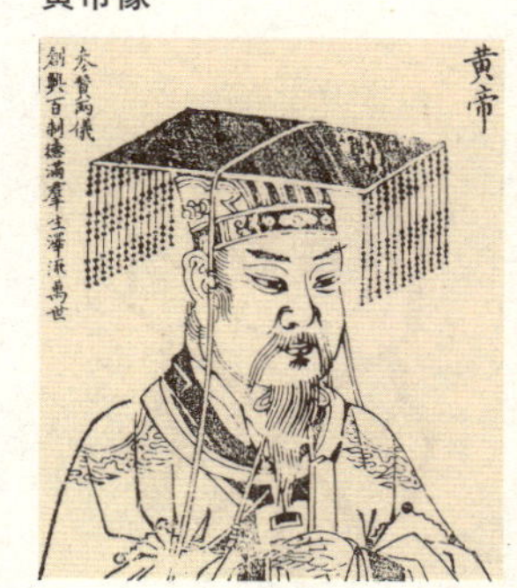

武王像

大傩图 宋

次高潮，即古代文献中所说的“乱”的处理手法。

西周的音乐文化是在大量前代音乐遗存的积淀之上繁荣发展起来的，自远古至夏、商的部分风俗性乐舞、宗教性乐舞、民间音乐等也被作为西周宫廷音乐的保留节目，用来在各种场合或节气时演出。例如：相传为古老的伊耆氏部落创造的“大蜡八”，在周代就作为每年岁末例行的隆重祭祀。农历十二月初八，由周天子头戴皮帽、身穿白衣、腰系葛带、手持榛杖主祭，参与祭祀的诸侯头戴草笠，普通人着黄色衣冠。蜡祭所祀的对象有先啬、司啬、农、邮表畷、猫、虎、坊、水庸、昆虫，先啬、司啬、农均是农神，猫、虎与昆虫是动物神（猫、虎吃田鼠和野猪，为农作物除害；祭昆虫是为使其不兴灾害），邮表畷为阡陌之神，坊即堤防，水庸即水沟，三者应为土地诸神。耕种与收获是农耕民族的大事，蜡祭的祭祀对象都是与人们的农业生产息息相关的。因此人们在收成之后举行祭祀仪式，唱起“土反其宅，水归其壑，昆虫毋作，草木归其泽”的古老歌谣，一来报谢神灵该年的恩泽，二来祈祝来年五谷丰登。

傩祭是在远古时期图腾崇拜和原始宗教意识的作用下产生的，商代甲骨文中也有“魌”（即后世的方相）的形象，这种乐舞具体表现为着假面跳神。到周代，傩发展为由“方相氏”主持的仪式活动，傩舞便是方相驱鬼时的重要手段。方相是司傩之官，据《周礼·夏官·方相氏》记载：“方相氏掌蒙熊皮，黄金四目，玄衣朱裳，执戈扬盾，帅百隶而时难（傩），以索室驱疫。”周代每年举行三次傩祭：季春时节的“国傩”、仲秋时节的“天子傩”和季冬时节的“大傩”。傩祭时，方相率领着由人扮演的神兽等物到宫廷各角落跳跃呼号，以求将危害人们的妖魔鬼怪驱逐出去。

卜辞中的“魌”字

周代还有一种祭祀性乐舞——“雩舞”。《说文解字》解释道：“雩，夏祭乐于赤帝，以求甘雨也。”《公羊传·桓公五年》中说：“大雩者何？旱祭也。”说明雩祭是一种祈雨的仪式。天旱求雨是远古时代就有的巫术活动，商代甲骨卜辞中也有许多关于求雨的记载。周代雩祭仍是重要的祭祀之一，根据《周礼·春官·司巫》“若国大旱，则帅巫而舞雩”的记载，可以知道在求雨过程中由巫来充当沟通人神的使者，他们取悦神灵的手段就是乐舞表演——“浴乎沂，风乎舞雩，咏而归”（《论语·先进》），“命有司为民祈祀山川百源。大雩帝，用盛乐，乃命百县雩祀百辟卿士有益于民者，以祈谷实”（《礼记·月令》），就是这种现象的反映。

三、乐器的发展和八音分类法

关于夏文化的考古工作目前尚处于探索阶段，迄今为止能够确定属于夏代的音乐实物为数不多。河南偃师二里头遗址中发现有石磬、陶埙，还发现了中国目前所见最古老的青铜乐器铜铃，山西夏县东下冯遗址也出土有石磬。考古学家认为这些发现可能就是夏代的文化遗存。

土鼓　夏

商代农牧业和手工业都有很大的提高，发达的经济基础为音乐的进步提供了有利的条件，而商代青铜冶炼和铸造技术的高度繁荣则使铜制乐器的大量使用成为可能。商代的青铜乐器以钟最具代表性，商钟不仅出土实物较多，而且形制上有了初步的分类，并有悬挂、植置、手执等不同演奏方式。商钟的截面为中国钟特有的“合瓦形”，这为“一钟双音”技术的发展提供了最佳前提。钟体多铸有兽面等纹饰，显示出浓厚的宗教色彩和人们丰富的想像力。商代还出现了以几件不同音高的钟组织在一起、按一定调式调音的编钟，编钟的应用使钟的发展超越了早期单纯敲击节奏的阶段，成为一种旋律乐器。

甲骨文中有磬的象形文字，左半似一悬挂的石片，右半作手持槌状。大量的考古发现和文献记载说明磬在商代是被广泛使用的。磬的制作最早是利用天然石片加工而成，表面粗糙不平，厚薄不均匀，形状也不规则，到了商代末年开始趋于规范化，而且工艺精美。例如，1950年河南安阳武官村出土的石磬，用白而带青的大理石精雕细磨而成，磬的一面刻有一伏虎图案，与器形巧妙地融为一体；股的上

长囟铜编钟　西周

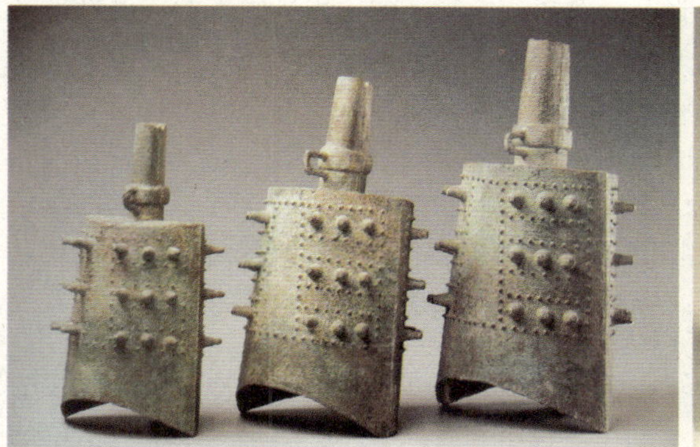

旅钟　西周后期

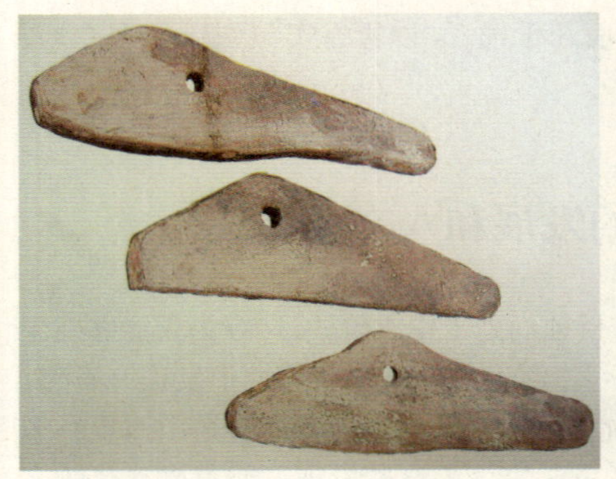

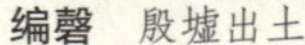

编磬 殷墟出土

铜鼓 商

部钻有悬孔，悬孔上侧有明显的磨损痕迹，说明它曾被频繁使用。这种单件不成组的磬称为特磬，殷墟出土的鹦鹉纹磬、“妊竹入石”刻纹磬等皆属此类。商代还有了几件一组的编磬。殷墟出土的三具编磬，不仅可以构成包含大二度、小三度、纯四度音程关系的三声音阶，磬体上还分别刻有“永启”（开始歌唱）、“永余”（抒情地歌唱）、“夭余”（抒情地舞蹈）（参见《中国古代音乐史简述》）字样的铭文，说明它们在乐舞活动中的重要用途。

甲骨文中也有明确可辨的“鼓”字，字的一半为手拿鼓槌敲击的形象，另一半似乎象征鼓身的形状：上为装饰，中为鼓身，下为鼓足。由于制作材料不易保存，目前所见商代鼓实物不多。1935 年，殷墟出土木腔蟒皮鼓一面，因鼓身已腐朽，仅能辨别痕迹。1977 年湖北崇阳出土的马鞍钮铜鼓，鼓身横置，下有鼓足，通体饰有变形兽面纹饰。流入日本的双鸟钮饕餮纹铜鼓，也是鼓身横置，鼓身下带足。两件铜鼓的侧面形状与甲骨文字所象之形非常相似。商代的铜鼓应是木鼓的仿制品，虽然实例较少，但从中也可以推知当时木鼓的一些情况。

自新石器时代到夏、商的三四千年中，埙的发展始终没有间断过。甲骨文中虽尚未发现埙的字形，但出土的商代埙实物较多，主要以陶土为制作材料，也有石、骨（象牙）制的埙被发现。安阳小屯殷墓出土的武丁时期的五音孔陶埙，已能构成十一个音的半音阶，只差一个音就可以“十二律”齐备。李纯一认为，商代晚期的埙已“发展成为一种偶用五声和二变，但以四声为主，并可以进行简单转调的新式埙。……我国埙制的基本定型是在商代晚期”（《先秦音乐史》）。

甲骨文中还有一些字，考古学家认为它们也应是乐器，其中有龠、言、龢等，但因为制作材料容易腐朽，至今不能见到当时的实物。

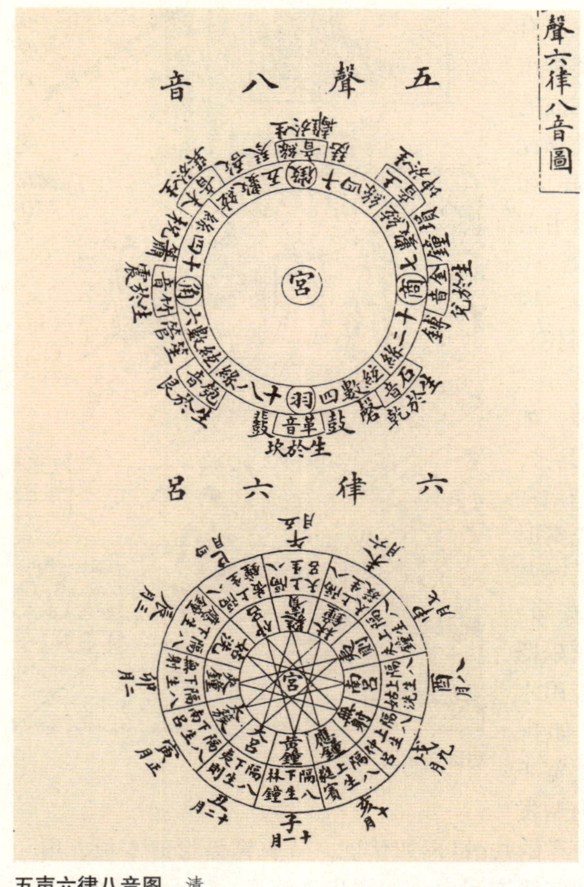

五声六律八音图　清

随着艺术实践的不断发展并逐渐趋于复杂化，需要多种多样的乐器与之适应。从种种资料看来，西周的乐器品种和名目已经是比较丰富，仅见于记载的就有近70种，见于《诗经》的也有29种，并且出现了对乐器的分类方法。周代按照制作材料将乐器分为金、石、土、革、丝、木、匏、竹八类，合称“八音”。“八音”的概念在先秦典籍中是经常出现的，如《周礼·春官·司乐》“皆播之以八音”，“文之以五声，播之以八音”；《尚书·尧典》“三载，四海遏密八音”，“八音克谐，无相夺伦，神人以和”等。

八音当中，金类即用青铜等金属制成的乐器，如钟、铙、錞于、镈、镛、钲、铎等，这类乐器音域宽广，音律精密，音色具有穿透

铜编铙　商后期

克镈 西周

力，在先秦乐器中占有特殊的地位；石类指用石头（包括玉石）制成的乐器，如磬等；土类指瓦器、陶土制成的乐器，如埙、缶等；革类指用兽皮、畜皮制成的乐器，主要是各种形制的鼓，周代的鼓根据鼓框的材料、鼓身的形状、演奏方法等又分为多个品种，如土鼓、足鼓、鼍鼓、县鼓、建鼓、鼙等；丝类指用蚕丝做弦的乐器，先秦时期的丝弦乐器只是弹弦乐器，当时主要有琴、瑟、筝、筑等，弓弦乐器尚未出现；木类指用木材制成的乐器，如柷（形如方形木箱，上宽下窄，用木棒撞其内壁发声，表示乐曲即将开始）、敔（形如伏虎，背有锯齿形薄木板，用一枝一端破成细条的竹筒逆刮虎背的锯齿来演奏，以示乐曲的终结）等，木类乐器虽属色彩性乐器，但在先秦时期也是广泛应用的，《尚书·皋陶谟》即有“合止柷、敔”的记载；匏类指利用匏（即“匏瓜”，葫芦的一种）的自然形状做音斗的乐器，如竽、笙、簧等；竹类即用竹子制成的吹管乐器，如管、箫、笛、龠、篪等，这类乐器也是“八音”中数量和品种最多的，但因材料不易保存，出土实物较少。

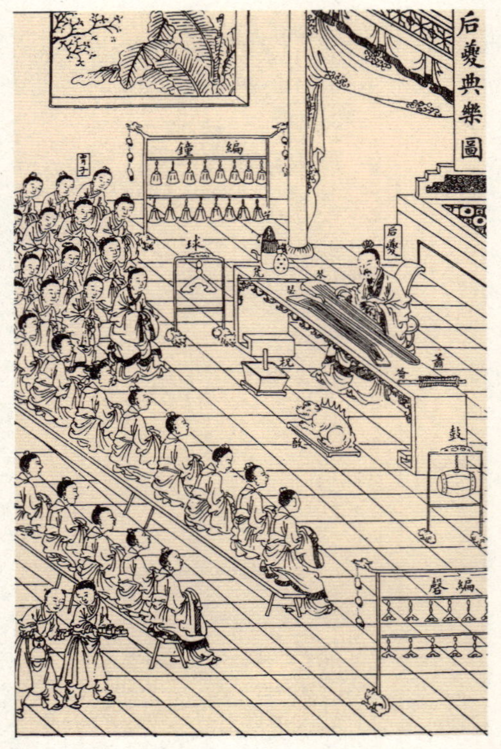

后夔典乐图 清

“八音”中包括了打击乐器、吹管乐器和弹弦乐器（筑一般认为是“击弦乐器”）。虽然今天看来这种分类方法仍有不够科学之处，但在三千年前的古代社会中，这种分类法的出现无疑是音乐水平向较高层次发展的有力证明，而且在当时的情况下也是比较适用的。另外，西周的乐器在实际使用中产生了某些固定的组合形式，如“鼓瑟鼓琴”、“贲鼓维镛”等，说明当时的人们已经注意到不同乐器音色之间的区别与有效搭配。

四、西周音乐教育

大孝克谐图　清

为配合雅乐制度的实行，西周时期设立了名为“大司乐”的音乐机构。“大司乐”的职责包含音乐行政、音乐教育和音乐表演三个方面。工作人员多达 1463 人，其中除少数人的身份是低级贵族外，多数人属于当时的音乐奴隶。这样庞大的音乐机构，分工却是十分明确、有序的，其最高乐官称为“大司乐”。《周礼 · 春官》称大司乐“掌成均之法，以治建国之学政，而合国之子弟焉”，他是整个机构的主持者。其下有乐师、大师、小师、磬师、钟师、笙师、籥师等各级职官，他们各司其职，乐师教小舞、乐仪，大师掌六律六同、以合阴阳之声，小师教鼗鼓、柷、敔、埙、箫、管、弦歌，磬师教击磬和编钟，钟师掌金奏，笙师教吹竽、笙、埙、籥、箫、篪、篴、管、舂牍、应，籥师教舞羽、吹籥等。中国古代经常利用盲人较强的听觉与音乐记忆力来进行音乐技能的识记和传授，据《礼记 · 明堂位》记载，早在商朝就已有了“瞽宗”的说法。对此，郑玄解释道：“瞽宗，乐师瞽矇之所宗也。”在大司乐的教学人员中，盲人也占有一定比例，“瞽矇”就是这样一些盲艺人，他们的职责是“掌播鼗、柷、敔、埙、箫、管、弦、歌，讽诵诗、世奠系、鼓琴瑟，掌九德、六诗之歌，以役大师”。

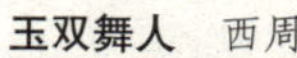
玉双舞人　西周

西周音乐教育的主要对象是王和贵族的子弟，即“世子”和“国子”，也有一些从民间选拔出来的青年。学习者从 13 岁入学到 20 岁毕业，学业和课程随着学生年龄的增长而增加难度，进度安排十分严格（见《礼记 · 内则》）。大司乐中主要的教学内容为“乐德”（音乐思想——中和、祗庸、孝友）、“乐语”（演唱艺术——兴、道、讽、诵、言、语）和“乐舞”（舞蹈——《云门大卷》、《大咸》、《大韶》、《大夏》、《大濩 》、《大武》“六乐”），这是与周人对音乐教化作用的强调分不开的，“乐德”、“乐语”、“乐舞”都由最高领导大司乐亲自教授。另外，由乐师掌教的帗舞、羽舞、皇舞、旄舞、干舞、人舞等小舞以及各种乐器的演奏等，也是学生们需要学习的内容。

西周的音乐教育，其根本目的在于“以乐礼教和，则民不乖”（《周礼·地官·大司徒》），是为了教育人们各安其分，从而维持一定的社会秩序，巩固王室的统治。但朝廷对音乐教育的重视无疑会促进和保障音乐的发展，“大司乐”不仅为当时培养了大批的音乐人才，也以完备的教学体系为后世留下了可供借鉴的教育经验，被誉为“世界上最早的音乐学校”（《中国古代音乐史稿》）。

五、青铜器和玉石雕刻艺术

天觥 西周中期

金属的冶炼和使用，是人类进入文明时代的一个重要标志。根据马克思的学说，区别不同经济时代的关键是生产力和生产方式，而生产工具是生产力的主要因素。自石器时代之后，世界各民族不约而同地以青铜作为制造用品的材料，因而这一阶段被称之为“青铜时代”。中国的青铜时代，正是夏、商、西周和春秋时期。

商、西周时期，以青铜器为代表的中国工艺美术有了划时代的进步。虽然是青铜时代，但青铜器却全部为统治阶级所占有，劳动人民的生产工具和日常生活用具只有石、陶、木等制品。商周时期，青铜

商卣 西周前期

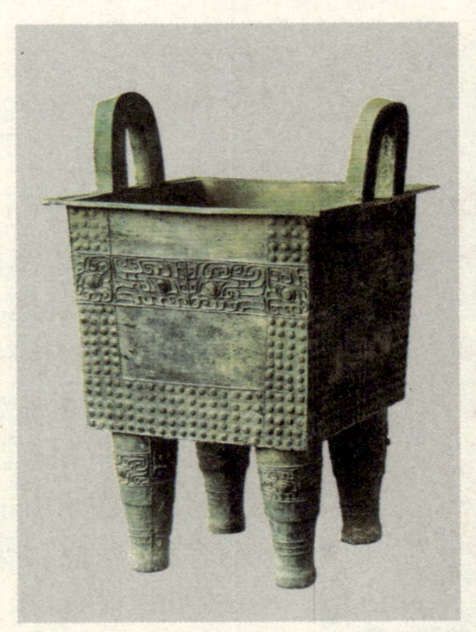
乳钉纹铜方鼎 商早期

兽面纹盉 商前期

象尊 西周

豕尊 商后期

器主要用于统治阶级在祭祀时的礼器，是权力等级的象征。在当时不同等级使用青铜器的种类和数量都有着明确规定。因此，青铜冶炼和铸造完全由官府控制，并集中了最好的工匠和奴隶进行生产。商周时期出现了大批制作精美、系列不同的青铜器，其造型和纹饰对后世的工艺美术影响深远。就青铜器艺术风格而言，商代青铜艺术追求庄严、华美，而到西周中期以后，则是典雅、朴素的风格。

鸳鸯尊 西周

先秦青铜器的种类主要有礼器、兵器、工具和车马器等四大类。礼器是统治者用以区别尊卑等级的器物，具有重要的宗教意义和政治意义。礼器包括炊煮器、食器、酒器、水器和乐器。炊煮器中有鼎、鬲等品种，食器包括簋、盂、豆、釜等种类，酒器中有觚、爵、尊、卣、壶、觥、盉、瓿、方彝等多种形式，水器有盘、彝、鉴等，乐器的种类有铃、铙、鼓、钟、镈等。青铜器中的精品几乎都是礼器。商代统治者用贵重的青铜器祭祀祖先和鬼神，使得青铜器的数量与性质大量增加，河南安阳小屯妇好墓出土的成套祭器就有200多件。周代礼器的固定化与社会的礼制化是相适应的。周礼的思想和制度藏于尊、爵、鼎、彝等器物中，周代丧葬中成批的礼器说明周礼的森严，其中尤以列鼎制度为甚。许多模仿鸟兽形体制作的青铜器或生动传

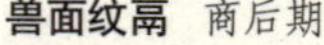
兽面纹鬲 商后期

夔纹鼎 商前期

蝉纹鼎 商后期

雷纹尊　商后期

环纹豆　西周后期

神，或将鸟兽局部形体与器皿造型巧妙结合达到和谐完美的效果，散发着商周百工们的艺术想像力和创造力。

商周青铜器显著的特点是表面多有装饰纹。商代的早期和中期常见的纹饰有饕餮纹、夔龙纹、云雷纹和联珠纹。饕餮纹，又称兽面纹，是一种有角、利齿、眼睛很大的怪兽面部形象。夔龙纹是侧面的龙形动物形象。在商代的后期又出现了凤鸟纹，此外还有人面纹、鹿纹、虎纹、蛇纹、蝉纹和蚕纹等。青铜纹样的题材内容主要表达了对鬼神的崇拜。《左传》记载：夏朝“铸鼎像物，百物为之备，使民知神奸”。青铜器纹饰目的是让人们理智地区别善恶，以便有效地推行奴隶社会的道德观念。青铜装饰纹样是工匠们将原始部族的图腾艺术，经过整理加工，使之更加端正、和谐，具有神秘感，产生一种威严的力量。青铜器在浮雕的主体纹饰上辅以阴线刻文，其余空白部位又刻成细密的云雷纹作为衬底，以此造成多层次的装饰效果。商周重要青铜器上还铸有铭文，在装饰器物的同时，铭文还具有重要的书法价值和史料价值。

青铜器艺术伴随中国奴隶制社会的发展而发展演变。商代青铜器具有酒器多、铭文短、造型精湛、形制厚重结实、纹饰繁丽的特征。代表器物有安阳殷墟出土的司母戊方鼎、安徽阜南出土的龙虎纹尊、湖南宁乡出土的四羊方尊及人面方鼎等。西周前期是奴隶制社会的鼎盛时期，青铜艺术沿袭商代凝重典雅的风格，食器见多，铭文加长；

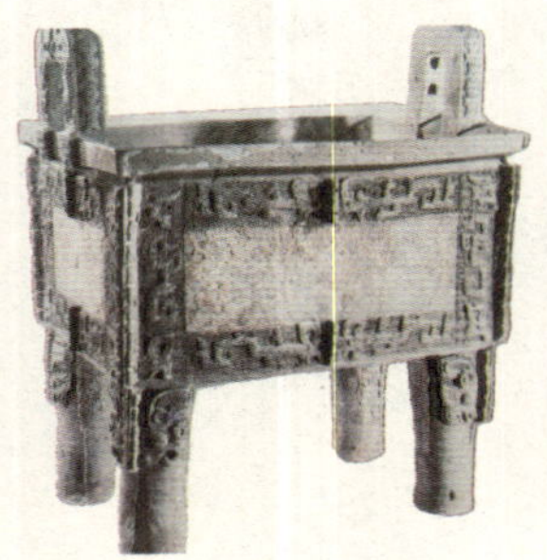
司母戊方鼎

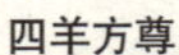
四羊方尊

人面方鼎　商后期

龙虎纹尊　商后期

四虎镈

到了西周中后期，奴隶制走向衰落，青铜器的形制与纹饰开始趋于简洁，饕餮纹居于次位，人们多采用窃曲纹、环带纹、重环纹等几何纹，逐渐减少了商代青铜器威严神秘的气氛，而呈现出朴实、舒畅、明朗的风格。长篇铭文也是西周青铜器的主要特征。其代表器物有陕西临潼出土的武王征商簋，陕西扶风出土的毛公鼎、大克鼎及史墙盘，上海博物馆收藏的四虎镈等。

史墙盘 西周

这一时期的美术成就除了在青铜器上得到充分展示外，还体现在绘画作品上。据刘向《说苑·反质》引《墨子》佚文云，殷商时期“宫墙文画”，“锦绣被堂”。到西周，出现了众多历史题材的庙堂壁画。据《孔子家语·观周》载：“孔子观乎明堂，睹四门牖，有尧舜之容，桀纣之象，而各有善恶之状，兴废之戒焉。”也就是说，壁画有扬善惩恶的功能，告诫后王吸取教训、明辨是非。这显然又比殷商时期的重神倾向有了进步，先王的功过是非得到评说并绘以图鉴，人治的法则成为社会思想的主流。

玉璋 商

新石器时代晚期，玉从石中分离出来成为工艺品。玉石色泽美丽、晶莹温润、产量稀少而又难以加工，成为象征性器物的最佳选材。玉器在中国文化中的独特含义

玉玦 新石器时代

玉璧 新石器时代

兽面纹玉琮 新石器时代

玉人 妇好墓出土

玉鹿 西周

玉鹰 西周

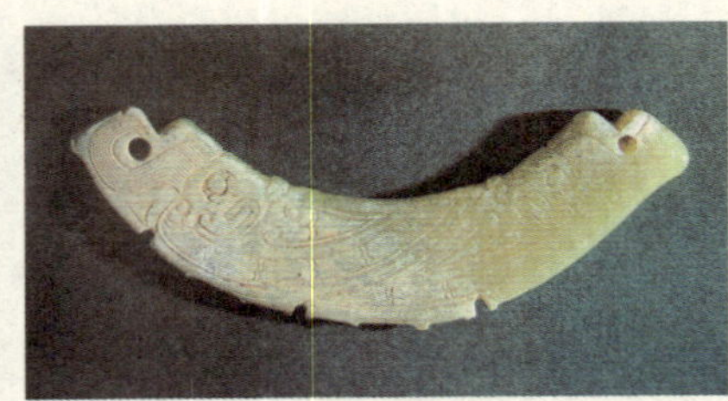
龙纹玉璜 西周

也正是在这时开始确立的。《周礼·春官·大宗伯》中详细规定："以玉作六器，以礼天地四方：以苍璧礼天，以黄琮礼地，以青圭礼东方，以赤璋礼南方，以白琥礼西方，以玄璜礼北方。"出土的大批商周玉器，在当时主要用于祭祀和礼仪。《礼记》中有"君子比德如玉"的说法，用玉比喻人的智、义、信、忠等品质，并由此渗透到贵族生活的方方面面，以至出现古代"君子玉不离身"的说法。

商代玉器有人像以及玉龙、玉虎、玉象等多种动物形象，造型庄重，色泽优美，体现出以下特点：造型单纯简洁，结构紧凑和谐，有较强的立体感；圆雕、浮雕与线刻的紧密结合；装饰花纹体现时代风尚；题材多样，不重写实，洋溢着神秘、凝重的气息。商代玉器以河南安阳小屯妇好墓所出各类动物形象饰玉最具代表性。西周玉石雕刻基本上沿袭商代风格，但圆雕作品减少，片状平雕作品增多，可从河南洛阳出土的戴枷玉人、陕西茹家庄等地出土的平雕动物作品中看出玉石雕刻风格。

二里头出土陶器上的刻画符号 《中国通史陈列》

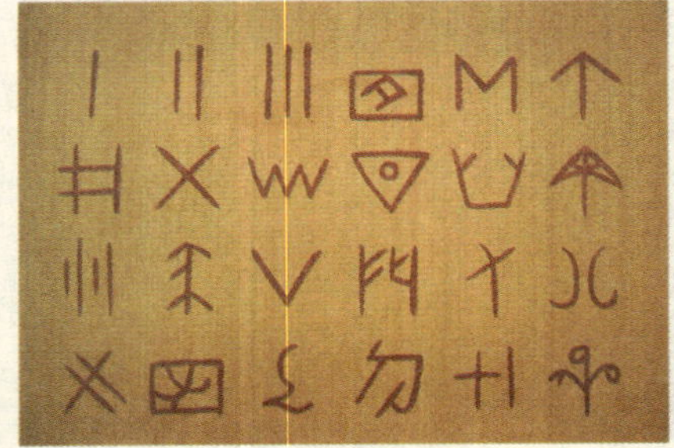

六、甲骨文和金文

中国出现的最早的通用文字是商周时代的甲骨文和金文。甲骨文是迄今可考的中国最早的文字。当时处于奴隶社会，科学、文化很不发达，统治者迷信鬼神，认为它们可以预知未来，决定人的生死命运。因此，无论是祭祀、出征、出入、收成、疾病、生育等，都要事先卜问鬼神，以求佑护。占卜的方法是在乌龟的背甲或其他兽类的肩胛骨上用锐器钻两个小孔，然后用火烧灼，

卜稽如台图 清

这样就会出现纵横交错的裂纹，叫做卜兆。巫师根据卜兆判断吉凶。占卜结束之后，再把问的事情以及以后是否应验的结果契刻在甲骨上。这些刻在龟甲和兽骨上的文字，被后人称为“甲骨文”。由于是占卜之辞，所以甲骨文也叫卜辞。殷墟出土了大量甲骨文字，使我们能够了解到那个时代的文化风貌。甲骨文文字成熟，刻画精美，后世汉字书法以此为源头，历经演变而成体系。因此，甲骨文被称为汉字书法之始祖，对后世影响深远，价值不可估量。

刍奴逃亡殷墟甲骨

甲骨文的发现颇具周折。起初，甲骨文无人能识，明珠暗投，只是被当作“龙骨”入药。到了清光绪二十五年（1899）秋，在北京做官的金石学家王懿荣因为得了疟疾，遍请名医，其中一位大夫开的药方中有“龙骨”一味，四处抓不着，最后在宣武门外菜市口的鹤年堂药铺才买到。买来“龙骨”后，他无意中发现上面刻着各种奇异的符号，这些道道绝非自然生成，仿佛很有规律，很像人为刻画的。凭着对古文字学的长期研究，他敏锐地觉察到这是一种古文字！于是，王懿荣派专人到鹤年堂药铺将所有的“龙骨”全买回来，并和好友——当时的考古学家、《老残游记》的作者刘鹗共同考证鉴定，认为是商朝时期的遗物，从而揭开了中国最古老文字的谜团。后来，金石学家罗振玉和王国维对甲骨文的出土地点在河南安阳西北五里的小屯村一带进行了考证，认为这里

四土受年卜辞

王室龟甲　商

曾是商朝的后朝国都——殷的所在地。从1928年起，国家组织科学发掘十余次，共计出土总数达十余万片，记录了从殷王盘庚迁都到纣王破灭270多年的历史。甲骨文的发现，为研究历史、古文字和书法艺术提供了珍贵资料，而且把中国有文字记载的历史提前了1000多年，改变了当时学术界“东周以上无史”和某些外国学者主张中国文明只能上溯至公元前8—前7世纪的错误看法。

金文中的几种食物名称

甲骨文，文字成熟，造字方法多样。后人所谓的“六书”——象形、指事、会意、假借、形声、转注等原则在其中都有体现，尤以象形、会意、形声为主。这些文字大多契迹清晰醒目，为古文字研究提供了便利。甲骨文具备了中国书法的三个基本要素：用笔、结体、章法，可以说是中国最早的书法瑰宝。由于甲骨文多用刀刻，所以线条虽方圆兼有，回环婉转，但以方折笔为主。笔画瘦硬、挺拔、劲峭，给人以古朴稚拙之美感。从结体上看，字形瘦长，错综变化，活泼别致。字形大小参差不齐，同一个字，繁简不同，写法多样，变化多端而又秩序井然，稳定对称的格局已经形

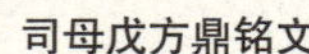

司母戊方鼎铭文

司母辛方鼎及其铭文
殷墟出土

成。再加上象形文字类似万物的特征，更显得生动有加。观之，古朴烂漫，盎然成趣，清新气息扑面而来。

金文是商代、西周时期铸或刻在各类青铜器上的铭文，主要是刻于钟、鼎一类器物上，所以又叫钟鼎文。其中有的字是凹下去的，有的字是凸出来的，凹下去的阴文叫做“款”，凸出来的阳文叫做“识”，所以金文又统称为“钟鼎款识”。一般认为，金文形成于殷商时代，盛行于西周。钟鼎文字记载的大都是天子令律、功德、封疆，诸侯的言行以及有关征伐、狩猎、祭祀、刑法等方面的重大事件。因此，金文也是研究历史的重要依据。

从文字的发展来看，金文比甲骨文更进一步简化、定型、规范、成熟，也更具艺术性和鉴赏性。从书法角度看，由于金文是铸在青铜

利簋及其铭文 西周

大盂鼎及其铭文　西周

器上的，比刻在甲骨上更易于发挥书者的审美情趣。金文笔画宽而粗，圆笔多于方笔。在格调上，虽然在不同时期呈现不同风格，但总体上形成了区别于甲骨文的显著特点：挺拔遒劲，厚重圆浑，古朴端庄，秀雅而又具有严谨性，舒展而又有沉稳性，整齐而又不失活泼。

自商中期到周早期，主要有《司母戊鼎》、《戍嗣子鼎》、《司母辛鼎》、《利簋》、《大盂鼎》、《大方鼎》等金文。这一时期的金文还不成熟，尤其在商代时，以象形文字为主，字数较少，甲骨文的痕迹比较浓厚。《司母戊鼎》是商代前期代表作之一，也是至今出土的青铜器之最。鼎上铭文线条雄健，首尾尖细轻灵，中间粗重端庄，整体虚实结合，结构紧凑，风格朴拙凝重，反映了当时高超的铸造艺术。进入周初，存世的器物增多，金文字数增加，铭文的铸或刻的笔法都比较讲究，风格各异，或粗犷朴素，或庄重秀丽；章法上也遒美灵动，形态万千，或大小互相镶嵌，或中规中矩，但总体风格却是朴拙、雄浑有力。到周代中后期，金文书法艺术趋于成熟，呈现出一种圆润轻灵的风格；章法布局疏朗、稳重。《毛公鼎》为西周末期宣王时金文的典型代表，全鼎32行，497字，记载的内容大体是当时天下大乱，王令毛公辅协政事，毛公感周王委以重任，铸鼎纪念。从书法角度来看，整个鼎字体中正端庄，结构长方；笔画圆润古朴，匀称秀美，又不失遒劲、沉重之韵；章法宽松疏朗，工整规范，又不失恢弘博大之气。每个字与整篇浑然成趣，自然合一。

毛公鼎铭文

第三章 艺术的嬗变

西周末年，王室力量衰微。公元前770年，周平王为躲避少数民族犬戎的攻击而迁都洛邑（今河南洛阳），中国历史进入东周时期。东周分为春秋、战国两个阶段。春秋是一个巨大变革的时代，各国诸侯纷纷扩大自己的势力，奴隶制度开始瓦解，封建生产关系渐渐萌芽，新旧势力斗争激烈。经过长期的兼并战争，到战国时形成了齐、楚、燕、韩、赵、魏、秦七雄争霸的局面。各诸侯国内新兴的地主阶级先后夺取了政权，进行变法，逐步确立起封建制度。从春秋到战国，奴隶主旧贵族的统治秩序被彻底打乱了，文化艺术上同样产生了与传统礼乐观念相违背的“混乱”局面，历史上称为“礼崩乐坏”。这一时期，以往为王室所专有的文化典籍散落到诸侯国中，各诸侯国的乐官百工也相互迁移交流；为权力和财富争得不可开交的新兴势力，开始有意无意地触犯音乐的等级规定；而民间音乐的重新被认识也严重地冲击了雅乐的正统地位。

然而，正当保守人士感叹社会伦理失序的时候，王室文化的“礼崩乐坏”却为整个社会文化的普遍发展提供了契机，使之形成了中国历史上艺术活跃的局面，出现了令人耳目一新的艺事景观。西周初年到春秋末期的民间音乐、宫廷音乐以及古老祭祀乐舞的歌诗，在伟大文化典籍《诗经》中得到部分的保存；各诸侯国的音乐、舞蹈得到普遍的发展与提高，各国音乐独具地方色彩，并出现了《九歌》等优秀作品；乐器制作水平进一步提高，战国时期的曾侯乙墓中，气势宏大的古乐器群令后人叹为观止；对乐律、音阶的探索也从实践上升到理论的高度，出现了采用数学运算求律的方法——三分损益法；随着“诸子蜂起，百家争鸣”局面的形成，各派思想家们也开始了关于音乐的诘辩。在美术方面，春秋战国时期青铜器制作出现了一系列新工艺，其造型和纹饰开始带有鲜明的写实风格；漆器工艺中那色彩绚丽、神采飞扬的纹饰，体现出了工匠们丰富的想像力和高超的工艺水平；帛画的出现则标志着中国传统绘画以线条为主要造型手段的形成。在书法上，秦国出现的石鼓文则更是别有特色，蕴涵着极高的艺术价值，成为周代金文向秦代小篆的过渡。

总之，春秋战国时期的艺术发生了很大的变化，不仅继承和发展了前代艺术，还开创了许多新的艺术形式，从而为后世艺术形式的多样化发展奠定了基础。

一、礼崩乐坏与新乐的兴起

石排箫 春秋

礼和乐是西周统治者治国安邦的手段，礼的规定教人恭敬、尊让，从而安分守己，维持现有的社会秩序；乐的基本特征是“和”，就是通过声音上的和谐来感染和熏陶人，以求达到人与神灵、人与自然以及人与人等各种关系的和谐融洽。礼与乐二者是相互配合共同发挥作用的，不可分割也不可偏废。春秋战国时期，周王室的统治名存实亡，没有了强大的中央集权，礼的实施自然也就没有了保障，礼“崩”乐则“坏”，礼法之士理想中的“先王之乐”已然失去了存在的基础。

从西周初年开始，周王室和鲁国、宋国一直是中原地区的三大文化中心，然而春秋时期发生的一件大事，却使得王室文化大量流失，以至于早期三大文化中心的格局也被打破了。公元前520年周景王去世，王室因继位问题而发生内乱，景王的庶长子朝争夺王位不成，于公元前516年携带周室典籍投奔楚国。这就是历史上有名的“王子朝奔楚”。王子朝除了带走文化典籍，很可能还带走了一些熟悉周礼文化的官员、学者和掌握礼器、乐器制作的工匠。此后，楚国取代了东周王室成为当时的文化中心。也许王子朝出逃时携带王室典籍仅仅是为了表明自己仍是周王室的正统继位人，为将来复位做准备，但他的这一举动却促成了当时“文化下移”的局面，王子朝奔楚也成为春秋战国时期礼崩乐坏的具体例证之一。无独有偶，春秋末年，陈国发生内乱，陈公子完为了避祸奔逃到齐国，把陈国所保存的古老乐舞《箫韶》也带走了，所以后来孔子才能够“适齐闻《韶》”（《汉书·礼乐志》）。由此可见，文化的迁移不仅表现在王室文化向诸侯国的传播，各诸侯国中具有特色的音乐节目也在更加广阔的领域里赢得了更多的欣赏者。另外，由于王室衰落，一些周王宫廷中的乐官纷纷流散到各诸侯国，同时诸侯国的乐师也不再局限于对某个领主的附属。孔子时鲁国的乐师们就各奔前程——“太师挚适齐，亚饭干适楚，三饭缭适蔡，四饭缺适秦，鼓方叔入于河，播

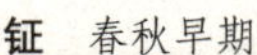
钲 春秋早期

铃 春秋

孔子像

鼗武入于汉，少师阳、击磬襄入于海”（《论语 · 微子》）。

春秋战国时期，周天子已失去对诸侯的控制能力，诸侯乃至士大夫们违反礼的规定，甚至公开将天子的用乐规模和节目据为己用。孔子就曾多次对当时新兴贵族的“越轨”行为提出严厉批评。据《论语·八佾》记载，鲁国的季桓子在自家庭院里演出只有天子才可以使用的“八佾”规格的乐舞，孔子得知后愤慨地说：“八佾舞于庭，是可忍也，孰不可忍也？”后来，季氏在家庙祭祖完毕撤掉祭品后，竟然又让乐工唱起天子宗庙祭祀时才唱的乐歌——《雍》。孔子于是又质问道：“‘相维辟公，天子穆穆’。奚取于三家之堂？”（《论语 · 八佾》）看来，即使是在以保存周礼而著称的鲁国，礼乐废弛的状况尚且不可避免，其他诸侯国中的情形自然也有过之而无不及了。鲁成公二年，卫侯为答谢仲叔于奚对卫军主帅孙桓子的救命之恩，答应了他“请曲县、繁缨以朝”（享受三面悬挂的乐器、骑着繁缨装饰的马匹来上朝）的要求。仲叔于奚的请求固然是不合身份之举，卫侯的所为在孔子看来也是非常危险的前兆——他感叹道：可惜呀，还不如多给他（仲叔于奚）点食邑呢！爵号名分和礼器是不能随便给别人的，这不等于把政权也拱手让人了吗？大权一旦丧失，国家也就要灭亡了！孔子对社会现状的大量评论，是他保守音乐观念的反映，但也反衬出当时诸侯大

宴乐图 战国

编钟 春秋晚期

夫们僭越礼乐等级规定的行为已相沿成风。王室的礼乐制度随着王权的由盛及衰而动摇崩溃，面对历史发展的大趋势，孔子这位对“郁郁乎文哉”的西周盛世一往情深的文化伟人，也唯有愤然感叹而已。

礼乐制度的崩溃不仅表现在贵族们对乐舞规格的蔑视，更体现在人们音乐审美情趣的变化。被视作乐之正统的雅乐，一度被作为统治手段、教育方式和审美娱乐的主要内容，将其他音乐形式统统排斥在大雅之堂以外。但过分强调政治上的宣导和教化，却使得雅乐渐渐地失去了生机，再也不能适应人们日新月异的审美需求，成为不折不扣的“古乐”。与此同时，一种生动活泼的民间音乐形式却逐渐引起了人们的重视，并很快在各国范围内流行起来，这就是所谓的“新乐”。

郑国、卫国的民间音乐就是这股“新乐”风潮中的佼佼者，被合称为“郑卫之音”。郑、卫两国位于今河南地区，早期曾是商民族的聚居地，周人灭商后，将它们分封给亲族管理以防止商民作乱。郑、卫民间保留了商人频繁祭祀的传统，而且祭祀场合往往又是男女青年载歌载舞聚会、结交的场所。作为商族音乐遗声的“郑卫之音”继承了商音乐酣畅热烈的艺术特征。以郑卫之音为代表的民间音乐影响日益扩大，成为与雅乐相对立的阵营。虽然这种所谓的“新乐”与号称“古乐”的雅乐相比有着更加古老的历史，但它们在民间无拘无束的发展环境之中保持了大胆炽热、奔放浪漫的感情和清新活泼的风格，那优美感人的音调和欢快愉悦的节奏令听惯了冗长呆板的雅乐之声的人们耳目一新。就连那些懂得“古乐”重要性的贵族们也不得不坦言他们确实喜好“新乐”。例如：战国时期的魏文侯就曾承认自己按照礼仪要求端冕而坐、欣赏古乐，总忍不住打瞌睡，但欣赏新乐时却不知疲倦（《礼记 · 乐记》）。梁惠王也坦白道：自己所喜好的并非“先王之乐”，而是“世俗之乐”（《孟子 · 梁惠王下》）。可见，雅乐赖以生存的土壤已在社会政治的变革中被逐渐削弱，而西周以来一直被官方排斥、压制着的民间音乐，却在社会的动乱与变革之中获得了发展的契机，所谓“桑间濮上，郑、卫、宋、赵之声并出”（《汉书 ·

虎钮錞于 战国

石编磬 战国

礼乐志》)。“郑卫之音”以其独特的吸引力撼动了作为国家统治工具的雅乐的根基，体现出“新乐”取代“古乐”的锐不可当的趋势，同时“郑卫之音”也成为了春秋之后兴起的民间音乐的代名词。

二、艺术视野中的《诗经》

王公贵族们角逐名利和追求声色的过程中，雅乐乐舞里面束缚人们情感的理性和伦理道德已经成了审美活动的累赘，反叛、僭越的政治气候和逐渐更新的审美观念为音乐提供了自由发展的空间。中国第一部歌词总集——《诗经》就产生于这一时期。

《诗经》最初称《诗》，汉代以后被儒家奉为经典，故而称为《诗经》。共收入自西周初期至春秋中后期五百余年间各类音乐作品的歌词305篇（《小雅》中另有六篇“笙诗”，有目无辞，不计在内），因此《诗经》也称《诗三百》。现存《诗经》虽然是单纯的文学形式，但从历史上看来，古人曾有“诵诗三百，弦诗三百，歌诗三百，舞诗三百”（《墨子 · 公孟》）的说法，即《诗》是可以诵咏、可以用乐器演奏、也可以伴随着歌唱而舞蹈的。《史记 · 孔子世家》也说：“三百五篇，孔子皆弦歌之，以求合韶、武、雅、颂之音。”虽然这种说法的准确程度尚有待研究，但《诗经》中的诗可以演奏和演唱却是十分明显的。

《诗经》书影 宋刻本

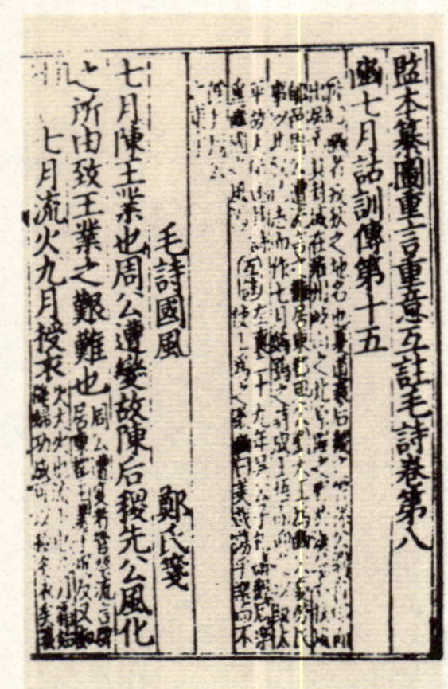

監本纂圖重言重意互註毛詩卷第八
豳七月詁訓傳第十五
毛詩國風 鄭氏箋
七月陳王業也周公遭變故陳后稷先公風化之所由致王業之艱難也
七月流火九月授衣

《诗经》分为“风”、“雅”、“颂”三部分。这种划分的依据也是根据音乐性质的不同。“风”指“国风”，是相对于周代“王畿”而言的地方土风歌谣。包括周南、召南、邶、鄘、卫、王、郑、齐、魏、唐、秦、陈、桧、曹、豳等15个地区的民间歌曲词160篇。“国风”

《诗经》插图

《诗经》插图

中的歌词大部分是劳动人民的口头创作，基本保持着民间歌曲的原貌，真实而生动地展现出古代人民生活的各个侧面。例如：反映劳动者对剥削者蔑视和仇恨的《魏风·伐檀》、《魏风·硕鼠》；表现青年男女淳朴爱情的《召南·野有死麕》、《周南·关雎》、《郑风·溱洧》、《卫风·木瓜》，表现反抗礼法压迫和追求婚恋自由的《郑风·将仲子》，描写劳动情景的《周南·芣苢》；反映奴隶繁重劳动的《豳风·七月》，反映广大民众所受苛酷兵役、徭役的《唐风·鸨羽》；表现人们爱国感情和英雄气概的《秦风·无衣》等。“雅”共计105篇，分为“大雅”和“小雅”，多是贵族和士大夫的作品，但从其歌词的结构形式和内容看来，二“雅”中很多歌曲的创作仍是以民间歌曲为基础的。“雅”中的作品以十篇为一组，称为“什”，用这一组的第一篇诗的名字来命名，例如《小雅》中从《鹿鸣》至《南陔》10篇为一组，称为《鹿鸣之什》等。“颂”是祭祀乐舞的歌词，共40篇，包括周颂、鲁颂和商颂，即周王室的祭祀音乐和鲁国、宋国的祭祀音乐。这些音乐都是为统治者歌功颂德的作品，歌词晦涩、不押韵，艺术价值较前两类作品为低。

《诗经》不但本身是歌词，还记载了很多古代乐器，为我们了解当时的音乐面貌和乐器组合提供了依据。《诗经》中的各类作品已包含较为丰富的曲式结构类型，其中的音乐高潮处理手法也引人入胜，孔子就曾对《关雎》中的“乱”（高潮）大加赞赏，说：“师挚之始，《关雎》之乱，洋洋乎，盈耳哉！”——那美妙而热烈的音乐回荡萦绕、充满了耳朵。从《论语》中所记载的孔子的言论看来，孔子对于《诗经》的流传和《诗经》音乐的整理应该起过很大的作用，在他“兴于诗，立于礼，成于乐”、“不学诗，无以言”的提倡之下，《诗经》不但成为封建社会中塑造完整人格的必要环节，也成为一种象征社会等级和精神修养的标志以及进入上层社会的必要阶梯。

三、各国音乐、舞蹈的繁荣

春秋时期，周王室独占文化的局面被打破，各诸侯国音乐、舞蹈面貌开始呈现欣欣向荣的景象。时至战国，各国无论宫廷还是民间，音乐、舞蹈水平都空前提高，出现了许多技能高超的音乐家和舞蹈家。由于地理环境、风俗民情等的差异，不同国家和地区的人们对音乐、舞蹈的理解和偏爱有所不同，各国的音乐、舞蹈风格均独具特色。

师旷鼓琴，仙鹤起舞

晋国是春秋时的强国之一。晋悼公、晋平公时的宫廷乐师师旷，具有超群的辨音能力，还善于用琴声描绘飞鸟的优美姿态和鸣叫声，以及狂风骤雨、飞沙走石等自然音响（《史记·乐书》）。他虽天生眼盲，但却具有非凡的见解，并且敢于直谏，提出过许多治国主张，甚至还用琴撞击晋平公，以规劝晋平公不要沉湎于个人享受（见《韩非子·难一》）。

素以“郑卫之音”闻名的郑国和卫国，杰出的音乐家们也留下了许多佳话。师文是郑国的音乐大师，据《列子·汤问》记载，师文学琴，三年不成曲调，于是老师遣他回去。这时师文说了一段极富哲理的话：“文非弦之不能钩，非章之不能成。文所存者不在弦，所志者不在声。内不得于心，外不应于器，故不敢发手而动弦。”原来师文所追求的不是单纯的音响，而是高深的音乐内涵和艺术境界，

孔子向师襄学琴，十天不换曲子，师襄劝他练习别的曲子，孔子则以还没有掌握此曲的道理、志向、为人而再三推辞

所以需要在心中做好充分的感情酝酿。正因如此，后来他被自己的老师师襄誉为连师旷和邹衍（当时的著名音乐家）都不能比拟的音乐高手。这个故事便是成语“得心应手”的由来。卫国乐师师涓也是当时杰出的音乐家。师涓善弹琴，并具有极高的悟性。据《史记·乐书》记载，师涓随卫灵公出访晋国途中，夜宿濮水边，卫灵公“闻鼓琴声”，于是要求师涓把琴声记录下来。后来当师涓为晋平公演奏时，得知此曲为商纣的乐师师延所作的“靡靡之乐”。卫国是商代遗民的聚居地，濮水一带的民间音乐应带有商族音乐的遗风。师涓是一位擅长发现、搜集并利用民间音乐素材的艺术家。卫国还有一位擅长弹琴的师襄，他深谙音乐艺术的规律，在教学中善于启发、诱导。据《史记·孔子世家》等史料记载，师襄是孔子的老师，孔子学琴先“得其曲”，再“得其数”、“得其意”、“得其人”，最终“得其类”，就是在这位名师的指点之下实现的。

邹忌鼓琴取齐相

齐国的统治者也非常喜欢音乐，据《韩非子·内储说》记载：“齐宣王使人吹竽，必三百人。南郭处士请为王吹竽，宣王……廪食以数百人。”齐宣王不惜厚禄重赏来吸引音乐人才，他的继承人齐湣王也热衷此道，但欣赏习惯不同，“好一一听之”。殷实富庶的齐国，民间的音乐风气十分盛行。据《战国策·齐策》记载：“临淄甚富而实，其民无不吹竽、鼓瑟、击筑、弹琴。”正因为当地的这种好乐传统，所以齐国民众对音乐普遍

易水饯别

有着较高的感受能力，战国时代韩国女歌唱家韩娥路经临淄卖唱求食时，她美妙而婉转的歌声很快就引起了人们的共鸣，三天以后，人们还感觉到她歌声的余音在房梁间缭绕，因此留下“余音绕梁”的成语典故。有一次，韩娥由于贫困遭到了旅店主人的侮辱，她悲歌一曲，凡是听到歌声的人都沉浸在哀怨里，三天之后仍不能自拔。只好又把她请回来唱了一首欢快的歌曲，人们这才回复到愉悦的情绪中（《列子 · 汤问》）。

在北方燕国，音乐的发展也达到了较高的水平，调式、调性方面富于变化。据《战国策 · 燕策》记载，荆轲刺秦王临行之前，燕太子上演了著名的“易水送别”，“高渐离击筑，荆轲和而歌”，那千古流传的“易水歌”，其旋律正是：先“为变徵之声”、“复为慷慨羽声”，音乐调性的转变引起了在场人们情绪上的强烈共鸣。

僻居南方的楚国音乐气氛同样十分活跃。据刘向《新序 · 杂事》记载：“客有歌于郢中者，其始曰《下里巴人》，国中属而和者数千人。其为《阳陵采薇》，国中属而和者数百人。其为《阳春白雪》，国中属而和者数十人而已。引商刻角，杂以流徵，国中属而和者不过数人。是其曲弥高者，其和弥寡。”《下里巴人》是楚人、巴人聚居地区流行的通俗歌曲，演唱技巧简单，便于掌握。其余歌曲，由于难度较大，能够演唱的人就逐渐减少了。楚国是南方的音乐之邦，当地人民擅长一唱众和的演唱形式，而且歌曲名目繁多，形式雅俗共赏。南国特有的风土人情，使得楚音乐在诸国中别具一格。楚国的音乐家从“楚囚南冠”、“乐操土风”的钟仪（事载《左

伯牙鼓琴图　元 · 王振朋

吹箫引凤 明·仇英 秦穆公之女弄玉跟萧史学吹箫，后结成夫妻，随凤飞升成仙而去。

蔺相如两屈秦王

传·成公九年》）到一曲“高山流水”结为知音的伯牙、子期（事载《吕氏春秋》、《列子·汤问》等），或由于演奏乐曲所具有的浓厚地方色彩、或凭借深厚的音乐素养和颖悟能力而名垂乐史。

秦国的音乐虽然不及“楚声”影响大，但却充满乡土气息，别有一番风味，被称为“秦声”。“秦声”中经常用到一种乐器——缶。据《史记·廉颇蔺相如列传》记载，公元前279年，秦赵两国君主在渑池会晤，蔺相如就请“善为秦声”的秦王为赵王击缶。《史记·李斯列传》中也写道：“夫击瓮叩缶、弹筝搏髀而歌呼呜呜快耳目者，真秦之声也。”由此可见，击缶是“秦声”的特色之一，秦地音乐重视节奏因素的特点自古以来是一脉相承的，后世“梆子腔”等音乐形式仍继承了这种传统。

齐国赠给鲁定公女乐、马匹，以使鲁国君臣玩乐丧志

从上述各诸侯国

鸳鸯形盒

鸳鸯盒上的乐舞图

美女西施

音乐发展的盛况可以看出，春秋战国时期的音乐已经逐渐脱离歌舞乐一体的乐舞母体，向着独立的艺术门类发展。与此同时，随着雅乐乐舞的失宠，从各地民间歌舞发展起来的表演性舞蹈，也越来越为统治阶级所重视，大量受过专门歌舞训练的“女乐”、“倡优”云集贵族之家和诸侯后宫，进献舞女成为一种重要的外交手段。据《吴越春秋》记载：春秋末越王勾践觅美女西施、郑旦“饰以罗縠，教以容步（舞容舞步）”，献给吴王夫差，导致了吴国的灭亡。战国时代，则有广延国献给燕昭王善舞女子二人，一名旋娟，一名提嫫，她们善于表演《萦尘》、《集羽》、《旋怀》等节目，在事先铺好的香屑上舞蹈，竟“弥日无迹”——不留下一点脚印（载王嘉《拾遗记》），其身法之轻盈可想而知。虽然古人的记载带有艺术夸张的成分，但当时舞蹈所达到的高超水平仍可从中窥见一斑。

四、楚声与《九歌》

虎座双凤架悬鼓　战国中期

楚文化是长江流域孕育出的古老文化，在其发展过程中与中原文化不断交流，但由于地理、历史等多方面原因，一直保持着自身强烈的地域特征。楚人迷信鬼神，并每每利用音乐来娱悦鬼神，正如东汉王逸《楚辞章句》中所说：“昔楚国南郢之邑、沅湘之间，其俗信鬼而好祠，其祠必作歌乐鼓舞以乐诸神。”祭祀活动的频繁带动了与之配合的音乐实践的丰富多彩，使“楚声”不但在乐器演奏、诗歌、舞蹈方面都具有极高的水平，而且形成思维活跃、注重审美效果、充满奇幻色彩等“巫乐”特征。同时，由于在原始巫术中人们常幻想以女性的美色来取悦神灵，因此巫术歌舞中女性表演者十分突出。春秋、战国时期的楚地音乐仍保留着这种特征，伟大诗人屈原的作品中就多

屈原像

湘夫人 元·张渥

有关于美丽女巫婆娑起舞、漫声高歌等场面的描写。

春秋战国时代“楚声”的代表性体裁是一种歌曲，其歌词在汉代以后与屈原等人的诗作一起被称为“楚辞”。西汉时期，刘向辑录先秦“楚辞”作品，加上汉人的模仿之作，成书并以《楚辞》为名。《楚辞》是中国音乐文学历史上继《诗经》之后又一部影响深远的歌诗总集。这些歌曲曲辞具有浓厚的地方色彩，其体式特点为句式长短参差，在句尾或句中多采用语气词“兮”字。

屈原根据民间祭祀乐舞所作的《九歌》是《楚辞》中的重要作品。现存《九歌》由十一篇相对独立的歌词组成：《东皇太一》、《云中君》、《湘君》、《湘夫人》、《大司命》、《少司命》、《东君》、《河伯》、《山鬼》、《国殇》、《礼魂》。其内容和作用分别为迎神曲、祭云神、祭湘水男神、祭湘水女神、祭生死神、祭司人子嗣之神、祭太阳神、祭黄河神、祭山神、祭为国捐躯的将士、送神曲。《九歌》的歌词节奏错落有致，情感真挚纯朴，显示出当时楚地歌曲发展的较高水平。歌词中“灵偃蹇兮姣服”、“翾飞兮翠曾，展诗兮会舞”、“传葩兮代舞”等词句，则反映出当时巫人们身着盛装、翩然而舞的生动场景；《九歌》中还提到鼓、钟、竽、篪、瑟、参差等六种乐器，结合当地出土的高质量的音乐文物，可以想见当时楚地乐器艺术发展的高度。

另外，屈原的《招魂》、《大招》等诗作中也对音乐歌舞场面进行

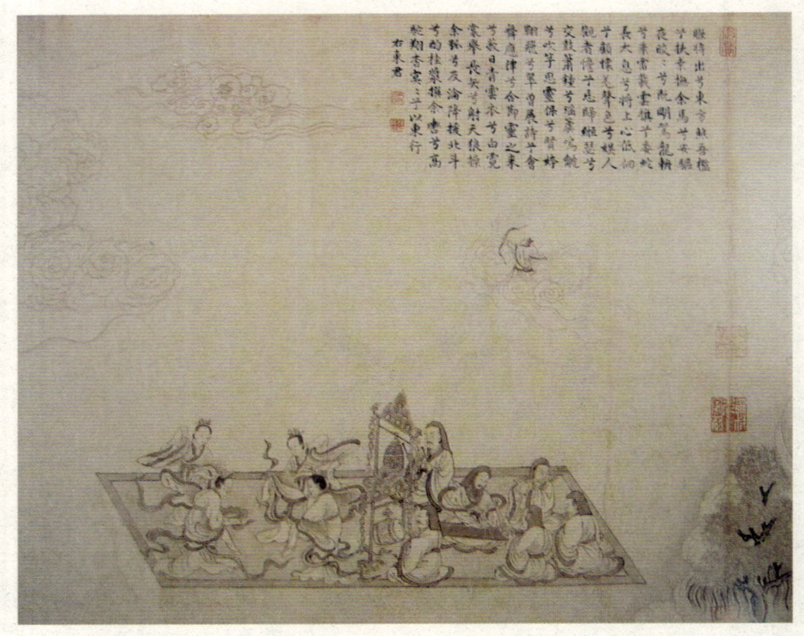

九歌图之东君部分　宋

过描述，如："肴馐未通，女乐罗些"、"陈钟按鼓，造新歌些"、"美人既醉，朱颜酡些"、"二八齐容，起郑舞些"、"吴歈蔡讴，奏大吕些"、"郑卫妖玩，来杂陈些"、"衽若交竽，抚案下些"、"竽瑟狂会，填鸣鼓些"、"宫廷震惊，发《激楚》些"、"代秦郑卫，鸣竽张只"、"伏戏《驾辩》，楚《劳商》只"、"讴和《扬阿》，赵箫倡只"等，把楚国宫廷音乐绚丽多姿、酣畅淋漓的艺术效果描绘得一览无余。同时，其中多次提及其他诸侯国的乐舞和表演形式，体现出战国时期楚国与其他诸侯国音乐频繁交流以及楚地音乐接受各国"新声"的事实。楚地音乐能够在保持自身区域色彩的前提下广泛地采纳、有效地吸收和利用"吴歈蔡讴"、"郑卫妖玩"，这也是它得以迅速丰富和发展的重要原因。

建鼓　曾侯乙墓出土

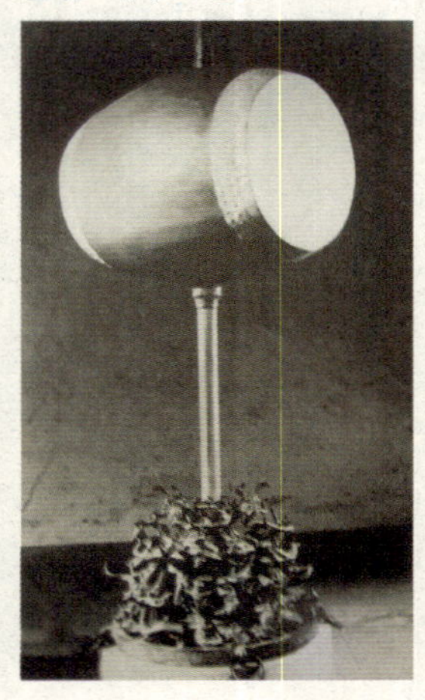

五、乐器与乐律

春秋战国时期音乐文化的发展高度还可以从1978年湖北随县出土的战国曾侯乙墓古乐器中得到证实。曾侯乙，即曾国一个名叫"乙"的侯，此人的下葬时间为公元前433年或稍后。曾侯乙墓乐器的出土为世人提供了了解当时各国宫廷中"钟鼓之乐"规模的生动例证。随葬乐器埋放在东墓室和中墓室，东室乐器有十弦琴、五弦琴、瑟、笙、鼓等，似乎是一个小型的室内乐队。中室乐器则按照

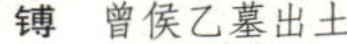

镈 曾侯乙墓出土

排箫 曾侯乙墓出土

墓主人生前豪华的宴享场面布置：曲尺形的编钟架和一架编磬沿南、西、北三面放置，另外还有建鼓、篪、笙、排箫、瑟、鞞鼓等，俨然一个大型的钟鼓乐队。从乐队乐器的摆放来看，正好符合典籍所载“诸侯轩悬”（三面悬挂乐器）的规格，显示出墓主人生前的地位和排场。

篪 曾侯乙墓出土

曾侯乙墓中最引人注目的乐器当属编钟。曾侯乙编钟是中国迄今出土的编钟中编制最大的一套，共65件，分上、中、下三层八组悬挂在钟架上。其中有镈钟一件，铸有楚惠王五十六年（前433）作钟赠曾侯乙永世享用的铭文。全套钟的总音域达到五个八度，中心音域十二律齐备，可演奏五声、六声乃至七声音阶的乐曲，同时具有旋宫转调的可能。编钟的钲间或鼓部刻有铭文，说明了各钟所发之乐音的律名、阶名、变化音名以及它们在不同郡、不同诸侯国

彩漆笙 曾侯乙墓出土

彩漆二十五弦瑟 曾侯乙墓出土

编钟

之间不同称谓的对应关系。多数钟的正、侧鼓部所发出的两个乐音都与标记相符，音程距离为三度关系。出土的曾侯乙编钟还配有6件T形小木槌和2件彩绘大木棒，前者应是用来敲击中层和上层的钟以演奏旋律，当由3人各执一对小槌表演；后者由两人分掌，撞击下层大钟（从同墓出土鸳鸯盒上的撞钟图可知，下层大钟的演奏者应是面向观众站在钟架前、双手持木棒反向撞钟的），用以演奏和声或烘托气氛。

与编钟同墓而出的编磬，由32枚石磬组成。每磬发一音，音色清越响亮，音域跨三个八度，具有旋宫转调的可能。磬体表面也有与钟铭相通的刻文和墨书文，内容为编号、标音以及音律关系等。曾侯乙墓中的其他乐器也具有极高的研究价值，例如：该墓出土的两件排箫是目前仅见的战国排箫，其中有一件在未脱水的情况下，尚有八根

磬架怪兽立柱

编磬 曾侯乙墓出土

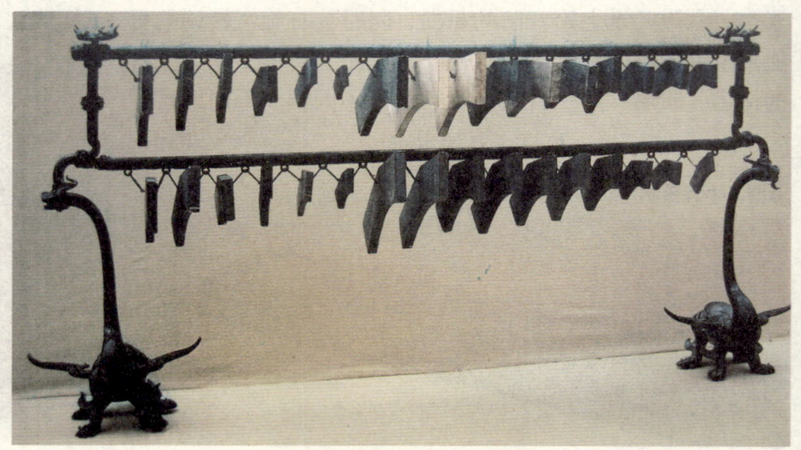

箫管能够吹奏发音，音阶结构已超出五声；篪以前只见于文献记载，该墓出土的篪，为我们了解这种古代乐器提供了难得一见的实例；曾侯乙墓中的琴和瑟虽然因弦腐而失音，但其保存完好的躯体也为研究该类乐器形制的演变情况提供了依据。曾侯乙墓出土乐器共计125件，还有与部分乐器配用的击奏工具和各种构件、附件，是世界音乐考古史上的空前发现，这些古乐器直接和间接保留下来的音响以及它们所镌刻的珍贵铭文，让我们不难想见2400年前的音乐盛况，也为我们研究先秦音乐史上许多悬而未决的问题提供了线索。

春秋战国时期，人们在音乐实践的基础上开始了理论方面的总结，在音阶和乐律理论研究中取得了开拓性的成果。

中国古代用宫、商、角、徵、羽作为音阶中各音的音名。宫、商、角、徵、羽相当于现代音乐中的dol、re、mi、sol、la，是中国传统音乐中最常用的五个音，也是构成调式音阶的基础，被称作五“正声”。先秦文献中多有关于“五声”的记载，如：《尚书·皋陶谟》“予欲闻六律、五声、八音”；《左传·昭公二十五年》“为九歌、八风、七音、六律，以奉五声”等。另外，还有变宫、变徵、清角等“偏音”（“变”表示将某音降低半音，“清”表示将某音升高半音，变宫、变

固始侯古堆木瑟复制品
春秋晚期

徵、清角分别相当于si、#fa、fa），在五“正声”的基础上使旋律色彩更加富于变化。

大约在春秋中期，出现了中国音律史上最早见于记载的、以数学运算求律的方法——三分损益法。三分损益法载于《管子·地员》篇，是按照振动弦的长度比例来推算各音的物理来源的一种理论。具体做法是：假设黄钟的弦长为81，以黄钟作为宫音，然后用81依次乘以4/3和2/3得到五音：

宫音弦长 $= 3^4 = 81$

下方徵音弦长 $= 81 \times (1 + 1/3) = 108$

商音弦长 $= 108 \times (1 - 1/3) = 72$

下方羽音弦长 $= 72 \times (1 + 1/3) = 96$

角音弦长 $= 96 \times (1 - 1/3) = 64$

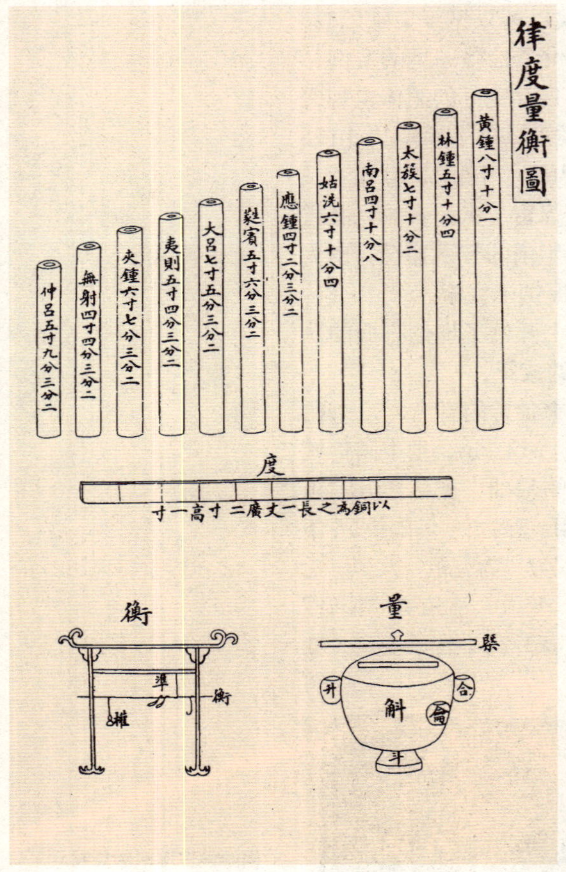

律度量衡图 清

三分损益法求得的五音按照由低到高的顺序排列应为徵、羽、宫、商、角。只有五个音的理论体系显然无法概括实践中千变万化的乐音，战国末期的《吕氏春秋》中，按照这种方法推算出了全部十二个半音的弦上音位，所得一个八度之内的十二半音由低到高依次为：黄钟、大吕、太簇、夹钟、姑洗、仲吕、蕤宾、林钟、夷则、南吕、无射、应钟。这就是中国传统音乐术语中的“十二律”。由于在这种方法的推算过程中半音的出现顺序是每隔八位生一律，因此又将其称为“隔八相生法”。

十二律一般分为六律与六吕。六律（又称“阳律”）即黄钟、太簇、姑洗、蕤宾、夷则、无射等奇数律，六吕（又称“阴律”）即大吕、夹钟、仲吕、林钟、南吕、应钟等偶数律。

关于完整十二律的推演方法虽然出现于战国末期的文献中，但十二律在西周甚至更早的时候就已经运用于音乐实践，并且在春秋以后被用作铸造编钟的理论根据。据《国语·周语下》记载，公元前522年，周景王打算铸造无射钟时，曾问律于伶州鸠，伶州鸠的回答中已经包含了完整的十二个律名，这是现知古代文献中最早关于十二律名的记载，已出土的西周中晚期编钟上“妥宾”、“无灵”

钮钟 春秋

甬钟 战国

扁钟 战国

等铭文也证实了上述观点。

六、音乐思想争鸣

春秋晚期孔子开创私人讲学的风气之后，西周以来“学在官府”的局面被逐渐打破，这在一定程度上促进了社会文化的普及。而社会关系的剧烈变化和错综复杂的争霸斗争使得各阶级都急需寻找代言人来推销自己的主张，维护自己的利益，于是养士之风盛行，“士”阶层迅速壮大，他们著书立说，互相诘难，一时间学术上空前繁荣，形成了诸子百家争鸣的局面。

音乐的社会作用问题也是各个学派争论的重要内容之一。这个时期的音乐思想以儒、墨、道三家的观点最具代表性。其中，儒家强调音乐的社会教育作用和音乐对人的思想感情的熏陶，是为“倡乐”观；而墨家和道家则从不同角度、不同程度上否定音乐，是为“非乐”观。

儒家音乐观点以其创始人孔子的言论为代表。孔子虽然没有系统的音乐理论著作传世，但从《论语》、《史记·孔子世家》等文献的记载看来，孔子有着丰富的音乐实践经验和高度的音乐修养。他强调音乐的美感作用，重视对弟子的音乐教育，把音乐列入所授“六艺”之中，并把音乐视为人生修养的最高阶段。但是，孔子对音乐的强调是与他的政治观点分不开的，他主张将“乐”与“礼”相配合作为治理天下的手段，所谓“安上治民，莫善于礼，移风易俗，莫善于乐”（《孝

孔子在齐国与齐太师谈论音乐，听了《韶》乐，三月不知肉味

孟子像

经·广要道》），音乐观点带有保守的一面。他不但对僭越音乐等级制度的行为忍无可忍，发出过“八佾舞于庭，是可忍也，孰不可忍也”、“‘相维辟公，天子穆穆’，奚取于三家之堂”之类的忿忿之言，还对冲击雅乐正统地位的民间音乐表示厌恶和排斥，“恶郑声之乱雅乐也”，“放郑声，远佞人”。儒家的另外两位代表人物孟子与荀子，一个主张将“仁声”作为教化手段来感化人；一个主张要靠礼教和雅颂之声对人类本恶的性情进行引导和转化，使自然的情感获得社会内容从而符合社会的需要，将“乐”作为调和统治者与被统治者之间关系、改善社会风气的手段。尽管孔子、孟子、荀子的表述方式不同，但他们所谓的“乐”都是“雅颂之声”、“先王之乐”，即为维护统治秩序服务的雅乐，对待民间音乐的态度则是“目不视恶色，耳不听恶声”（《孟子·万章下》），“郑、卫之音，使人之心淫”（《荀子·乐论》），是坚决不予提倡的。先秦儒家的音乐思想在后来的《乐记》（相传为战国初期公孙尼子所作，一说为汉儒刘德或刘向、刘歆父子校先秦古籍所得）一书中得到系统的总结。《乐记》作者的写作目的是通过宣扬和维护“雅颂之声”来巩固统治阶级的统治秩序，因此书中以音乐的政治作用和社会功能作为核心论题贯穿始终，对音乐的来源和本质、音乐的政治内涵、音乐的内容和形式的关系、音乐在培养统治者仪容风范方面的作用、音乐在教化人民和维护社会秩序以及调和阶级矛盾方面的用途、音乐的审美标准等问题作了全面的论述。

墨家学派的创始人墨翟则站在小生产者和劳动者立场上提出了“非乐”的观点。他认为搞音乐既浪费钱财，又不能解除“饥者不得食”、“寒者不得衣”、“劳者不得息”（《墨子·非乐》）的“三患”，王公贵族沉迷其中，会搜刮民脂民膏；男人为之，会延误耕稼树艺之时；妇人为之，会废止纺绩织纴之事。音乐不但不能“兴天下之利，除天下之害”，搞多了还可能导致亡国之灾。墨子主张的目的是反对统治者兴乐害民，具有进步意义；但他对不给人民物质生活带来直接好处的活动一概反对，有很强的功利色彩。同时，他不把加重人民负担的罪责归于统治阶级的剥削，却本末倒置地归咎于音乐，反对精神生活中的一切艺术，否定音乐对于丰富人民生活的积极意义，因而带有片面性。

墨子像

以老、庄为代表的道家也反对音乐。老子音乐思想的核心是“大音希声”。老子把音乐分为“道”的音乐（自然的音乐）和世俗的音

乐（人为的音乐）两类，“道”的音乐是音乐的最高境界，它听之不闻其声，却又无所不在，无所不容，是一切有声音乐之源；而世俗的音乐虽然能打动人，却会“令人耳聋”，因此不予提倡。老子的音乐思想虽有其追求自然、强调精神修养的一面，但他主张取消耳目的享受，废除包括“五音”（有声音乐）在内的一切文化则不利于音乐的存在和发展，在后世的音乐美学领域也产生了消极的影响。庄子在音乐上发展了老子“大音希声”的观点，把声音分为“天籁”、“地籁”、“人籁”三种，即宇宙间的声音、自然界的声音、人为的声音。他最欣赏“听之不闻其声，视之不见其形，充满天地，苞裹六极”的“天籁”。但庄子并没有完全否定有声之乐，而是提出“中纯实而反乎情，乐也”的命题，希望不拘于人为的礼法，用音乐来表达人的自然情性。老庄学派是当时一部分没落贵族知识分子的代表，他们有较高的文化修养和艺术审美能力，之所以持“非乐”观点，并非认识不到音乐的美感作用，而是崇尚音乐的自然之美，这是与束缚人性、违反自然的儒家礼乐思想针锋相对的。但他们对音乐精神层面的片面强调和对音乐声音层面的消极反对无疑是不利于音乐发展的。

老子像

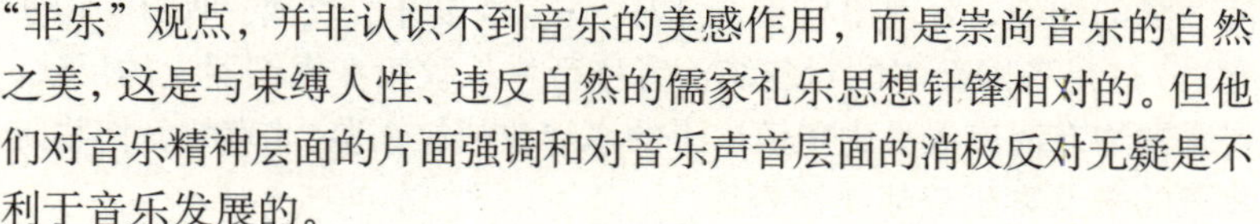

七、工艺美术与帛画

嵌赤铜鸟兽纹 春秋

春秋时期，青铜铸造业不再为王室所垄断，各诸侯国出现了不同的工艺与风格。这时期还产生了模印法和失蜡法等新工艺，流行蟠螭纹与蟠虺纹，青铜器物造型由厚重变得轻巧，手法由象征而趋向写实，纹饰由神秘压抑而变得易于理解和接近人间趣味。其代表器物有河南新郑出土的莲鹤方壶等。战国时期是中国封建社会的开端，其物质文化已进入铁器时代。青铜器的制造已从制

错金银马首形铜辕饰

莲鹤方壶 春秋

曾侯乙尊 战国

舞女玉佩 战国

作礼器转向以日用器为主，为满足人们的生活需要，其造型趋于精致灵巧；由于鎏金、镶嵌、镂刻、金银错等手法的运用，纹饰具有华丽富贵的特征。战国青铜器纹饰一个显著的特点是出现了具有浓郁生活气息的图案，表现出狩猎、习射、采桑、宴乐、攻战、庖厨等现实题材，这是各国新兴的封建统治者推行耕战政策在青铜器上的反映。代表器物有河南汲县山彪镇出土的水陆攻战纹铜鉴、北京故宫博物院收藏的采桑宴乐攻战纹铜壶等。

春秋战国时的玉雕逐渐呈现出精雕细刻的特征，纹饰丰富，造型矫健，减弱了神秘色彩，并打破了左右对称的程式。安徽长丰出土的镂空龙凤玉佩晶莹剔透、婀娜多姿、婉转流畅，传达出一种意气风发的精神气质。

黑漆朱绘卧鹿

中国髹漆工艺历史悠久，表现独特，成就辉煌。春秋战国时期漆器装饰已与青铜器纹样在表现上拉开较大距离，成为日用工艺美术的别一种风格。漆器的用途主要是丧葬用品和生活用品，具有轻便、防腐、装饰华丽、制作精美等特点，与青铜器相比，它减少了神秘感和沉重感，因而更为贵族使用者喜爱。战国时楚国漆器以凤鸟为主题，以朱红与黑色为主调，纹饰神采飞扬，色彩丰富绚丽，给人以堂皇而神秘之感。漆器纹饰将青铜器纹样中的云雷纹发展到新的境地，萦回舒卷，飞舞灵动，具有形式美和生命活力。漆器中描绘的人物、神怪、禽兽等形象，来自于神话传说和现实生活，造型夸张奇特，风格秀丽诡谲，表现出工匠们充满浪漫的想像力和自由奔放的创造力。

漆圆盒 战国

春秋战国美术除了在青铜器、漆器上得到充分的展示外，还出现了众多庙堂壁画等绘画作品。王逸《楚辞章句》曰：“楚有先王之庙及公卿祠堂，图画天地山川神灵，琦玮谲诡，及古贤圣怪物行事。”屈原参见图画，呵而问之，遂成《天问》之作。据此可知楚国庙堂多有

人物龙凤图 战国

人物驭龙图 战国

壁画，绘写神话传说、历史故事、自然景象等浩繁内容。现今发现的陕西咸阳秦宫壁画残片，绘有长卷式车马出行、仪仗人物及各种纹样，呈现出具体生动的写实风格。

中国绘画的传统样式是绘于丝织品上的经过装裱以便于展示和收藏的卷轴画。湖南长沙楚墓出土的两幅帛画《人物龙凤图》和《人物驭龙图》，是中国迄今发现最早的完整的独幅绘画实物。它表现出绘画以软质材料和可卷舒移动的特点。这两幅帛画都是在丝帛材料上用毛笔勾画而成，均表现“引魂升天”的主题，能够反映出中国早期绘画的水平。

《人物龙凤图》，1949年2月出土于湖南长沙陈家大山楚墓。画幅高31厘米，宽22.5厘米。画面有一细腰长裙、面左做祝祷状的贵族妇女，其上方有翅膀伸展，引颈张喙，动态似飞的凤鸟；左方绘有张举双足，体态升腾向上的龙，表现墓主人在腾龙舞凤的接引下将飞升天国的情景。另一幅为《人物驭龙图》，1973年5月出土于长沙子弹库楚墓，画幅高37.5厘米，宽28厘米。画幅正中，展现一身着长袍、侧身拥剑而立的贵族中年男子，头顶华盖，驾驭龙舟的情景，其中龙尾立鹤，龙下游鱼，人物神情潇洒，画面气氛生动。

作为葬仪中的旌幡，画面中的男女人物，被认为是墓主人肖像。它们表现出战国时期的绘画特点：以墨线勾勒为主，局部施彩；人物均为正侧面立像，造型比例匀称，仪态高贵肃穆；勾线流利，设色均匀，格调庄重。这两幅帛画表现出当时从依据想像作画到根据现实描绘的转变和过渡，标志着中国传统绘画以线条为主要造型手段的形成。

八、石鼓文

石鼓文

同其他艺术形式一样，书法也随着社会动荡、文学艺术的繁荣活跃而发生变化。金文由于青铜器面积过小、铸刻困难等多种原因，已不能适应生活需要。当时铁器已广泛应用，雕刻便利，于是石刻文字应运而生，产生了划时代的优秀书法作品——石鼓文。

石鼓文是战国时期秦国的石刻文字，也是中国最早的石刻文字。关于其刻石年代，历来众说纷纭。有人认为是周宣王时史籀所书，又叫做“籀文”；有人认为是战国时期秦国所刻，但究竟是穆公、献公或其他时期，又众说不一。郭沫若考证是秦襄公时期（前777—前766）所刻，遂为近人确认。

石鼓文于唐朝初期在今陕西凤翔县出土。“石鼓”共有十个，状如馒头，又似大鼓。每块石头周围都环刻着一首四言韵文诗，内容主要是汇载当时统治者出游、狩猎的情景，所以又被称为“猎碣”。石鼓文自出土以来，历经磨难，现收藏于北京故宫博物院。由于年代久远，石质风化，字迹残损严重，模糊不清，在唐代更是“风雨缺剥苔藓涩”（韦应物），宋代时就更是“娟娟缺月隐云雾”（苏轼）。原有约700字，现仅存300余字，其中一石鼓字已磨灭，令人惋惜。

石鼓文别有奇趣，独具风格，蕴含极高的艺术价值。它继承了金文的特点，是周代金文向秦代小篆的过渡字体。唐代书论家张怀瓘在其所著的《书断》中说石鼓文“体象卓然，殊今异古。落落珠玉，飘飘缨组。仓颉之嗣，小篆之祖”。其承前启后的特点以及文字的优美别致可窥一斑。石鼓文线条圆中寓方，柔中带刚，蜿蜒曲折，笔画劲挺。形体方正严谨，章法上虽字字独立，但左右上下相映成趣，俯仰向背，顾盼生姿。其风格雄厚浑强，古朴自然，奔放灵活，蛟腾蛇走，备受历代文人墨客的推崇和赞美。唐代韩愈撰写《石鼓歌》以赞美之：“金绳铁索锁纽壮，古鼎跃水龙腾梭。”清代康有为也赞道：“金钿落地，芝草团会，不烦整裁，自有奇彩。”把石鼓文的优点描绘得淋漓尽致，恰当中肯。

自石鼓文出土以来，学篆书者无不推崇有加，奉为圭臬，把它推为“书家第一法则”。清代的邓石如、吴昌硕等都从中获得教益，从而创立了自己的风格。

第四章 艺术的成长

公元前221年，战国后期最强大的秦国统一了天下，结束了诸侯割据争霸的局面，建立起中国历史上第一个统一的中央集权制封建国家，实现了几代君主梦寐以求的夙愿。秦朝建立后，实行了郡县制，对文字、货币和度量衡等实施了一系列统一性措施，对中国历史的发展具有深远影响。国家的统一，人力、物力的集中，促进了社会生产力的进步，也为秦朝艺术的发展提供了有利条件。继秦而起的汉王朝是中国封建社会的巩固和发展时期，政局的稳定、国力的强盛、经济的富庶，促成了这一时期艺术的繁荣。从历史上看，汉代文化由于受到南方楚文化的较大影响，又对北方文化有着多方面的继承，因而表现出浪漫精神与理性精神相结合的生机勃勃、恢弘伟美的特征，这对汉代艺术风格的形成产生了积极的促进作用。

秦汉时期艺术的发展可以从多方面得到展现。从音乐、舞蹈方面来说，秦将破灭各国后获得的“六国之乐”集中于咸阳宫中，使本朝音乐吸收了前代各国音乐文化的精华，还设立专门的音乐机构“乐府”。西汉统治者继承和扩大了秦朝“乐府”的建制，开展对民间音乐的采集工作。通过对外交流，反映西域各地风格、各族风情的民族、民间音乐也开始进入中原，百戏、鼓吹乐、相和歌等艺术形式盛极一时，并在相和歌的基础上产生了大型综合性艺术形式——相和大曲。当时，无论宫廷还是民间，音乐歌舞活动都十分活跃，舞蹈不仅已是一种独立的艺术形式，而且向着多样化及多民族舞蹈交融的方向发展。

从雕塑、绘画方面来说，秦始皇大规模兴建宫苑，营造陵墓，仅秦始皇陵出土的兵马俑，就以空前的规模、惊人的数量和逼真的写实风格，显示出秦代美术的高超水平。汉代时，陶俑也表现出较高的艺术水平，反映了当时人们的精神面貌和审美情趣；石刻作品、青铜铸像构思巧妙；壁画、帛画、画像石和画像砖也反映出较为纯熟的艺术表现力，代表了汉代绘画的水平。

在书法方面，秦朝李斯创制的小篆以其笔画圆劲、线条精练、匀称端庄的特点而具有独特的美感，得到后世书法家的青睐。小篆不仅是汉字发展的一大进步，它在秦统一全国文字、促进经济与文化交流方面也具有重要意义。程邈的隶书使汉字的书写大为简约化，更具使用性，有力地推动了文化的传播。汉代出现的草书书写快捷，更易抒发书者的思想感情，是一种极具感染力的艺术形式。其代表人物张芝的草书字，形态各异，形意联翩，神化自若，变化无穷。

总之，秦汉艺术伴随着刚刚登上历史舞台的中国封建王朝不断成长壮大，展现出乐观、开朗、自信的时代风貌以及充满进取精神的磅礴气概。

一、乐府

乐府钟及铭文　秦

“乐府”是秦代兴起的国家音乐机构。1976年秦始皇陵区出土的错金银钮钟上就刻有“乐府”字样的铭文，说明了乐府机构的渊源。汉袭秦制，汉惠帝时朝廷设有“乐府令”之职。汉武帝时，“乐府”的规模和职能得到进一步充实。据《汉书·艺文志》记载：“自孝武立乐府而采歌谣，于是有赵、代之讴，秦、楚之风，皆感于哀乐，缘事而发，亦可以观风俗、知薄厚云。”可见汉武帝扩建乐府的目的是广泛采集全国各地的俗曲，以此来了解民情风俗、考察政治得失，同时客观上也反映出汉初统治者爱好民间俗乐的倾向。

汉代乐府以管理民间俗乐为主，主要任务是“采诗夜诵”，即收集、整理民间歌谣；同时也“造为诗赋，略论律吕，以合八音之调，作十九章之歌”(《汉书·礼乐志》)，即承担写作歌词、研究音乐理论、编配伴奏、制作朝廷典礼所用的乐章等任务。通过乐府搜集整理的民歌包括来自赵、代、秦、楚等广阔地域内的不同风格，从《汉书·艺文志》所录西汉民歌的篇目和汉哀帝罢乐府时所列乐工的职责范围来看，乐府收集的民歌，范围遍及黄河流域和长江流域，甚至包括北方少数民族地区和西域各地的音乐。《汉书·艺文志》所保存的有目可考的各地民歌就有138首，当时实际采集的歌谣数量可想而知。

乐府中汇聚了当时最著名的音乐、文学人才，如汉武帝时的“协律都尉”李延年和辞赋家司马相如等。主管官员是乐府令，下设音监、游徼、仆射三丞。乐工来自全国各地，据桓谭《新论》记载，其总人

乐舞纹梳　秦

云纹钟　汉

铜鼓　西汉

竽 西汉

数在汉成帝时达到“千人之多”，且体系完备、分工明细。其中既有郊祭乐员、大乐鼓员、骑吹鼓员、安世乐鼓员、长乐鼓员、缦乐鼓员、东海鼓员、商乐鼓员、沛吹鼓员、陈吹鼓员、蔡讴员、齐讴员、竽员、瑟员、钟员、磬员、鼓员等表演人员，又有专门选读民歌的“夜诵员”，管理测音工作的“听工”，从事乐器制作与维修的“钟工员”、“磬工员”、“箫工员”、“竽工员”、“琴工员”、“柱工员”、“绳弦工员”，还有被称为“师学”的学员等。

西汉乐府于汉武帝元鼎五年（前112）扩建，到汉成帝（前33年—前5年在位）时达到鼎盛。在乐府人员的努力下，西汉的俗乐获得了空前的发展，同时也对雅乐的统治地位造成了极大威胁，因此遭到一些保守人士的非议。到西汉后期，国力衰退，政府对于乐府的大规模活动更无力承担庞大开支，因此史称“性不好音”的汉哀帝登基后不久即下诏说：“孔子不云乎，放郑声，郑声淫，其罢乐府官。”（《汉书·礼乐志》）将乐府中从事俗乐工作的441人全部罢免，历时106年的西汉乐府结束了其历史使命。当然，统治者所罢黜的仅仅是一个官方的音乐机构，据《汉书·礼乐志》记载，汉哀帝罢乐府之后，“百姓渐渍日久，又不制雅乐有以相变，豪富吏民湛沔自若”。在乐府影响下盛行民乐的风气绝不是一纸禁令所能控制得了的。

乐府撤销以后，从民间选拔来的乐府艺人又重新流落民间，他们对乐府音乐的流传和各地民间音乐的繁荣起到了积极的推动作用，也扩大了乐府对后世音乐文化的影响。“乐府”一词，从最初的音乐机构名称，发展到代指汉代乐府机构中所搜集并配乐演唱的诗歌。后来，魏晋六朝乃至唐代文人采用乐府旧题或仿照乐府诗的某些特点写成的入乐或不入乐的诗歌，也被统称为“乐府”。宋元以后，“乐府”又被作为词、曲的别称。

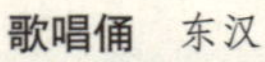
歌唱俑 东汉

二、相和歌和鼓吹乐

汉代乐府歌谣中有一种名为“相和歌”的形式，其特点是“丝竹更相和，执节者歌”（《晋书·乐志》），即歌唱者自击节鼓掌握节奏，由吹管和弹弦乐器相互应和为其伴奏。早期的相和歌被称作“汉世街陌讴谣之词”（《乐府古题要解》），即当时流传的民间歌谣，这种清唱歌曲没有乐器伴奏，歌词中间带有“羊”、“吾”、“夷”、“伊”、“那”、“何”之类的衬词，被称为“徒歌”。后来又发展为“一人唱三人和”（《晋书·乐志》）的“但歌”形式。“但歌”进一步发展就成为了有丝竹乐器伴奏的、名副其实的“相和歌”。

乐舞　汉画像石

相和歌与舞蹈、器乐逐渐融合，又演变为相和大曲的高级形式。相和大曲是一种多段体的大型歌舞，结构复杂，一般由艳、曲、解、趋几个部分组成。艳是序曲或间奏，其音调委婉、华丽而抒情；曲是大曲的主体部分，一般由多节歌词组成，可以反复使用相同曲调或用不同曲调分别演唱几段歌词；解是各歌唱段落之间在器乐伴奏下的舞蹈部分，作品的解数与歌词的段数有关，有人认为“解”取“分解”（歌曲）之意；趋是乐曲的尾声，一般是快速热烈的。相和大曲中的高潮部分，沿袭了先秦时期古老的音乐术语，被称为“乱”，一般也出现于大曲接近结束时。相和大曲的这种结构，在宋代郭茂倩《乐府诗集》中所保存的《陌上桑》、《艳歌何尝行》等作品中有着非常清晰的体现。相和大曲的各个部分组合比较灵活，例如：《碣石》只有艳、曲；《白头吟》只有曲，另有高潮乱；《东门行》等则只有曲。

女舞俑　东汉

相和歌的伴奏乐队以“丝竹”乐器为主，一般包括笙、笛、琴、瑟、筝、琵琶、节鼓等。从出土的汉代奏乐俑等文物看来，这几种乐器在实际演奏时可以灵活选用，也许当时还有其他乐队组合形式。相和歌曲所用的调式称为“相和三调”，即平调、清调、瑟调，据《魏书·乐志》所录陈仲儒的解释，瑟调以宫为主，清调以商为主，平调以角为主。另外，据《旧唐书·音乐志》记载，“相和三调”之外“又有楚调、侧调。楚调者，汉《房中乐》也，高帝乐楚声，故《房中乐》皆楚声也；侧调生于楚调；与前三调总谓之相和”。关于相和诸调式的确切情况，目前尚无定论。

弹琴俑　东汉

汉代相和歌曲主题鲜明、内容丰富，具有深刻的现实意义，尤其是篇幅较长的相和大曲，已经足以表现比较复杂的社会内容和情感。传世的相和歌词保存在郭茂倩《乐府诗集》等古代著作中，其中除汉代作品外，还有许多后人的拟作。汉代的相和歌对后世的音乐和文学发展都起到了极为重要的启发作用。

汉代有一种由北方边境地区传入的音乐形式“鼓吹乐”。《乐府诗集》引刘瓛《定军礼》云：“鼓吹，未知其始也。汉班壹雄朔野而有之矣。鸣笳以和箫声，非八音也。”秦朝末年的班壹为躲战乱而避居

鼓瑟俑　东汉

鼓吹 汉画像砖

地处今山西西北部的楼烦地区，以游牧起家。到汉惠帝时，班壹出入、弋猎时常用旌旗、鼓吹作为财力和权力的象征，以壮声势。这一时期“鼓吹乐”已在北方汉族与少数民族居住区流行，进而又被北方军士作为军乐，传入中原地区后，经由乐府改造被宫廷采纳，用于宴享、仪仗、军队凯旋等场合。

“鼓吹乐”是个较笼统的名称，凡是以打击乐器和吹奏乐器为主的演奏形式都可以如此命名。因此，可以将汉代的“鼓吹乐”根据乐队组织和用乐场合的不同分为几个类型：

“鼓吹”。《乐府诗集》云：“有箫笳者为鼓吹，用之朝会、道路，亦以给赐。”这种形式在朝会、宴享、出行仪仗等场合演奏，也用来当作特殊恩赐表示对功臣等的亲善或安抚，汉武帝时就曾赐给南越七郡鼓吹乐。其中，用于天子宴乐、膳饮时的称“黄门鼓吹”；出行仪仗中由乐队骑在马上演奏的称“骑吹”；军队凯旋时乐手骑在马上用鼓、箫、笳、铙等演奏的称为“铙歌”或“短箫铙歌”。

“横吹”，又称“鼓角横吹”。《乐府诗集》云：“横吹曲，其始亦谓之鼓吹，马上奏之，盖军中之乐也。北狄诸国，皆马上作乐，故自汉以来，北狄乐总归鼓吹署。其后分为二部，有箫笳者为鼓吹……有鼓角者为横吹，用之军中，马上所奏者是也。”说明这种以鼓和角作为主奏乐器的军乐，是从早期的“鼓吹乐”中细化分离出来的。横吹的代表曲目，有乐府“协律都尉”李延年以西域乐曲《摩诃兜勒》为素材创作的《新声二十八解》。

横吹 南朝画像砖

“鼓吹乐”中所谓的“鼓吹”、“骑吹”、“短箫铙歌”、“横吹”等分支在演奏中应是比较接近的，其本质区别在于所适用的仪式不同，以及由此所致的乐队配置不同。正如《乐府诗集》所云：“然则黄门鼓吹、短箫铙歌与横吹曲，得通名鼓吹，但所用异尔。”《宋史·乐志》中也说：“鼓吹者……短箫铙歌序战伐之事，黄门鼓吹为享宴所用，又有骑吹二曲。说者谓列于殿庭者为鼓吹，从行者为骑吹。”同样的曲调，在不同场合中以不同方式演奏时可能被归于不同的类别，郑樵《通志·乐略一》中《汉短箫铙歌二十二曲题注》所说“亦曰鼓吹曲，按汉晋谓短箫铙歌，南北朝谓之鼓吹曲”正反映了这种情况。

另外，当时还有一种以鼓和排箫主奏、坐在鼓车（楼车）或游船（楼船）上表演的“鼓吹乐”，称为“箫鼓”。汉代的“鼓吹乐”以高亢嘹亮的北方音调、鲜明的节奏和粗犷有力的少数民族风格，带给中原地区的人们耳目一新的感觉，因此得以风靡不衰。这种音乐在后世使用范围不断扩大，虽然其应用主体仍是王公贵族之家，但在民间娱乐活动、迎神赛会等场合也广泛使用它。直至今天，民间的吹打等乐种仍与它有着千丝万缕的渊源关系。

三、宫廷舞蹈和民间舞蹈

秦朝的统一虽然短暂，但它汇集诸国乐舞艺人的举动，为汉代音乐舞蹈的繁荣，打下了良好的基础。汉室国力强盛，社会相对稳定，不仅王公贵族们热衷于歌舞自娱，民间舞蹈活动也蓬勃展开，加上这时期中原与西域各族来往密切，因此，加速了汉代舞蹈的多样化和各民族舞蹈的交流融合。

四人乐舞铜饰　西汉

据文献记载，汉代士大夫阶层中盛行一种宴饮时即兴舞蹈或主宾相邀起舞的习俗。前者多属自娱性质，通常是先歌后舞。汉高祖刘邦创作《大风歌》时就是先击筑而歌，然后起舞。后者是称为“以舞相属”的礼仪性舞蹈。“属”即邀请之意，“以舞相属”就是主宾相互邀请跳舞，以沟通情谊，表示友好和尊重。一般由主人率先跳，跳到客人面前，盛情相邀，这时客人必须起舞回报，舞罢再邀请另一人跳，依此循环。这种舞蹈活动对人们的姿态、仪容等有很多要求，违反了这些规矩就是失礼。例如：若是被“属”者拒不起立或起而不舞、舞而不旋等都是对邀请者的不敬。据《后汉书·蔡邕传》记载：东汉时著名的文学家蔡邕就因为在宴会上拒不应属，惹怒了太守王智，结果被诬告，落得流浪江湖。无独有偶，据《三国志·魏志·陶谦传》裴松之注引《吴

以舞相属　汉画像砖

书》记载，三国时人陶谦也是在宴席间得罪了郡守张磐——当后者跳舞属他之时，陶谦勉强相报，但该转身时却不转身——从而激化了二人之间的矛盾，致使陶谦不得不弃官出走。由此看来，“以舞相属”不仅是当时文人士大夫们的一种社交手段，也是他们互示爱憎、表明志向和意趣的方式。

汉代经济的增长和物质财富的积累为统治者的声色享乐和奢侈铺张提供了条件，加之上层社会浓厚的歌舞习俗，官宦人家往往蓄养着大量的女乐和歌舞艺人，其中有很多杰出的人才。据史书记载，汉代盛行一种注重腰功与袖式变化的舞蹈——“翘袖折腰”之舞。汉高祖刘邦的宠姬戚夫人，就擅长表演这种舞蹈，汉高祖曾对戚夫人说：“为我楚舞，吾为若楚歌。”(《汉书 · 张良传》)这种舞蹈风格源自先秦楚地，它的风行是汉代统治者欣赏音乐歌舞时倾向于“乐其所生”(《汉书 · 礼乐志》) 的缘故。出土汉代画像砖上的乐舞伎通常是身形秀美、腰肢纤细、翘袖撅臀，那弱柳临风一般的姿态正与史籍相印证。汉成帝的皇后赵飞燕，则擅长一种特殊的舞步——“踽步”，其步法“若人执花枝，颤颤然”。赵飞燕体态轻盈，“善行气术”(能够控制呼吸)，且“身轻若燕，能作掌上舞”(事见《赵飞燕别传》)，因而受到皇帝的宠爱，可见“轻盈”也是当时人们对舞蹈的审美标准。汉代因舞技高超入选宫廷，被作为宠姬、册封夫人乃至皇后的女艺人不乏其人，女乐的盛行对汉代舞蹈的发展起到了重要的推动作用。

汉代贵族豪门频繁、热闹的歌舞活动，一方面得益于经济的繁荣和物质基础的雄厚，另一方面也得益于民间的新鲜给养。汉代民间音

赵飞燕像 清

掌上舞 明

乐、舞蹈更多地摆脱了礼教的束缚，有着较为自由的发展空间。见于记载的汉代舞蹈有“巴渝舞”、“盘舞”、“鞞舞”、“巾舞”等，它们一般都穿插在“百戏”中表演，受其影响，比较强调技艺性。

盘鼓舞 汉画像砖

“巴渝舞”最初是四川巴中地区板楯蛮夷的舞蹈，据《后汉书·南蛮列传》记载：“至高祖为汉王，发夷人还伐三秦。秦地既定，乃遣还巴中。……世号为板楯蛮夷。阆中有渝水，其人多居水左右。天性劲勇，初为汉前锋，数陷阵。俗喜歌舞，高祖观之，曰：‘此武王伐纣之歌也。’乃命乐人习之，所谓“巴渝舞”也。遂世世服从。”可见这个与战争有关的古代武舞带有较原始民族剽悍、骁勇的特征，后因得到刘邦的喜爱被列入宫廷乐舞之中，同时也作为一种对少数民族表示亲善的政治手段。

盘鼓舞 汉画像石

“盘舞”又称“盘鼓舞”、“七盘舞”，是一种将舞蹈与杂技巧妙结合的艺术形式。表演时在地面上平置若干盘鼓（数目视表演者技艺高低而定），舞者在盘鼓上和鼓的周围完成难度较大的舞蹈动作，并踏出有节奏的音响。表演者身形矫健，气宇轩昂，舞蹈时还有歌唱和器乐伴奏。“盘舞”可以说是汉代最负盛名的舞蹈形式，关于它的表演情况，不仅见于当时及后世文人的精彩描述中，出土的汉画像砖、画像石上也保留有十分丰富的形象资料。

“鞞（鞞）舞”是一种手拿鞞鼓而舞的表演形式。鞞鼓有着悠久的历史，《吕氏春秋·仲夏纪·古乐》中就有“有倕作为鞞鼓”的记载。鞞舞应该是由民间乐舞转化来的，根据《宋书·乐志》的记述，该舞在汉代已明确纳入宫廷舞蹈表演之列。东汉末蔡文姬在长诗《胡笳十八拍》中说“鞞鼓喧兮从夜达明”，说明鞞鼓当时也流行于匈奴人的聚居地。这种舞蹈在魏晋以后仍广泛流传，且表演人数有所增加。郭茂倩《乐府诗集》中就保存有“齐鞞舞曲”、“梁鞞舞歌”、“晋鞞舞歌”等的歌词，列入杂舞类，用于宫廷宴会娱乐活动。

“巾舞”的特点为双手执长巾（绸）或挥动衣袖而舞。古人或以它

巾舞

长袖舞 汉画像砖

双人袖舞 和林格尔壁画

附会“鸿门宴”的故事（刘邦与项羽会于鸿门，项庄舞剑要杀刘邦，项伯起舞以袖遮蔽刘邦，且口称“公莫”），认为舒展长袖或绸巾最早是模仿项伯舞动衣袖；或以为它与《琴操》中的《公莫渡河曲》有关。

汉代还有一种踏地为节、边歌边舞的集体活动，称为“踏歌”。“踏歌”广泛流行于民间和宫廷，多在节日里进行。表演时，成群结队的人们手牵手，载歌载舞。据葛洪《西京杂记》记载，汉高祖时戚夫人的侍女贾佩兰回忆宫中生活时就讲到：每年十月十五日，宫女们“共入灵女庙，以豚黍乐神，吹笛击筑，歌《上灵之曲》；既而相与联臂，踏地为节，歌《赤凤凰来》”。“踏歌”活动直至唐代仍然广受欢迎，这种舞蹈无需太多的技巧，具有群众性和自娱性的特点。

戚舞

另外，汉代还有许多以武器为道具的舞蹈，如”剑舞”、“棍舞”、“刀舞”、“干舞”、“戚舞”等应是古代武舞的遗存。

汉代舞蹈已经脱离了“乐舞”的统一体，与歌唱、器乐一样成为了独立的艺术门类。不仅如此，当时的文人还用文学体裁来描述舞蹈活动——即创作所谓的“舞蹈赋”。东汉傅毅就有一篇直题作《舞赋》的文学作品，张衡的《观舞赋》、《南都赋》等作品中也真实地描写了当时的舞蹈盛况。

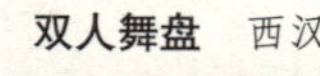

双人舞盘 西汉

四、百戏

跳剑舞丸图　西汉画像砖

在汉代安定繁荣的社会条件下，音乐、舞蹈、杂技、魔术、武术、滑稽表演、角抵戏等的表演水平都高度发达，这些艺术门类或它们的综合表演在汉代统称为“百戏”（后世亦称散乐）。汉代的对外文化交流，为中原地区带来了西域的杂技、幻术等节目，大大丰富了中原百戏的内容，同时西域节目与中原传统技艺的结合，又产生了许多新兴的艺术形式。

汉代百戏包括的范围十分广泛，音乐、舞蹈类的节目有“盘鼓舞”、“巾舞”、“鼙舞”等；杂技、武术类的节目有吞刀、吐火、寻橦（爬竿）、扛鼎（举重）、冲狭（钻刀圈或火环）、陵高履索（在绳上做惊险动作）、跳丸剑（表演者手拿若干尖刀和圆珠轮番抛掷）、燕濯（翻着跟斗越过水面）、戏车高橦（在奔驰的戏车上做爬竿、走索等表演）等；还有驯兽、驯鸟等的马戏节目，模拟鸟兽的“鱼龙曼延”，侏儒、俳优的滑稽表演等。值得注意的是，百戏之中有一种名为“角抵戏”的娱乐方式，是以人化装成兽相互扑斗，以比较力量。这种古老的表演形式早在秦代就已传入宫廷，汉代最著名的角抵戏是《东海黄公》。据《西京杂记》记载：“有东海人黄公，少时为术，能制蛇御虎，佩赤金刀，以绛缯束发，立兴云雾，坐成山河。及衰老，气力羸惫，饮酒过度，不能复行其术。秦末有白虎见于东海，黄公乃以赤刀往厌之，术既不行，遂为虎所杀。三辅人俗用以为戏。汉帝亦

乐舞百戏图之一

乐舞百戏图之二

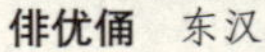
俳优俑 东汉

角抵戏

取以为角抵之戏焉。”说明这是一出带有简单情节的化装表演，表现黄公以仙术伏虎而终为虎所害的传奇故事。

汉代百戏用于在各种宫廷庆典中演出，汉武帝为歌颂盛世太平就曾于“元封三年（前108）春，作角抵戏，三百里内皆来观”（事载《汉书·武帝纪》）；还曾经为夸耀汉室地大物博安排外国使臣欣赏“大角抵，出奇戏诸物，多聚观者”（事载《史记·大宛列传》）。当时的许多达官显贵家里也都蓄养着专门表演百戏的倡优，多则“僮奴以千百数”，少则“蓄歌者至数十人”。同时，百戏在民间也极为流行。桓宽《盐铁论·崇礼》篇中说：“夫家人有客，尚有倡优奇变之乐，而况县官乎？”可见当时的一般家庭也能常常欣赏到百戏的节目。

说唱乐舞俑 东汉

关于汉代百戏，张衡《西京赋》、李尤《平乐观赋》等文学作品中都作过精彩的描述，是了解当时百戏规模和演出情景的重要参考资料。而汉墓出土的大量画像砖、画像石等文物则为后人提供了十分宝贵的形象依据。因此，汉代百戏似乎离我们并不遥远，古人所渲染的浩大气势使我们今天读来仍若身临其境，加上有丰富的形象资料互为印证，当时百戏表演者的高超技艺不难想见。另外，从现有资料来看，多数百戏表演还配有伴奏乐队，使用的乐器有建鼓、节鼓、编钟、编磬、排箫、铙、埙、竽、瑟等。

说唱乐舞俑 东汉

击建鼓 汉画像石

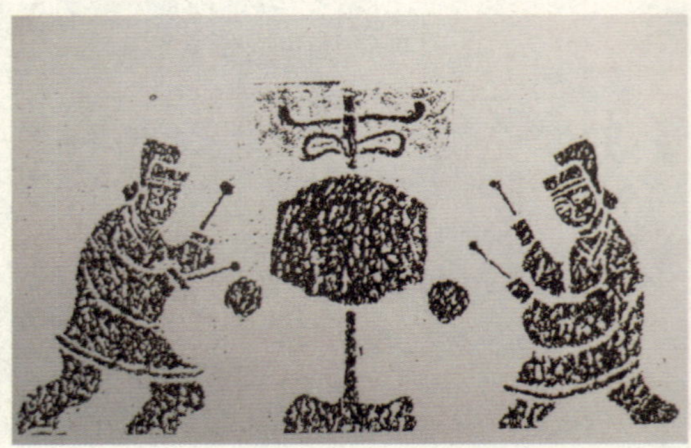

五、秦汉雕塑

秦汉时期的雕塑是中国雕塑史上第一个高峰，其风格宏大雄伟，影响深远。秦始皇在位时间仅十几年，其间雕塑的规模和数量却也极为庞大。相传始皇帝统一中国后，为免战事，收天下兵器于咸阳，将它们熔为十二个铜人，各重千石，置于宫廷中，以表其功绩。秦始皇生前修建著名的陕西临潼秦始皇骊山陵，据唐人封演的《封氏闻见记》记载，帝王陵前置石麒麟、石辟邪、石象、石马，但无实物证据。秦代最著名的雕塑作品自然是秦始皇兵马俑。

秦始皇兵马俑一号坑（局部）

秦始皇兵马俑是秦始皇陵的一个组成部分，位于秦始皇陵东侧。以前史书上没有记载，直到1974年被偶然发现。目前已发现了3个兵马俑坑，另一个是尚未完成的。所出土的陶俑、陶马、战车约七八千件，规模巨大。目前，秦始皇兵马俑只发掘了一部分。

秦始皇兵马俑属于陵墓雕塑。陵墓雕塑，一般以对生的期冀、对死的恐惧、死后升天为主题。兵马俑实为一种殉葬品。在商代，有殉葬真人的现象，但是极不人道。兵马俑就是用陶制兵马代替秦军将士来作殉葬品。

一号坑面积最大，平面呈长方形，东西长230米，宽62米，深5米，面积14620平方米。一号坑陶俑布局是前面有3排共210名弓弩手，后面是38路纵队的步兵和战车兵，左右两侧和最后各有一排朝外的弓弩手，再现了秦军临战场面。二号坑平面呈尺曲形，面积约6000平方米，人马共

将军俑　秦

武士俑　秦

跪射武士俑 秦

1000多件。三号坑平面呈“凹”形，面积仅520平方米。坑中有一辆战车，周围簇拥着64个武士俑，估计是统战的将军。

从艺术上看，秦始皇兵马俑有高度写实、气势宏大两个特点。秦俑坑放置的人俑和车马俑都是按照真人的体量来塑制的。据测量，武士俑高1.8米，马俑高1.5米、体长1.54米、全长2米，与真人、真马几乎同高、同大。除了体量外，人物的面部表情、年龄、发髻也极为真实。由于秦俑体形的高大，难以整模塑形，一般是先塑出身体与面部的大体轮廓，再贴塑细部，特别是面部造型。所以人物俑的姿势和服装基本相同，但是头部却几乎各不相同，也避免了全部雷同的缺点。人物俑的头部有长头、圆头之分；面部轮廓有窄、宽、方、圆多种；人的眼睛、眉毛、胡须也各不相同。

气势的宏大磅礴，是秦始皇兵马俑的另一个显著特点，无论是从单个人物，还是整个场面看均如此，这大概与始皇崇尚大有关。单个的兵俑，人物的身材是高大健壮的，人物的神情是严肃威武的；2万平方米的空间，七八千件硕大的陶俑，整齐排列，将秦国“吞六国”的气势表现得淋漓尽致。

还应指出，目前展出的秦俑都呈现着陶质的原色，但是刚出土时它们的身体都是满施彩绘的。使用的颜色有朱红、枣红、粉红、粉绿、粉紫、粉蓝、中黄、橘黄、白、黑、赭等色，其中又以朱红、粉红、粉绿、粉蓝和赭这五种色彩使用最多。绘制的方法，一般是将矿物质颜色同明胶混合，然后平涂于俑体之上。秦始皇兵马俑开启了陵墓陪葬兵马俑的先河，对汉代关中地区和徐州地区的兵马俑有着直接的影响。

在始皇陵中还发现两辆铜车马，这是中国发现最早、驾具最全、级别最高、制作最精的青铜器珍品，也是世界考古发现的最大青铜器。铜车马为铜制，高104.2厘米，全长328.4 厘米，马高92厘米，总重约1200公斤，创作于秦朝，出土于陕西临潼秦始皇陵西侧通往

秦始皇陵二号铜车马

跪坐俑 西汉

无影山出土乐舞杂技俑 西汉

地宫的甬道中。出土的铜车马共有两件，都为单辕，四马，单御者编制，尺寸约为车马实际大小的二分之一。一号车为伞盖，驭手呈站立姿势；二号车为篷盖，驭手作跪姿。二号车已修复。二号车叫“安车”，分为前御室和后乘室，两室之间隔以车墙。赶车的人坐在前御室，主人坐在后乘室。乘室前面及左右两侧有三个车窗，后面留门，门窗都可以灵活启闭，窗上的小孔可以调节空气，从中外望。车上有椭圆形伞状车盖。此车通体施以白色为底色的彩绘。二号车配有1500余件金银构件和饰物，显得华丽富贵。

彩绘陶立俑 西汉

汉代的雕塑作品，就内容而言，以陵墓雕塑为主。形制上主要为作为陪葬品的俑、纪念碑性巨石群雕、墓室建筑用的画像石和画像砖。

汉俑是汉代艺术最重要的门类之一，以质地区别，可分为陶、木、铜、石俑等，陶俑最多，石俑最少。汉俑主要有两种类型：一是继秦后反映军队题材的兵马俑，二是以侍奉主人生活起居、宴饮的侍俑、乐舞俑等。早期以前者为主。到了东汉则以后者居多，前者已很少见了。

拂袖女舞俑 西汉

西汉陶质兵马俑群，最重要的两组发现于陕西咸阳杨家湾和江苏徐州狮子山。两者兵俑的造型和排列类似于秦始皇兵马俑，但形体却小得多，高度一般在40～50厘米。

到了东汉，陶塑品种明显增多。有反映农业生产的，如广东佛

红陶武士俑　东汉

击鼓说唱俑　东汉

彩绘骑马俑　东汉

山出土的插秧运肥的陶俑；有刻画农妇繁重劳作的，如四川新津出土的背儿捧箕俑，彭山出土的哺婴俑；有反映家内劳作的，如山东高唐、河北石家庄及四川重庆出土的庖厨俑；有反映医疗卫生的，如河南南阳出土的针灸陶人；还有反映娱乐生活的，如河南洛阳出土的各种乐舞杂伎俑。其中，四川的说书俑最有特色。这些说书俑，动作滑稽，面部表情丰富，神采飞扬，造型准确，姿势夸张，形神兼备，堪称汉俑艺术中的杰作。

大型的纪念性石雕一般设置在宫殿、苑囿、陵墓前，分浮雕和圆雕两种。汉代的浮雕主要表现为“阙”。阙是用来体现封建礼仪的一种装饰性建筑，上面镌刻文字和图像。汉代的石阙最精湛的当推四川雅安高颐阙、渠县沈府君阙和冯焕阙、绵阳平阳府君阙、芦山樊敏阙。

比起浮雕作品来，汉代的圆雕则更为出色丰富。据记载，汉代官

马踏匈奴　霍去病墓前

卧马　霍去病墓前

卧牛　霍去病墓前

吏的墓前多有一至二座石雕，题材有人、马、牛、羊、驼、虎、狮，还有天禄和辟邪；后两者是两种神兽，它们具有虎豹般的身躯、飞鸟般的双翼、狮子般的头部，起着镇恶辟邪、保佑灵魂的作用。著名的大型石雕有陕西省兴平县西汉骠骑将军霍去病墓石刻、陕西省城固县西汉博望侯张骞墓前的一对石辟邪、四川省灌县都江堰东汉李冰石像、河南南阳东汉汝安太守宗资墓天禄辟邪。

目前所见年代最早的纪念碑性巨石群雕，是西汉名将霍去病墓冢上的石雕群像。霍去病墓是模仿祁连山修筑的巨大的墓冢，以纪念他在祁连山战役中的赫赫战功。但只是山状，未免单调，于是就在墓的周围安放了各种动物的雕塑。目前尚存的石刻有16件，长度一般超过1.5米，有的在2.5米之上，现存作品有立马、卧马、跃马、卧虎、卧象、石蛙、石鱼、石蟾、卧牛、野猪、野人、野人搏熊、母牛舔犊等14件，另有题铭刻石2块。

在西汉时期，加工如此之多的巨石是比较困难的，一方面是石料的难得，再者缺少刻石用的利器。所以，石匠们便尽量选择与准备雕成的艺术造型的轮廓大致近似的石材，只需进行少量加工，便可得物像的轮廓，然后采用线雕和浮雕的手法，刻画细部。由于采用这种雕塑方式，也就造成了霍去病墓石雕的两个艺术特色：一是追求神似的写意风格，这些石刻作品，往往因势造型，寥寥数笔，动物的神态霍然跃出，这一点与秦代兵马俑的高度写实风格大不相同。二是采用了多种雕塑技法，在16件石雕中，圆雕、浮雕、线雕均有使用。但是可惜的是，霍去病墓上的石雕群像已是历史绝唱，其质朴古拙的手法

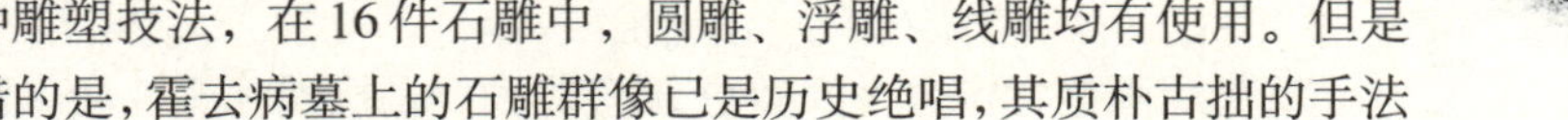

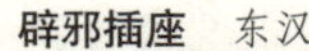

辟邪插座　东汉

天禄　东汉

长信宫灯 西汉

羽人器座 西汉

铜奔马 东汉

未被后世陵墓上的纪念性石雕所采用。

汉代青铜铸像遗存丰富，显示出那个时代雕塑与冶铸的卓越技艺。其中甘肃武威雷台东汉墓出土的铜奔马，又称“马踏飞燕”，通高34.5厘米。作者匠心独具，铸造的这匹矫健奔驰的骏马，三足腾空，一足踩在展翅疾飞的鸟背上，具有强烈的动感。奔马昂首嘶奔，蹄下飞鸟回首惊视；飞鸟支撑着骏马，成为底座。整个雕塑将奔马超越飞鸟的瞬间定格，构图巧妙， 造型精美，富于想像力。此作品被誉为汉代青铜雕塑的奇葩。

六、帛画和壁画

汉代绘画题材内容，大致可分三类：一是反映现实社会生活的题材，包括车骑出行、庖厨宴饮、乐舞百戏、田猎农事、战争、庄园等内容；再是表现具有教化作用的历史故事和历史人物，像黄帝、颛顼、尧、舜、禹、孔子、老子等人物形象和周公辅成王、老莱子娱亲、荆柯刺秦王、二桃杀三士等故事情节；三是表现神仙灵异、祥瑞珍奇等题材，如伏羲、女娲、东王公、西王母、雨师风伯、飞仙羽人、青龙、白虎、朱

出行图 汉

"T"形帛画

雀、玄武等神话题材。汉代绘画题材包罗万象，但目的只在于劝善戒恶，宣扬儒家的伦理纲常。古圣先贤、忠臣义士、孝子烈女都是作为世人的楷模来表现的；神话形象体现着汉代社会的宗教意识和宇宙观念；汉画中流行的生活排场的表现，除炫耀统治者声威显赫外，亦有训诫子孙光宗耀祖之意。汉代的绘画，主要有宫殿衙署壁画、墓室壁画、帛画、工艺装饰画等艺术门类，并见于大量实物遗存中。

汉代画于缣帛上的作品见于遗存的有多幅，均出土于墓葬，是那个时期重要的绘画史料。其代表作品有：马王堆西汉墓帛画，1972年出土于湖南长沙马王堆1号墓和3号墓。在这两个墓的内棺棺盖上，覆盖着T形旌幡帛画，全长约2米。帛画是葬仪中用来招魂、导引后随葬的旌幡，又称"非衣"。画面上段描绘的是天界，有人面蛇身的始祖神女娲等；中间绘墓主人拄杖缓行及宴享等人间生活；下段以神怪、龙蛇、龟鱼等形象，表示地下部分。画面主题思想是引魂升天。在艺术处理上有这样几个特点：构图上以穿壁的蛟龙，将人间与天上、地下部分有机地联合起来，形成一个浪漫热烈的整体；突出人物形象描绘，其形貌服饰刻画得惟妙惟肖；画中神禽异兽，姿态矫健生动，富有奇特的想像力；画面勾线挺拔，线条粗细变化中富有流畅韵致；设色庄重典雅，以暖色为基调的丰富色相运用使其产生诡异、华丽、热烈的效果，显示出西汉绘画的卓越水平。马王堆1号墓与3号墓两幅帛画的尺寸、形制、内容都相近，只是由于墓主人的身份性别不同而有男女形象及其画面细节的区别。

金雀山西汉墓帛画，1976年出土于临沂金雀山9号西汉墓。画面自上而下表现出天上、人间、地下的结构，亦为旌幡性质，反映了导引墓主升仙的主题。画面顶部为日月并升，日月中有金乌、玉兔、蟾蜍，衬以云朵；中部为墓主人等多人活动的场面，分五层表现了宴乐、迎宾、纺织、校武等生活情景；下部为腾龙与怪兽形象。其绘制特点为"没骨"与勾勒相结合，线色互渗互压，使以暖褐色为主调的画面有较丰富的效果。

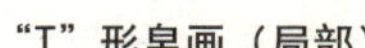
"T"形帛画（局部）

汉代统治者提倡孝道与厚葬，特别是东汉实行察举孝廉的制度，使厚葬之风愈演愈烈。汉代地下墓室壁面绘有大量表现死者生前权势、威仪、财富、生活及历史故事、神异形象等内容的画面，成为汉代厚葬的重要组成部分，造墓者以期获得"孝"的社会声誉，有利于仕宦之途。墓室壁画兴起于西汉早

乐舞百戏壁画 和林格尔出土

期，流行于东汉，对了解汉代社会经济、文化、审美思想和绘画的发展，具有重要意义。

汉代墓室壁画的题材非常广泛，几乎包括汉代社会生活与意识形态的各个方面。墓室壁画保持了写实而夸张的传统，绘制上则发展了墨线勾勒轮廓再平涂施色的手法，构图上开始注意比例和空间关系，表现出汉代绘画的发展与进步。汉代墓室壁画的重要遗存有：洛阳卜千秋西汉墓壁画、洛阳烧沟61号西汉墓壁画、河北望都1号墓东汉壁画、内蒙古和林格尔东汉墓壁画等。

卜千秋墓壁画描绘男墓主乘龙、女墓主乘凤，分别由方士与仙女导引，神兽仙禽护卫，升入天国的景象，形象生动活泼，勾线流利挺秀，构图丰满又富有韵律节奏，显示出纯熟的绘画表现力。洛阳烧沟61号西汉墓壁画，以其历史故事的内容和生动豪放的画面而著称，描绘了“二桃杀三士”的历史故事，表现了紧张场面和冲突气氛。望都1号东汉墓壁画，在墓前室左右两壁绘文武属吏，并标出诸如主记吏、主簿、门下吏、辟车伍佰等身份。人物形象高大，性格鲜明，比例准确，布局严谨，比较真实地刻画出人物的身份与形貌特点。内蒙古和林格尔东汉墓壁画内容主要是墓主人的经历和生活，场面宽阔，情节

二桃杀三士（墨线图）

丰富，画面生动热烈，是汉代墓室壁画中所罕见的。壁画墨线勾勒，色彩和谐，造型洗练，用笔飘逸，构图主从有序，反映出东汉绘画的成熟，透露出画工娴熟的技艺。

七、画像石和画像砖

画像石是兴起于西汉式微于东汉的一种陵墓雕塑。画像石的主要载体有石阙、石祠、石棺、石室墓和崖墓等，汉代早期的画像石多出于石棺。画像石的雕刻方法可分为阴线刻、浮雕和透雕三种。与画像石类似的是画像砖。画像砖是以陶土为原料，先在木制模具上刻出图画印模，然后模印在砖坯上，再入窑烧制而成。

西王母、历史故事、车骑
东汉画像石

画像石、画像砖是汉代厚葬习俗的产物。汉代统治者提倡孝廉，使厚葬成为与仕途升迁相关联的社会行为；再就是汉代人死后灵魂升天的意识，使墓室具有象征意义，即墓室就是墓主人生前环境的缩影。画像石、画像砖在汉代墓葬中的数目非常多，并以丰富的表现内容和相对固定的墓室位置，显示出它们的功能。画像石、画像砖的主要表现内容有：庄园经济条件下的生产劳动，表现墓主人的礼仪及其生活场面，历史故事与历史人物，神话故事，祥瑞物象与天象图，动物、植物形象及图案等。

画像石主要分布在山东、河南、江苏、陕西、山西、四川等地区。画像砖以河南、四川出土最多，其艺术造诣最高的当属四川地区。画像石产生于西汉，盛于东汉，魏晋之际实例很少，故称汉画像石。画像砖起源于战国晚期，盛于汉代，三国两晋南北朝时期继续流行，画像砖的艺术高峰期当为东汉时期。

画像石在构图上一种是以平面的散点和分层方式布局，形象按上下层次、左右关系获得在空间中的位置，具有平面效果；另一种是表现了俯视景物，画面形象有序地向上方发展，上下间距表示了远近关系。画面中的建筑、几案等用具的造型，辅助性地制造出深度；物象的叠合与互掩，亦使画面有三度的空间感觉。画像石、画像砖的造型呈现出以曲线为主的特征，强调形象的动态，形成了取其大貌、不拘小节，强调动态美感，具有奔放、飞动、紧张、粗豪之美，呈现出生

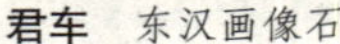

君车 东汉画像石

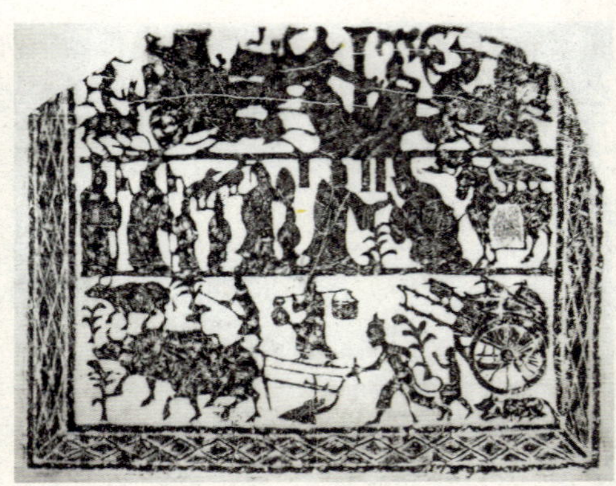

牛耕 东汉画像石

命活力和浪漫之情。

山东长清孝堂山郭氏祠画像石，在石祠石壁及石梁上，布满了精美的画像，内容有神话传说、天文星象、历史故事、贵族朝会、出行、征战、狩猎等生活场面。画像石均为阴线刻画，具有东汉早期质朴精练的特点。

河南南阳唐河针织厂发现的东汉早期画像石墓，内容有范睢受袍、晏子见齐景公等历史故事，还有伏羲、女娲、四神、天象等画面。雕刻采用物象外留有粗犷凿纹的浅浮雕，布局简洁明快，物象生动豪放，具有节奏感。

山东嘉祥武氏祠位于山东嘉祥县武宅村西北，保存有武梁祠、武班祠、武荣祠三个石祠的石刻装饰画40余块。各石祠画像内容主要是神仙祥瑞、神话传说、历史人物故事及孝子烈女等。突出的画面有伏羲、女娲、祝融、神农、老子、孔子等古帝先贤，荆轲等忠勇义士，京师节女、王陵母等节妇烈女，闵子骞、老莱子等孝子贤孙等。画像采用减地平雕加阴线刻的技法雕成，其特点是善于抓取历史故事矛盾冲突的高潮，运用必要的景物以表现特定的环境，人物造型以夸张的动作在构图的均衡平稳中表现出动感和力度。画像具有工整、严谨、朴素、古拙的写实特色。

龙纹空心砖 秦

四川是画像砖发现最集中的地区。画像砖表现了富庶的社会经济和多彩的世俗生活。四川画像砖多表现伏羲、女娲、日月神、西王母等神话内容和描绘车马出行、宴乐观舞、门阙仪卫等现实生活题材，特别是有反映汉代封建庄园经济的农副业生产活动和集贸活动画面。四川画像砖风格清新和谐，乡土气息浓郁，以剪影

弋射收获 汉画像砖

荷塘渔猎 汉画像砖

酿酒 汉画像砖

式的图像、夸张的造型和简练的线条，使画面充满了动感和神韵，并体现出雄健朴拙、生动流畅的时代特征。代表作品有成都、大邑出土的弋射收获画像砖，四川彭县出土的荷塘渔猎画像砖，德阳出土的播种画像砖，成都、邛崃出土的盐井画像砖，广汉、新都出土的市井画像砖等。

八、李斯创制小篆

春秋战国时期，诸侯割据争霸，烽烟四起，战乱频仍，造成了诸侯国之间言语异声、文字异形、书体多样的局面，影响了经济文化的交流与发展。秦始皇一统天下后，为消除文字多样、语音不同造成的交际不便，发展经济文化，巩固其统治，决定实行“书同文”政策，“罢其不与秦文合者”，在秦文基础上统一全国文字。秦始皇把这一工作交给了以李斯为首的大书法家们。

李斯（？—前208），字通古，上蔡（今河南上蔡）人。早年跟随荀子学习帝王之术，后到秦国做官。由于上《谏逐客书》，被秦始皇重用，官至丞相，权倾一时。秦始皇死后，李斯和赵高一起更改秦始皇遗诏，废太子扶苏，立胡亥为二世。他后来遭赵高诬陷，被腰斩于咸阳，当时年约70岁。李斯不但有卓越的政治才华，而且书法造诣深厚，名闻天下，自赵高以下，都对其书法十分佩服。

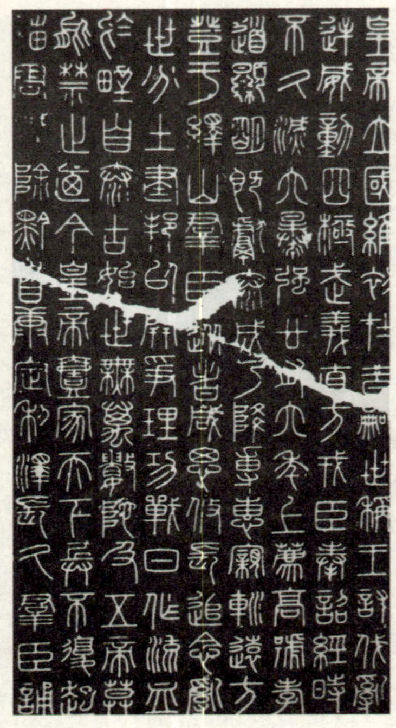

峄山刻石

许慎在其《说文解字·序》中记载，李斯和当时善书的赵高、胡毋敬一起对古文字进行了整理考定。李斯书写出标准字体《仓颉篇》，赵高写出《爰历篇》，胡毋敬写出《博学篇》，作为规范字体通行全国。这种字体取自史籀大篆，或对之改进，称为小篆。其中，李斯的字体最为标准优美，所以世传小篆为李斯创制。《蒙恬笔经》中记述了李斯对大篆改进的过程，《太平广记》中也有转述。李斯认为，上古时的大篆由于历史久远，繁难复杂，人们大多不能通晓。于是将大篆删繁就简，仔细推敲，改为便于书写的小篆。当时刻在名山、碑碣、印玺、铜人上的文字，大多出于李斯手笔。李斯也对自己的书法颇为自信，在书写秦望山纪功石时说："吾死后五百三十年，当有一人替吾迹焉。"

李斯的小篆，笔画圆劲，细如玉箸，又称"玉箸篆"。与以前的文字相比，字形长方，结构简化，线条精练，运笔自如婉转而有法度，于朴拙中见飘逸舒展，给人以简洁明快、匀称端庄、劲挺瘦硬之美感。对于李斯的书法，后人赞美有加。张怀瓘在《书断》中赞美道："画如铁石，字若飞动，作楷隶之祖，为不变之法。"又说："李君创法，神虑精微。铁为肢体，虬为骖騑。江海淼漫，山岳巍巍，长风万里，鸾凤于飞。"

由于李斯位高而又善书，始皇和二世巡游时，都要带上他，让其撰写文句，以备刻石，为秦歌功颂德，因此为后人留下了许多珍贵遗迹。据《史记》记载，秦始皇一统天下后，在位12年，出巡全国共5次，除了第一次外，所到之处都要刻石记功，以"示强威，服海内"。秦刻石共有六处，其中著名的有《峄山刻石》、《泰山刻石》、《琅琊刻石》等。

《峄山刻石》又称《山碑》，始皇二十八年东巡时立，是有记载的秦代刻石之风的开始。碑前面是始皇诏书，共144字。10年后二世东行峄县，又让他在原碑"皇帝曰"之下刻写二世的诏书。该碑线条曲折婉转，柔中有刚，圆畅自如，显得清秀劲挺；章法布局端庄严整，对称之中不乏变化。有人赞其"笔画圆劲，古意毕臻"。《泰山刻石》是始皇二十八年东巡登泰山时所立刻石。石四面均有刻字，三面为始皇诏书，一面为二世诏书与从臣姓名。原有200多字，可惜清朝乾隆年间毁于大火，现仅存9字，残石保存于山东泰安岱庙。该刻石用笔沉着凝重，遒劲厚实，结体稍宽，疏密匀称，浑厚朴实，是不可多得之珍品。《琅琊刻石》立于始皇二十八年，是仅存的秦刻原石，也是秦代刻石最为可信的一种，虽磨蚀严重，但仍能看出笔法圆润劲秀，结体谨严，古厚之气犹在。小篆是汉字发展的一大进步，其独特的审

泰山刻石

美价值吸引了历代书法家沉浸其中。

九、隶书与汉碑

程邈，秦代下杜（现陕西西安市南）人。据记载，程邈曾经在秦始皇时代担任某县的一个小官吏，由于得罪了始皇帝，被囚禁于云阳县的监狱。在狱中，他对当时烦琐的官方小篆进行了大胆改革，把圆滑的线条化为方整，把繁杂的结构化为简约，日复一日，年复一年，经过长期努力，程邈整理成3000个隶字，并上呈始皇帝。秦始皇认为这种字体美观大方，比篆书易于书写，也便于交流，于是重新起用了程邈，并封他为御史。由于程邈地位低微，还坐过监狱，所以他所创的字即被称为“隶书。”后魏江武《论书表》中说：“隶书者，始皇时使下人程邈附于小篆所作也，世人以邈徒隶，即谓之隶书。”张怀瓘在《书断》中也认为：“隶书者，秦下邽人程邈所造也。邈字元岑，始为衙县狱吏，得罪始皇，幽系云阳狱中，覃思十年，益大、小篆方圆而为隶书三千字。”关于隶书中“隶”的来源，还有很多说法。有的认为这种字体最初在奴隶群体中广泛使用，所以才称为隶书。东汉史学家班固则认为隶书起于官狱多事，苟趋省易，施之于徒隶，故谓之隶书。也有的认为是因隶书多为下级官吏和平民等社会地位低下的人所使用而得名。还有人认为，在古汉语中，隶也有“隶属”、“附属”之义，也就是说隶书是因作为当时官体小篆的辅助字体使用而得名。据考证，隶书最早萌芽于战国时代，其发展成熟期有的学者认为是在秦代，有的学者认为是在西汉，公认的看法是隶书在汉代已经得到普遍应用。

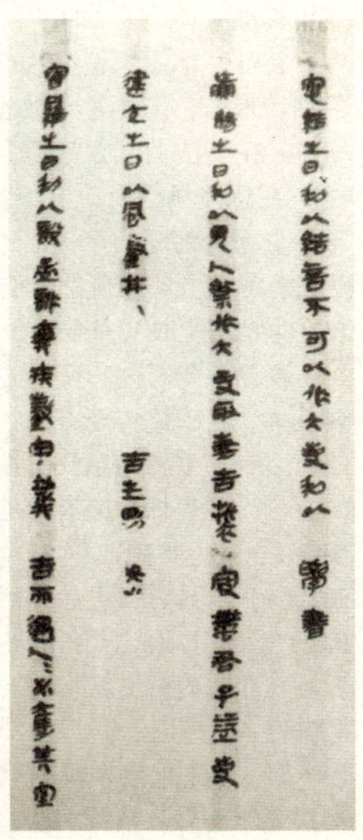
云梦秦简

前面已经提到，隶书是由篆书简约变化而来的，在结构上，化圆转为方折，削繁就简；在笔画上，以方笔为主，波折代替弧线，从而使汉字更具实用性，有利于文化传播。

隶书按发展过程来讲，可分为秦隶和汉隶。秦隶是指从战国末年到西汉初期的隶书，是篆书向隶书过渡的一个时

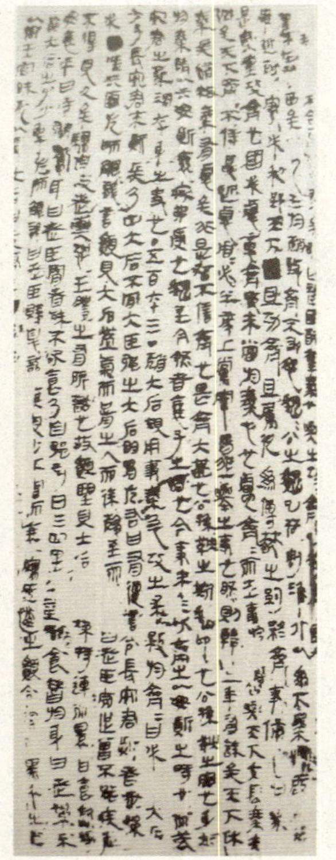
马王堆帛书（《战国策》）

期。这时的字体虽有所简化，但篆书的意味还很浓，隶书所特有的波磔还不十分明显；从笔画上看，圆笔用法还比较多，而且比较细，字体结构上相对偏长。这些特点可以从湖北云梦睡虎地发现的墨迹秦竹简和青川木牍看出来。这种字体特点规定了隶书未来发展的趋势。

甘肃武威出土的隶书汉简

汉隶是西汉中后期到东汉时期成熟阶段的隶书，该时期隶书发展逐步完备，结构也固定下来。在东汉前期，隶书的变革已初具规模，字体结构更加简化，形态逐步向扁方发展，方折笔法已比较明显，篆书的圆匀特点基本消失。在汉桓帝、汉灵帝直到汉献帝时期，汉隶达到全盛，并成为社会通用标准字体。这个时期，隶书已完全摆脱了篆书的影响，结构呈现扁平特征，字体规整精致，横稳舒展。在形态上，形成“蚕头燕尾”的独特形态，有燕飞灵动之势，却又尽显雍容大方，苍劲挺拔，意趣横生；在笔法上以方笔为主，兼有圆势，逆入平出虚实结合，波磔彰显；在总体风格上，上下紧凑，左右舒展，朴拙中见精巧灵妙，古雅中见秀美情趣，严谨而不失生动活泼，规整而不失变化自然；章法上，纵横分明，疏密匀整，中规中矩。总之，隶书的产生与发展不仅在书法史上具有重要地位，而且开创了中国汉字发展史上的新局面。

说到汉隶，不能不说汉碑。汉碑是隶书特别是汉隶承传流存的主要载体。汉碑流传至今的约四百多种，主要为东汉时期的石刻。代表性作品有《乙瑛碑》、《礼器碑》、《曹全碑》、《张迁碑》、《史晨前后碑》、《石门颂》、《五凤刻石》、《孔庙碑》、《张寿碑》、《衡碑》等。

莱子侯刻石　西汉

《乙瑛碑》系东汉桓帝永兴元年所立，全称《汉鲁

相乙瑛置百石卒史碑》，共计720字，现存山东曲阜孔庙内，记载的是公犊和对鲁相乙瑛的赞美之辞。此碑书法风格凝重规矩且尽显灵气，遒劲雄秀且具超逸神韵，法度森严却不失活泼自然；用笔方圆结合，骨肉均具，蚕头雁尾特征清晰可见，笔画平稳端庄却又极具变化。《乙瑛碑》被誉为汉隶七名碑之首（另外六碑为《礼器碑》、《孔庙碑》、《西岳华山庙碑》、《衡方碑》、《史晨碑》、《张迁碑》）。此碑开汉隶规矩严谨之风。

乙瑛碑

《曹全碑》刻于东汉灵帝中平二年，是王敞等人为称赞郃阳令曹全为政廉洁、军功卓著而立，共900字。通体看，全碑书法圆润和舒，体势扁方有飞动之感。笔画横笔开张，竖笔含蓄，以横定势，以圆蕴方，秀美绰丽，姿态飘逸，变化灵动。结构上左右松而不散，中宫紧而不过。陈云群曾对该碑极为欣赏，评曰："如果在汉碑分隶之中求最俊秀之书法，则莫过于此碑"，"（此碑书法）行云流水，美女簪花，不足喻其媚丽流畅；飘逸风流，雅士衣锦，不足喻其品高娴雅"。此碑开汉隶柔中寓刚、华贵秀美之风。

《张迁碑》全称为《汉故谷城长荡阴令张君表颂》，于东汉灵帝中平三年刻，是为赞颂张迁品德、功绩而立，现存山东泰山岱庙。《张迁碑》书法以方笔为主，结构宽舒方正；笔画古拙朴厚，劲健中透着骨力，尤其雁尾极其夸张，别有情趣；总体风格典雅浑厚，体势大方，富于变化，自然无做作。清代孙承泽评赞道："（此碑）书法方整尔雅，汉石中不多见者。"因此，《张迁碑》被称为汉隶中方笔之经典，

曹全碑

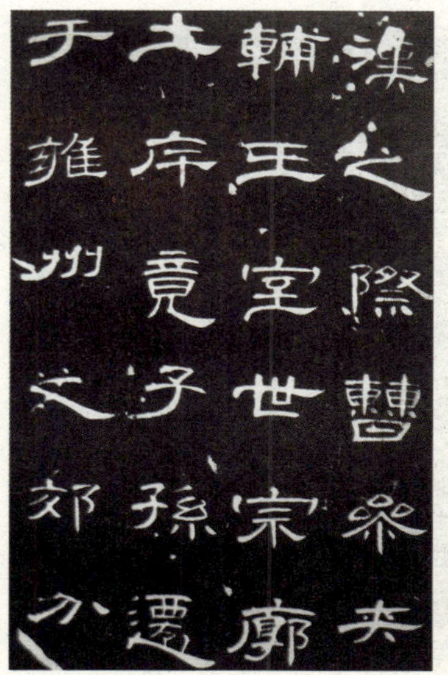

张迁碑

史晨碑

开方笔为主、见棱见角之风。

《史晨碑》有碑阳、碑阴两面。碑阴全称《鲁相史晨飨孔子庙碑》，于东汉建宁元年刻。碑阳全称《鲁相史晨祀孔子奏铭》，刻于建宁二年。全碑共1112个字。此碑结构端庄工整，笔画圆润丰实，极具变化，自然飞动，姿态绰约，韵致神逸。明代的郭宗昌对此碑推崇有加："分法复尔雅超逸，可为百代模楷，亦非后世可及。"

著名的汉碑还有很多，不再一一赘述。总之，汉隶在中国社会发展史和书法史上具有极其重要的地位，为汉字的发展定型奠定了坚实的基础，在中国书法艺术史上独树一帜，是书法史上的一大创举。

下面再介绍一下蔡邕的《熹平石经》及其书法成就。蔡邕（133—192），字伯喈，东汉陈留圉（今河南杞县南）人，汉灵帝时因弹劾宦官而被放逐。董卓专权，任为左中郎将，世称"蔡中郎"。董卓被杀后，被王允问罪，死于狱中，小说《三国演义》对此也有描写。他是东汉著名的文学家和书法家，博学多才，通晓天文地理、经史音律和绘画，尤其是书法奇妙，独步古今。

蔡邕书法以篆隶著称，尤以隶书造诣最高，名望最重。他曾受命校定《尚书》、《周易》、《春秋公羊传》、《礼记》、《论语》等五部经书，亲自用八分体（汉隶）书丹（刻碑前先用朱砂在石上写好字样）刻碑后立于洛阳太学讲堂门前，世称《熹平石经》，又称《汉石经》。当时便引起轰动。据史书记载，观看和摹写的人摩肩接踵，每天云集车子上千辆，"填塞街陌"，观者看后无不叹服，羡慕不已。这部石经是碑刻群体，一组46块用成熟的隶书体八分写成，法度谨严，笔意飞动，结体匀称和谐，方正严谨；线条凝重劲挺，厚实有力，骨力雄健，只可惜稍逊自然灵气。南朝梁武帝赞道："邕书骨力洞达，爽爽如有神力。"张怀瓘说："八分书则伯喈制胜，出世独立，谁敢比肩？"历代书者都把《熹平石经》作为隶书范本加以临摹。

熹平石经

蔡邕的书法成就源自于刻苦勤奋。他在嵩山得到古人笔迹，欣喜若狂，三天茶不思饭不想，然后读诵研习三年，精心揣摩，如醉如痴，尽得用笔之妙。他还善于观察生活，从中悟出笔法，使书艺大进。相传汉灵帝时，蔡邕前往鸿都门等待皇帝召见，当时工匠们正在整修鸿都门，用扫帚往墙上刷白粉。他仔细观察，见刷子过后，丝发露白，顿时灵感飞至，回去后创造了一种新的书体——“飞白书”。这种书体自然朴实，苍劲有力，其势飞举，如星流电转，像枯笔写成，情趣盎然，在当时及后世有很大影响。张怀瓘在《书断》中称：“蔡邕飞白得华艳飘荡之极，字之逸越不复过此。”

此外，蔡邕还对书法理论颇有研究，著有《篆书势》、《九势》、《笔论》等。在《九势》中，对“落笔结字”、“转笔”、“藏锋”、“藏头”、“护尾”、“疾势”、“掠笔”、“涩势”、“横麟”等九种用笔规则加以评述，见解深刻。他在《笔论》中还精辟论述了书写对精神和身法的要求，从而建立了笔法理论的基本原则，影响深远。

十、草圣张芝

草书是一种书写快捷、由隶书简写而成的一种笔画连写的字体。草书的“草”有“草率”、“潦草”之意。草书作为一种独特的书法字体，其特点非常明显：行笔如飞，自由飘逸，上下贯通，迂回流连，飞墨潇洒，变幻无穷。书写草书者可根据自己的思想变化、情绪起伏和环境影响自由发挥。

按字形特征和来源来看，草书可分为章草和今草。当今草的潦草程度加剧至狂放不羁，便形成狂草。因此，习惯上，草书又可分为章草、今草、狂草。

章草产生于楷书之前，是由隶书快速牵连书写而成。一般认为，章草在秦末汉初开始出现，在西汉时期就已经得到广泛应用。由于章草和隶书有直接的渊源关系，故章草的隶意浓厚，仍有波磔笔画。字体形态上略取横势，结体平正扁方，而且字字独立，不同之处在于章草笔画牵连，虽字与字不连接，笔意却如丝相连，笔笔飘逸流动。

今草，有的人认为是在章草的基础上发展而来，有的人认为是对楷书和行书的快速写法而成。今草源于晋朝或更早一些。今草书写起来比章草更快，行笔如流水，连绵顺畅，不仅字内笔画牵连不可分，而且字与字之间有游丝轻笔相连，借上字之终，为下字之始，自成一体，有时不易辨认。今草已完全摆脱隶意，看不到波磔，而且结体长方。今草又分为小草和大草。

狂草也被称为“一笔书”、“连绵草”。狂草比今草更加放纵不羁，飘逸若行云，奔腾如惊龙，连绵不断，急风骤雨，豪情激越，字形也更加难于辨认，有时字连为一体，气势不断。

草书　崔瑗

在书法史上，汉代是章草兴盛的时期，今草也初见端倪。当时出现了不少草书大家，如杜度、崔瑗、张芝等。以张芝为例，他在书法上极为重视楷则，而其草书则远胜于隶书成就，后世人尊之为“草圣”。

张芝，字伯英，东汉敦煌酒泉人，生卒年月不详。张芝的父亲当时在朝廷任职，仕途却极为不顺，对张芝触动很大。因此，朝廷多次邀他进京任职，都被他拒绝，只是潜心研究书法。

梁代庾肩吾在《书品》中评价道：“张（芝）工夫第一，天然次之。”足见张芝研习书法的刻苦精神。古今闻名的“临池学书，池水尽墨”即是对张芝苦练书法的写照。相传，他苦研书法，无论酷暑严寒，还是夏雨冬雪，日复一日，年复一年，如痴如醉，门前的水池都被他用的墨染黑了。因此，历代书法家都以他为楷模，以“临池学书”激励自己。还传说：他家织成的布，他先用来练字，等写完了再染色制衣。这些虽然没有史料记载，但也可由此看出张芝书法艺术的成就是靠勤奋苦练得来的。

张芝的草书师从杜度、崔瑗，在学习前人的基础上，历经改革创新，继承章草精华，去除隶书波磔，加大牵连，形成今草，超过杜度和崔瑗，达到“神化自若，变态不穷”的境界。

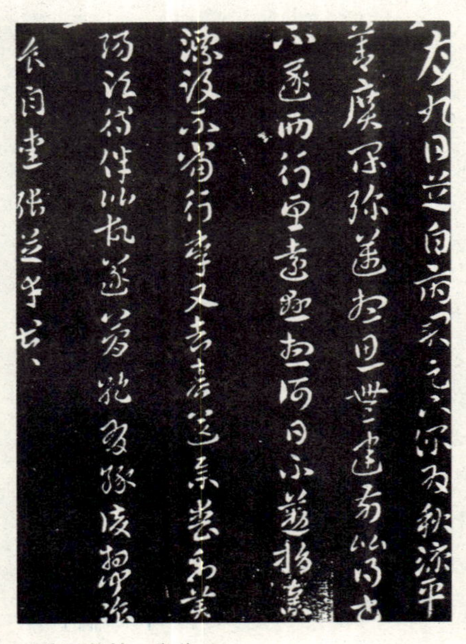
秋凉平善帖　张芝

张芝是汉代草书的集大成者。他功底扎实，用笔极为精妙，运笔一气呵成，气脉不断，行笔如流水，连绵不绝，犹如风雨相加，气势非凡；体势自然，上下牵连，上字之末为下字之始，偶有不连，意却相通。通篇章法，自然神置，气象恢宏如万马奔腾，放纵不羁，变幻无穷。

张芝传世草书作品极少，当以字计，主要有《秋凉平善》等五帖，仅存《淳化阁法帖》中的六行草书，字势飞扬，笔连意牵，奇形离合，若瀑布飞流直下，奇逸神妙，狂放而又自然，尽显英雄豪气。

王羲之十分推崇张芝的草书，并以此为楷模，习张草而自成一体。庾肩吾更崇之有加，评张芝草书为上之上品。唐代评者更详细，认为张芝草书当列“神品”。由此可见张芝的草书艺术成就之高。

此外，张芝还著书立说，通过《笔势》、《笔心论》等论著及时对草书的发展进行了总结并提出了许多独到的论断。

第五章 艺术的自觉

东汉末年，受到黄巾起义打击的东汉王朝已是摇摇欲坠，一些地方官吏乘机扩充实力，争夺地盘，在长期混战中，中国经历了三国、两晋、南北朝时期。这是中国历史上一个动荡、分裂和战乱的时代，在历时360多年的时间中，割据政权对峙，朝代更替频繁。社会剧烈的动荡与变革，引起了社会思想及文化的深刻变化。在汉代，占据统治地位的儒家思想受到冲击，诸家人物纷纷登台亮相，呈现出春秋战国以来又一次思想活跃的局面。在这个时期，玄学思想的风靡、南北文化的交融及西域文化的传入对当时的社会文化和艺术产生了深刻的影响。文人名士不再把天作为神来敬奉，而是把天作为物来欣赏，追求物我合一的境界。他们清谈玄机，忘情山水，人的意识得以觉醒，人物个性得到张扬，一种顺情适为的生活方式逐渐成为社会文化的主题。魏晋名士将汉末以来注重人伦品藻转化为对个体精神的崇尚，对人才的品评不再视其权势，而是看其智慧、品格、情操等，审美标准开始从儒学的束缚中解放出来，艺术逐步走向独立发展。艺术的自觉时代到来了。

魏晋南北朝时期出现的新的审美观念通过各种艺术形式展现出来。绘画和书法出现了新变，西汉以来重在功利教化的倾向趋于消减，而突出了对客观物象神韵性情的刻画和点染。顾恺之、陆探微、张僧繇的绘画实践，谢赫《画品》提出的绘画品评标准，宗炳的山水画论，都体现出这个时代绘画的新特征。魏晋南北朝时期，学书之风盛行，当时各种书体均已具备，书法名家辈出，名作蔚为大观。钟繇的楷书、王羲之的行书标新立异、神采飞扬，行云流水般的书法艺术令人叹为观止。庾肩吾品评书法的著作《书品》的出现，标志着魏晋南北朝时期书法繁荣和书学的逐渐成熟。在音乐领域，汉代的"相和歌"经过自北至南、由南而北的传播和变革，糅合了南方民歌"吴歌"、"西曲"，发展成为汉族传统音乐风格的代表"清商乐"。许多少数民族音乐家纷至沓来，对中原音乐文化的发展作出了贡献。当时流行于中原地区的西域音乐主要有龟兹乐、西凉乐、疏勒乐、天竺乐等。律学理论也得到了很大发展，继西汉律学家京房的"六十律"理论之后，西晋人荀勖的"管口校正"法、南朝宋人何承天的"新律"等成果一次次谱写了中国古代律学史的新篇章。一批崇尚琴乐的文人音乐家们，则把中国古代琴艺推向了高峰。音乐美学著作《声无哀乐论》，是针对儒家"正统"音乐思想的战斗檄文，体现着动荡、混乱年代里人们精神生活的自由和解放。

总之，魏晋南北朝的艺术进入了创作意识觉醒并加以张扬的自觉发展阶段，人们借用艺术有意识地表达内心世界并宣泄着自己的情感，艺术成为一种审美中介和审美形态，折射出那个时代的审美趣味和艺术追求。

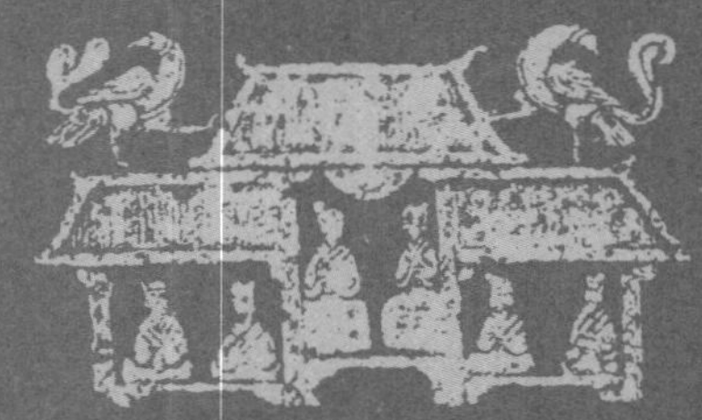

一、清商乐的流行

青釉谷仓上的伎乐人　三国吴

汉末三国时期，北方相和歌演变成名为“清商乐”的音乐形式。曹操祖孙三代都喜爱这种音乐，不仅亲自填写了很多歌词，还设置了“清商署”，专门收集整理西汉以来的相和旧曲并创作新曲，为清商乐提供了良好的发展条件。两晋之交，南方的局势相对稳定，吸引了大量北方居民南迁避乱，清商乐也随之流入南方。劳动力的增多和北方生产技术的传入推动了南方经济发展，也增加了对音乐的社会需求，从而促进了南方清商乐的繁荣。清商乐在南方流行的过程中，进一步糅合了南迁的北方民间音乐和大量南方音乐，成为兼有南北之长、以南方成分（主要是江南“吴歌”和荆楚“西曲”）为主的音乐形式。南北朝时，北魏孝文帝在与南方的战争中将江南流传的清商乐带回北方，从此清商乐又成为全国性的乐种。

清商乐中的南方成分“吴歌”和“西曲”，是曲调婉转、具有新鲜活力的民间俗曲。其中吴歌指江苏一带的民歌，西曲是湖北一带的民歌。前者以表现男女爱情为主，代表曲目有《子夜歌》、《华山畿》等。由于广受人们喜爱，在流传过程中不断变化、发展，同一曲调还形成了不同变体（如《子夜歌》的变体就有《大子夜歌》、《子夜四时歌》、《子夜警歌》、《子夜变歌》等）。后者则多抒发游子的离情别绪，代表作品有《莫愁乐》、《呵那滩》等。吴歌、西曲的歌词多为五言四句，比较齐整。根据《古今乐录》记载，吴歌每段歌唱后往往加一个尾声，称为“送”或“送声”；西曲则有“送和声”。夏野解释说：“大概（西曲）舞曲的‘送声’，多半是由众人齐唱的，所以称为‘送和声’或‘和声’。”吴歌的伴奏乐器有箜篌、琵琶、篪等，有时

吹箫俑　三国蜀汉

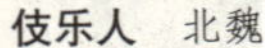

伎乐人 北魏

击鼓舞蹈 《洛神赋图》局部

执巾舞俑 三国蜀汉

也加上笙和筝。西曲中有一种称为"倚歌"的歌曲，可能是由歌唱者站在伴奏者身边表演，《古今乐录》云："凡倚歌悉用铃鼓，无弦有吹。"可见是用吹管乐器和铃鼓来伴奏的。清商乐的高级发展形式为"清商大曲"，它与"相和大曲"都是歌、舞、乐兼备的大型综合艺术形式。

除清商大曲中的舞蹈外，魏晋南北朝时期还有一些小型的舞蹈。《拂舞》，据杨荫浏推测："三国时出于江南地区，可能是以羽毛制成的拂尘作为导具的一种舞，其舞曲内容有时包含着道教的出世思想。"《白纻舞》，是一种借助长袖来丰富动作语汇的舞蹈，与汉代的《巾舞》类似。表演者多为女性，身着白纻做成的舞衣。《宋书·乐志》中讲到"纻本吴地所出，宜是吴舞"，说明这种舞蹈应是由吴地民间乐舞发展来的。

二、文人琴家和古琴曲

斫琴图（局部） 东晋·顾恺之

东汉后期，整个社会危机四伏，腐败的朝廷最终经不起黄巾起义的沉重打击而摇摇欲坠。其后三国鼎立的局面更使社会陷入了长期分裂和动荡不安的状态。在这种情况下，许多有思想、有才能的文人因不愿涉足政治旋涡，遂放弃功名

利禄，遁迹山林，以琴棋书画自娱。这时期的文人大都崇尚琴乐，出现了蔡邕、蔡琰、阮瑀、阮籍、阮咸、阮瞻、嵇康、嵇绍、戴逵、戴勃、戴颙等大批文人琴家。他们往往家学渊源，父子（女）相传，并大多会作曲，以广博的学识和高超的颖悟能力丰富了音乐的内涵。

胡笳十八拍图

在表演实践中，古琴的形制得到改进，琴上出现了确切的徽位，演奏技巧也趋于成熟，并出现了专门的古琴记谱法和记述琴曲内容的著作——《琴操》（关于此书作者，有桓谭、蔡邕、孔衍三种说法）。琴曲创作在此时达到高峰，出现了《胡笳十八拍》、《广陵散》、《酒狂》、《梅花三弄》、《幽兰》等一批著名曲目。

《胡笳十八拍》相传为汉末女琴家蔡琰（字文姬）所作。蔡琰是著名学者和琴家蔡邕之女，自幼爱好音乐，有着过人的天赋和较深的造诣。她在战乱之中被胡兵所掠，成为匈奴左贤王妻十二年之久，并生有两个孩子，后被曹操重金赎回，思乡之心和眷恋骨肉之情难以两全。《胡笳十八拍》就是以她的曲折经历和矛盾心情为题材写成的，她将胡笳音调应用于汉族的古琴之中，在历史上颇负盛名。此曲传谱甚多，其中明万历三十九年（1611）孙丕显《琴适》中的版本为词曲结合形式，全曲十八拍（段），音乐蕴含深情，感人肺腑。

《广陵散》又称《广陵止息》，最晚在东汉末已经流行，三国时嵇康就因善弹此曲而闻名，他在临刑前还从容不迫地索琴弹奏《广陵散》，并慨然叹曰："《广陵散》于今绝矣！"此曲遂成千古绝唱。后人常将《广陵散》与《琴操》中记录的《聂政刺韩王曲》视为同曲异名。战国时韩人聂政之父因延误了铸剑工期被韩王所杀。聂政为父报仇行刺未果，逃入泰山学琴十年。后来他改变容貌、声音寻机进宫为韩王弹琴，从琴腹内抽出匕首刺死韩王。为不连累母亲，他最终自剥面皮、断肢体而亡。现存《广陵散》曲谱最早见于明代朱权的《神奇秘谱》，全曲共45段，谱中有"刺韩"、"冲冠"、"发怒"、"投剑"等分段小标题，

广陵散　现代·范曾

聂政刺韩王

正与聂政刺韩王的故事情节相吻合。全曲气势磅礴，贯注着一种愤慨不屈的凛然正气，也因此遭到封建道学家们的诅咒。

嵇康不仅有着高超的表现技巧，还创作了著名的琴曲“嵇氏四弄”(《长清》、《短清》、《长侧》、《短侧》四曲的合称)，并写了琴学理论著作《琴赋》，对琴的奏法和表现力等作了细致而生动的描述，是一位既有演奏、创作实践又有理论修养的音乐家。嵇康的音乐思想，主要集中在他的《声无哀乐论》里。文中通过代表作者本人观点的“东野主人”和假设的论敌“秦客”之间一问一答的八次论辩，阐述了“声无哀乐”的观点。嵇康认为“心之与声，明为二物”，即音乐属于外界的客观事物，哀乐属于内心的主观感情，二者不是一回事。音乐可以分散或集中人的精力，可以使人感受到其中的兴奋或安静的情绪，但音乐本身的变化和美与不美却不会引导人产生哀、乐的情感，即“声音自当以善恶为主，则无关于哀乐，哀乐自当以情感而后发，则无系于声音”。人感情上的哀乐是受到外界环境的影响后产生的，适当的音乐会把人们心中事先已经存在的哀乐感情诱导和引发出来，不同的人有着不同的经历，因此被音乐触发起来的感情也就不一样，对相同音乐的理解自然也有所不同。既然音乐是可以被多解的，当然就不能使不同的人在思想上达到统一，想利用音乐来端正社会风气的做法根本是徒劳无功的。

《酒狂》，根据《神奇秘谱》解题中的解释，是三国时著名文学家、音乐家阮籍所作。阮籍生活在司马氏的统治时代，他蔑视当权者，但在当时的情况下只能通过文学作品等形式，以隐晦的笔法表达自己的见解。阮籍不愿与统治者同流合污，不得不时刻躲避统治者的迫害，经常以醉酒佯狂来掩饰自己的心境，也借音乐抒发内心

两位有名的“酒狂”刘伶、阮籍 唐·孙位

谢安东山丝竹图

四梅图之一 南宋 · 扬无咎

的真实感受。琴曲《酒狂》就是表达这种情绪的作品。这首琴曲由现代琴家姚丙炎参照《神奇秘谱》、《西麓堂琴统》等古谱打谱后，采用三拍子节奏，素材精练，结构严谨，旋律先扬后抑，造成一种头重脚轻、站立不稳的感觉，从而形象地刻画出醉酒者迷离恍惚、步履踉跄的神态。

《梅花三弄》，根据《神奇秘谱》、《太古遗音》、《西麓堂琴统》等琴谱记载，最早应是东晋桓伊所作的一首笛曲，《重修真传》题解云："桓伊出笛吹三弄梅花之调，高妙绝伦，后人入于琴。"《梅花三弄》被移植为琴曲，人们一般把功劳归于唐代琴家颜师古。这首作品表现梅花凌霜傲雪、高洁不屈的节操与气质，以清澈透明的泛音演奏主题，并以同样曲调在不同段落中、不同徽位上三次循环出现，故称《梅花三弄》，正如明代《伯牙心法》所云："梅为花之最清，琴为声之最清，以最清之声写最清之物，宜其有凌霜音韵也"，"三弄之意，则取泛音

深谷幽兰图 清 · 罗聘

八花图之一 元 · 钱选

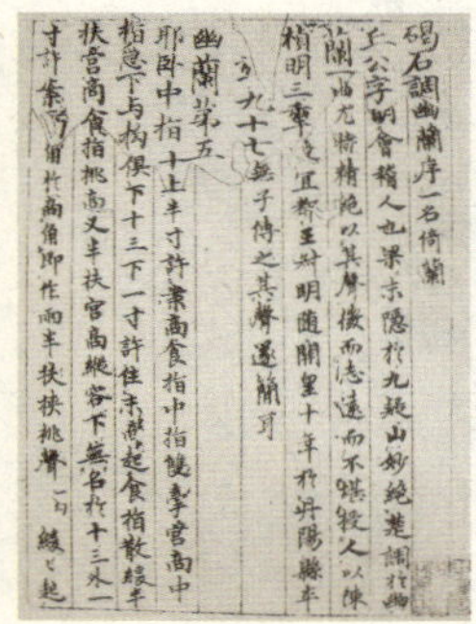

碣石調幽蘭序一名倚蘭
丘公字明會稽人也梁末隱於九疑山妙絕楚調於幽
蘭一曲尤特精絕以其聲微而志遠而不堪授人以陳
禎明三年授宜都王叔明隨開皇十年於丹陽縣卒
年九十七無子傳之其聲遂簡耳
幽蘭第五
耶臥中指十上半寸許案商食指中指雙牽宮商中
指急下與構俱下十三下一寸許住末商起食指散緩半
扶宮商食指挑商又半扶宮商縱容下無名於十三外一
寸許案商角即作兩半扶挾挑聲一句緩緩起

《碣石调·幽兰》文字谱

唐人抄本

弹琴俑 北朝早期

三段，同弦异徽云尔”。

《碣石调·幽兰》，是梁代琴家丘明的传谱，现见谱本记谱时间则在唐朝，是中国现存琴曲中记谱年代最早的一首。关于这首琴曲的内容，据《琴操》记载，《幽兰》（又名《猗兰操》）是孔子在幽谷中见到盛开的兰花与杂草为伍，触动了内心怀才不遇的伤感情绪而写下的。其音调则被认为是源于汉代民歌。《碣石调·幽兰》采用文字谱记写，全谱即是一篇演奏法的文字说明，详细地描述弦位、徽位及两手的弹奏动作。虽然今天看来这种记谱法烦琐而不甚精确，但它的出现对于琴曲的传承和传播无疑有着划时代的意义。

魏晋南北朝时期的著名琴曲还有蔡邕的“蔡氏五弄”(《游春》、《绿水》、《坐愁》、《秋思》、《幽居》）等。可以说，正是这时期特殊的社会背景造就了大量卓越的文人琴家，也促成了中国古琴音乐的兴盛。

三、西域音乐的传入

魏晋南北朝是中国历史上民族文化大融合的时期。各族混战、政权的交替，尤其是北方各族聚居、杂居的局面使得自西汉以来传入的西域音乐的传播更加畅通无阻，不同民族的音乐文化得到广泛的接触与充分的交流。所谓“西域音乐”，是指中国西部各民族以及中亚、印度等地的音乐。当时流行于中原地区的西域音乐主要有龟兹乐、西凉乐、疏勒乐、安国乐、康国乐、高丽乐、天竺乐等。

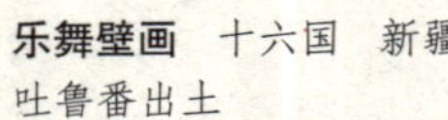

乐舞壁画 十六国 新疆吐鲁番出土

龟兹（今新疆库车）音乐是当时外来音乐中影响最大的一种，约384年传入中原。当时前秦大将吕光打败龟兹，带回龟兹的乐队和乐曲作为战利品，自此以后龟兹音乐从龟兹或辗转经其他地区源源不断地传到中原。568年，北周武帝娶突厥公主为皇后，陪嫁的乐队中就有龟兹、疏勒、康国、安国的音乐。龟兹乐器有竖箜篌、曲项琵琶、五弦琵琶、筚篥等。乐曲有歌曲《善善摩尼》、解曲《婆伽儿》、舞曲《小天》、《疏勒盐》等。龟兹音乐在中原的流行，除了凭借它令人耳目一新的艺术效果外，也与当时久

曲项琵琶飞天 西魏 莫高窟285窟

弹竖箜篌 北魏 莫高窟431窟

居中原的龟兹音乐家有关。苏祇婆就是随突厥皇后入朝的龟兹乐工之一，他家学渊源，不但善于演奏胡琵琶，还精通音乐理论，把西域“五旦七调”宫调体系带入中原，丰富了汉族传统的调式音阶理论。见于历史记载的龟兹音乐家还有白明达等，北魏时的曹婆罗门也以擅长演奏龟兹琵琶著称。

西凉乐产生于甘肃一带。386年，吕光占据凉州，建立后凉政权，他当年缴获的战利品龟兹乐便在此地与中原音乐及其他少数民族音乐产生了碰撞、融会，形成一种“变龟兹声为之”（《隋书·音乐志》）的新风格，时称“秦汉伎”。北魏太武帝时平定河西，将吕光势力灭亡后一度分散的曲目收集起来，带到都城平城（今山西大同），称为“西凉乐”。北魏、北周时又被称为“国伎”。西凉乐的乐曲有：歌曲《永世乐》、解曲《万世丰》、舞曲《于阗佛曲》等。乐队以曲项琵琶、竖箜篌等龟兹乐器为主，也采用钟、磬、笙、箫等汉族乐器。

疏勒（今新疆疏勒）音乐、安国（今中亚布哈拉）音乐大约于436年北魏太武帝通西域时传入，康国（今中亚撒马尔罕）音乐大约于568年随突厥皇后陪嫁的乐队进入中原。这些异域音乐风格传入后，因得到中原贵族的喜爱而流行，到隋唐时期成为宫廷中的重要节目。

天竺（今印度）音乐最早可能是1世纪随天竺佛教传入中国内地的。西凉乐中的《于阗佛曲》，是吕光等灭龟兹时所得的“胡戎”之曲，也应带有天竺风格。真正代表“天竺”地域色彩的“天竺乐”大约在4世纪时传入中原，据《隋书·音乐志》记载：“天竺者，起自张重华据有凉州（346—353），重四译来贡男伎，天竺即其乐焉。歌曲有《沙石疆》，舞曲有《天曲》。乐器有凤首箜篌、琵琶、五弦、笛、铜鼓、毛员鼓、都昙鼓、铜拔、贝等。”“天竺乐”除在宫廷

王子乔吹笙画像砖 南朝

伎乐图 北周 莫高窟297窟

横笛飞天 西魏 莫高窟285窟

中演出外，自南北朝至唐代，随着佛教的盛行出现了许多擅长佛教音乐的僧人，他们对天竺音乐的传播也作出了很大贡献。

魏晋南北朝时期西域音乐的广泛传播是汉代以来中原地区与周边少数民族和外国不断交流、沟通的结果，它为中国古代音乐的发展注入了新鲜血液，也为唐代燕乐的高度繁荣打下了良好的基础。

四、乐律学成果

音乐实践的发展推动了人们对于乐音的形成以及乐音之间相互关系的探求。如前所述，早在先秦时期，中国就有了弦上求律的“三分损益法”，但这种律制存在缺陷：相邻两律之间音程距离不平均，有大半音和小半音之分，所生第十三律不能回到黄钟本律的长度比数上。西汉律学家京房首先发现了这一问题，为此他在十二律的基础上，用三分损益法推算出了“六十律”，即从首律黄钟起相生到第十二律仲吕后，继续往下生律，直到第六十律为止。其实，当京房推算到第五十四律时，就已经与出发律（即首律黄钟）很接近，只差一个微小的音差（约3.6音分，京房称之为“一日”，后人称“京房音差”），但京房为把律数与历数统一起来，又一直算到六十律。“京房六十律”没有太多的音乐实践价值，也并未真正解决旋宫转调的问题，但客观上却对后世的律学家有极大的启发作用，推动了中国古代乐律学的研究。

南北朝时期刘宋太史钱乐之和梁朝博士沈重的“三百六十律”都是在京房“六十律”的基础上加以引申而成，没有很大的理论意义和实际价值。

宋人何承天则反对京房的“六十律”之法，主张只在十二律内部

横吹画像砖 南朝

乐舞画像砖 南朝

调整各律的振动体长度。具体方法如下表所示：假设“黄钟”弦长为9寸，把三分损益法所生第十三律“变黄钟”与首律“黄钟”之间的弦长差数0.1212寸平均分作12份，每份0.0101寸。在三分损益十二律每律的弦长上依次增补1至12份，加至第十三律时，正好形成9寸还生黄钟。

律名	计算方法	长度比数(单位：寸)
黄钟		9
林钟	9×2/3　　+0.0101	=　6.0101
太簇	6×4/3　　+0.0202	=　8.0202
南吕	8×2/3　　+0.0303	=　5.3636
姑洗	5.3333×4/3+0.0404	=　7.1515
应钟	7.1111×2/3+0.0505	=　4.7912
蕤宾	4.7407×4/3+0.0606	=　6.3815
大吕	6.3209×4/3+0.0707	=　8.4986
夷则	8.4279×2/3+0.0808	=　5.6994
夹钟	5.6186×4/3+0.0909	=　7.5824
无射	7.4915×2/3+0.1010	=　5.0953
仲吕	4.9943×4/3+0.1111	=　6.7702
还生黄钟	6.6591×4/3+0.1212	=　9

何承天的这种学说被《宋书·乐志》称为“新律”。“新律”虽然没有从理论上求得十二平均律,但其实际音响效果比起三分损益十二律已更加接近平均律的效果，近似地达到了悬宫转调的目的。

除弦上求律的诸多探索之外,西晋时的乐律学家荀勖则着力研究律管的音高和管长的关系，找到了“管口校正”的计算方法。他以准确的校正数来确定律笛的长度以及笛上各孔之间的距离,并根据这个校正数制作了十二支笛，以应十二律。这十二支笛被后世称为“荀勖

笛律”。荀勖对管内空气振动的研究和对律管发音规律的探讨是中国古代律学史上的一大进步，对解决管乐器的音准问题有很高的实用价值，对后世律学研究也有着深远的影响。

五、魏晋南北朝的绘画

魏晋南北朝时期的绘画主流继承了汉代传统，注重绘画的“鉴戒”作用，许多壁画和卷轴画的题材都是古圣先贤和忠臣烈女。正像谢赫在《画品》中主张的“图绘者，莫不明劝戒，著升沉”，绘画艺术的首要功能是社会教育。然而，由于文人士大夫越来越追求精神生活，再加上文化各门类之间的相互影响，绘画题材种类逐步扩大，风格亦呈现多样化，并开始向分科发展。人物画出现了取材于文学作品的绘画和注重人物品格风度的肖像画，形成了“张（僧繇）得其肉、陆（探微）得其骨、顾（恺之）得其神”等表现人物面貌和精神的不同风格，出现了衣服紧窄贴体的“曹衣出水”的造型样式等。山水也不再仅仅作为人物画的背景，而是成为一个独立的画科。画家借山水寄托其思想和情操，使山水画一出现就显示出与其他画科不同的特点。这一时期有关山水画的著录、著述较多，但目前还没有见到早期独立的山水作品。遗存中的山水形象，还是作为人物背景和环境而出现的，手法较为古拙。正如唐代张彦远在《历代名画记》中所说：“其画山水，则群峰之势，若钿饰犀栉，或水不容泛，或人大于山，率皆附以树石，映带其地，列植之状，若伸臂布指……”可见，这一时期的山水画作品还处于稚拙阶段，山水画真正的发展应在隋唐之际。

第一批有记载的画家出现在魏晋。三国的曹不兴、晋时的卫协，是见于记载、又以绘画才能影响后世的画家。到东晋，出现了著名画家顾恺之。顾恺之（约346—407），东晋画家，字长康，小字虎头，晋陵无锡人。出身高门贵族，曾任桓温及殷仲堪参军、散骑常侍。多才艺，工诗赋，尤精绘画，善画人物、道释等，其绘画理论和实践在中国绘画史中有着重要影响。顾恺之强调人物画的传神，而传神的关键是描绘眼睛。据记载，他作画可数年不点眼睛，人问其故，他答：“传神写照，正在阿堵（指眼睛）中。”顾恺之在人物造型中提高了线的表现力，他笔下的人物，用线柔韧，连绵如春蚕吐丝，春云浮空，流水行地，悠缓自然，将战国以来形成的传统线描发展到完美境地。顾恺之善于审查题材和人物性格，在绘画中加以提炼，故其画具有一定的思想深度，耐人寻味。顾恺之作品真迹未保存下来。有三件流传下来的绘画被认为是其原作的摹本，即《女史箴图》、《洛神赋图》、《列女

顾恺之像

孙叔敖母子 《列女仁智图》局部

仁智图》。顾恺之有画论传世，基本观点有传神论、以形写神、迁想妙得等。他对于绘画中人物的精神状态和内心活动的表达、人物画形神兼备的要求等，对后世中国画创作和绘画美学思想的发展影响很大。

《女史箴图》是根据西晋张华所著的《女史箴》所作。所谓“女史”为古代官名，其掌管宫内皇后的礼仪文书，多由德才兼备的女性担任。“箴”为古代一种短小精悍的格言形式文体，含有规谏劝教的意义。这幅画卷的内容是教育宫中妇女如何为人的封建道德规范，分段描绘，内容独立。画中刻画了众多贵族妇女形象及其生活场面，反映出顾恺之绘画的风格成就。《洛神赋图》是根据诗人曹植的文学名篇而画成。曹植以优美动人的文笔创造了人神相恋的梦幻境界，抒发

洛神赋图（摹本局部）
东晋·顾恺之

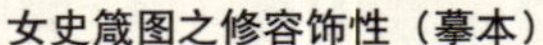
女史箴图之修容饰性（摹本）

女史箴图之冯媛挡熊（摹本）

了作者的感伤情怀。顾恺之则将人物描绘于自然山川中，表现出洛神典雅的形象和隽永的神韵。画面人物之间的情思不是依靠面部表情，而是靠人物之间相互关系的巧妙处理展现出来的。画中曹植欲语无言，洛神含情脉脉，表达出可望而不可及的惆怅情意，也是对顾恺之绘画理论主张的最好注脚。

顾恺之在其《论画》中的理论主张，受人物鉴赏之风和魏晋玄学的影响，强调传神，即刻画人物的精神面貌与性格气质。在人物画的表现中，不忽视一定的“形”的再现，但更重视“神”的体现。为画好人物神态，重视描写眼睛以及人物之间的相互关系。作者还就发挥艺术想像力方面，提出了“迁想妙得”的见解，对后世产生了极大影响。顾恺之在总结前人绘画创作的基础上，将自己的创作实践上升为理论认识，并以此评论当时画家作品，开创了中国画理论批评的先河。《论画》为中国绘画“传神”传统的形成奠定了基础。

陆探微是南朝宋、齐时画家，主要活动于5世纪中叶。善画人物

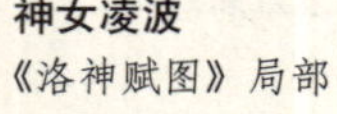
神女凌波
《洛神赋图》局部

仿张僧繇山水图 明 · 蓝瑛

肖像，亦画风俗与佛教图像。他创造了一种被称为“秀骨清像”的造型风格，即人物塑造于清秀中显示出神采生动、自然洒脱的神韵，表现出对崇玄学、重清议的六朝士人形象的把握与概括。这种造型风格在南朝蔚然成风，而且影响到雕塑创作。陆探微还因为其绘画线条的劲力细密，以草书的体势，形成气脉连绵不断的“一笔画”笔法，从而受到谢赫的高度评价，将他列为《画品》中第一品的第一人，称其绘画“穷理尽性，事绝言像，包前孕后，古今独立”。

张僧繇，南朝萧梁时画家，活动于6世纪上半叶。以善画佛道著称，同时善画人物、肖像、花鸟、走兽等。其艺术手法简练，富于变化，创造一种“笔才一二，像已应焉”的表现方法，成为当时绘画疏体的代表。他善于吸收外来艺术手法，曾用天竺传入的凹凸法绘制壁画，笔下物象，远观有立体感，因此，他所绘壁画之寺被人称为“凹凸寺”。张僧繇画佛像人物用功深厚，创造出的形象独具风格，人称“张家样”，是古代寺庙中影响最大的佛像式样之一。传说他画龙后，没有点睛，人问其故，说点睛后则飞去，众人以为不然，于是张僧繇点之，龙即乘云飞去。

画龙点睛 近代 · 吴友如

曹仲达，北齐画家，来自西域。以画“外国佛像”著称，被称为佛教形象的“曹家样”。所画人物“其体稠叠，而衣服紧窄”，即运用一系列稠密的细

北齐校书图（局部）

墓室砖画与壁画

线，以表现薄质贴身衣服上的褶纹，仿佛从水中而出，故世称“曹衣出水”。他的绘画样式反映了佛教艺术传入中国时中外交融的艺术风格，对佛教绘画与雕塑都有重大影响。

杨子华，北齐宫廷画家。善画贵族人物、宫苑、车马。他画的马生动逼真，曾使观者在夜间产生听到马索水草而嘶鸣的幻觉，他的人物画造型准确，技艺精湛，在当时被称为“画圣”。他供职于宫廷，得到北齐世祖的重视，成为专门御用画家。现存《北齐校书图》被认为是杨子华的作品。1981年山西太原发现的北齐娄睿墓壁画，也被推断为杨子华手笔或接近杨子华画风者所作。

地下遗存的墓室壁画、砖画等遗迹，为了解魏晋南北朝时期的绘画提供了大量实物依据。如甘肃嘉峪关一带的魏晋墓葬，多座墓中的墓砖上绘有砖画，一砖一画，多达数百幅。内容为出行、放牧、狩猎、农耕等墓主人的生活情景。作品生动、鲜明、清新，反映出时代特征。

墓室壁画《竹林七贤与荣启期像模印砖画》，以南京西善桥墓砖画制作得最精细，保存得最完整。“七贤”是指魏晋清谈家嵇康、阮籍、山涛、王戎、向秀、刘伶、阮咸，荣启期为春秋时期隐士。此壁

采桑砖画

竹林七贤与荣启期

画不是依靠很多的情节与动作来表现人物故事和生活好尚，而是以刻画人物的外貌和人物的内在精神气质为特征。画中不但塑造了七贤的相貌，同时刻画了每个人的性格，表现出人物不同的爱好和典型神情。壁画具有南朝人物画所特有的秀骨清像风格，表现手法写实，人物形态生动，线条流利准确而富有变化，简练的笔墨中突出了传神的情趣，反映出南朝绘画的审美特征与不断深化的造型水平。

出土于河南洛阳北魏皇陵区的刻有孝子故事的石棺，现藏美国堪萨斯城纳尔逊美术馆。石棺两壁各刻有孝子故事并有榜题，在刻画人物及山水表现上达到很高水平。画幅以阴刻减地的方法表现人物及背景，情节生动，其中边框图案、流云、树石与人物飘举的衣带和谐地组织在一起，构成流动华丽的装饰效果，优美动人，不失为北朝高水平的绘画遗物。

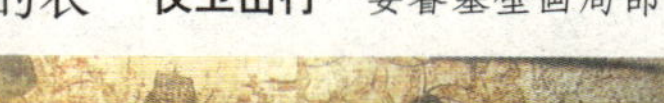

仪卫出行　娄睿墓壁画局部

《娄睿墓壁画》出土于山西省太原市晋祠王郭村之北齐墓，为北齐世祖高欢娄太后兄的儿子娄睿之墓葬。墓内保存有壁画71幅，面积达200多平方米。描绘墓主人出行、归来、门卫仪仗、墓主人生活以及神话天象等内容。整个墓室壁画规模宏大，构图完整，技艺高超，手法写实，洋溢着浓厚的生活气息。

六、宗教美术的繁盛

佛头像 云冈石窟第5窟

魏晋南北朝时期无休止的战乱，使百姓生活在水深火热之中。这就使汉代就已传入的佛教得到了快速传播与发展。佛教思想对中国意识形态领域影响巨大，同时亦促进了中原与西域之间的文化艺术交流。

佛教属于宗教神学，把解脱人生苦难、成佛渡世、建立佛国净土作为最高目标。佛教是一种偶像崇拜的宗教，以寺院作为活动场所，以一系列的造像作为膜拜对象。佛教在中国的造像数量非常多，有佛、菩萨、罗汉等。在佛教造像中，佛是地位最高的形象。所谓佛，也称佛陀，意译为“智者”、“觉者”。佛的面相神态大都庄重仁慈，秀美和善，用以喻示佛法的可亲可敬。佛的形象除了表现“天上地下，惟我独尊”的卓异外，更重要的是已经成为圆满、福德的象征，在造型上一般不能随意改动。释迦牟尼造像有立像、坐像和卧像三种，被认为表现了释迦牟尼成佛、修行和涅槃的三个重要时刻，象征着佛教信仰的三个主要阶段：皈依、静修与大觉（《中国象征文化》）。大乘佛教认为佛的形象还有“三世佛”，即过去佛、现在佛、未来佛等。菩萨地位仅次于佛，其主要职责是协助佛教化众生，传播佛法。在造型上，菩萨头戴冠，披天衣，着裙裳，饰钏链，面容秀美，体态丰盈，体现其介于人天的身份，更富有人情味。罗汉是指佛的得道弟子，已经断尽三界烦恼，解脱生死轮回。罗汉均是和尚形象，神态相貌丰富生动，与民众非常接近，从而暗示人人均有佛性、皆可成佛的理念。

礼佛图 北魏 巩县石窟

佛教的宗教意义通过造像外化出来，通过百姓的顶礼膜拜，扩大了影响，普及了教义，并形成独特的艺术面貌。佛教艺术的主要表现形式是石窟寺艺术，石窟寺多依山崖开凿，由于古代地面建筑多易毁坏，只保留洞窟遗迹，故简称石窟。石窟内保存有佛教雕刻、彩塑和壁画。

中国最早凿建石窟的是今新疆地区，十六国和南北朝时经由甘肃到达中原，并形成高潮，唐宋时在原有的石窟中续有凿建外，又出现了一些新的窟群，元明以后石窟建造才逐渐停息下来。

中国最重要的佛教石窟寺有甘肃敦煌莫高窟、山西大同云冈石窟、河南洛阳龙门石窟和甘肃天水麦积山石窟。此外，新疆拜城克孜尔石窟、甘肃永靖炳灵寺石窟、河南巩县石窟、山西太原天龙山石窟、四川大足石窟等也是比较重要的石窟。

魏晋南北朝时期保存有壁画的石窟主要有克孜尔石窟和敦煌莫高窟。其中佛教壁画内容主要为本生和本缘故事，宣扬了忍辱牺牲、舍己为人的苦行。壁画塑造了佛、菩萨、飞天、伎乐人等形象，在中国汉代绘画传统的基础上接收了较为明显的印度、犍陀罗佛教美术的影响，显示了对外来画法的大胆吸收。在技法上，表现出色彩浓郁压抑，用笔奔放有力、构图饱满而富有变化的特征。

飞天 炳灵寺石窟169窟

克孜尔石窟位于新疆拜城，现有洞窟236个，是新疆最大的一处石窟。克孜尔石窟壁画内容主要是佛本生故事、因缘故事和佛传故事。壁画以线条勾勒物体轮廓，用晕染表现物体明暗，以增强立体感，人物面相丰圆，身躯颀长，有些造像衣纹稠叠，表现出"曹衣出水"的画法。克孜尔石窟艺术是在本地区艺术传统的基础上受中原文化影响，又吸收了外来文化而形成的。

敦煌莫高窟地处河西走廊西端，创建于前秦建元二年（366），历经北凉、北魏、西魏、北周、隋、唐、五代、宋、西夏、元等朝代相继凿建，现存洞窟492个，保存有历代彩塑2400多身，壁画4.5万平方米，为中国最重要的佛教艺术宝库。莫高窟壁画中的本生故事，主要表现释迦牟尼前生善行；壁画中的因缘故事，主要描写与佛有关的度化事迹。其中《尸毗王割肉贸鸽图》、《萨埵那太子舍身饲虎图》、《鹿王本生图》、《沙弥守戒自杀图》等，画面皆以形式优美、造型独特、情节曲折、富有戏剧性力量而成为最具有吸引力的作品。

说法图 魏晋 克孜尔石窟17窟

《鹿王本生图》见于敦煌莫高窟257窟，据《佛说九色鹿经》而绘，表现的是释迦前生为九色鹿，曾救一溺水之人，后在国王悬赏捉拿九色鹿时，

鹿王本生图　北魏　莫高窟257窟壁画

溺水人违诺贪赏，告发九色鹿的所在，而最终受到报应的故事。此画为长带形连续构图，鹿王向国王倾诉溺水人背信弃义的场面置于画面中心，主题突出，构思巧妙，作品具有传统绘画的装饰风格。人物优美夸张，呈平面化处理，色彩浓丽，在土红色调中杂以蓝、绿、黑、白、赭诸色，具有和谐热烈之效果。造型的线条圆润饱满，呈现出动感和力度，富有节奏感和视觉美感。

尸毗王割肉贸鸽图
北魏　莫高窟254窟壁画

《尸毗王割肉贸鸽图》见于敦煌莫高窟254窟。此画依据《贤愚经》绘制，表现释迦牟尼的前生善行。内容为尸毗王为求佛道，立誓普救众生，当他见到鹰追逐鸽子，鸽子求救时，便愿自割身肉喂鹰以赎之，以换取鸽子性命。图绘尸毗王居中盘坐，神色坚定，同时表现了饿鹰追鸽、尸毗王割肉、眷属痛哭等情节。画面以王为主体，鸽子站在国王手中求救，饿鹰在其脚下陈述，亲眷们则围绕四周惊恐悲痛，突出了尸毗王心灵的崇高。画面多彩，采用了明暗晕染法。笔法刚健，人物衣冠亦表现出西域遗风。

《萨埵那太子舍身饲虎图》见于敦煌莫高窟254窟。内容为摩柯罗陀国萨埵那太子舍掉生命饲喂饿虎的故事。此画集观虎、自刺、投崖、饲虎、悲号、王与妃痛哭、造塔埋骨等情节为一幅，把在不同时间、不同地点的不同情节巧妙地交织在一起，形成了统一而有变化的情节性构图。画面造型生动，情节震撼人心，强调了牺牲自身所造成的心灵满足，暗示了人们对救世主的期待。色彩以深棕色为基调，间以青、绿、灰、白等冷色，显现出沉郁悲壮的气氛。

萨埵那太子舍身饲虎图 北魏 莫高窟254窟壁画

宗教雕塑以宗教教义、故事、人物、传说为题材，大都保存于寺庙和石窟寺之内。由于历代寺庙的毁损，石窟寺便成了宗教雕塑遗存的主要场所。石窟形制约于3世纪从印度传入中国，造窟风最盛时为5—8世纪的南北朝至唐中期。重要的石窟寺多以皇室或贵戚们资造的大像为中心，由众多的窟、龛、摩崖造像等构成庞大的石窟群。每个窟室有立体雕塑本尊造像和弟子、菩萨（后增加天王、力士）组成群像，四壁布满浮雕或壁画，形成浓厚的宗教氛围。

魏晋南北朝时期，随着佛教的兴盛而出现了大规模的营造石窟寺的活动。中国几个最大的石窟群均开凿于此，如敦煌莫高窟、云冈石窟、龙门石窟、麦积山石窟等。

云冈石窟位于山西省大同市之西的武州山，开凿于北魏时期。云冈石窟的第16～20窟，由北魏京城沙门昙曜主持修建，故通称“昙曜五窟”。昙曜五窟主要造像象征五世帝王，突出宣扬“皇帝即是当今如来”的思想。雕像庄重伟岸，面形方圆，鼻梁直挺，衣纹简洁流

大佛像 北魏 云冈石窟20窟

龛楣及窟顶 北魏 云冈石窟12窟

菩萨像 北魏 龙门古阳洞

畅，反映出中亚造像的特色。其中第20窟释迦佛坐像，目光凝视，慈悲肃穆，神情超然大度，形象威严睿智，其雕塑风格，表现出外来艺术的影响。

龙门石窟位于河南省洛阳市南的伊水河畔，开凿在东西二山上，是北魏迁都洛阳后开凿的大型石窟。龙门石窟北魏时期的代表洞窟有宾阳洞、古阳洞、莲花洞、石窟寺洞等。佛像多着宽衣博带，衣褶稠密，袍裙垂蔽；艺术风格从云冈的浑厚粗犷转向龙门的优雅端庄，使其更具鲜明民族特点和中原风格，是形成中国式佛教造像艺术过程中的重要一环。

麦积山石窟位于甘肃省天水市东南45公里处秦岭西端。其北朝造像风格异于云冈石窟、龙门石窟的庞大庄严，而是继承了魏晋高逸清俊的审美风范，以造型修长、儒雅从容的姿态，隽永含蓄的微笑以及具有内在神韵的秀骨清像著称于世，创造出具有典范美的佛教形象。

魏晋南北朝时期的雕塑除了石窟造像外，还有陵墓雕塑。陵墓雕塑包括地下埋藏的陶俑、木俑、铜人和地上墓前的石人、石兽雕刻等。在中国古代帝王贵族陵墓前设置守墓石兽，始于春秋战国，发展于秦汉。到了三国魏晋时期，统治者主张薄葬，因而鲜有墓前石兽。而南朝恢复了汉代陵墓雕塑的葬制，南朝成为陵墓雕塑史上一个新的高峰。南朝陵墓石刻群雕一般是由成对的石兽、神道石柱和石碑所组成。石兽的造型是在狮、虎等猛兽的基础上加以想像夸张而来的，为

菩萨与弟子 北魏 麦积山石窟121窟

男侍童像 西魏 麦积山石窟123窟

神兽。双角的神兽称为“天禄”，独角的为“麒麟”，而无角的则称为“辟邪”。这些石兽形体硕大，气度恢宏，形象夸张。南朝陵墓石刻主要分布于南京及附近的江宁、丹阳、句容一带，现能见到的有石兽的陵墓不下20余处。神道石柱又称碣或华表，由三部分组成：上为柱首，莲花座盖，其上立一辟邪状小兽；中为柱身，圆形，刻瓜棱直线形条文24～28条，柱身上部嵌一方形小神道碑，上书墓主人某某之神道；最下为柱础，分两层，上层刻有翼神兽，口内含珠，下层为一方石，四面有浮雕，多为动物形象。石碑也分为三部分，碑首、碑身、碑座。碑首多为圆形，左右双龙交缠，环缀于碑脊；碑身除刻写文字外，侧面刻有双龙、神兽、莲花、火焰、云气、卷草纹等纹饰；碑座为一龟趺。南朝陵墓石刻上承秦汉，下启隋唐，使雕塑艺术开始由拙朴凝重向着矫健灵动的方向转变。它与同时代的北朝石窟艺术遥相媲美，在中国石雕艺术史上占有极其重要的地位。

景安陵神兽　南朝齐

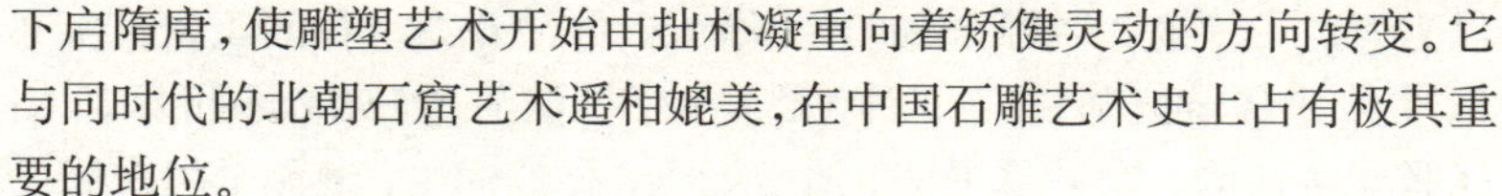

七、钟繇与楷书

楷书又称“真书”、“正书”，是极具法度，规范严谨，可为楷模的意思。一般认为，楷书是从隶书、章草经过长时期的演变逐步简化而成。从考古学上来看，楷书在西汉时期就初露端倪，汉末魏初得到初步发展，并形成一定规模，隋唐时期达到鼎盛。

早期楷书是指魏晋之前的楷书。这个时期，楷书主要是作为隶书的辅助，而且由隶书向楷书的演化还不完善，只是形成楷书的大体结构和形态。这个时期的书家以三国时魏人钟繇最为有名。钟繇博采众长，兼融篆隶，尤其是广泛接触民间书法，把民间流行的已经简化的隶书重新整理，突破原来的隶法，形成简便易写、方正平直的书法规则，加速了隶书蚕头雁尾特征的退化，促进了楷书的定型与发展。由此，钟繇被后世尊称为楷书之祖。

钟繇像

钟繇（151—230），字元常，三国时期颍川长社（今河南长葛）人。汉末官至侍中、尚书仆射，封东武亭侯，魏明帝时迁太傅，世称钟太傅。钟繇一生勤奋好学，极为重视笔法。传说有一次，他与韦诞（三国时著名书法家）等人研讨书法，得知韦诞珍藏着书法大师蔡邕的《笔论》一书，便多次向他求借。韦诞不肯，钟繇又气又急，最后吐血昏迷不醒。多亏魏太祖曹操给他服五灵丹，方才脱险。等到韦诞死后钟繇派人盗墓，才得到蔡邕的《笔论》。这只是一个传说，事实上，韦诞死于253年，晚于钟繇去世23年，盗取《笔论》一书纯属虚构，但由此也可看出钟繇学书的急切心情和对笔法的重视程度。

钟繇除了处理政事以外，其余时间都用于苦练书法。他和别人坐在一起休息时，就在地上练字，不一会工夫就写得满地都是字。睡觉的时候，就在被面上用手指比划，天长日久，被面也被磨破了；每当看到万物变化，行云流水，电闪雷鸣，就心摹神会，用心捉摸内在联系。相传，钟繇向刘德升学习书法，16年足不出户。

钟繇学书曹喜（汉代著名书法家，工篆、隶，生卒年代不详）、蔡邕、刘德升（汉桓帝、灵帝时书法家，以行书见长）等书法家，集前世之大成，对隶书进行大胆革新，去掉蚕头燕尾的书写方式，变扁平为正方，创立了真书，形成了古朴秀雅、刚柔相济、情驰神纵的楷书风格，以及行云流水般挥洒淋漓的行书、草书。梁武帝在《古今书人优劣评》中评道："钟繇书如云鹄游天，群鸿戏海，行间茂密，实亦难过。"宋代黄庭坚赞曰："钟（繇）小字笔法清劲，殆欲不可攀。"清代张廷济认为："（钟繇书法）清瘦如玉，姿趣横生，绝无平生古肥之诮。"钟繇与草圣张芝书法造诣齐名，世人将二人合称"钟张"，与王羲之合称"钟王"。

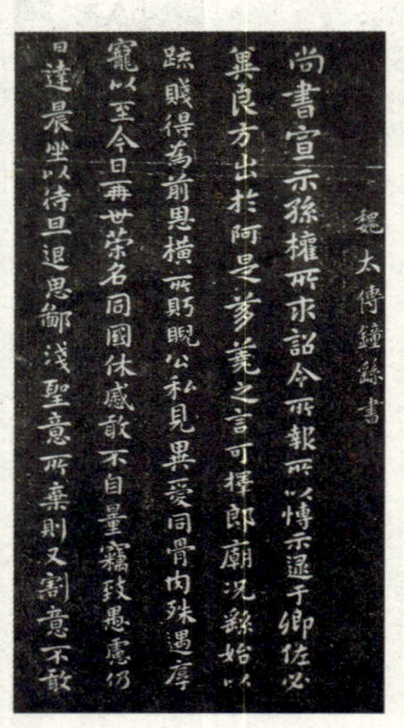

宣示表 三国魏 · 钟繇

钟繇精隶、真、行、草各体，最擅长楷书。他的楷书丰茂典雅，骨劲瘦硬，超逸自然，秀美遒丽，刚柔相济。张怀瓘在《书断》中给予高度评价："（钟）真书古雅，道合神明，则元常第一。""（钟真书）点画之间，多有异趣，可谓幽深无际，古雅有余，秦、汉以来，一人而已。"

钟繇的楷书作品主要有《宣示表》、《贺捷表》、《力命表》、《荐季直表》、《墓田丙舍帖》等。《宣示表》为钟繇小楷法帖，是其诸帖之首。真迹经由西晋王导传至王羲之，再到王修，之后便失传。《淳化阁帖》所刻版本相传为王羲之临摹。此帖书法虽为楷书，但结构字形变化甚多，自然大方；笔画轻灵端重，虚实相间，刚柔兼备，婀娜多姿；布局行距疏朗，字距紧密，疏密相向，落落大方，自然和谐，抑扬顿挫，极具韵律；而从通篇来看，质朴而又清劲，奇逸而具雅趣，活泼而有规矩，浑厚又显劲健，深邃又富节奏。

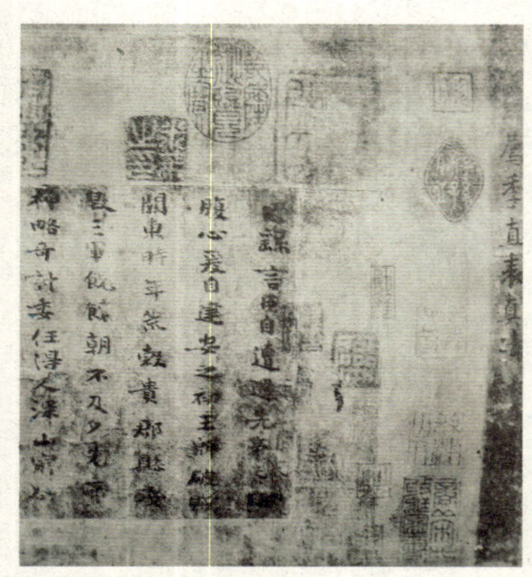
荐季直表 三国魏 · 钟繇

《荐季直表》书于221年，小楷。此表的主要内容是向皇上举荐旧臣关内侯季直，使其委以重任之事。此帖书法结体自然，富于变化，古朴典雅。《书法正传》赞曰："繇《荐季直表》高古纯朴，超妙入神，无晋唐插花美女之态。"钟繇传世的这唯一墨迹传至清末也永

绝人间。

《贺捷表》为钟繇68岁时书，传为正书第一。当时，三国战事发生转折，在北方，魏大胜蜀，并逐步掌握主动权。钟繇以奏表的形式描述了这一喜讯，歌颂功绩。此表书法舒畅明朗，喜悦之情流露于字里行间，行距宽疏，却无松散之感，总体秀美又不失庞大气势，法度森严却神采飞动。《宣和书谱》赞曰：“(《贺捷表》)备尽法度，为正书之祖。”

贺捷表 三国魏 · 钟繇

钟繇书法对后世乃至今天影响巨大，成为千代百世学书者的楷模，尤其钟繇革旧主新、勤学苦练的精神更值得我们学习。

钟繇的楷书还没有完全摆脱隶书的影响，从他的书法可看出由隶书向楷书演变的过渡特征，虽然以圆笔为主、楷法严谨，但自始至终隶意犹存，笔画中波磔较明显。东晋南北朝时期，楷书脱离隶书后逐步发展成熟。这个时期也产生了许多大书法家，例如王羲之、王献之以及魏碑众书家。东晋王羲之是继钟繇后中国书法史上的一位划时代的大书法家。他对楷书摆脱隶书作出了巨大的贡献。王羲之对后世影响最大的楷书作品有《黄庭经》、《乐毅论》。此两部传世之作均为小楷，达到了新的楷法境界，笔画雄健精妙，姿态秀美自然，楷法严谨，柔中寓刚，结构开拓大方。王献之系王羲之七子，在书法史上也有其特殊地位，被尊为“小圣”。他的传世楷书以《洛神赋》为最。他的楷书用笔挺拔秀媚，风格流美，功力深厚，墨采飞动，对后世影响很大。

始平公造像记 北魏

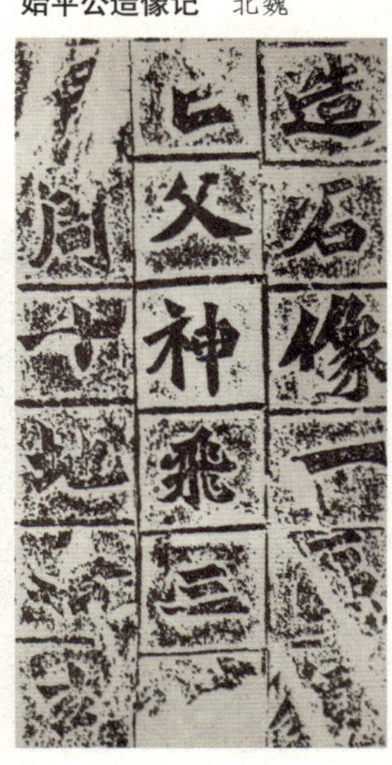

姚伯多造像记 北魏

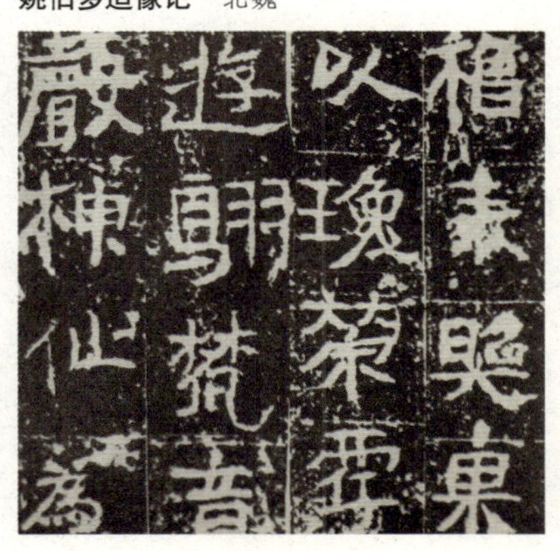

南北朝时期是楷书发展的高峰，尤其是魏碑，开创了楷书书法艺术的独特风格，时至今日，许多学书者仍以魏碑为范本。当时著名的碑刻有《石门铭》、《龙门二十品》、《郑文公碑》、《张玄墓志》、《吊比干文》、《姚伯多造像记》等。魏碑总体特征主要体现在：内圆外方，结构严谨，工整沉稳，撇捺厚重，隶意犹存，却不失楷法；风格千变万化，或以奇逸见长，或以瘦

张猛龙碑　北魏

爨龙颜碑

硬著称，或内含高俊，或外显峻宕，或有圆静神韵，或有丰厚之态，或有古雅之风，或有秀丽之姿。

从总体上看，魏碑可分为三大类：一类是以方笔为主，见棱见角，沉稳挺拔，如《始平公造像记》、《孙秋生造像记》、《张猛龙碑》、《杨大眼造像记》等。一类是用笔或方或圆，隶意显露，体骨俊美，笔画精妙，如《石门铭》、《郑文公碑》、《张玄墓志》、《敬使君碑》、《齐郡王裕造像记》等。一类是结构多变，用笔灵活，不拘一格，妙趣横生，如《姚伯多造像记》、《比丘道仙造像记》、《吊比干文》、《郑长猷造像记》等。另外在谈北魏碑刻时，人们常提及《龙门造像记》中的“四品”，除了《孙秋生造像记》、《杨大眼造像记》、《始平公造像记》之外，其中的《魏灵藏薛法绍造像记》亦属第一类风格。

南朝存留下来的碑刻不多，但其书法成就却不在北魏之下。如《爨龙颜碑》、《爨子宝碑》、《刘怀民墓志》等。

八、书法世家：卫家、王家

魏晋南北朝时代，书法兴盛，学书已成流行风气。当时各种书体都已具备并已发展成熟，出现了很多高水平的书法大家，还涌现出了以书法世代相传的家族——卫家、王家。其中卫家较为突出的有卫觊、卫瓘、卫恒、卫铄等。

州民帖　三国魏・卫瓘

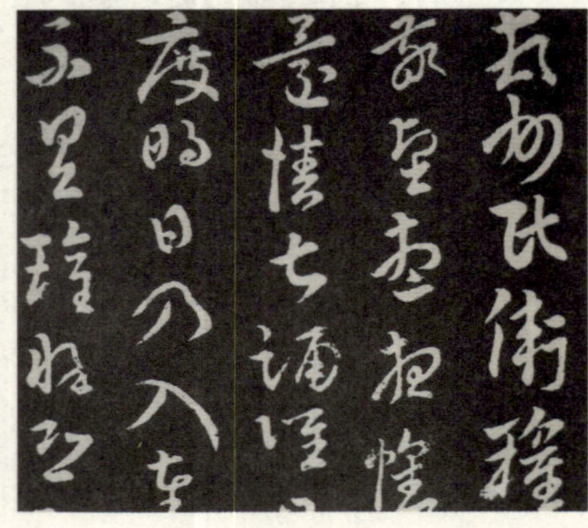

卫觊，三国时期魏国河东安邑(今山西省夏县)人，字伯儒，官至尚书仆射。他工古文，篆、隶、草无所不通，是当时能与钟繇分庭抗礼的书法家。魏国之初的两座名碑《上尊号碑》和《受禅碑》就是由他们两人分别书写的。《受禅碑》鸱视虎顾，峻拔雄劲。据说，卫觊曾经临摹当时名家邯郸淳所写的《古文尚书》，写完以后拿给邯郸淳看，连邯郸淳自己都不能识别真伪。其子卫瓘、其孙卫恒都擅长书法。

卫瓘(220—291)，魏末晋初人。他尤其擅长草书，先学习张芝，自认为得其“筋”，又参考其父卫觊的书法，推陈出新，达到神妙的程度。由于他和当时擅长草书的索靖都做过尚书郎一职，被时人称为“一台二妙”。卫瓘章草作品天姿神秀，“若鸿鹄奋发，飘飘乎清风直上，率情运用，不以为限”，被唐时张怀瓘《书断》列为神品。可惜其作品多已失传。卫瓘几个儿子都有书名，家风四世不衰。其中卫恒是有名的书法家、理论家，后人评价他的书法像“插花美女，舞笑镜台”（见南梁袁昂《古今书评》）。其书法家学渊源，古文体含风雅，甚至超过他的父亲和祖父。他父亲曾说：“我得伯英(张芝)之筋，恒得其骨”。卫恒的传世书迹有《往来帖》。《四体书势》是其书法理论著作，论述古文、篆隶、草书的“势”，即书法的艺术，对后世产生了深远影响。

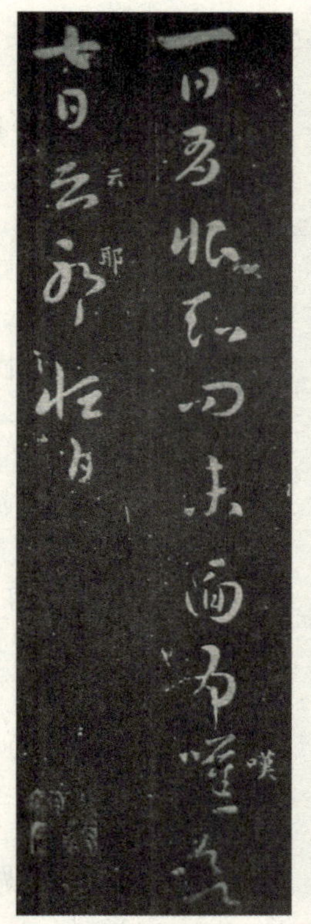
一日帖 西晋 · 卫恒

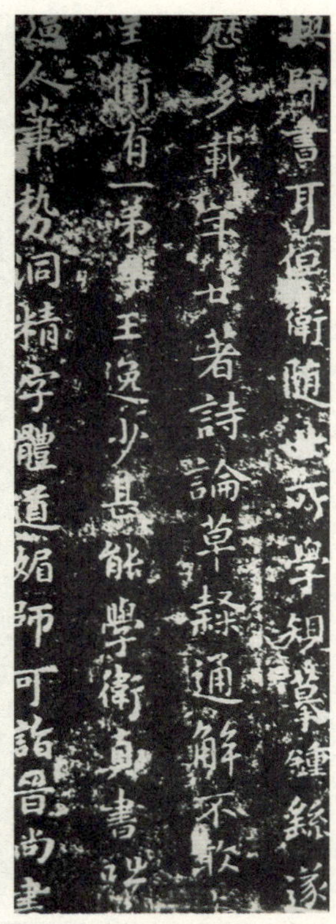
急就章 东晋 · 卫铄

卫恒之后，其侄女卫铄成为一枝新秀。卫铄（272—349)，字茂漪，世称卫夫人，是中国书坛上少有的女书法家。王羲之少时曾随她学习书法。她学钟繇，以隶书、楷书见长。其书法“婉然芳树，穆若清风”，犹如“美女登台，仙娥异影；红莲映水，碧海浮霞”。更为出名的是其所写的《笔陈图》，具体提出横、竖、点、撇、捺、竖弯勾等笔画的艺术要求以及运笔准则，在书法理论上价值极高。卫家书法世代相传，人才辈出，促进了书法艺术的发展。

伯远帖 东晋 · 王询

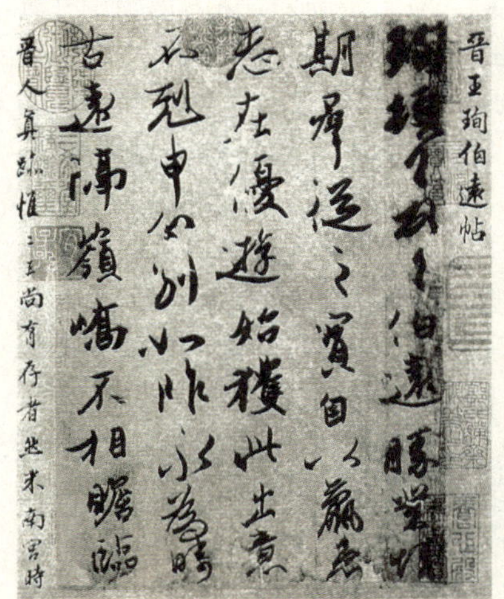

以王羲之为代表的王家也出了多位书法家，包括王羲之的堂伯王导，堂兄王恬、王洽、王劭，侄子王询、王珉，儿子王徽之、王献之等。王羲之（307—365)，东晋琅玡临沂（今山东临沂）人，字逸少，官至右军将军、会稽内史，世人也称他王右军。他出身于书法世家，其父亲一辈、堂兄弟都擅长书法，而以他的成就最高。

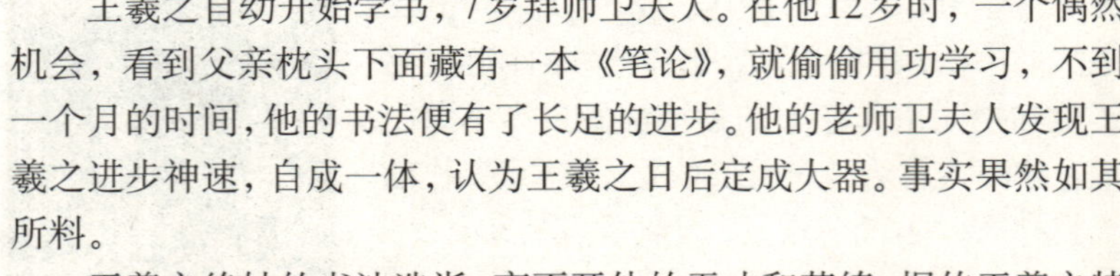

王羲之像

王羲之自幼开始学书，7岁拜师卫夫人。在他12岁时，一个偶然机会，看到父亲枕头下面藏有一本《笔论》，就偷偷用功学习，不到一个月的时间，他的书法便有了长足的进步。他的老师卫夫人发现王羲之进步神速，自成一体，认为王羲之日后定成大器。事实果然如其所料。

王羲之绝妙的书法造诣，离不开他的天才和苦练，据传王羲之特别喜爱钟繇楷书和张芝草书，他自己居住于山中二十多年，整天在地上反复琢磨，练字用的竹片、木片不计其数，布帛、纸被反复使用，直到不能再用。王羲之也认识到锻炼体魄对于练习书法的重要性。相传，他坚持锻炼身体，书法才得以如此矫健遒劲，秀雅华美。他深刻体会到臂力、腕力、指力与书法的关系，于是利用闲暇时间，练习剑法、刀法、投掷、舞斧。传说有一天，王羲之练字，写到高兴入神之时，竟把毛笔当成练习投掷的石子扔了出去。谁知，毛笔竟飞出10多公里远，飞过绍兴城的一条胡同，落在一座小桥上。自此，那条小胡同便改名“笔飞街”，小桥也美名为“笔架桥”。王羲之非常喜欢鹅，他每天都仔细观察水池中的游鹅，模仿鹅在水中游动的动作，还自编自演创成“鹅掌戏”。有一次，王羲之听说附近山阴有一位道长也非常喜欢鹅，而且养了一大群，王羲之便急不可耐地去索求，道长向他提出条件：“你给我题写《黄庭经》，这群鹅就全归你了。”王羲之挥挥洒洒，写完《黄庭经》后就迫不及待地赶着鹅走了，也忘了向道长告辞。

王羲之玩鹅图　宋·马远

王羲之的书法在当时就名震东西南北各地。有一次，王羲之看见一位老妇人卖扇子，好长时间都卖不出去几把，他就在一把扇子上题上“清风徐来”四个字。老妇人看了不高兴，认为把扇子弄脏了。王羲之笑道：“婆婆莫急，有买扇者，就说是王右军亲题，每一把扇便可值一百文。”果然买扇的人络绎不绝，老归人哪知此中玄机，只是疑惑不解。

王羲之先师从女书法家卫夫人，后学草书于张芝，又学钟繇的楷书。他博采众长，为己所用，推陈出新，形成自己特有的风格。他的楷书姿态优雅，精妙绝伦；行书遒劲雄健，出神入化，气韵流畅，达到神笔天成的境界；草书体势纵横，苍劲有力，富有节奏韵律。人们尊之为“书圣”。张怀瓘颂曰：“（羲之）备精诸体，自成一家，千变万化，得之神功，自非造化发灵，岂能登峰造极？”王羲之主要遗作有楷书《黄庭经》、《乐毅论》，行书《兰亭序》、《姨母帖》、《初月帖》、《快雪时晴帖》、《二谢帖》、《怀仁集王羲之圣教序》，草书《十七帖》、《寒切帖》、《远宦帖》、《长风帖》、《游目帖》等。

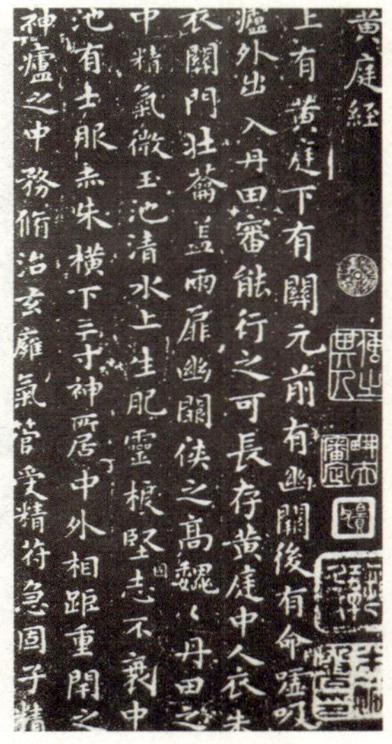
黄庭经　东晋·王羲之

《黄庭经》书于356年，系小楷，是王羲之换道长的白鹅时所写，故也称为《换鹅经》。李白曾有诗为证："山阴道士如相见，应写《黄庭》换白鹅。"此帖字体结构谨紧，法度森严，丰茂圆厚；用笔精湛绝妙，笔画沉稳有力，以侧取势，却又不失端庄；撇捺相映，雍容华贵；通篇广揽，雄劲壮观，姿态妩媚，和畅穆秀。后代有评论家云："（此帖）字有紧处，有疏处，无不各极其妙。"

《乐毅论》书于348年，小楷。此帖笔力雄健沉稳，笔势精妙神奇，法度森严且富有变化，笔画纵横开合，柔中寓刚，如"龙跳天门"，"虎卧凤阙"。总体上，方正端稳而流露潇洒飘逸之风，工整而又蕴含和顺自然之韵。历代书法家对《乐毅论》十分推崇。智永评道："《乐毅论》者，正书第一。"唐代褚遂良也认为："（王书）备尽楷则。"

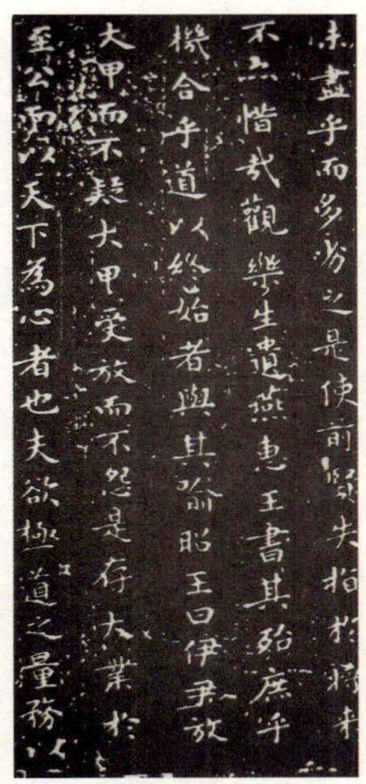
乐毅经　东晋·王羲之

王羲之的行书成就最大。行书成于东汉末年。由于草书虽书写迅疾，却难以辨认，而楷书虽工整易识，却难以提高书写速度，于是行书应运而生。它克服了草书与楷书的缺点，取二者之长，书写迅速，又易辨认，因此受到普遍欢迎。自魏晋以来，行书广泛应用于写信、写文稿、抄文件、记录等方面。由于实用性不亚于真书，所以唐朝的孙过庭说："趋变适时，行书为要。"世传行书为后汉刘德升所造，其实，行书只是出于实际生活所需，人们逐渐改进创造的结果，并非一人之功，只不过刘德升是行书出现后较早以行书闻名的大书法家，影响较大罢了。

行书介于楷书与草书之间，是草书的楷化，或楷书的草化。真书如立，草书如奔，行书如行，故名"行书"。其特点是近楷近草，不拘不放，笔画不断，游丝牵连，显得舒展放纵，节奏明快，生动活泼；结构上删繁就简，方折转圆而含折意，字字独立而形态多变。行书分为行楷和行草两种。写得拘谨些，楷书成分多的称行楷，又名"真行"；写得放纵些，含草成分多的称"行草"，又名"草行"。

王羲之、王献之父子俩尤擅行书。王羲之的行书集前人及同时代书家书法中用笔结体的精华，融会贯通，推陈出新，形成王羲之独特的行书风格：结体疏密自然，或倚或斜或正，相依相映；形态大小参差，或纵或横或方，上下左右错落有致，别有一番情趣；笔画粗细变化，或虚或实，极富节奏感；通篇观之，遒劲秀美，变幻灵动又极具骨力。

《兰亭序》是王羲之行书的代表作，被誉为"天下第一行书"。此帖为王羲之33岁时书。永和九年（353）三月三日，王羲之与谢安等

兰亭序

四十余人借修禊会于会稽山阴兰亭。当时，大自然的壮美景色与文人们的豪情理想融为一体，饮酒作诗，大家把诗汇成册，请王羲之作序。于是他挥豪写下《兰亭序》。事后，王羲之又写了几次，都不满意。唐太宗李世民非常推崇王羲之的书法，不惜重金向天下求购，他最喜欢的是王羲之行书《兰亭序》。《兰亭序》本来收藏于智永处。后传于弟子辨才，唐太宗三召辨才询问，辨才均称不知，于是太宗命萧翼以计骗取《兰亭序》。之后，《兰亭序》真迹便一直由唐太宗所藏，并命弘文馆拓书人冯承素等人各摹数本，分赠近臣、诸子。由于太宗至爱《兰亭序》，他死后，真迹便殉葬于昭陵，自此，只有摹本传世。一般认为，现有摹本中以冯承素的《神龙本兰亭》最佳，当代书法家启功称，此摹本"迥非其他诸本所能及"。

《兰亭序》共28行，324字，真迹用蚕茧纸、鼠须笔写成。通篇自然和畅，一气呵成，点画遒劲，形态婀娜，充分流露出江南名士思逸神超之情怀。前6行用笔精到，运笔沉稳，形态端庄，结构稍舒展，布局明朗，笔画清秀，显示王羲之一开始行笔还是有所考虑和酝酿，进行了空间安排；越往后，章法布局上逐渐变得茂密，字体结构或倚或斜，随遇而安，错落有致，线条自然流动，神采奕奕；从十几行到最后，运笔遒劲有力，气势连贯，刚健洒脱，下笔如有神助，从飞动的笔画可以看出当时王羲之酒到酣处的情形。从整体看，章法布局随意而变，意境随情而至，无做作之气，或抑或扬，或虚或实，自然天成，富有韵律；线条清新秀美如雨后春笋，矫健洒脱若龙虎相

萧翼赚兰亭图

争，飘逸飞动如天上流云。最令人惊叹的是《兰亭序》全篇20多个“之”字，竟毫无雷同，随意而变，随境而安，笔画或粗或细，用墨或浓或淡，结构或纵或横，体势或倚或靠，点画或含蓄、或舒张，或敛、或放，自然生动，神清骨秀。明代董其昌评曰：“右军《兰亭序》章法为古今第一，其字皆映带而生，或大或小，随手所如，皆入法则，所以为神品也。”

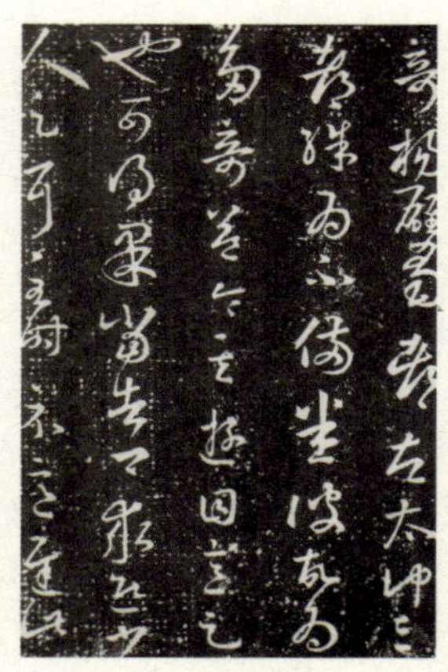

十七帖 东晋 · 王羲之

王羲之草书以《十七帖》最有名。因为开篇即有“十七”二字，故名《十七帖》。此帖融隶、楷、行、草于一体。笔力雄健，行笔刚劲如切金断玉，笔画如行云流水般和畅，如草中游蛇连绵不断，姿态婀娜又极具古韵，妩媚又显奇异灵性，秀美又遒劲有力。朱熹曾评曰：“从容衍裕，而气象超然。不为法缚，不求法脱，真可谓一一从自己胸襟流出来者。”宋代黄伯思说：“此帖逸少书中龙也。”

总之，王羲之的书法已达艺术之极至。他的遗作被历代书家和收藏家视为珍宝，他的书法艺术深深影响了中国书界1600多年，他的地位无人撼动，是书法艺术界永恒的楷模。

王献之（44—388)，字子敬，小字官奴，是王羲之的第七个儿子，历任健武将军、吴兴太守，后拜中书令，故人称“王大令”。他在书法史上有着特殊的地位和杰出的贡献，人称“小圣”，与父亲王羲之合称“二王”，冠盖古今。

在王羲之的七个儿子中，玄之、凝之、徽之、操之、涣之都有书名，而以献之书名最盛，独得父亲书法艺术之“源”，加之才华过人，天资聪慧而又刻苦专心，因此深得王羲之赏识。传说献之7岁学写字时，父亲悄悄来到身后，出其不意地抽他手中毛笔，竟没能拔掉，见儿子如此专心致志，王羲之赞叹道：“此儿后当有大名。”果然，献之的字愈来愈妙。一次他出去游玩，见北馆新刷的白壁，便用扫帚蘸泥在上面写下一个大字，观者如市。王羲之见后赞赏不已，在写给亲友的信中说：“子敬飞白大有意。”由于献之字体秀美，名气越来越大，前来求书的人很多。有一个少年，特意制作了一件洁白纱衣，请献之书写。献之用正楷、草书等各种书体把衣服都写满了。这时少年发觉献之身旁的人有抢夺的念头，急忙拿起纱衣就跑，结果还是被人追上，抢作一团，少年仅落下一只袖子。又有一次，献之去找少年时即以书法出名的羊欣，见羊欣穿着又白又新的绢裙在书斋里睡觉，便在他的裙幅和衣带上写满了字。羊欣醒后，大为欣喜，把献之墨迹视若珍宝，后来竟把衣服进献朝廷。由此可见献之书法被世人珍爱之程度。

王献之像

王献之的书法开始学于父亲，后又学习“草圣”张芝。其楷、行、草、隶各种书体成就卓越，尤以行草见长。他专门在行草书上下功夫，因此有创造性的见解。他15岁时就常对其父说：“古人章草未能安逸……大人宜改体，且法既不定，事贵变通，然古法亦拘而执。”认为传统章草气势不够开阔，局促死板，万事贵在变化与创新，劝父亲改变书体。他本人身体力行，坚持创新，突破传统，用笔外拓，形成一种“创草破正”的书体。这种书体非草非行，流便简易，笔势飞动，随意适便，似风行雨散，润色开花，被誉为“笔法体势中，最为风流者也”，从而达到情驰神纵、超逸优游的境界。献之才识高远，不拘泥于古法，行草之外，更开一门，对自己的书法非常自信。他经常把自己的得意之作送于谢安，可谢安总是马上批语退还，不予重视，献之亦不以为然。一次，谢安问他与父亲相比，谁的书法较好。他自称胜过父亲。当遭到反对时，他说：一般人哪能懂呢！他为人刚正不阿，曾拒绝谢安让其题榜。另外还有君臣论字之轶事。简文帝日理万机，闲来也好涂鸦几笔。有一次，他写完问臣子王献之：“卿以为朕字如何？”献之看罢说：“皇上的字当然好了。”简文帝得大书法家夸赞，好不得意，连忙追问：“如何好法？”献之恭敬回答：“您的字在皇上中是好的，而微臣的字在臣子中是好的。”简文帝听罢羞愧难当，却又无话可说。

廿九日帖　东晋·王献之

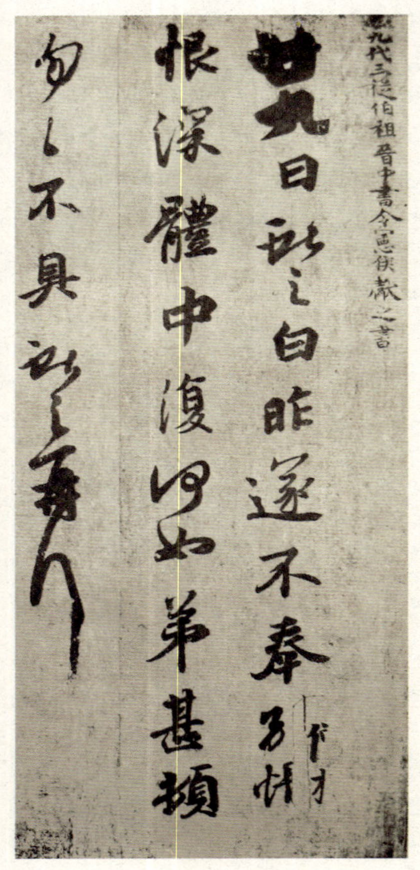

对王献之书法的评价，后人多数认为不及其父王羲之。其实二者各有千秋。宋代黄庭坚曾经把王羲之和王献之的书法比作文章，认为“右军似左氏，大令似庄周”(《山谷题跋》)。意思是说，前者法度精严，后者浪漫恣纵。据实而论，王献之诸体虽亚于王羲之，但其草书却胜过其父。宋代米芾说：“子敬（指献之）天真超逸，岂父可比?”献之开创了一种新书风，一笔连写数字，气势奔放，妍媚潇洒，婉转流畅，天然自成。该风格被唐代张旭和怀素发展成为狂草书风。王献之的传世作品有草书《鸭头丸帖》、《廿九日帖》、《鹅群帖》，行草《中秋帖》、《地黄汤帖》，小楷《洛神赋》等，以《鸭头丸帖》和《中秋帖》为其代表作。

《鸭头丸帖》绢本墨迹，现藏于上海博物馆，共2行、15字：“鸭头丸故不佳，明与必集，当与君相见。”此帖遒逸奔放，超脱秀峻，是王献之的代表作，体现其典型书风。用笔圆活流畅，飞动纵逸，笔画连带，或游丝相连，或笔断意连，气韵畅达；墨色多变，或浓笔重彩，或枯笔淡抹，更显节奏明快清朗；取势放纵中有秀媚洒脱之姿、

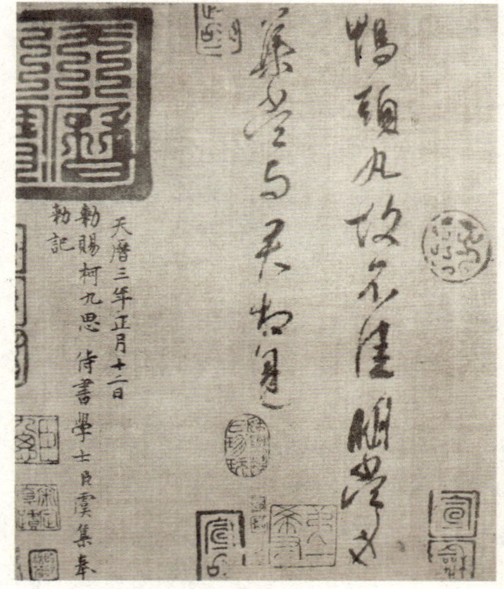

鸭头丸帖 东晋 · 王献之

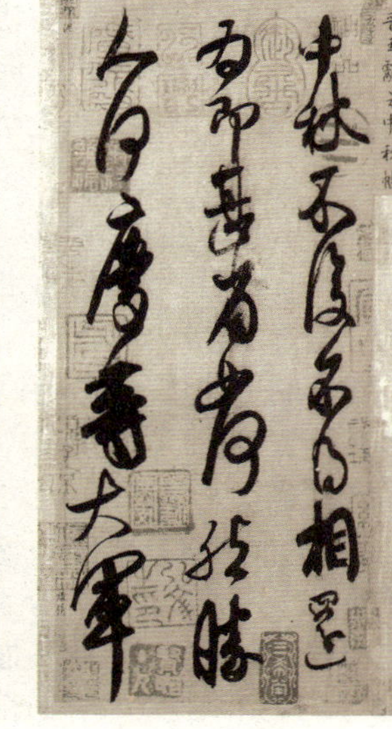

中秋帖 东晋 · 王献之

风流俊美之态，看无法则，实有法则，令人爱不释手。

《中秋帖》又名《十二月帖》，共3行、22字：“中秋不复不得相还为即甚者如向然胜人何庆等大军。”此帖狂放奔纵，笔势连绵不断，酣畅淋漓，势不可挡，犹如“飞流直下三千尺”。体势牵绕飞舞，一笔写成，偶而不连，血脉不断，行首之字往往继前行之末字，行笔贯通，有“一笔书”之称。气势豪迈宏伟，逸放流畅，抒情写意之味浓厚，艺术价值极高，被米芾认为“运笔如火筋画灰，连属无端末，如不经意，所谓一笔书，天下子敬第一帖已”（《书史》）。

王献之行草书作品被张怀瓘《书断》列为神品，令人叹为观止。其小楷作品《洛神赋》也同样神采飞动。《洛神赋》流传下来的共13行、250字，故又称《十三行》。此帖结体虽小，却廓达开阔，用笔方圆兼有，转折内方外圆，故笔力雄健挺拔而又不失圆润秀媚，点画洒脱，相映成趣，开拓扩展之间可见英气勃发，秀逸雄峻。

智永，生卒年代不详，生活于梁、陈、隋之间，姓王名法极，浙江会稽人，王羲之七世孙，王徽之之后。智永幼年出家，与书法为伴，终生为僧，他藏有很多王羲之、王献之之真迹。智永工隶、真、行、草诸体，擅长草书，系“二王”嫡传笔法，他的书法对后世影响很大，唐代许多书法家都曾学习智永书法。

洛神赋 东晋 · 王献之

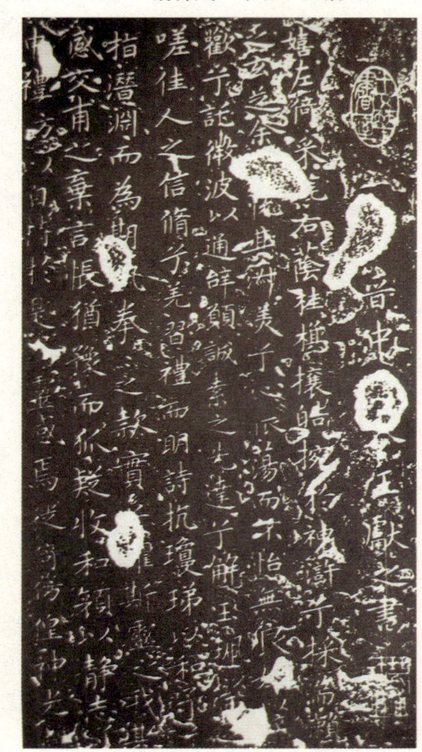

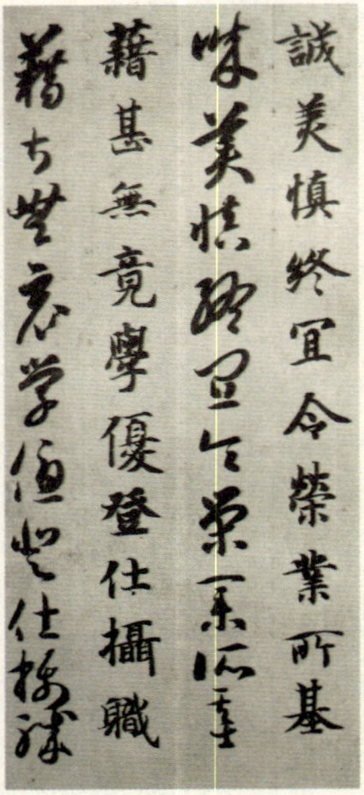

智永真草千字文

智永一生刻苦勤奋，笃志学书。相传，他居住在永欣寺经楼上临池习书，三十年未曾离开。他发誓学不成不下楼。日复一日，年复一年，他练坏的毛笔竟达六七竹篓之多。后来他把这些笔埋在土中，砌成坟冢，名曰“退笔冢”，还亲自题写了铭文。经过不懈努力，潜心苦练，终于名震南北，成为一代名家。他成名后，索书者络绎不绝，日久天长，经楼屋子的门槛也被踏坏了，就用铁皮包起来，这就是“铁门槛”的来历。

智永的书法作品主要有《真草千字文》、《仿钟繇宣示表》等。张怀瓘在其《书断》中评曰：“微尚有道之风，半得右军之肉，兼能诸体，于草最优。气调下于欧、虞，精熟过于羊、薄。”

《真草千字文》是智永书法的代表作。相传，他用三十年时间临写了真草千字文800本，分别赠送给浙东各寺。此帖用笔藏头护尾，时隐时现，生动含蓄，决不拖泥带水；笔画潇洒流畅，干净利落，简洁匀适，线条牵连飞动，如行云流水，连绵不绝，韵律十足；运笔沉稳劲健，遒劲有力，温和又透着刚强，法度严谨又变化万千，着墨丰润饱满，结体简结精熟。总体看来，《千字文》书法循规守矩而又能平中见奇，瘦劲而不枯淡，工整而又无呆板之气，精妙不俗套；丰润而又内含筋骨，秀雅而又具沉稳骨气，“方不中矩，圆不副规。抑左扬右，望之若欹”。苏东坡评曰：“永禅师书，骨气深稳，体兼众妙，精能之至，返造疏淡，如观陶彭泽诗，初若散缓不及，反复不已，乃识其奇趣。”《千字文》真草对比，被历代书法家推崇为习书理想范本，成为楷模，广为传颂。

智永以其勤奋刻苦的精神、精湛的技艺、深厚的功力，受到众多书法家的赞颂。张怀瓘的《书断》将智永草书列为妙品，隶书为能品。可见，智永及其书法艺术在中国书法史上具有重要地位，其作品也成为学习“二王”书法的钥匙。

第六章 勃发的隋唐艺术

581年，北周权臣杨坚代周称帝，定都大兴（今陕西西安），国号隋。589年隋灭陈，统一全国。隋朝的建立结束了魏晋以来300余年的混乱局面。比较安定的社会环境，促进了经济与文化的发展。隋朝对前代遗留下来的文化艺术作了全面的整理，在文化艺术的融合与传承方面起了重要作用。618年，唐灭隋而兴，实行了一系列比较开明的政策，促进了社会的发展。尤其是唐太宗贞观年间到"安史之乱"以前的一百多年，版图广阔，国力雄厚，各民族经济、文化交流更加频繁，为这一时代创造光辉灿烂的文化艺术提供了有利条件。

隋唐时代的艺术呈现出一派生机勃勃的发展景象，取得了多方面的成就。在音乐方面，隋文帝开皇年间关于音乐制度的讨论，是"在音乐领域内如何对待外来文化与传统文化的一场历史大辩论"，同时也为后人提供了许多关于古代乐律宫调理论的珍贵资料；当时设置的"七部乐"、"九部乐"是对各民族传统乐舞形式的系统总结。唐代的音乐制度最初因袭隋朝，设"九部乐"、"十部乐"，后来发展成以创作成分为主的"坐部伎"、"立部伎"；而且在燕乐大曲兴盛的同时，其他名目繁多的小型音乐、舞蹈也获得了发展；在民间，"俗讲"和"变文"随着佛教的流传而盛行，确立了说唱音乐的形式；"百戏"、"散乐"进一步发展；歌舞戏、参军戏等带有情节的表演形式流行，并出现了"杂剧"的名称，为宋元戏剧时代的来临奠定了基础；为适应音乐舞蹈表演中对艺人的大量需求，唐代设置了从宫廷到地方的各级音乐机构，其中聚集了大量的各民族音乐人才。

从美术发展来说，这一时期出现了中国封建社会美术发展的一个高峰。在绘画上，人物画技巧更趋精致，阎立本、吴道子、张萱等人的作品举世闻名；展子虔、李思训是青绿山水画的名家，王维等人则使水墨山水成为又一种山水画样式，并昭示着山水画成熟期的到来；花鸟画分科独立，出现了专门花鸟画家，畜兽画也达到了相当高的水平；壁画在唐代达到极盛，美妙绝伦的敦煌莫高窟壁画，是极为珍贵的历史画卷。雕塑艺术中，宗教造像、陵墓装饰雕塑、随葬陶俑等都展现出了高超的雕塑水平，创造出了众多不朽杰作。从书法艺术方面来说，唐朝是楷书繁荣鼎盛的时期，在初唐，出现了欧阳询、虞世南、褚遂良、薛稷四大书法家，并分别形成了瘦硬险绝、平顺和畅、严谨端庄、优美遒丽的四种风格和书体，为后世历代研书者所垂青。到盛唐，颜真卿把楷书发展到极至，实现了新突破。晚唐时期最出名的楷书大家要数柳公权，他的楷书人称"柳体"。唐代也是狂草的繁荣时期，书法家以张旭和怀素为代表，二人被称为"颠张狂素"，他们把草书推向新的顶峰。

总之，隋唐艺术在多个方面都达到了空前的高度，使当时的中国在亚洲乃至世界艺术文化中占有举足轻重的地位。其所表现出的热烈、华丽的时代特征，是太平盛世中人们审美心理的表现。它所展现出的勃发之势，让人们领略了艺术园中那百花竞放的盛况。

一、开皇乐议

持腰鼓俑　隋

汉代以来西域音乐的传入，对中国尤其是北方原有的音乐风格以及人们的审美习惯产生了极大的冲击。隋朝建立后，亟需实现文化、思想上的统一，也需要确立自己作为“华夏正统”的地位，而宫廷中所沿用的北周雅乐却混杂了许多外来音乐成分，于是恢复华夏礼乐精神、重整华夏礼乐制度被提上了议事日程。

隋文帝开皇二年，颜之推上书请求依据南朝梁国所遗留的汉族传统音乐制度治理雅乐，隋文帝认为梁国音乐乃“亡国之音”，不足取，于是先后任命乐工齐树提、沛国公郑译等整理雅乐，结果积年不成。

开皇七年，隋文帝又将郑译、邳国公苏威之子苏夔、国子监博士何妥等招集到尚书省，讨论如何制定适合本朝的雅乐。这其中，郑译根据龟兹音乐家苏祗婆“五旦七调”理论推演出七声十二律旋相为宫的“八十四调”理论。苏夔则坚持以传统五声作为调式主音。关于调式音阶的使用，郑译与苏夔则一致赞同将雅乐改为“以黄钟为调首”，且“废除半音位置在三、四度与七、八度之间的‘新音阶’，恢复使用半音在四、五度与七、八度之间的古音阶”（《中国古代音乐史简述》）。而何妥因忌妒郑译等人的才能，害怕他们得到皇帝的嘉许，便利用隋文帝对音乐一窍不通的弱点，标新立异地提出雅乐只能采用民间“清商三调”，结果把局面搅得一团糟。于是隋文帝只好命令各人按自己的想法分别修订雅乐，待完成后择优选用。何妥明知自己没有道理，深怕结果出来后出乖露丑，于是抢先奏请皇帝试奏自己“修订”的只用黄钟一调演奏的雅乐，并解释道：“黄钟者，以象人君之德。”不懂音乐的隋文帝对这番解释十分受用，便装模作样地夸奖说：“滔滔和雅，甚与我心会。”从此采纳了何妥的建议，雅乐的演出中不再旋宫。

骑马吹排箫俑　隋

两年后，隋灭南朝陈国，太常卿牛弘再次请求根据陈国保存的古乐整理雅乐，隋文帝虽然将陈国古乐盛赞为“华夏正声”，希望通过自己的保存让这些古曲流传于世，然而当牛弘请求恢复使用“五声六律，旋相为宫”之法时，隋文帝却不应允。也许隋文帝是把“旋宫”与接替帝位、改朝换代联系了起来，所以做出如此荒唐可笑的决定。从此以后，隋代雅乐“唯奏黄钟一宫，郊庙飨用一调，迎神用五调”。旧乐工替换下去之后，新的雅乐乐工竟只会演奏黄钟宫调，连转调都不会了。后来偶尔有会用蕤宾调（比黄钟高一个增四度）演

四蛙铜鼓　隋唐

奏的乐工，在庄严的祭祀场合以蕤宾调奏出刺耳的声音，竟然没人发觉。隋代的雅乐直到开皇十四年最终制定，历时十余年的“开皇乐议”，讨论的结果实际上是把雅乐推向了毁灭。

“开皇乐议”不仅加速了隋代雅乐的衰亡，后来居然还演变成一场政治风波：何妥意欲报复与自己意见不合的苏威父子，诬告苏威有“朋党之嫌”，苏夔也受株连被削职为民，最终郁郁而死。郑译的意见也屡屡不被采纳，52 岁时死在岐州任上。这些原本是为了讨论音乐制度的人，最终却因音乐而惹祸上身，成了政治牺牲品。

“开皇乐议”中还有一位重要的人物——被称为“识音人”的著名乐工万宝常。他虽然有“声律之奇，足以追踪牙旷”（《北史·艺术下》）的才能，却因为坎坷的出身，一生历经梁、北齐、北周、隋四代，始终是一个身份卑贱的乐工；又因为人耿直而得罪了皇帝与众权臣，所以虽“每召与议”，然“言多不用”，无法施展才华，最后因贫病交加竟被活活饿死。临终前，万宝常将自己一生有关音乐的著作付之一炬。

统治者的无知和昏庸，不仅阻碍了音乐的发展，也葬送了许多宝贵的音乐人才，《隋书》中关于“开皇乐议”的记载，每每令后人掩卷叹息。但其中所保存的有关乐律宫调的言论，却为我们研究古代音乐理论和当时的音乐交流情况提供了十分宝贵的资料。

二、燕乐

燕乐，即宴乐，指古代宫廷中宴饮娱乐时所欣赏的音乐。隋唐时期，特别是唐代，政治稳定，经济兴旺，统治者奉行开放的文化政策，使汉以来传入的边陲少数民族和外国音乐歌舞在中原大地上更好地交汇、融合，把宫廷燕乐的发展推向了高峰。

乐舞俑　隋

隋代和唐代早期的燕乐体制为“多部乐”（“七部乐”、“九部乐”等的合称）。据《隋书·音乐志》记载，隋初统治者设置“七部乐”，把汉族和西域少数民族以及外国的传统音乐歌舞按照地域进行划

弹拨乐合奏图 隋末唐初画像砖

分，并以国名或地名来命名，作为宫廷宴享时的固定节目，演出时从头到尾地遍奏。其中，《国伎》即东晋十六国时期形成于甘肃一带的“秦汉伎”、“西凉乐”，兼有西域音乐与中原音乐的风格；《清商伎》即“清商乐”，是汉族传统民间乐舞；《高丽伎》是古朝鲜乐舞；《天竺伎》是古印度乐舞；《安国伎》是中亚细亚布哈拉一带的乐舞；《龟兹伎》是古龟兹国乐舞，是当时外来音乐中影响最大的一种，可以说是胡部诸乐之首；《文康伎》是一种汉族面具舞，东晋太守庾亮的家伎为纪念旧主人，仿照他的面貌作面具而舞，并以其谥号“文康”命名，后因在“七部乐”、“九部乐”演出中作为压轴戏，所以又称“礼毕”。

三彩骆驼载乐俑 唐

隋炀帝时，在“七部乐”的基础上又增加了“康国”、“疏勒”两个乐部，形成隋代的“九部乐”。

唐代初年大局未定，唐高祖登极之后宫廷燕乐演奏的仍是隋代所留“九部乐”（见《旧唐书·音乐志》）。唐太宗贞观十一年，废除了“九部乐”之“礼毕”。贞观十四年，有“景云现、河水清，张文收……制《景云河清歌》”（《旧唐书·音乐志》）来歌颂太平盛世，赞美祥瑞，并把此歌命名为“燕乐”（不同于广义“宴饮之乐”的“燕乐”），列为诸乐部之首，于是形成了唐代的“九部乐”。唐太宗统一高昌（今新

乐队 隋 莫高窟390窟壁画

疆吐鲁番）后，又于贞观十六年加奏“高昌乐”，形成唐“十部乐”。唐代的多部乐虽然是因袭隋代多部乐而成，但比起隋代有了进一步的发展。另外，唐代“多”部乐的范围远比“十部”大，有的音乐如扶南乐、南诏乐等虽属燕乐却并没纳入乐部。

除了依照音乐的不同来源划分乐部以外，唐代燕乐还有按照演出形式划分乐部的办法，即把演奏者分为坐部伎和立部伎。坐、立部伎是由多部乐演变来的。据吉联抗分析，其最初的形成时间“可以早到唐初，最保守的说法，亦当在则天、中宗之代”，到唐玄宗时最终确立。这期间是唐朝国力最强的阶段，因此，建立在盛唐雄厚的经济基础之上的坐、立部伎，其表演规模十分宏大。其中，立部伎是在堂下站着演奏的，歌舞者至少64人，多达180人，表演场面盛大，伴以擂鼓，节目有《安乐》、《太平乐》、《破阵乐》、《庆善乐》、《大定乐》、《上元乐》、《圣寿乐》、《光圣乐》八曲；坐部伎则是在室内坐着演奏的，表演者少则3人，多则12人，技巧比较细腻，风格优雅抒情，在宫廷音乐中的地位也高于立部伎，节目有《燕乐》、《长寿乐》、《天授乐》、《鸟歌万岁乐》、《龙池乐》、《小破阵乐》六曲。坐、立部伎的节目大都是唐代早期创作的乐舞，此时汉族音乐与外族音乐经过几百年的接触、磨合，彼此之间的界限已渐渐消失，并在综合风格的基础上产生了新型的音乐作品。隋唐燕乐的繁盛，是古代各族人民集体智慧的结晶，也成为后世音乐取之不尽的素材源泉。

能够代表盛唐气概的艺术作品莫过于燕乐大曲了。燕乐大曲是一种集器乐、歌唱和舞蹈于一身的综合性艺术形式，它直接继承了汉魏时期相和大曲与清商大曲的传统，但无论从主题发展还是内部结构与节奏变化等方面都比相和、清商大曲细致、复杂得多。

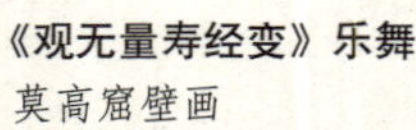
《观无量寿经变》乐舞
莫高窟壁画

燕乐大曲融会了各族音乐的精华，其曲式一般由“散序”、“中序”、“破”三部分组成。“散序”是散板节奏，以器乐演奏为主，其后有称为“靸”的过渡段落；“中

序”是大曲的主体部分，又称“拍序”或“排遍”，以抒情的慢板歌唱为主，并配有乐器伴奏，有时加入舞蹈，“中序”中有“撷”、“正撷”等过渡段落；“破”以舞蹈为主，用器乐伴奏，有时也配有歌唱，这一部分以快速为主，由于节奏多有变化，所以又有“入破”、“虚催”、“衮遍”、“实催”、“歇拍”、“煞衮”等的区分。

乐舞俑 唐

燕乐大曲的形式广泛地应用于唐代多部乐和坐、立部伎的演出中，曲目十分丰富。现知古曲名中确定为唐代大曲的就有《破阵乐》、《雨霖铃》、《霓裳羽衣曲》、《玉树后庭花》等。

《破阵乐》又名《秦王破阵乐》，是唐代一部重要的大曲，由隋末唐初的一种军歌发展而来，带有龟兹风格。唐武德三年（620），秦王李世民击败叛将刘武周，巩固了初建不久的唐政权，当时有人把旧曲《破阵乐》填上新词，用来歌颂李世民的功业。后来这首歌曲被重新整编，配上器乐伴奏，贞观七年（633）李世民还亲自绘制了《破阵乐舞图》（类似现代的舞蹈场记），使《破阵乐》成为集歌、舞、乐于一体的大曲。《破阵乐》的队形左圆右方，前有战车，后有步队，演出者“被甲执戟”，作出“来往疾徐击刺之象”，“以象战阵之形”（《旧唐书·音乐志》）。此曲在当时备受统治者的欢迎和提倡，地位犹如今日的国歌，在唐代多部伎和坐、立部伎以及雅乐表演中都有《破阵乐》或其变体形式的演出。《破阵乐》的演出从唐高祖武德三年前后至晚唐懿宗咸通年间（860—874）的二百余年中均见于历史记载，还曾传入吐蕃、天竺、日本等地，并在日本保留了多种遗谱，其流传的时间之长、空间之广、变衍版本之多在古代音乐史上是十分少见的。

习武图 莫高窟壁画

唐代最著名的燕乐大曲则是《霓裳羽衣曲》。据王灼《碧鸡漫志》引唐郑嵎《津阳门诗注》的记载，其“散序”部分是唐玄宗神游月宫后回忆所闻仙乐而作。“中序”与“破”则是吸收凉州进贡的天竺《婆罗门曲》曲调续写而成。它的内容应该是描写唐玄宗对月宫的神奇想像，因此音乐和舞蹈都力求表现虚无缥缈的仙境，舞者上身穿洁白的羽衣，下身穿彩云般的裙子，宛如上界仙女一般。《霓裳羽衣曲》的乐谱早已散失，仅个别片断保存在宋代姜夔的《白石道人歌曲》里。但著名诗人白居易的《霓裳羽衣歌》等诗作中却对其表

铜钹 唐

坐磬 唐

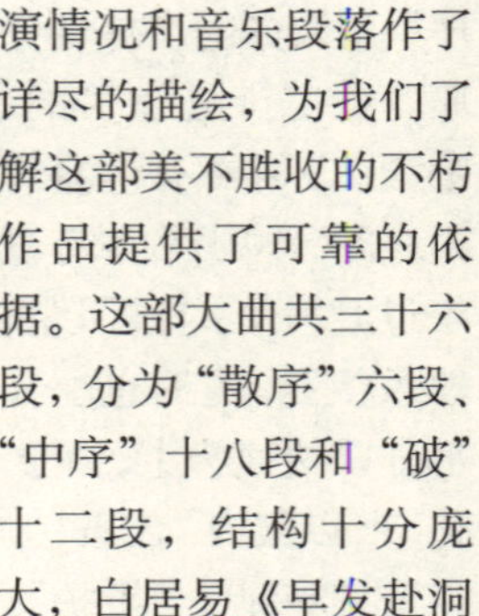

演情况和音乐段落作了详尽的描绘，为我们了解这部美不胜收的不朽作品提供了可靠的依据。这部大曲共三十六段，分为“散序”六段、“中序”十八段和“破”十二段，结构十分庞大，白居易《早发赴洞庭舟中作》诗云：“出郭已行十五里，唯消一曲慢《霓裳》。”可见其完整的演出需要较长的时间。

吹排箫壁画 初唐

《霓裳羽衣曲》又被称为“法曲”，白居易就有诗题为《卧听法曲〈霓裳〉》。“法曲”本是寺院中为宣传佛经教义而制作的音乐形式，它的风格“清而近雅”（《新唐书·礼乐志》），比较清淡，接近汉族民间音乐风格。根据《旧唐书·音乐志》“玄宗……教太常乐工子弟三百人为丝竹之戏，音响齐发，有一声误，玄宗必觉而正之”，以及《新唐书·礼乐志》“玄宗……酷爱法曲，选坐部伎子弟三百教于梨园，声有误者，帝必觉而正之”的记述看来，“法曲”即所谓的“丝竹之戏”，也就是器乐演奏。“法曲”所用乐器有铙、钹、钟、磬、幢箫、琵琶等，其中有演奏佛曲的乐器，但以中原传统乐器为主。“大曲”和“法曲”有着非常密切的关系，二者的实质性差异应该就在于表演方式上的不同，前者是歌、舞、乐相结合的综合形式，而后者往往集大曲中的音乐部分进行演奏，是一种纯音乐形式。

三、小型乐曲、舞蹈

唐代除大型综合性艺术形式“大曲”外，还有许多小型的歌曲和舞蹈。《阳关三叠》是唐代歌曲的杰出代表。诗人王维有《送元二使安西》诗云：“渭城朝雨浥轻尘，客舍清清柳色新。劝君更尽一杯酒，西出阳关无故人。”这首为即将远去关外的友人所作的诗歌，在当时被谱上曲调广泛传唱，因歌中称“阳关”，演唱时又将某些诗句反复咏唱，故名《阳关三叠》。唐代的很多诗歌里都提到这首作品，当时的大曲《伊州》之中亦曾用到它。“阳关”、“渭城”等词几乎成了惜别之情的代名词，这首歌也成为当时及后世人们抒发离情别绪的代

九霄环佩琴（正背面） 盛唐

言歌。由于流传范围广，自唐宋以来，《阳关三叠》曾有不同传谱，多种叠唱方法，但都采用王维的原诗为歌词，主要曲调也大同小异，表明它们有着共同的渊源。目前保存的《阳关三叠》是一种以古琴演奏与吟唱相结合的“琴歌”形式，最早见于明代的《浙音释字琴谱》(1491)，而较常见的乐谱则出自清代张鹤所编《琴学入门》，全曲叠唱三次，每叠除演唱原诗外，还加上了若干由原诗诗意发展而成的长短句，词曲珠联璧合，情真意切，扣人心弦。

唐代的舞蹈按照风格特点，大体可以分为软舞和健舞两类。前者舞姿优美、安闲，表情细腻，节奏比较舒缓，代表性节目有《春莺啭》、《兰陵王》、《绿腰》等；后者舞姿雄健、矫捷，节奏比较明快，代表性节目有《胡旋舞》、《胡腾舞》、《剑器舞》、《柘枝舞》等。

《春莺啭》是唐代软舞的代表，据《教坊记》记载，唐高宗清晨听到悦耳莺啼，命龟兹乐工白明达仿黄莺鸣叫声作《春莺啭》曲，故此曲可能带有龟兹风格。该舞由一名舞伎在一块地毯上表演，其音乐、舞蹈和装束可能有描写鸟声、扮演鸟形的成分。

《兰陵王》又称《代面》或《大面》，起源于北齐。据传北齐兰陵王高长恭骁勇善战，但相貌秀美好似妇人，自嫌作战时不足以威慑敌人，因此常戴一个形象凶厉的面具冲锋陷阵。当时军中流行《兰陵王入阵曲》赞扬其飒爽英姿，后人依原曲调编舞，表现兰陵王指挥击刺之容。此曲在唐代有多种不同的表演形式，列入“软舞”和“歌舞戏”等类中。

《绿腰》也是唐代著名的“软舞”，又名《六幺》、《录要》。五代时画家顾闳中所绘《韩熙载夜宴图》中有王屋山身穿袖管窄长的舞衣

舞女壁画 *初唐*

春莺啭

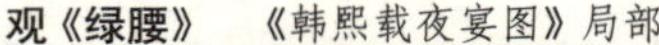

观《绿腰》 *《韩熙载夜宴图》局部*

胡旋舞 初唐 莫高窟220窟壁画

胡旋舞石刻 盛唐

表演《绿腰》舞的场面，舞姿轻盈柔美。《绿腰》音乐流传极广，白居易就有“六幺水调家家唱”(《杨柳枝》)的诗句。这首作品也常作为琵琶曲独奏，元稹《琵琶歌（寄管儿）》中有“管儿还为弹六幺，六幺依旧声迢迢”之句。白居易《琵琶行》所描写的琵琶女弹奏的也正是“初为《霓裳》后《六幺》”。《绿腰》的曲调至宋代以后被词曲、戏曲等艺术所吸收，成为常用曲牌之一。

《胡旋舞》是来自中亚康国的民间舞蹈，唐代风靡中原。当时除擅长该舞的专业舞伎外，杨贵妃、安禄山等贵族也都是个中高手。其特点是快速连续地旋转。据《乐府杂录》记载：“胡旋，俱于一小圆毯子上舞，纵横腾踏，两足终不离于毯子上。”白居易《胡旋女》一诗则描写表演者高超的旋转技巧若“回雪飘飘转篷舞”，“千匝万周无已时”。《胡旋舞》的表演场面在传世的唐代壁画中也有真实形象的记录。

胡腾舞 唐

《胡腾舞》源自石国（今中亚乌兹别克塔什干一带）。舞者头戴尖顶帽，足穿锦靴，身着窄袖舞

公孙大娘舞剑器图 清 · 黄慎

衣。这种舞蹈的主要特征是跳跃和快速多变的腾踏舞步等。李端的《胡腾儿》诗有“扬眉动目踏花毡，红汗交流珠帽偏。醉却东倾又西倒，双靴柔弱满灯前。环行急蹴皆应节，反手叉腰如却月”的描述，生动地展现了舞者的表情神态和急走、腾踏、反手叉腰等一系列舞姿。

唐代的《剑器舞》应是从武术、剑术中发展来的。当时最著名的《剑器舞》表演者应属开元年间的公孙大娘，她的弟子也擅长剑舞。诗人杜甫幼时曾看过公孙大娘舞《剑器》，大历二年又观看了公孙大娘的弟子李十二娘的《剑器》表演，于是写下著名的《观公孙大娘弟子舞剑器行》：“昔有佳人公孙氏，一舞剑器动四方。观者如山色沮丧，天地为之久低昂。”该舞姿态矫健轻捷，节奏鲜明，富于变化，舞到激烈之处有如雷鸣电闪，收势静止之时则如江海凝波，使人惊心动魄，赞叹不已。公孙大娘英姿飒爽的表演还为其他艺术形式所借鉴，据《乐府杂录》记载：“开元中有公孙大娘善舞剑器，僧怀素见之，草书遂长，盖准其顿挫之势也。”唐代书法家怀素受到《剑器舞》动作起伏和节奏顿挫的启发，草书水平大进。

《柘枝舞》也是从中亚一带传入的舞蹈，舞姿丰富，袖式有较多变化，表演者以腰身纤细柔软、眉目传神见长。章孝标《柘枝》云“柘枝初出鼓声招”，白居易《柘枝妓》云“连击三声画鼓催”，说明这种

胡人献宝彩陶模　唐

舞蹈以鼓作为主要伴奏乐器。唐代《柘枝舞》在中原广泛流传，当时有专门表演此舞的“柘枝伎”，并由最早的独舞发展成双人舞（名为“双柘枝”)。《柘枝》的音乐变化可配以不同风格的动作，唐代健舞曲中有《柘枝》，软舞曲中有《屈柘枝》。

唐代强大的国力和开放的思想潮流促成了多民族舞蹈艺术的蓬勃发展，当时注重舞蹈本身的艺术性、观赏性和娱乐性，用夸张多变的肢体语言、华丽的衣饰、宏大的场面来表达浓郁的情感，把中国古代舞蹈艺术的发展推向最高峰，也为后世留下了丰厚的文化遗产。

吹笙引凤纹镜　唐

四、音乐机构和音乐家

隋唐时期燕乐的高度发展，使得社会对音乐人才的需求不断增加，乐人的管理和培养成了保证宫廷音乐水平的前提，因此，隋唐时期的音乐机构得到空前的发展。太常寺是汉代以来宫廷礼乐机构的总称，隋唐时期沿袭了这一称谓，并设太常卿管理礼乐事务。唐代的太常寺下设“大乐署”和“鼓吹署”两个音乐机构。大乐署主管雅乐和燕乐及音乐艺人的训练、考核，无论在课程进度还是学习质量上都有严格的规定，并对学生的学业和任教乐工（“博士”）的工作业绩进行定期的考查。鼓吹署则管理皇室、贵族们出行仪仗中的音乐以及合朔日期变化、驱鬼逐疫时的宫廷祭祀活动等。

唐代政府音乐机构虽然规模庞大，组织有序，但其功能远不能满足宫廷中宴饮、娱乐活动的需要，因此，统治者又设置了直接由宫廷管辖的音乐机构。“教坊”是唐代宫廷中训练、培养乐工的场所，始于隋代，唐玄宗时从太常寺中分离出来。当时教坊共有五处：宫中内教坊、西京长安的左右教坊、东京洛阳的左右教坊，它们由宫廷委派中官（宦官）直接管理。教坊的主要任务是培养歌舞人才，其中的女艺人按照色艺高低分成若干等级：“内人”技艺水平最高，人数最少，住在宫里的宜春院，因为表演时经常站在歌舞队中首、尾最重要的位置上，所以又称“前头人”；“宫人”是一般的歌舞艺人，色艺水平和身份都次于“内人”，住在宫里的云韶院；“挡弹家”是因容貌秀丽被强征入宫为奴的平民女子，主要学习乐器演奏，有时也在大型歌舞表演中补足舞队的人数。

女舞俑　盛唐

另一个由宫廷直接管辖的音乐机构称为

乐俑 初唐

反弹琵琶 莫高窟172窟壁画

“梨园”，始建于玄宗开元二年，因设在禁苑中的梨园而得名，主要任务是教习法曲、进行器乐演奏（尤其是唐玄宗的作品）。梨园里汇集的是从太常寺中精选出的优秀乐工，由唐玄宗亲自指导，人称“皇帝梨园弟子”。宫中梨园还附设一个由30名15岁以下的孩子组成的“小部音声”。同时，皇宫外还设有分属两京太常寺的长安“梨园别教院”和洛阳“梨园新院”，为宫廷音乐表演源源不断地输送人才。中唐以后，唐王朝国力日衰，梨园也逐渐失去了其赖以生存的经济基础，最终于唐代宗大历十四年解散，历时65年。

《梧桐雨》插图 明 唐明皇敲鼓，杨贵妃跳舞

唐代的音乐机构，据《新唐书·礼乐志》记载，“唐之盛时，凡乐人、音声人、太常杂户子弟，隶太常及鼓吹署，皆番上，总号音声人，至数万人”，在最兴盛时人数竟逾几万人。其中不仅造就了一批才华出众的艺术家，也促进了音乐的专业分工，保证和推动了唐代多民族音乐文化的繁荣和发展。同时其严密的考绩制度、组织管理等无一不为后世提供了极有价值的经验。

隋唐时期音乐家中多有才能超群的佼佼者，他们的名字和精湛的技艺伴随着文人墨客精彩生动的描述而载入史册。

唐代音乐家首推唐玄宗。据《羯鼓录》记述，他擅长乐器演奏，“尤爱羯鼓、玉笛”，而且技艺高超。他擅长作曲，“若制作曲调，随意即成，不立章度，取适短长，应指散声，皆中点拍”，仅见于明确记载的作品就有《霓裳羽衣曲》、《圣寿乐》、《得宝子》、《春光好》等。他还有着极为敏锐的音乐听觉和高超的排练组织能力，亲自指点乐工，指挥300人的乐队演奏。他的

《青衫泪》插图　白居易听裴兴奴弹曲

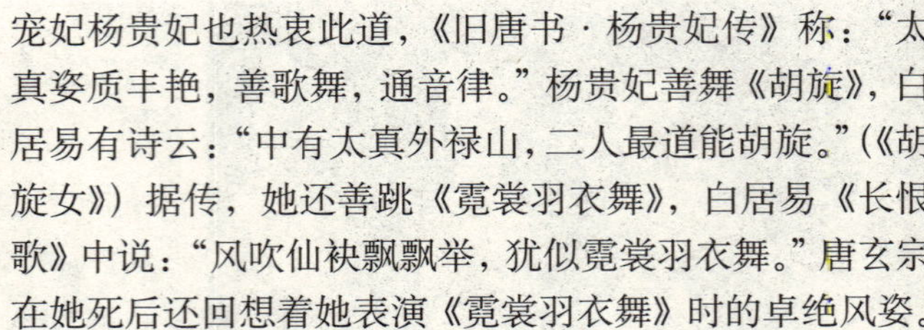

宠妃杨贵妃也热衷此道，《旧唐书·杨贵妃传》称：“太真姿质丰艳，善歌舞，通音律。”杨贵妃善舞《胡旋》，白居易有诗云：“中有太真外禄山，二人最道能胡旋。”（《胡旋女》）据传，她还善跳《霓裳羽衣舞》，白居易《长恨歌》中说：“风吹仙袂飘飘举，犹似霓裳羽衣舞。”唐玄宗在她死后还回想着她表演《霓裳羽衣舞》时的卓绝风姿。

统治者对音乐的过分迷恋动摇了政权的稳定，也加重了人民的苦难，但这在客观上却造成了唐代社会音乐高手如云的局面。在当时的音乐人才中既有经验丰富的器乐演奏家，又有声遏行云的著名歌手。

魏晋以后传入的西域乐器“曲项琵琶”在唐代风靡一时。著名的“琵琶世家”曹氏家族原籍曹国（今中亚塔什干、撒马尔罕一带），进入中原后，以国名为姓。据《旧唐书·音乐志》记载：“后魏有曹婆罗门，受龟兹琵琶于商人，世传其业。”曹婆罗门的儿子曹僧奴以及孙女（北齐后主高纬的昭仪）、孙子曹妙达都善弹琵琶，曹妙达还因此被“封王开府”。曹氏的后裔在唐朝德宗年间又有不凡的高手出现，据《乐府杂录》记载：“贞元中……曹保，保其子善才，其孙曹纲，皆袭所艺。”曹保、曹善才、曹纲祖孙继承家学，又吸收当时的时代因素，其中曹纲右手运拨刚劲有力，尤受世人推崇，与另一位擅长左手拢捻技巧的演奏家裴兴奴合称为“曹纲有右手，兴奴有左手”，他所演奏的《薄媚》最为出名，诗人刘禹锡就曾感叹说：“一听曹纲弹《薄媚》，人生不合出京城。”（《曹纲》）

段善本是唐代艺僧，人称段师。其弟子众多，著名者有康昆仑、李管儿等。《乐府杂录》中记载了康昆仑拜师的故事：德宗贞元年间，长安东、西两市搭台祈雨，各请音乐高手进行演奏。东市请了被誉为

凝碧池雷海青殉节　安史之乱时，安禄山大会群僚于凝碧池，令梨园弟子演奏，乐工雷海青罢奏，被杀于试马殿

弹五弦琵琶俑　初唐

“长安第一手”的康昆仑演奏一曲新翻羽调《绿腰》；而西市请来的一位女郎，竟然将康昆仑所弹之曲移入更难演奏的枫香调中弹奏，而且声音出神入化，好似雷鸣一般。康昆仑敬佩至极，立刻请求拜女子为师。等女子换了衣服出来，却原来是段善本和尚改扮的。二人不打不相识，从此结下一段乐坛佳话。

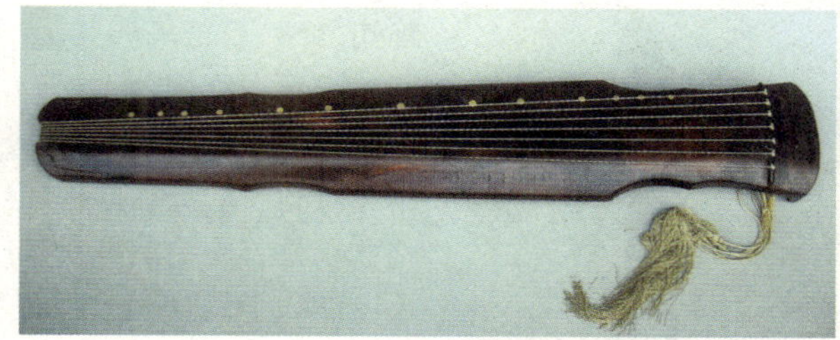

大圣遗音琴 中唐

见于文献记载的唐代琵琶名家还有贺怀智、雷海青、米和等，正是他们高超的演奏技巧和对琵琶的改进，使得琵琶艺术的发展在唐代达到了高峰。

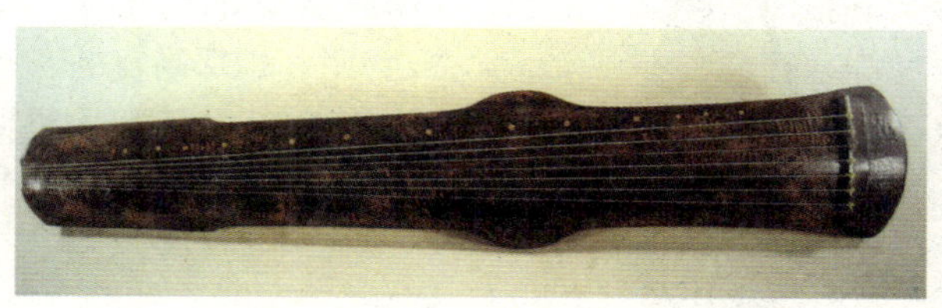

太古遗音琴 晚唐

除琵琶外，筚篥、羯鼓等外来乐器在唐代也备受欢迎，出现了大量的演奏高手，如以吹筚篥一决胜负的王麻奴和尉迟青，因擅长羯鼓被唐玄宗誉为“真花奴”的汝南王李琎以及“音乐皇帝”唐玄宗本人，等等。

社会经济和文化的繁荣使唐朝音乐具有热烈、华丽的时代特征，外来乐器的流行正是因为符合了太平盛世中人们这种普遍的审美心理，而传统的中原乐器古琴等却因此受到了极大冲击，正如白居易《废琴》诗中所说：“古声澹无味，不称今人情。”然而尽管如此，唐代古琴艺术还是获得了很大发展，出现了赵耶利、董庭兰、薛易简、陈康士、陈拙、颖师等著名琴家，以及《离骚》（陈康士曲）等优秀琴曲。另外，在曹柔等人的努力下，还将南北朝时期留传下来的文字记谱法改进为用减笔字符号来记谱的减字谱，为古琴音乐的传播、保存和发展提供了重要的保证。

唐代的声乐艺术也高度发达，各具风格的歌唱家们不仅被史书记载、被诗歌传颂，甚至在传世的曲牌名称中还能寻访到他们的遗踪。

乐俑 唐

李龟年是唐玄宗时的著名歌手，史称“以歌擅一时之名”，又会演奏筚篥、琵琶、檀板等多种乐器。他兄弟三人，龟年、鹤年善歌，彭年善舞，都是玄宗面前的红人，李龟年甚至“特承顾遇，于东都大起第宅”（郑处诲《明皇杂录》）。安史之乱后，他流落民间，杜甫晚年曾在江南与李龟年穷途相遇，勾起了诗人对往事的深情回忆，并写下了著名的《江南逢李龟年》

小忽雷　唐

绝句。

开元中沧州歌手何满，不仅善歌，而且能作曲，传说他临刑前作有《何满子》一曲，希望能以此豁免死罪，但未被允许。白居易为此作《何满子》诗一首："世传满子是人名，临就刑时曲始成。一曲四调歌八叠，从头便是断肠声。"《何满子》曲牌后来在民间广泛流行。

许和子是开元末年著名的宫廷歌手，因来自吉州（今江西吉安）永新县而取艺名"永新"。她善于运用气息，声音极具穿透力，号称"喉啭一声，响传九陌"（《乐府杂录》）。唐玄宗曾叫李谟吹笛为她伴奏，为附和她那高亢的音调竟然把笛子吹裂了。许和子的音色也富有感情色彩，一次玄宗大宴群臣，楼下观者成千上万，鼎沸的人声淹没了歌舞、百戏之声，玄宗十分恼怒，甚至想罢宴离去，后来让永新高歌一曲，全场寂然无声，"喜者闻之气勇，愁者为之肠绝"（《乐府杂录》）。

天宝年间的宫廷歌唱家念奴，也以气息充沛、音域宽广著称。据说也是在一次人声嘈杂的宫宴上，玄宗命念奴出场演唱，并让人吹小管为其伴奏，但所有的声音都掩盖不住她婉转嘹亮的歌喉，元稹称其为"飞上九天歌一声，二十五郎吹管逐"（《连昌宫词》）。相传《念奴娇》词牌就由她而起，意在赞美她的色艺双全。

唐代著名的歌唱家还有张红红、何勘、都子、米嘉荣等，他们是中国民族声乐艺术的先行者，正是他们惊人的技艺促成了唐代声乐舞台繁花竞放的盛况。

五、俗讲和散乐

早在六朝时期，佛教寺院里就有用通俗的文艺节目宣传宗教经义的活动，即以群众喜闻乐见的形式扩大佛教思想的影响。在唐代这种活动得到统治者的大力提倡，不但寺庙中设有表演场所，在宗教节日时还举行庙会进行专门的演出。为争取更多的信徒、募集布施，佛教僧侣在进行宣传时，往往把抽象、深奥、枯燥的经文故事化，用散文和韵文结合的体裁来夹叙夹唱，这种表演方式称为"俗讲"。"俗讲"在唐代各地寺院中极为盛行，韩愈的《华山女》诗中所描述的就是长安寺院中举行"俗讲"的盛况："街东街西讲佛经，撞钟吹螺闹宫廷。广张罪恶恣诱胁，听众狎恰排浮萍。"

说唱俑　唐

“俗讲”所用的音乐多来自民间，所谓“皆附会郑卫之声，变体而作”（赞宁《宋高僧传》）。“俗讲”活动一般由法师讲唱，旁边有人用乐器伴奏与帮腔唱和，有时还悬挂描绘佛教故事的图画（经变画）作为布景。

未生怨　莫高窟壁画

“俗讲”的讲唱底本称为“变文”，演唱变文的过程，又叫做“转变”——“转”即“啭”，意为“演唱”。早期变文的内容，大都是利用佛经故事来宣传因果报应、地狱轮回等思想，如《维摩诘经变文》、《地狱变文》等。后来也出现了不少以历史故事、民间传说或当代人物作为题材的变文，并逐渐成为变文的主流，这类作品如《王昭君变文》、《秋胡变文》、《孟姜女变文》、《伍子胥变文》、《张议潮变文》等，在一定程度上反映了当时人民的思想情感。随着“俗讲”内容日趋世俗化，说唱变文的人也逐渐不再限于僧侣，甚至还有女艺人参加演出。

与此同时，民间散乐与佛教的关系也更加密切，寺院为民间艺人的“散乐”表演提供了一显身手的舞台。隋唐时期的“散乐”是汉代“百戏”的同义语，当时除了表演寻橦、跳丸、吞刀、吐火等传统的“百戏”节目外，有时也将剑舞、棍舞、刀舞等舞蹈以及《踏谣娘》、参军戏、五方狮子舞、“杂剧”等新兴的民间艺术形式穿插其中。

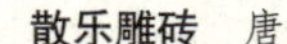

散乐雕砖　唐

五方狮子舞又称“太平乐”。狮子舞大约起于魏晋南北朝时期，后来成为民间普遍流行的群众性风俗舞蹈，常在新年或迎神赛会等场合表演。唐代宫廷中也有狮子舞，属于立部伎的龟兹部，据《旧唐书·音乐志》记载，此舞的表演者身披缀毛的假狮子皮，被人用绳牵着，以拂尘戏耍，舞蹈伴奏用《太平乐》，歌者140人。段安节《乐府杂录》中也有相应的记载。另外，按照白居易《西凉伎》诗中所说：“假面胡人假狮子，刻木为头丝作尾……贞元边将爱此曲，醉坐笑看看不足。”可见，狮子舞在镇守边地的军队中也很流行。

六、戏曲的起源

戏曲是集音乐、舞蹈、文学、美术等于一体的综合性艺术形式。中国戏曲是中华民族艺术宝库中的瑰宝,是世界上最古老的戏剧种类之一(另外两种古老戏剧为希腊悲喜剧、印度梵剧)。

中国戏曲起源于先秦歌舞。在早期节日庆典和祭祀仪式中常常有歌舞表演,内容多是再现当时社会中渔猎、驯养、采集、农耕等劳动生产场面,《诗经》里便有很多配合歌舞的诗篇。原始人类对许多自然现象无法理解,逐渐萌发了原始的宗教观念,形成了巫文化。傩就是由原始宗教发展而来的巫舞。王国维在《宋元戏曲考》中认为:虽然巫师有装神弄鬼之嫌,但是他们从衣着、动作和形貌等方面模仿鬼神,为鬼神立言,这就有戏剧的萌芽;而且巫觋以此为生,不从事劳动生产,可说是后来职业演员的先驱。

到了春秋时期,出现了“优”。优相当于现在的职业演员,专门为帝王表演,他们皆能歌善舞且诙谐幽默。优有俳优、倡优或优伶之分。俳优语言诙谐滑稽,倡优擅长音乐演奏或歌唱,而优伶则以演奏器乐为主。司马迁《史记·滑稽列传》记录了“优孟衣冠”的故事。优孟是楚国的名优,他装扮成已故楚国丞相孙叔敖向楚庄王“诡谏”,由于他模仿得惟妙惟肖,庄王竟误以为孙叔敖再生。后世有人把“优孟衣冠”看作中国戏剧之源,把优孟称作中国最早的演员。

汉武帝时,设置了乐府官署,采集巷陌歌谣,这无疑推动了乐舞的发展。这时期民间娱乐活动蓬勃兴起,有音乐、舞蹈、杂技、武术、走索、冲狭、履索等等,统称为“百戏”(或散乐)。百戏中“角抵戏”最富有戏剧性因素。角抵,即角斗,原来是两个角力以强弱定胜负的技艺表演,后来艺人们力图用这种方式表现生活故事,便逐渐发展为角抵戏。汉代有名的角抵戏是《东海黄公》。故事大体是说,东海有个姓黄的老人,年轻时练过法术,能“立兴云雾,坐成山河”。但后来年老身衰,加上饮酒过度,法术失灵,最后与猛虎搏斗中被老虎吃掉了。这出戏已具有了戏剧情节。

南北朝时期,民间出现了歌舞与表演相结合的“歌舞戏”,《大面》、《拨头》、《踏谣娘》等作品的出现,标示着中国戏曲艺术的初步发展。

《大面》又名《代面》或《兰陵王入阵曲》,原是一种面具舞,起源于北齐,盛行于唐代。如上所述,这部作品用来表现北齐兰陵王高长恭作战时的姿态动作,最早应由男子独舞,但因带有简单情节而被

归入“歌舞戏”类。唐代“软舞”类中也有名为《兰陵王》的节目，可见当时这部作品有不同的表演形式。节目中所用的木刻假面具应该是早期的脸谱，后世戏曲中所用的面具或头套乃至涂面的脸谱都可能与“大面”有一定的渊源关系。

兰陵王像

歌舞戏《拨头》又称《钵头》，表现一个西域胡人为猛兽所噬，其子上山打虎为父报仇的故事。表演者身穿白衣，披散头发，边走边哭，边歌边舞，据段安节《乐府杂录》记载，“山有八折，故曲八叠”，音乐变化应该是比较丰富的。同时因为兼有故事情节和一定的化装以及歌舞动作，其戏曲成分应该更加显著。

《踏谣娘》又名《谈容娘》，产生于北齐。相传北齐有个酒糟鼻子的苏姓男子，没有做过官却自称郎中（古官名），经常在醉酒后殴打他的妻子，妻子向街坊哭诉，于是人们就让两个男子假扮夫妻殴斗以捉弄苏郎中，隋末演变成歌舞戏。据《教坊记》记载，其表演形式为：“丈夫著妇人衣，徐步入场。行歌，每一迭，旁人齐声和之云：‘踏谣和来，踏谣娘苦和来！’以其且步且歌，故谓之‘踏谣’；以其称冤，故言苦。及其夫至，则作殴斗之状，以为笑乐。”后来，《踏谣娘》的表演形式逐渐发生变化，也有由女子直接表演妻子的。《踏谣娘》在唐代十分流行，这部作品表现妇女被丈夫欺凌的故事情节，当中有男着女装的角色化装，有性格不同的人物和矛盾冲突，有边走边摇顿身体的动作和两人假装殴斗的表演，还有主角的歌唱以及群众的唱和、乐队的伴奏，是一出更为成熟的歌舞戏作品，已具后世戏曲艺术的雏形。

戏弄俑 唐

戏弄俑 五代

唐代除了继承发展南北朝的歌舞戏外，还出现了以滑稽表演为特点的“参军戏”，这是由先秦时期优伶表演发展而来的。参军，本是官职名称。相传后赵时一个叫周延的参军贪污了几百匹官绢，后来皇帝赦免了他的罪，但每逢举行宴会时就令一俳优扮演他，加以嘲讽。唐代的参军戏一般有两个演员，一人演痴呆愚笨的参军，一人演戏弄参军的伶俐机敏的“苍鹘”。从唐代开始，中国戏曲有了角色之分；有学者指出参军

相当于后世的净角，而苍鹘为丑角。参军戏表演在唐代极为盛行，开元年间的教坊艺人张野狐和黄幡绰就以表演此戏著称，李商隐的《骄儿诗》中“忽复学参军，按声唤苍鹘”的描写则反映出它在民间的流行情况。早期的参军戏大约以说白为主，配以舞蹈动作，后来加入鼓与管弦乐器的伴奏乐队，唐代的薛能就有诗云：“女儿弦管弄参军”。(《女姬》)

音乐、舞蹈、百戏等艺术门类的繁荣以及先秦以来带有戏剧因素的表演形式所提供的经验积累，促进了唐代戏曲的发展。当时长安寺院中的戏剧表演“戏场多集于慈恩（寺）。小者在青龙，其次在荐福、永寿”（钱希白《南部新书》）。戏剧的种类除了前面介绍的歌舞戏、参军戏外，晚唐时期还出现了“杂剧”的名称。李德裕在《论故循州司马杜元颖追赠》一文中所记录的唐文宗大和三年（829）南诏进攻成都时劫掠的“杂剧丈夫两人”，应该就是在成都表演杂剧的男演员。杂剧广泛吸取了唐代各种艺术形式的营养，不断成长、壮大，到宋代已经从散乐里分离出来。

唐代的歌舞戏、参军戏、杂剧虽然不是成熟的戏曲形式，但它们从内容上的矛盾冲突和音乐中的宫调、曲牌、声韵以及舞台化装、动作表演等方面都进行着不断的有益探索，为宋代以后真正戏曲的出现提供了深厚的艺术积淀，多层次、多角度地推动了中国传统戏曲的发展。

七、人物画

唐代人物画由服务于宫廷政治、宣传封建礼教而逐步走向表现皇室贵族的现实生活，题材扩大，色彩绚丽，风格恢宏。代表画家有阎立本、吴道子、张萱、周昉等人。

步辇图 唐 · 阎立本

阎立本（？— 673），善画道释、人物、山水、鞍马，工于写真。他的绘画题材多表现宫廷、贵族、官宦、社会政治、历史人物及其事件等。所绘《秦府十八学士图》、《凌烟阁二十四功臣图》等表彰功臣勋业的作品，都是按人写真，图形其貌，属政治肖像画，在当时具有很大影响。阎立本在艺术上继承传统而有所发展。从作品中所显示的刚劲的铁线描、古雅沉着的设色、较为拘谨的造型和神情的细致刻画，都显示出他的人物画较之前朝有更丰富的表现力，因而被誉为“丹青神化”，在绘画史上占有重要地位。现存传为阎立本的作品有《步辇图》、《历代帝王图》、《职贡图》、《萧翼赚兰亭图》等。

《步辇图》为宋代摹本，当属现存阎立本重要作品。此画反映了唐贞观十四年（640）吐蕃王松赞干布派禄东赞来长安通聘，要求与唐公主和亲，受到唐太宗嘉许的重要历史事件。画家描绘了唐太宗接见吐蕃使者禄东赞的情节场面。画中唐太宗坐在步辇上，数宫女左右簇拥；吐蕃使者禄东赞在典礼官导引下谒见唐皇。阎立本在画中通过唐太宗李世民舒朗的眉宇、睿智的目光和个性的髭须，表现了一位具有卓识和信念的帝王形象。同时亦成功地刻画了禄东赞的形象，对不同地位、民族、身份的人物和性格特征描绘得真实得体。画面不画背景，手法简洁，记录了历史上汉藏两族友好关系的盛举，具有高度的历史价值和艺术价值。被认为是阎立本作品的《历代帝王图》，表现了汉至隋帝王十三人。画中着力于刻画帝王的外貌特征，揭示出各自的不同性格、心态和气质。画家根据政治作为来塑造每一个帝王，通过艺术形象给予褒贬，使后世引为鉴戒。其中突出地表现了开国皇帝晋武帝司马炎之器宇轩昂，北周武帝宇文邕的威武强悍，隋文帝杨坚的富有谋略等特征，画家通过形象肯定了他们在政治上的成就，并给予鲜明的歌颂。而对于陈叔宝等平庸暴虐的亡国之君则画得猥琐庸俗，表现出画家对他们的鄙视。《历代帝王图》没有使人物画创作类型化，但使肖像画的表现达到一个新水平。

历代帝王图（局部）
唐 · 阎立本

尉迟乙僧，初唐画家，于阗人。以精湛的画艺被推荐到都城长安，擅画宗教故事、人物肖像、花鸟走兽等题材，笔下人物生动传神，身若出壁。其人物画“小则用笔紧劲，如曲铁盘丝；大则洒落有气概”，不同于中原传统。他还擅长色彩，多用晕染法，效果沉着浓重，使物象具有立体感，被称为“凹凸画法”。他的这种铁线描和设色晕染的方法，成功地将西域艺术的表现形式与中原地区的传统技法相结合，使唐代绘画得到丰富与发展。

吴道子（约686—760），阳翟（今河南禹县）人，为中国古代最具盛名的画家。开元年间进入宫廷，奉诏绘制历史画、政治性肖像画和宗教画等，是当时具有很大影响的宫廷画家。吴道子在人物画方面达到高度成就。他曾以旺盛的精力和不凡的热情绘制300多幅大型壁画，涉及各种佛教形象；他以高度的想像力创造出不同的情景与气氛，特别以地狱变相名噪一时。他以高超的技巧，描绘出动人的形象，以独特的笔法表现人物衣褶，状如莼菜条，圆转而有飘举之势，后人称之为“吴带当风”。他通过墨线的肥瘦抑扬，表现出物象的运动感，渗透着强烈的情感，他还注意整个画面气氛的统一，有着“天衣飞扬，满壁风动”、“下笔有神”的效果，对白描的发展作出了巨大贡献。吴道子独创的宗教图像，称为“吴家样”，他所创造的中国宗教画基本样式，一直影响到元明以后。

张萱，盛唐画家。开元年间为史馆画直，擅长人物，尤工仕女。其绘画巧于构思，多以宫廷贵族妇女为题材，着重表现其游乐中的欢愉和声势。他画贵族生活场景以人物生动和富有韵律的组合见长，表现人物线条工致，色彩富丽，所创造的女性形象表现了唐代仕女画的典型风貌。其《虢国夫人游春图》与《捣练图》是北宋人临摹并流传下来的作品。《虢国夫人游春图》描绘的是天宝十一载（752）唐玄宗

送子天王图 传吴道子

虢国夫人游春图（宋摹本） 唐 · 张萱

宠妃杨玉环的二姐虢国夫人及其眷从们骑马郊游的行列。画家着力营造贵妇们游春时悠闲而略带懒散的欢悦气氛，全图没有画背景，但人物服饰浓艳，骏马鞍鞯华丽，行进队伍花团锦簇，使人感受到春意盎然的气息。画中女性体态绰约，面貌丰润圆满，确有“态浓意远淑且真，肌理细腻骨肉匀”的特点，体现了盛唐时期统治者的审美意识。《捣练图》则描写了从事制练劳动的贵族妇女，画面描绘了捣练、熨烫、缝制的情景，抓住劳动中富有意味的姿势动作，刻画了劳动中的细节，使画面洋溢着欢快的情调。

周昉，字景玄，出身贵族，官至宣州长史，他是继张萱之后以表现贵族妇女著称的画家，有“画仕女，为古今冠绝”的美誉。他笔下的仕女具有用笔秀润匀细、衣纹劲简、设色明丽、人物造型体态丰厚的特点。他的《挥扇仕女图》描绘了宫中妇女困倦慵懒的生活，表现出宫中嫔妃对寂寞无奈的哀怨。画中以一株梧桐明示时已深秋，描绘了嫔妃与宫人分别以挥扇、独坐、抚琴、对镜、刺绣、倚桐等形式活动于深宫后院，以“秋风纨扇”之境表示其宫怨的立意与主题。画家将人物置于平静、无聊、郁闷的气氛之中，形象浓丽丰腴，生动精致，但神情愁苦凝重，画面情景交融，深刻反映了主题，揭示出人物心理特征，达到完美的境地。《簪花仕女图》取材于宫廷，描绘贵夫人闲

捣练图（宋摹本）
唐 · 张萱

挥扇仕女图 唐·周昉

簪花仕女图 唐·周昉

步、赏景、采花、戏犬等情节，画中人物高髻纱衣，丰颊厚体，神态安闲，服饰华丽。画家以圆浑流畅的线条，艳丽丰富的色彩，出色地展现了“绮罗纤缕见肌肤”的效果和卓越不凡的绘画功力。

八、山水画和花鸟畜兽画

青绿山水是中国山水画早期的表现形态。它的出现显示出山水画已从人物故事的背景中脱离出来，成为独立的画科。青绿山水的绘制先以中锋勾画出景物的轮廓和结构，然后填染浓重的矿物质颜料，以石青石绿为主要色相，表现自然景色。青绿山水精谨繁丽，画面金碧辉煌，有装饰意趣，反映出浓厚的宫廷与贵族审美气息。现存青绿山水作品大都是古代服务于宫廷的画家所作。

展子虔，隋代画家，生卒年不详，渤海（今山东阳信县南）人。历经北齐、北周，至隋，为隋文帝所召，任朝散大夫、帐内都督等职。绘画题材广泛，尤擅画山水，在表现自然山水的深远空间感方面有独到贡献。现存有宋徽宗赵佶题写的“展子虔游春图”的绢本、青绿设色山水画，被传为展子虔的作品，现藏北京故宫博物院，是中国现存最早的卷轴山水画。《游春图》描绘了春天的自然风光中，贵族、仕

游春图 隋 · 展子虔

女骑马泛舟、踏青赏春的情景。画面改变了魏晋南北朝绘画中“人大于山，水不容泛”，画山如“钿饰犀栉”，写树如“伸臂布指”等手法上的稚拙局面，成功地表现出“咫尺千里”的山水画空间关系。在表现技法上，先以墨线勾出山川屋宇的轮廓，然后敷以青绿色彩，并再以深色线重勒，树木、人物直接用色画出，画面层次分明，生动有致，表现出青绿山水庄重典雅、富于装饰感的风格。

江帆楼阁图 唐 · 李思训

李思训（651—716），唐代画家，出身唐宗室，官至右武卫大将军，画史上称其为“大李将军”。绘画长于山水、楼阁、佛道、花木、鸟兽，尤以金碧山水著称。他的青绿山水，用笔遒劲，色泽雅致，意境隽永，具有装饰意趣。他描写出宫殿楼阁的富丽堂皇与自然山川的奇异秀丽，营造出金碧山水的理想境界。《江帆楼阁图》传为李思训的作品。画家以细劲的线条和绚丽的设色，表现出山、树、江、舟的优美景色。该画构图均衡，繁简相宜，山石刻画精确，青绿赋色，树木丰富有致，刻画精微，较之隋代绘画有了明显进步。李思训的作品反映出宫廷贵族的审美趣味和生活理想，其画风对后世青绿山水的发展具有很大影响。李思训之子李昭道，唐玄宗时官至中书舍人，继承家学，善画山水，并在其父青绿山水画基础上有所发展，艺术造诣精深，同为唐代山水画大家，人称其为“小李将军”。传为其作品的《明皇幸蜀图》，亦是青绿山水之杰作。

盛唐之际，与青绿山水相对应，出现的是又一种

明皇幸蜀图　唐 · 李昭道

山水画样式，即水墨山水。随着王维等画家对水墨山水皴染的追求，昭示了山水画的成熟。王维（701—761），字摩诘，唐代著名诗人和山水画家，长音乐，善绘画，晚年隐居陕西蓝田辋川别墅，以琴诗绘画自娱。北宋苏轼以“味摩诘之诗，诗中有画；观摩诘之画，画中有诗”来赞誉王维的诗画相融的艺术修养。王维的山水画，通过单纯的墨色变化表达朴素淡逸的景色与心境。他采用“破墨”技法，发展了山水画的笔墨意境和语言技巧，以诗入画，简淡抒情，对山水画的变革与发展作出了重大贡献。

唐代花鸟画分科独立，出现了专门花鸟画家。由于贵族美术的发展，宫廷及上流社会中流行用花鸟画装饰宫室厅堂建筑的风尚。唐代花鸟画家以画鹤的薛稷、善画孔雀的边鸾以及晚唐的刁光胤最为出色。

唐代人的鞍马画已由古代体现尚武精神而变为玩赏对象和地位财富的象征，代表画家有画马名家曹霸与韩干。韩干重视写生，坚持以真马为“师”，遍绘宫中及诸王府之名马，所绘马匹，形体肥硕，神态安详，比例准确，创造了富有盛唐时代气息的画马新风格。韩干代表作品有《牧马图》，绢本，浅设色，纵27.5厘米，横34.1厘米。图中画黑白二马，一奚官骑于白马上，与黑马并辔缓行。此人虬髯，手握缰绳，平视前方，神采生动。二马的造型严谨，比例匀称，解剖准确，具有写实主义表现特征。画面线条细劲，色调黑白灰协调有致。画面未作背景，却感到丰富完整，深沉有力。

牧马图　唐 · 韩干

唐代画家韩晃善于在画中表现农村田野、风俗生活，这是绘画进步的体现。他画的牛曲尽奇妙，表现出牛的动态与情趣。《五牛图》为韩晃传世作品，画中五牛各具状貌和姿态，同时具有各自不同的性格特征，画面充满了生命的活力。在表现手法上，画家以粗放、凝重而略显滞拙的线条刻画了牛的形体，表现出牛的强健、有力、沉稳。此画风格淳厚、稳重，技法精湛，标志着唐代畜兽画已经达到了相当水平。

唐代绘画创作日趋繁荣，创作队伍不断扩

五牛图　唐·韩滉

大，收藏鉴赏之风兴盛，绘画理论的研究走向深入，绘画史论著述进入重要发展时期。至晚唐出现了集前代有关著作之大成的绘画通史著作《历代名画记》。作者张彦远（约815—874），字爱宾，出身于宰相之家，学问渊博，擅长书画，官至大礼卿。《历代名画记》全书10卷，可分为三个部分：对绘画史发展的评述与绘画理论的阐述；绘画的有关资料、著录、鉴识、收藏等方面的叙述；画家传记、品评及作品。此书总结了前人有关的研究成果，发展了史论相结合的治学方法，开创了编写绘画通史的完备体系，在中国绘画史学的发展中，具有无可比拟的重要意义。

九、隋唐壁画

隋唐壁画有石窟寺壁画和墓室壁画两种。记载中隋唐寺观壁画色彩绚丽，气势恢宏，但实物不复存在。只有石窟壁画的遗存证实着那个时代宗教绘画的辉煌。

伎乐天图　敦煌盛唐壁画
张大千摹本

隋朝统治者崇奉佛教，建国后大兴寺塔，广修寺院。敦煌莫高窟隋代洞窟多达79个，其壁画风格也出现了明显的变化。流行于北朝的佛传题材和本生故事画退居次要地位，而宣扬极乐世界和顿悟成佛思想的法华经变、阿弥陀经变等画开始出现，并逐渐出现较为宏大的场面。隋代壁画中的佛像，更具有人的生动韵致，体态造型匀称合理，其画中的菩萨优美端丽，突出了女性之美。壁画中以佛为主体的说法图趋于丰富，数量增多，背景中出现宝池、莲花、瑞鸟、飞天，已初具净土变相规模。隋代洞窟以藻井图案装饰于窟顶，其丰富华丽都超过前代。隋代壁画风格由雄浑质朴转

吹笛伎乐天 敦煌盛唐壁画张大千摹本

箜篌伎乐天 敦煌盛唐壁画张大千摹本

向精致妍丽，表现出南北统一后美术的发展进步，为唐代石窟艺术的繁盛奠定了坚实的基础。

石窟艺术的创造者
现代 · 潘絜兹

敦煌莫高窟壁画至唐代已达极盛。现存唐代窟室200多个，其中壁画规模之宏伟，内容之丰富，造型之准确，色彩之灿烂，非其他时代所能比拟。唐代壁画题材盛行歌颂天国美好欢乐的经变画。经变为佛经的变相，是以一部佛经为内容所作的巨型结构壁画，如盛唐时的西方净土变、东方药师变、维摩经变、法华经变以及盛唐之后的金光明经变、华严经变、金刚经变等等，其中阿弥陀佛西方净土变最受人们重视。另外也有说法图、佛教史迹图和供养人等。唐代壁画场面宏大，从人物造型到表现技巧，都达到空前的水平。大幅的经变画，特别是西方净土变，以楼台殿阁、七宝莲池、歌舞伎乐等巨大的场景，反映了大唐政治、经济的繁荣。经变画中还表现了很多现实生活场景，创造了中国唐代的佛、菩萨、弟子、天王、飞天等生动形象，具有浓郁的浪漫主义色彩。

《西方净土变》为佛教经变壁画。据佛经载，西方有世界名为“极乐”之地，是洗欲去念的佛居净土。该壁画题材在莫高窟就达100多壁，较有代表性的如331窟、172窟、217窟、148窟等作品。这些壁画规模宏大，画风热烈，色彩绚

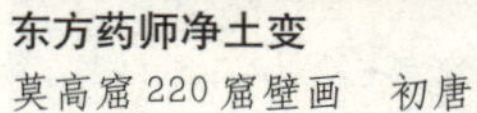

东方药师净土变
莫高窟220窟壁画　初唐

《法华经变》乐舞　盛唐

丽，描绘了极乐世界的幸福生活。构图亦大体相似：主尊坐于中间的莲花宝座上，左右为两大菩萨，四周为金刚及侍从，上有飞天飘翔，前有伎乐歌舞，加上楼台殿阁、宝池莲花、鸣禽飞鸟，描绘出无灾无难、共享共乐、气象万千之景观，创造出极乐世界富丽堂皇、清净庄严的意境。

《张议潮统军出行图》是反映敦煌历史的壁画。张议潮为沙州（今甘肃敦煌）人，唐宣宗大中二年（848）他率河西各族民众推翻吐蕃

西方净土变
莫高窟217窟壁画

张议潮统军出行图

统治，归奉唐朝，打通了通往长安之路，被封为河西节度使，驻守敦煌六十年。其侄张淮深于唐懿宗咸通六年（865）开凿此窟并绘制壁画以纪念张议潮的功绩。画面人马众多，情节生动，构图壮观。画中仪仗齐整，旌旗鲜明，伎乐歌舞优美，主仆武卫各具特色，反映出张氏镇守河西时的威武场面及其功德业绩。此窟壁画结构严整，节奏分明，具有历史意义，从中可考见当时当地的舆服制度，风土人情。艺术上也显示出现存晚唐风俗画、人物画的典型风范，为少见而珍贵的历史画卷。

在为数众多的墓室壁画遗存作品中，唐代皇室墓壁画在中国古代人物画中占有重要位置。位于陕西西安的唐代皇室贵族墓葬群，保存有大型墓室壁画，这些壁画真实地记载了唐代皇室贵族生前的显赫地位和奢华生活，为研究唐代的社会生活、典章制度提供了形象资料。壁画出自宫廷画师和民间画工之手，以宏大的气势和精美的制作，反映了唐代高超的人物画水平。

保存有唐代重要壁画的皇室贵族墓葬主要有陕西乾县李贤墓、李重润墓和李仙蕙墓，陕西三原县李寿墓等。李仙蕙即永泰公主，唐高宗与武则天的孙女，唐中宗李显的第七女，死于大足元年（701），时年17岁。墓内的墓道、甬道、天井及前后室中绘满壁画。壁画中的侍女高度接近真人，排列成队，高低错落，相互顾盼，手持玉盘、方盒、烛台、纨扇、高足杯、拂尘等不同器物，或微笑、或沉思、或宁和，描绘出唐代民间女性的天真美丽形象以及端庄优雅的气质。其中一位手捧高足杯的侍女，头束螺髻，长裙曳地，面相丰满，体态修长。

乐舞壁画 李寿墓出土

侍女图 永泰公主墓壁画

画家在刻画中强调了女性身体动态的S线弯曲，使其仪态万方，矜持妩媚，有着极高的艺术魅力。这些壁画人物生动传神，线条流畅圆浑，疏密相间，构图稳健舒缓，绘画风格上堪称初唐仕女画的杰出之作。

李贤是唐高宗与武则天的次子，因被猜疑诬陷而降为庶人，死后于中宗神龙二年（706），以雍王身份葬于乾陵之旁。李贤墓绘有壁画40平方米。墓道东壁绘出行图、礼宾图、仪仗图和青龙图；西壁与之对称绘有马球图、礼宾图、仪仗图和白虎图。礼宾图又称客使图，画面以真实的社会生活为依据，表现了当时的外交活动场面。人物形象写实，性格刻画真切，渲染出严肃和谐友好的气氛。马球图表现由波斯传入中国的球类比赛项目。画中有20余骑，体态矫健，或驰马追逐，或纵马腾跃，或闪身回击，生动地表现出比赛的紧张和激烈。李贤墓壁画展现出多彩的唐代宫廷生活画卷，在表现技法上呈现出生动活泼、自由奔放的特点，具有很高的史料价值和艺术审美价值。

礼宾图

马球图

十、隋唐雕塑

人首鸟身俑　隋

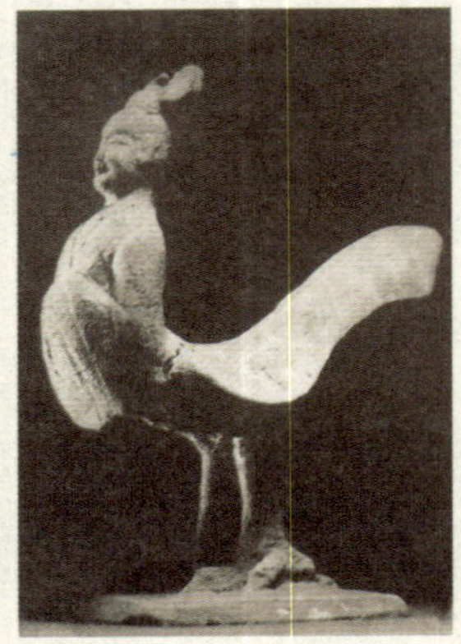

隋唐政治经济的空前繁荣，为雕塑艺术的发展和繁荣创造了极好的社会条件，使其达到雕塑史上的高峰。经过隋朝和初唐的过渡，融会了南北朝各种雕塑艺术的成就，又通过丝绸之路汲取了域外艺术的营养，雕塑艺术到盛唐时期出现了异彩纷呈的局面，创造出具有时代风格的不朽杰作。隋唐雕塑的辉煌体现在宗教造像、陵墓装饰雕塑、随葬陶俑等方面。

隋唐时代雕塑艺术兴盛，文献中的雕塑家资料相对丰富。隋至初唐的韩伯通、宋法智、吴智敏、窦弘果等均为著名的雕塑家。记载中他们擅长佛像和人物肖像，作品具有写实与传神能力，表现出熟练的塑造技巧。唐代最著名的雕塑家是盛唐的杨惠之，他与吴道子共同师法南朝张僧繇的画风。吴道子成名后，杨惠之弃绘画而转向雕塑。当时流行“道子画，惠之塑，夺得僧繇神笔路”的说法，表明社会对他们艺术的尊重与认可。杨惠之将绘画技巧用于雕塑，在中原地区创作了山水壁塑，在宗教雕塑中创造了千手千眼观音形象。

菩萨头像
隋　莫高窟412窟

莫高窟佛教造像采用泥塑加彩的形式，并和壁画相结合造成塑绘统一的完整效果。莫高窟的隋代造像表现出彩塑技巧逐步向成熟过渡，原来多由壁画表现的佛、菩萨、弟子脱离壁面而成为圆雕，塑造手法细致，开始注意人物性格。到了唐代，莫高窟彩塑达到技巧表现的高峰。莫高窟唐代雕塑形制一般为在正壁大龛中列置群像，其中有佛、菩萨、迦叶、阿难、天王、金刚力士等，少则3身，多则11身。佛像是塑像组群的核心，其造型体态优美，面容端庄慈祥，一般是结跏趺坐于莲花宝座，手作说法印或施无畏印；菩萨均作少女形象，头梳高髻，袒露胸臂，赤足而立，其神情含蓄，性格温柔，形象庄重秀丽；罗汉通常

三彩骑马乐俑　初唐

彩塑一铺　初唐　莫高窟283窟

菩萨头像
盛唐　莫高窟45窟

佛头像
盛唐　莫高窟45窟

阿难像
盛唐　莫高窟328窟

以迦叶和阿难形象出现，因其制作受仪规限制较少，因此生活气息更为浓厚，形貌和性格特征更为显著多样；天王像与金刚力士像表现出孔武有力和雄猛暴烈的特征。这些形象运用夸张变形等艺术手法创作而成，表现出雕塑家的生活感受和艺术创造力。莫高窟的隋唐彩塑风格趋于写实，其造型面相丰满，比例适度，姿态优美，神情端庄，表现了不同的形神特征。彩塑中有佛的庄严，菩萨的优雅，天王力士的威武，迦叶阿难的聪智，展现出不同的风采。特别是唐代菩萨表现出明显的女性化和世俗化特点，使之成为具有生活意味的造像。莫高窟唐代造像的丰富性是其他时代无法相比的。雕塑匠师们把生活作为创作源泉，以现实生活中的形象来丰富神像的表现，塑造出具有内心活动的外表，展现出唐代雕塑艺术的高度水平。

河南洛阳龙门石窟的造像活动到初唐时又活跃起来，唐代石窟艺术中最为杰出者是皇室出资营造的奉先寺造像。奉先寺位于龙门西山南部，坐西朝东，于石壁上雕凿出卢舍那佛、菩萨、天王、力士等多尊形象，其规模的巨大和造像的精美是石窟艺术中罕见的。卢舍那佛坐像，高17.4米，面容丰满安详，于庄严中透着慈悲亲切之情和雍容典雅的风度。对菩萨的端庄，天王、力士的豪壮，阿难的聪慧文静都作了出色的写照。艺术家通过佛教所规定的形象，创造了各种不同的典型性格，一定程度上反映了现实社会中人的精神与生活。奉先寺利用

大卢舍那佛像

奉先寺外观（局部）

山势开辟山崖，使大规模的雕像组织在统一气氛中，布局严谨，技法纯熟，具有亲切的、以佛的慈悲为怀感化人的和谐气氛，达到佛教艺术的高度完善。

现在陕西省的渭水、泾水以北的北山山脉上，共有唐代19位皇帝的18座陵墓，与其皇族、贵戚的陪葬墓一起，组成一个庞大的唐代陵墓区。唐代盛行用石刻作陵墓装饰，大批精美的石刻遗存展现着唐代石刻艺术的成就。

昭陵六骏为唐代昭陵的装饰雕刻，是为纪念唐太宗李世民在建立唐帝国的战争中所乘的六匹战马所造的浮雕像，雕像造于贞观十八年(644)，雕凿的是飒露紫、拳毛䯄、白蹄乌、特勒骠、青骓、什伐赤

奉先寺天王和力士

吹笛伎乐人　龙门石窟

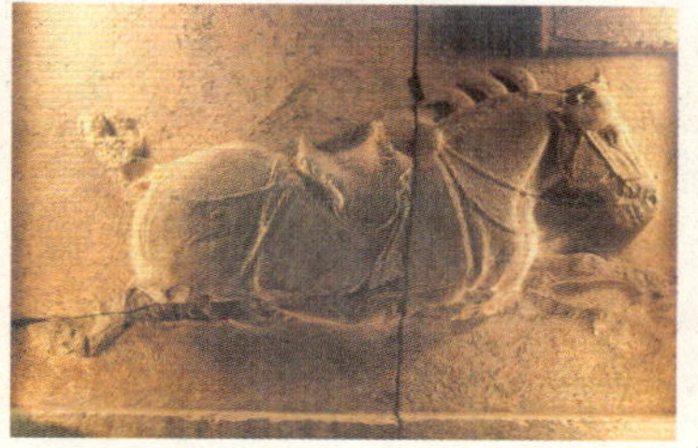

昭陵六骏 从左到右，从上到下：飒露紫、拳毛锅、白蹄乌、特勒骠、青骓、什伐赤

——六匹曾经与唐太宗同生死共患难的骏马。浮雕的作者以不同的姿态，出神入化地刻画了这六匹骏马挂共有的俊美外形和刚毅气质。其中的飒露紫，表现的是战马受伤，勇士丘行恭为其拔箭的瞬间情状：马静立，身躯微微后倾，忍受剧烈疼痛，主动与人拔箭动作配合，显示出在危急中战马与勇士的深厚情意，其构图完整，手法写实，情节真实感人。昭陵六骏表现出高超熟练的浮雕技巧，充分体现出骏马丰厚劲健的体质及其充沛的活力，作品有强烈的体积感。

乾陵是唐代保存石雕最多最完整的帝陵之一。皇陵神道石刻的完整设计，自唐高宗李治与武则天合葬的乾陵始形成定制。乾陵神道旁共列置华表一对、翼马一对、朱雀一对、石马五对、控马人三对、石人十对、外族酋长像六十余座；朱雀门前石狮一对、石人一对；玄武门有石狮一对、石马一对；青龙门、白虎门各有石狮一对。乾陵石刻气势雄伟，许多作品达到博大深沉的精神内涵与简洁单纯的外在形式的统一，在造型上显露出自信、厚重、华丽、有气魄等盛世气象。其中外族使臣像数十人均着胡服，拱手而立，姿态动作少变化，却有生气。既无汉代石人的古拙，也无后世雕刻的生硬，造型单纯而富有体积感。乾陵石狮共有四对。朱雀门前的石狮蹲踞在高台上，昂首挺胸，粗壮的前腿斜撑着巨大的躯体，既有坚劲之气魄，又有生动之神韵，显示出一种雄放傲岸的气概。神道中的翼马头

乾陵翼马

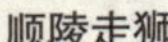
顺陵走狮

顺陵天禄

唐三彩女立俑　盛唐

调鸟俑　唐

较短但刻画有力，肩部雕出彩云般向上飘举的羽翼，表现出一种超迈非凡的气质。唐代石刻的典型作品还有顺陵石狮和独角兽。顺陵石狮作缓步停留姿态，造型真实，单纯有力，作者最大限度地表现了石狮粗壮的形体、劲韧坚实的筋肉和威风凛凛的气概，充分展示出纪念性石雕的手法与魅力。

唐代墓葬中用于陪葬的“俑”，生动具体地反映了社会生活、习俗和人的精神面貌。唐代墓俑在题材上有女俑、乐舞俑、文吏俑、武士俑、驭夫俑和胡人俑，此外还有镇墓兽、十二辰俑以及骏马与骆驼等。唐代墓俑数量众多，手法写实，技术精湛，以富态多姿的形体和华丽多彩的服饰，真实而生动地反映出唐代生活的面貌，表现出在陶塑艺术上达到的既高度写实、又充满了想像与激情的前所未有的艺术水平。

温泉铭　李世民

十一、初唐书法

唐太宗李世民特别喜爱书法，对王羲之书法推崇备至。他开设书法学校，进行书法教育，以书法作为取士标准之一，对唐代书法的发展和繁荣起了推动作用。初唐著名书法家有欧阳询、虞世南、褚遂良、孙过庭、李邕、贺知章等。

虞世南（558—638），越州余姚（今属浙江）人，为唐初楷书大家，与欧阳询、褚遂良、薛稷并称“初唐四家”。他在陈、隋两代都曾做官，由于性直敢言，不曾升迁。到唐代，才受太宗重用，官至秘书监，封永兴县公，所以世称“虞永兴”或“虞监”。其书法、文采、为人，均名重当时。

观文殿虞世南草诏 《隋唐演义》插图

虞世南为人刚正不阿，性情刚烈，敢持正言。他曾直言不讳地提醒唐太宗："勿以功高而自矜，勿以太平而自骄。"其性情耿直可见一斑。唐太宗知人善任，称其有"出世之才"，遂兼五绝："一曰德行；二曰忠直；三曰博学；四曰文词；五曰书翰。"他死后，太宗又称其为"当代名臣，人伦准的"，把他作为封建社会文臣的典范。

虞世南跟随王羲之七世孙智永习书法，十分刻苦用心，相传睡觉时在被窝中仍以指画腹，揣摩练习书法，所以尽得王右军书法之妙，自成一家。史书记载，他曾教授唐太宗书法。太宗学习王羲之书法，多次写戈字钩都不如意，一次临习"戬"字，把"晋"字写完，让虞世南把"戈"字补上，后拿给魏征看，魏征评价说唯有"戈"法颇为逼真。自此之后，太宗更为器重他。虞世南的行、草书遒媚不凡，含蓄潇洒，但他最擅长的还是楷书。其楷书结字平稳，笔圆体方，锋芒内敛而器宇轩昂，内含刚柔，清劲秀丽，沉厚安详而谨有法度。《宣和书谱》中说："立志'沉粹'，若登大华。""沉粹"二字，恰当扼要地道出了其书法沉稳劲挺、韵味十足而又富有内涵的特点。代表作有《孔子庙堂碑》、《破邪论序》等。

破邪论序 唐·虞世南

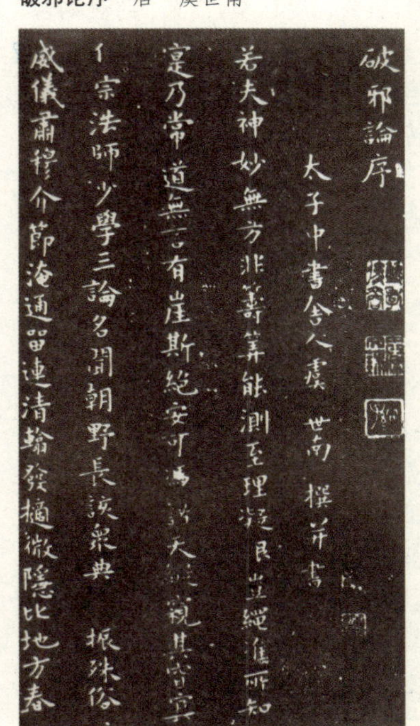

《孔子庙堂碑》是唐高祖武德九年所立，共3000余字。此碑是虞世南69岁时所书，是其楷书成熟力作。该碑用笔沉稳有力，洁净利落，毫无拖泥带水之感。点画遒劲圆通，外柔内刚。结体疏朗清远，协调有序，气韵秀健，端肃静穆，超凡脱俗，文质彬彬，有如风雅君子。虞世南书法的"沉粹"在此碑中表现得淋漓尽致。由于其书法境界极高，此碑被后人赞为"有唐第一楷书"。相传该碑刻成后进献皇帝，皇帝大悦，特意赏赐当年王羲之佩戴的黄银印一颗。

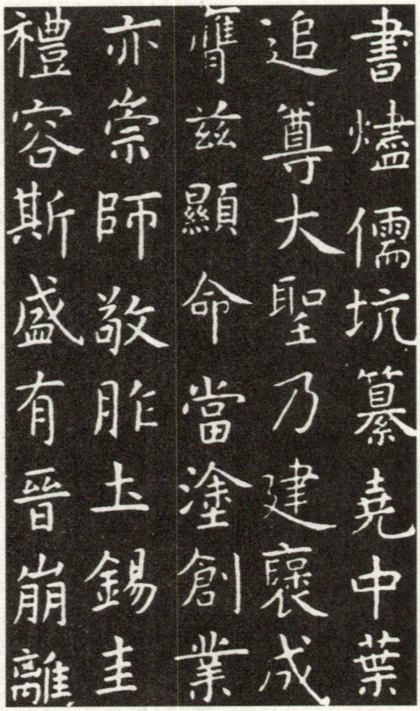

可惜此碑刻后不久即毁于大火，拓本极少。原拓本在宋朝已不多见，现传翻刻本有二：一在山东成武县，称“东庙堂碑”；一在陕西西安碑林，称“西庙堂碑”，二者“东瘦西肥”，稍有不同。

历代都对虞世南书法予以高度评价。《书史会要》中说：“当时与欧阳询皆以书称，议者以谓欧之与虞势均力敌，虞则内含刚柔，欧则外露筋骨，君子藏器，以虞为优。”此外，其书法理论著作《笔髓论》和《书旨述》，论述精辟，影响非凡。虞世南书法继承中有创造，承上启下，接魏晋之绪，启盛唐之作，以其卓著书名深深影响了唐代和后代的书法家们。

欧阳询（557—641），字信本，潭州临湘（今湖南长沙）人。他出身官宦之家，幼年丧父，幸得尚书令江总收养。贞观初年，官历给事中，至太子率更令，弘文馆学士，册封为渤海男，所以人称之为“欧阳率更”、“欧阳渤海”。据载，欧阳询长相丑陋，而且非常瘦，但非常聪明勤奋。

孔子庙堂碑 唐·虞世南

欧阳询的书法初学二王，又吸取魏碑精华，融会贯通，博取众长，形成险劲峭拔、法度森严、结体偏长、遒健清秀、以“险绝”著称的“欧体”。欧阳询一生学书态度认真严谨，勤奋刻苦。有一次，他骑马赶路，在野外遇到一块碑刻，是索靖所写，刚劲有力的书法深深吸引了欧阳询。他勒马停住，看了很长时间才恋恋不舍地离去，走了很远一段路后，他又调转马头，回到碑旁认真揣摩。就这样，他观赏学习了三天才最后离去。

皇甫诞碑 唐·欧阳询

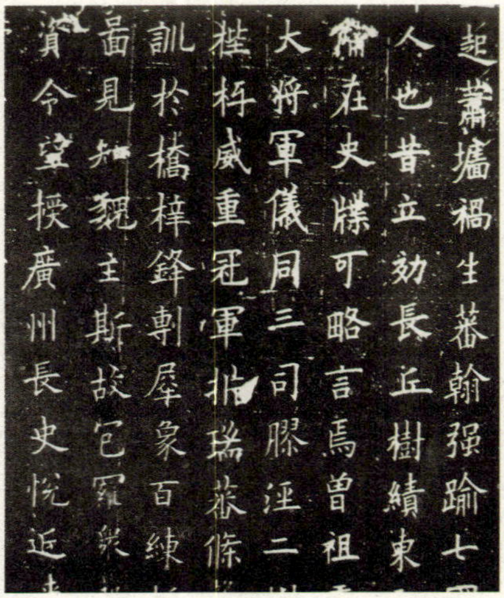

欧体楷书变幻莫测，结体或长或扁，或大或小，或倚或侧，各不相同，严正中奇得让人难以揣测，规矩中险得让人叹为观止，瘦长中绝得让人如临戟阵。他的行书法王献之，字体纵长，紧密峭劲，犹如刀削，挺拔森然，刚正流畅，自成一家风骨。

欧阳询的楷书作品有《九成宫醴泉铭》、《化度寺故僧邕禅师舍利塔铭》、《虞恭公温彦博碑》、《皇甫诞碑》等。《化度寺故僧邕禅师舍利塔铭》即《化度寺碑》，书于贞观五年（631）。此碑是为纪念化度寺邕禅师圆寂而建舍利塔，并由欧阳询题铭文。书法结体平正工整，笔力雄健沉稳，法度严谨森然，筋骨皆备，险绝超伦，结体呈纵势，笔画灵异，变化无穷，起笔落笔干净利落，虚实分明，平稳规矩，含蓄饱满。

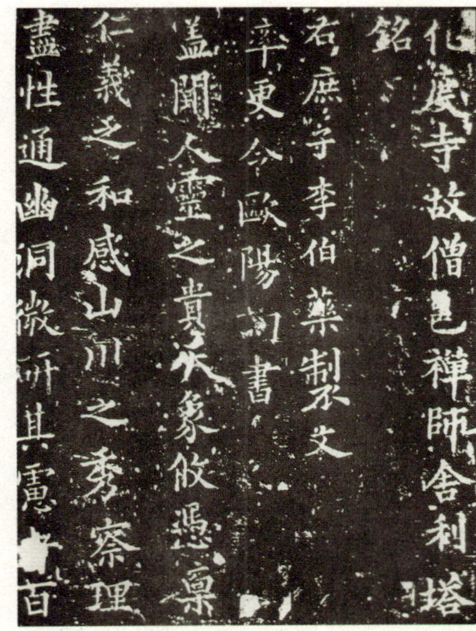

化度寺碑 唐 · 欧阳询

九成宫醴泉铭 唐 · 欧阳询

《九成宫醴泉铭》书于贞观六年（632），此碑由魏征撰文，说的是唐太宗避暑仁寿宫，没有水，用一树枝捣地，突然冒出一眼泉水，取名醴泉。太宗非常高兴，命魏征撰文，欧阳询书写乃成《九成宫碑》。此碑书法点画清秀神妙，刚劲沉健，虚实有度；结体稍长，中宫紧收，左右舒展；法度严明，工整中内含神韵，和谐中暗蕴变幻，秀丽中有险绝，婀娜中显刚正；章法疏密明朗，字体或俯或仰，左呼右应，华丽端庄。明代陈继儒评道："此帖如深山至人，瘦硬清寒，而神气充腴，能令王公屈膝，非他刻方可驾也。"自古以来，人们都把《九成宫碑》作为学书的典范和法则。

欧阳询行书有《卜商帖》、《仲尼梦奠帖》、《张翰帖》等。《卜商帖》书法结体严谨偏长，笔力雄劲，行笔清新流畅，用墨浓淡对比鲜明，丰润自然。《仲尼梦奠帖》行笔遒劲险厉，挥洒自如，结构紧凑，方折森然如戈戟长挑。此帖被称为欧体行书第一。

欧阳询学习"二王"书法，得之神韵风姿，研习魏碑，得之峭厉险峻，加之勇于突破陈规，创造了严谨险绝、遒劲神妙、秀美风雅的书风，达到巧夺天工、炉火纯青的境界。他不仅对颜真卿、柳公权、李邕等书法家产生了深刻影响，也影响了以后历代书坛，他的许多碑帖已成为人们学习书法的范本。

卜商帖 唐 · 欧阳询

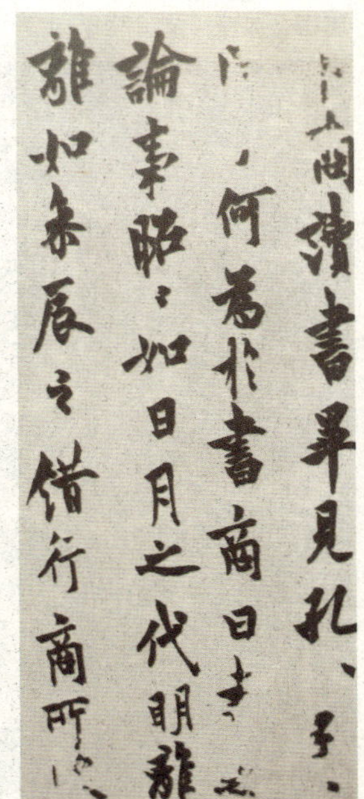

褚遂良（596—658），字登善，钱塘（今浙江杭州）人。唐太宗时官至中书令，高宗时迁吏部尚书、监修国史、尚书右仆射，因曾被

封为河南县公，世称“褚河南”。后来，因为他反对高宗立武则天为后，被高宗逐出宫，贬至刺史，含冤而死。据记载，大书法家虞世南死后，唐太宗缺少一个书法知音，魏征遂向太宗推荐褚遂良。唐太宗经常与褚遂良研究书法，他深得太宗赏识，后奉命辅佐高宗。

褚遂良是当时著名的鉴定家。他出身于弘文馆学士的家庭，从小就接触书法真迹较多，又得到欧阳询、虞世南的真传，对历代书法颇有研究。据《旧唐书》记载，唐太宗特别喜欢王羲之书法，曾以重金向天下购买其书法真迹。众多官员、百姓都把自己珍藏的古代书迹呈献给皇宫，却没有人能辨别真伪，只有褚遂良不仅能识辨，还能说出这些作品的详细情况，而且毫无差错。因此，当时形成一种不成文的规矩，宫中王羲之的墨迹必须经过褚遂良的鉴别才能珍藏。

伊阙佛龛碑　唐·褚遂良

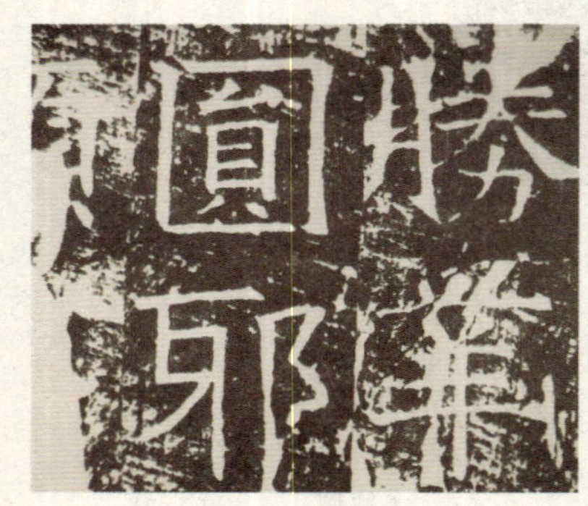

雁塔圣教序　唐·褚遂良

褚遂良最初学欧阳询、虞世南，后学钟繇、王羲之书法，得其精髓。其书结体宽博大方，笔画极具变化，挺拔秀美，疏朗瘦劲，体势秀逸生动，气势清远，用笔方圆兼备。《唐人书评》赞颂褚遂良书法曰：“字里金生，行间玉润，法则温雅，美丽多方。”褚遂良备精各体，尤其是以楷书著名于世。他的楷书疏瘦秀润，刚柔相济，温雅婀娜如瑶台婵娟，古雅含蓄如西施颜开；行书流利和畅，笔势连绵，意如行云，变化万千。褚遂良代表作主要有楷书《伊阙佛龛碑》、《孟法师碑》、《雁塔圣教序》、《倪宽赞》、《大字阴符经》、《枯树赋》等，行书《临兰亭序》，草书《摹王羲之长风帖》等。

《伊阙佛龛碑》书于641年，是魏王李泰为其母长孙皇后造佛像而刻，是褚遂良前期书法的代表。此碑结体严整端正，疏朗宽阔，笔力刚健，气势伟岸，还明显带有欧阳询、虞世南笔风，稍带隶意，笔法、风格尚未形成自己的特色。清代梁献曾说：“（此碑）平正刚健，法本欧阳，多参八分。”

《雁塔圣教序》也叫做《大唐三藏圣教序》，书于653年。讲叙的是玄奘法师奉旨到印度取经的事，由唐太宗撰文。此碑系褚遂良晚年作品，文字更加成熟，字体结构中宫紧凑，四方舒展；章法疏朗清明，笔画圆润流畅，变化万千，笔力雄劲沉稳；线条纤美飘逸，却能感觉到刚中有筋，筋中有骨，骨中有力；体势绰约多姿，清俊秀丽，俯仰相映成趣。此碑书法巧妙地将欧、虞书法神韵寓于自己风格中，完全摆脱了隶意束缚，尽显秀雅清俊飘逸的成熟书体。

《大字阴符经》系大楷，书于654年，共461字。该帖书法清秀古朴，结体方正，笔画圆润，粗细变化随势而定，

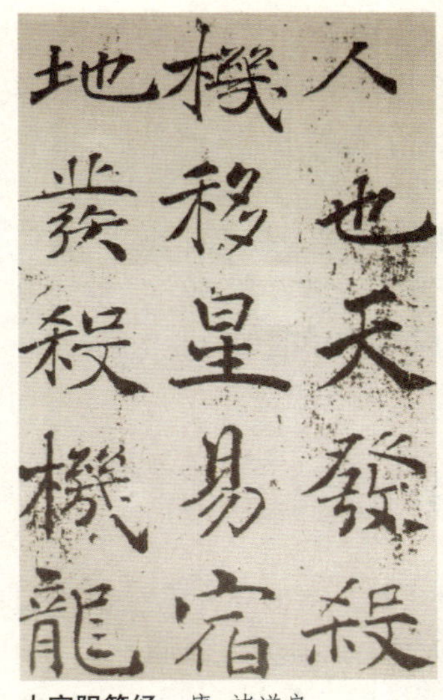
大字阴符经　唐·褚遂良

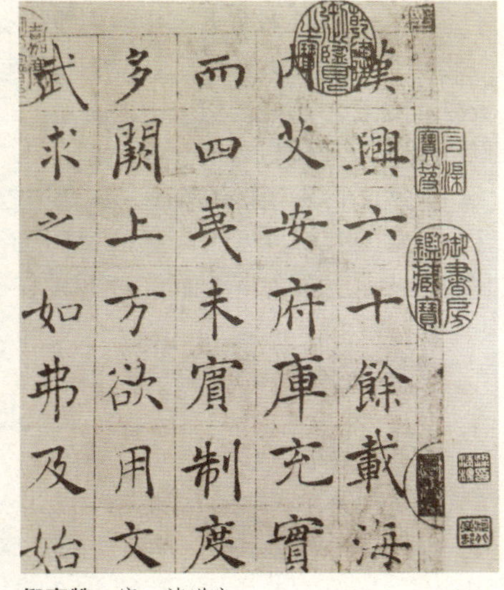
倪宽赞　唐·褚遂良

主次分明，虚实变化，韵律十足，用墨浓淡随意而安，沉稳中见飘逸灵气，体势端雅妩媚，章法布局疏密合一，安置天然，气势清远。

《倪宽赞》是褚遂良晚年所书，它的笔法挺拔瘦硬，章法爽朗舒展，笔画俏丽，姿态秀丽，风格古雅浑厚，精妙绝伦。有人认为此碑不是褚遂良书写，但从笔法风格上却与褚书无二。

薛稷（649—713），字嗣通，蒲州汾阴（今山西万荣县西）人。官至太子少保、礼部尚书，人称薛少保。后来卷入政治斗争，被认为与太平公主同谋而被赐死，成为权力斗争的牺牲品。

薛稷是魏征的外甥，经常到外祖父家。而魏征家多书册典籍，有许多虞世南和褚遂良的墨迹，于是薛稷锐意模仿，细加揣摩练习，加之天资聪慧，深得其中要领。最终融会贯通自成一体，名重一时，后人将其与欧阳询、虞世南、褚遂良并称为“初唐四大书法家”。他学褚达到以假乱真的地步，当时人都说：“买褚得薛，不失其节。”足见他是学褚得其形神的好手，但同时也被人批评创新不足。其书法结构遒丽，疏通别致，用笔纤瘦。另外他还善写大字，曾经题写“普慧寺”三字，笔画雄健。杜甫曾写诗赞道：“仰看垂露姿，不崩亦不骞。郁郁三大字，蛟龙岌相缠。”可惜没有保留下来。其传世书迹主要有《升仙太子碑碑阳题名》、《涅槃经》、《信行禅师碑》，以后者较为出名。

《信行禅师碑》于唐神龙二年（706）立，碑文为薛稷57岁时作，是其成熟的代表作。此碑浑融静逸，姿态遒丽健美，结体疏朗开阔，外体扩展而中宫收紧；点画线如铁划银钩，有斩钉截铁之势；布白匀称，舒展而不失法度。由此碑可见他与褚遂良的区别。褚之书寓刚

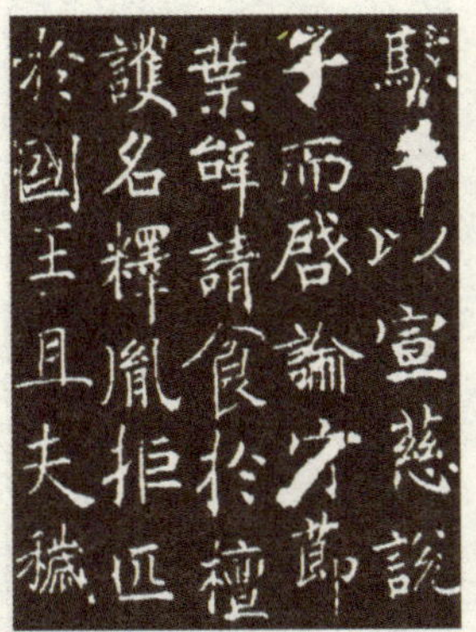
信行禅师碑　唐·薛稷

于逸秀，而薛之书变飞逸灵动为瘦挺有力，刚硬过之而又弹性十足。杜甫用“书贵瘦硬始通神”来赞扬这种纤细瘦硬的书体。后来宋徽宗赵佶就是学习薛稷的瘦硬书体之后才创造了新的书体——“瘦金书”。从此碑也可看出二者的渊源关系。

此外，薛稷还擅长绘画，其画作皆楚楚可观。书画同源，二者集于一人之身且有据可证者当从薛稷开始。其书法继承多于创造，加之中国传统上以含蓄为审美标准，所以他在初唐四家中的地位要稍逊一筹。

十二、颠张狂素

张旭（675—750），吴郡（今苏州）人，字伯高，官至金吾长史，世人都称他张长史，是唐代的狂草大家。张旭为人潇洒不羁，学识渊博，而且喜欢饮酒，每饮必醉，是著名的“酒中八仙”之一（李白、李适之、李琎、苏晋、贺知章、崔宗之、焦遂、张旭八人被称为“酒中八仙”）。张旭常在喝得大醉之后挥毫泼墨，有时竟用头发蘸墨泼书，人们称之为“张颠”。他的书法挥洒自如，笔法随意而起，随意而落，但又不无章法和规矩，连绵萦绕如云烟，如飞瀑直下，变化无穷，为唐代“三绝”之一。

张旭善于观察自然万物的变化规律，为自己书法所用。据载，无论山川湖河，花虫鱼兽，花开花谢，日月星斗，风雨雷电等，还是人的歌舞争斗，朝代变迁，人情世故，无不一一寓于其书。他的喜悲哀乐也必定淋漓尽致地发于其书。因此，他的书法变幻莫测，情感丰富。相传，张旭在邺县时，有一次观赏到公孙大娘舞剑，优美的舞姿，灵活万变的步法，烈如雷霆的剑势，连续不绝的技击动作，使张旭触类旁通，领悟到书法的精髓，从此，书艺大进。可见，张旭不仅勤于观察，更是善于思考，有极高

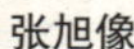
张旭像

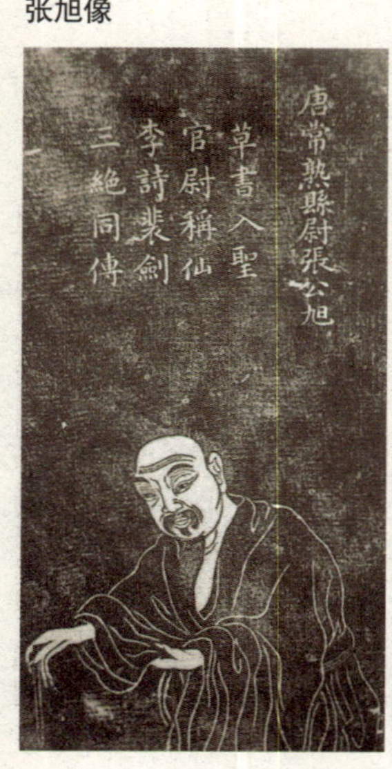

张旭发书　近代·吴友如

的悟性。张旭的草书运笔狂放自由，飞扬不羁，或如长剑飞舞，或如狂风暴雨，或如电闪雷鸣，或如流星划空，或如草中飞蛇，或如万马奔腾，气象万千；字体形态肥腴而劲健，简约而自然，严谨而舒畅，笔笔精妙，势势奇异，飘逸飞动，刚柔相济，极具神韵，细阅之又楷法森然。宋代的《宣和书谱》中曾评曰："其草字虽奇怪百出，而求其源流，无一点画不该规矩者，或谓张颠不颠是也。"

张旭的代表书作有《郎官石柱记》、《肚痛帖》、《春草帖》、《酒德帖》、《古诗四帖》等，其中《郎官石柱记》为其楷书之最，《肚痛帖》、《古诗四帖》为草书精品。

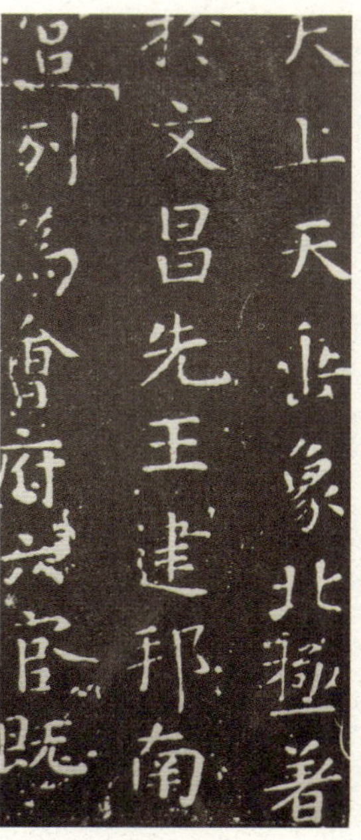

郎官石柱记　唐 · 张旭

《郎官石柱记》刻于开元二十九年，是其楷书代表作。他主要沿承王羲之、欧阳询、虞世南笔法，用笔循规蹈矩，工整大方，严谨庄重，典雅和畅。此帖以继承传统为主，是沿袭唐楷风格的佳作，具有很高的价值。黄庭坚评此帖曰："唐人正书无能出其左者。"

《肚痛帖》是张旭草书中的精品。此帖笔力遒劲，字体忽大忽小，体势自然，用墨或浓或淡，感染力极强；运笔或草或行，随意而抒，笔画或实或虚，变化无穷，连绵飘逸，起伏跌宕，如蟒蛇穿回于草间，浮云逐于劲风；姿势随情而定，或抑或扬，奇态异势，飘逸秀美，如飞瀑直下，然书法中又法度不失，格调典雅，神韵悠然。明代王世贞一语道破："张长史《肚痛帖》及千文数行，出鬼入神，惝恍不可测。"

肚痛帖　唐 · 张旭

《古诗四帖》是摘录古诗四首而得名的墨迹遗作。此帖笔力遒劲伟岸，行笔灵动飞扬，飘逸又不失沉稳劲健，收放有节，上下牵连，云烟缠绕，连绵不断，如龙虎争斗，蜘蛛吐丝；线条飞舞圆绕，干脆利落，饱墨渴笔间用，对比鲜明，狂放不饰，抑扬顿挫，虚实变幻，得心应手，毫无做作之态；纵向观之，奔放如狂风骤雨，恢宏如万马腾跃，豪迈如黄河翻滚。孙世庭赏玩后曰："若运用尽于精熟，规矩谙于胸襟，自然客与徘徊，意先笔后，潇洒流落，翰逸神飞。"总之，张旭草书堪为"千古一绝"。

古诗四帖　唐 · 张旭

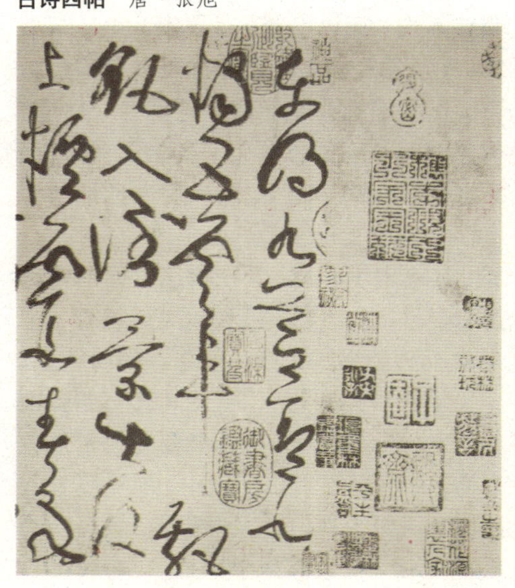

怀素是中国书法史上

怀素书蕉

继张旭之后又一位大名鼎鼎的草书大家。他“以狂继颠”，进一步发展了张旭创造的狂草，达到出神入化的境界。诗风豪放而精通书法的“诗仙”李白在《草书歌行》中，赞颂怀素的精妙书法：“少年上人号怀素，草书天下称独步。”

怀素（725—785），字藏真，俗姓钱，湖南长沙人。他小时家贫，出家为僧。因喜书法，便每天借诵经坐禅后的空闲专心练习，因贫穷无纸可书，便在寺庙四周种下许多芭蕉，取其肥大的叶子当纸，苦心演练。芭蕉众多，青翠映天，因此他把住处改称“绿天庵”。如此他仍不满意，又特意做了一个漆盘和木板，终日笔墨不停，写了擦，擦了写，长年勤学苦练，以致磨穿了漆盘和木板。至于写秃用坏的毛笔，更是累积成堆。他把这些毛笔埋在山下，号为“笔冢”。可见其学书的刻苦用功丝毫不亚于“草圣”张芝的“临池成墨”。但书法艺术须靠博采众长、继承传统才能有所创新，而长沙地处一隅，古代书迹有限，名家寥寥。于是怀素便只身一人，挑书箱，执锡杖，游历长安、洛阳等地，遍访名家，探讨笔法，以求解疑释难。在此期间，他又见到许多古代名作和稀有书简，细加揣摩，心胸豁然开阔，书艺大进。

和张旭一样，怀素为人倜傥不拘，狂放不羁。虽出家为僧，却不顾小节，常常嗜酒啖肉。他在《食鱼帖》中曾谈及他吃鱼食肉的行为“又为常流所笑”。据说他一日九醉，酒后常常忘我，遇到寺中白墙、器皿，乃至衣服，无不任意挥洒书写，人们称其为“醉僧”，他自己也以此自居。再加上其书法狂怒豪放，飘逸雄强，因此后人把他与张旭并称为“颠张狂素”。

怀素的草书自称学于张芝，其实出于张旭。其狂草运笔如闪电迅雷，连绵旋转，一气呵成，狂态毕具；或飞白，或浓润，或枯拙，神采飞动，令人叹为观止。他常常于酒后书写，抒怀畅志，喷薄纸上，写起书来“狂来纸尽势不尽，投笔抗声连叫呼”，更使其狂草如骤雨旋风，雷霆万钧而气势磅礴。此外，怀素草书的奇异多姿得益于他的师法自然，他善于观察自然万物，并运用于书法创作中。他见夏日云层变幻无穷如奇峰起伏，从而联想到如飞鸟出林、惊蛇入草般迅疾遒曲的笔势，悟出草书左腾右绕的变化。又观察墙壁裂纹，学其自然。

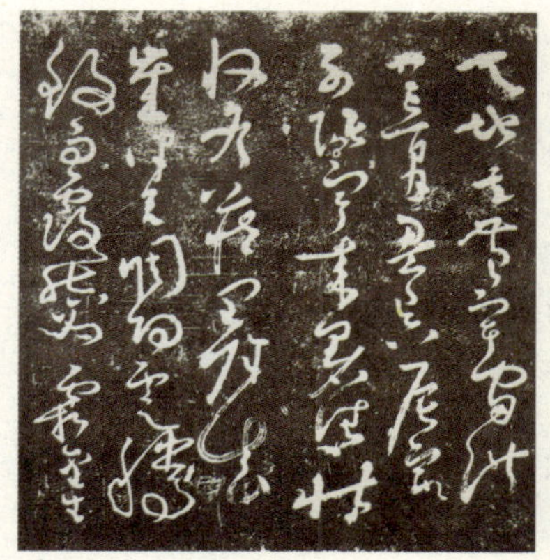

千字文碑　唐·怀素

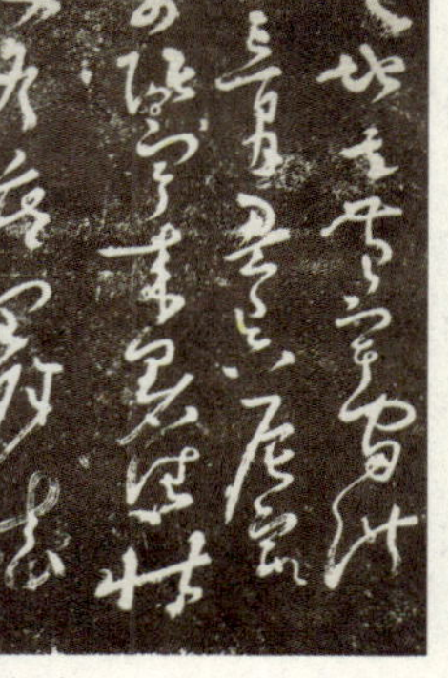

自叙帖　唐·怀素

与颜真卿谈论书法，怀素听颜谈及屋漏痕，大喜，握着颜真卿的手说："得之矣！"从而写出如雨水顺墙而下形成的痕迹般的线条，遒润饱满。

怀素的遗迹很多，均为草书，有《自叙帖》、《食鱼帖》、《苦笋帖》、《千字文》等。《自叙帖》是其晚年作品，可谓代表作。

《自叙帖》为墨迹纸本，共120余行，近700字。文中记述了他的学书经历及时人对其书法的赞赏。该墨迹充分展示了怀素的书法特色。此帖中锋用笔，纤劲活泼，线条如万岁枯藤，诘屈盘旋，笔实墨沉而富有弹性。造型优美多姿，犹如盘龙卧虎，恰似群蝶飞舞，好比落花飞雪，或昂扬奋举，或迂回盘旋，墨色浓润枯淡相互映衬，更显布局疏密不一，大小有别，斜正相应，静动结合。整篇看来，此帖一气呵成，气势磅礴，如惊涛骇浪，呼啸而来，似烟云龙蛇，奔腾上下。观之，好似泼墨大写意画卷，又如感情奔放、慷慨激昂之乐章，给人以昂扬激进、震撼心灵的力量。正如帖中诗云："奔蛇走虺势入座，骤雨旋风声满堂"，"笔下唯看激电流，字成只畏盘龙走"。

尽管此帖书写狂放纵逸，气势骇人，却又不失法度。有书评说："怀素如壮士拔剑，神彩动人，而回旋进退，莫不中节。""节"即法度。明代文徵明也说："狂怪处无一点不合规范。"可见怀素书法超凡入圣，在酒醉之后下意识中显示出其深厚的功力，可谓"醉里得真知"。

怀素的狂草继张旭之后，又把草书推向新的顶峰，受到古今文人书家的高度赞扬。他孜孜不倦，达到技巧的高度熟练和极高的艺术修养，令后继者望尘莫及，不愧为震古铄今的艺术大师。

苦笋帖　唐·怀素

十三、颜体与柳体

中国书法史上，向来有“颜筋柳骨”之称。颜即颜真卿，柳指柳公权。颜真卿（709—785），字清臣，京兆万年（今陕西西安）人。因他任过平原太守，被封为鲁郡开国公，世人也称颜真卿为“颜平原”或“颜鲁公”。

颜真卿为人忠厚，刚直不阿，不畏权势，是一位忠君爱国的名臣，以义烈闻名于世。在安史之乱期间，颜真卿独守平原城而不降，团结周围其他郡县抵抗叛军，这一举动被唐玄宗得知，大加赞赏，封为吏部尚书，鲁郡开国公。783年，李希烈叛变反唐，奸臣卢杞趁机戕害颜真卿，密谋让他去劝降李希烈。为了大唐利益，他毅然前往，严斥李希烈叛逆行为，被羁留。他忠直不屈，大义凛然，于785年被绞死在蔡州。

颜真卿起义

颜真卿初学“二王”、褚遂良书法，受张旭、怀素等著名书法家的影响，并借鉴历代书法家的优秀成果，推陈出新，自创一体，即“颜体”。他的楷书笔力雄壮稳健，遒劲挺拔，刚柔兼备，秀美丰腴；严谨规矩，结构宽博豪放，端庄沉稳，雄强伟岸，工整方正；笔画浑厚圆润，雍容华贵，尤其一字之内两竖呈环抱状，极有韵味，撇长捺肥，极具个性；用墨饱满，圆润壮美，形态开拓大方，丰满雄秀，气魄逼人。他的行书也流畅灵动，挺拔苍劲，清远雄俊，豪迈精悍，极富情感神韵。颜真卿的书法突破了二王的妩媚秀雅、婀娜灵巧和初唐的瘦硬敧纵，形成“颜体”独特的气势磅礴和雍容大方的风格。“颜体”对后世影响很大，五代、宋、元、明、清等涌现出一大批学习颜书的名家。

颜真卿一生遗留下的墨迹很多，包括碑刻有上百种。他的书法越到后期越成熟，风格越鲜明，成就越大，充分体现了颜真卿不满足于既得成就，勇于探索，敢于突破，善于创新的精神。雄厚遒劲、气势磅礴的书法风格表现了颜真卿光明磊落、赤胆忠烈、不畏权贵的英雄形象。颜真卿的书法遗作主要有楷书《千福寺

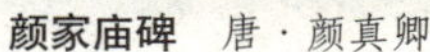
颜家庙碑 唐·颜真卿

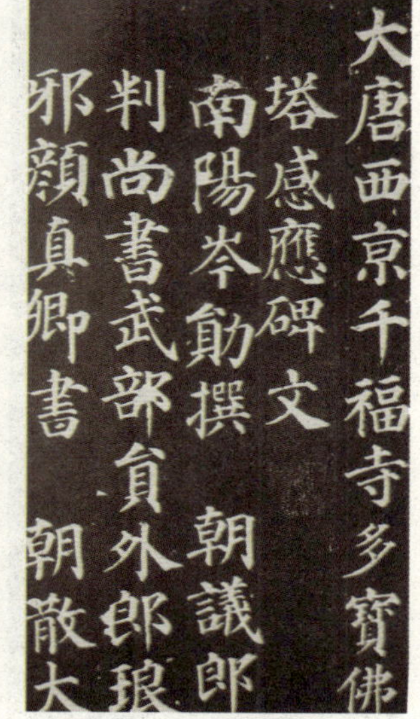

多宝塔碑 唐·颜真卿

多宝塔碑》、《东方先生画赞碑》、《鲜于氏离堆记》、《郭家庙碑》、《麻姑山仙坛记》、《中兴颂》、《颜勤礼碑》、《颜家庙碑》、《自书告身帖》等，行书有《争座位帖》、《祭侄文稿》、《蔡明远帖》、《送刘太冲序》、《刘中使帖》、《裴将军诗》等。

《千福寺多宝塔碑》是颜真卿遗留下来的最早的碑刻，书于44岁。《多宝塔碑》全面反映了颜体楷书早期的风貌特点。字体结构工整端庄，楷法严谨规矩，用笔方圆兼施，极具筋骨之力；笔画遒劲，丰腴壮美，含蓄秀丽，骨格峭拔，精壮的竖画与细劲的横画对比鲜明；结体中宫紧凑，四方舒展，笔笔干净利落，沉稳劲健；姿态宽厚大方，清新洒脱，气势恢宏；章法布局自然，疏密匀称，还具有初唐的韵味，风格尚不成熟，但由于有工整严谨的特点，成为历代学习颜书的典范碑刻。

麻姑山仙坛记 唐·颜真卿

《麻姑山仙坛记》是颜体楷书的典型代表之一，颜真卿62岁时书。这是颜真卿游览麻姑山后写的一篇游记。该游记书法结体谨严端庄，笔画圆润丰腴，雄强劲美，筋骨内含；行笔自然豪迈，浑厚朴拙。在形态上，有些字看上去重心不稳，不合常态，但整体上却是相互照应，这种不求形整但求神凝的颜体风格基本成熟。欧阳修称此记“遒峻紧结，尤为精悍，笔画巨细皆有法，愈看愈佳”。康有为更是赞之为颜书诸碑中第一。

《颜勤礼碑》为颜真卿70岁时书，是颜真卿为其曾祖父颜勤礼所写的神道碑。此碑为颜真卿晚年笔法成熟之作，结体舒展大方，呈内

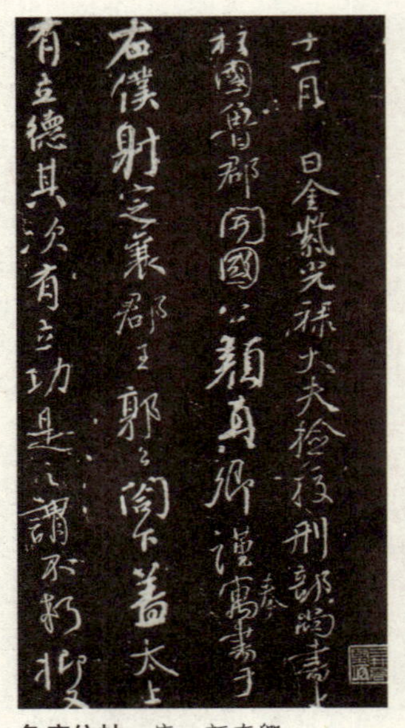

争座位帖　唐·颜真卿

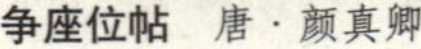

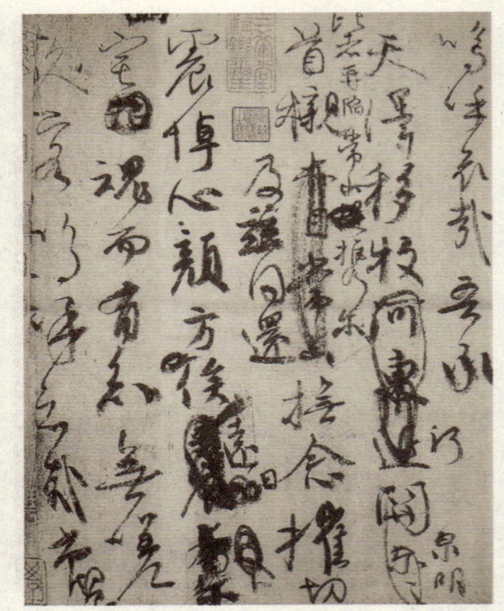

祭侄文稿　唐·颜真卿

相抱、外相拓之势，方正饱满，宽博宏大，沉稳庄重；笔画方面，横画细劲极富弹性，竖画粗壮伟岸中正，撇长捺厚；姿态丰硕雍容，苍劲奇伟，极具立体感，体现出顶天立地的浩然之气。

《争座位帖》书于746年。当时权臣奸党各派互相勾结，在文武百官参加的长安菩提寺帝后忌日行香仪式上，扼制郭子仪等将军，与会诸官敢怒不敢言，只有颜真卿敢于严厉谴责奸党的骄横跋扈，写成奏折上书，即《争座位帖》。许多人将此帖与王羲之的《兰亭序》并列为世间书法"双璧"。此帖书法上用笔矫健豪放，行笔自由牵带，坚贞刚直之正气跃然纸上。就连一向看不起颜真卿书法的宋代书法家米芾也认为此帖为颜书第一。

《祭侄文稿》是颜真卿悼念在安史之乱中遇难的侄子季明的文稿。颜真卿得知这一凶讯后，因悲愤哀伤而情绪激动，真情跃然纸上，满腔激愤注于笔端，十几处随手涂抹的笔迹表明当时颜真卿伤痛欲绝的心情。此书苍劲果断，无拘无束，随情绪变化而抒发，神采飞动，流利顺畅，超神入圣。此帖被誉为"天下第二行书"。雄壮秀美的书法艺术和刚直不阿的英雄气概的完美结合，使颜真卿成为中国书法史上以情书字的成就最高的大书法家。

柳公权（778—865），字诚悬，京兆华原（今陕西耀县）人。官历河东郡公，至太子少师时卒，世称"柳少师"。他是晚唐时期著名的书法大家，且多才多艺，善诗文，通经书，懂音律。

柳公权为人持正敢言，性情耿直。他经历了穆宗、敬宗、文宗三

朝。穆宗、敬宗时期，宦官专权，皇帝不理政事，生活奢侈放纵。一次穆宗问他笔法，他说："心正则笔正，乃可法矣。"穆宗听后面容一变，知道是柳公权借谈书法来进劝谏之言，但又无可奈何。这就是书法史上有名的"笔谏"故事。还有一次，文宗自诩节俭，常穿旧衣，群臣都随声附和赞颂文宗节俭有德，唯柳公权一言不发。文宗问他，他坦然作答，做君主应善于纳谏，赏罚分明，选拔人才，斥退不肖之徒，至于穿旧衣，"乃小节耳"，对国家治理没有多大益处。当时在座的一位大臣吓得浑身发抖，可见柳公权个性非同一般。

论字知谏

柳公权书法绝伦，虽屡犯龙颜，却仍受皇帝赏识，是唐朝唯一一位凭书法连续晋升的书法家。文宗夏天与学士联句，文宗出一联："人皆苦炎热，我爱夏日长。"众人联句，唯有柳公权的"熏风自南来，殿阁生余凉"深受文宗赏识，认为词清意足，不可多得，让他题于殿壁。字方圆五寸，遒劲丰润，文宗叹道："钟、王复生，无以加也。"当时其书名显扬于海内外。官宦人家办丧事，如不请他写碑，就会被世人认为子孙不孝，就连"夷狄"外来入贡时也要另备财物高价求购他的作品。柳公权因沉溺于书法，不善于治理家务，他家因其给别人写书而接受的财物多达数万，仆人常偷他的金银器皿，他也不以为然。只有笔砚图书之类，才亲自收藏，以防被盗。

柳公权初学王羲之，后遍阅名家书法，精心研习欧阳询和颜真卿书法，融会贯通，加以创新，自成一体，人称"柳体"。这种书体紧密浑厚，刚健挺拔，一改六朝以来的遒媚劲秀，吸收颜书雄强而避其肥厚，因而骨力洞达，清劲稳健。其传世书迹很多，以《玄秘塔碑》和《神策军碑》最为著名。

《玄秘塔碑》于会昌元年（841）立，柳公权64岁时书，风格成熟，最能体现柳书特点。原碑现在西安碑林，碑文共28行，每行54字。此碑用笔劲健，笔力强劲而用力均匀，用外拓法书写重点笔画，线条入木三分。有人评价说此碑是柳书中最露筋骨者。结体上，以颜书正面视人为基础，稍加欹侧，

玄秘塔碑　唐 · 柳公权

神策军碑　唐·柳公权

中宫紧密而四体开张，严谨之中见舒朗开阔，洒脱挺拔。章法上错落有致，茂密而不拥挤。该碑笔法锐利，骨力劲健，似刀削斧劈，浑厚中见锋锐，紧密中见舒展。柳公权自称的“圆如锥，捺如凿，只得入，不得却”的笔法也得到充分体现。

《神策军碑》，全称《皇帝巡幸左神策军纪圣德碑》，会昌三年（843）立，柳公权66岁时书写，记载了武宗视察左神策军（禁军）之事。由于此碑立于禁中，不易摹拓，所以拓本极少，且碑石早已散佚，此碑流传反不如《玄秘塔碑》有名气。其实此碑如人评说：“风神整峻，气度温和，是其（柳公权）生平第一妙迹。”此碑点画峻拔，遒劲有力，笔势开阔。与其他碑相比，字体较大，结体也更加紧密，但又舒展自如。大概因与皇帝有关，从中可以看出用笔认真严肃，一丝不苟，但又毫不拘谨，显得劲健洒脱，落落大方，爽爽有神，一派雍容华贵气派。其大字的劲健雄豪比小字更能显示出柳体骨力挺拔的特点。

柳公权的书法虽出于颜体，却能自创新意，独成一家，与欧阳询、颜真卿以及元朝的赵孟頫合称“欧颜柳赵”四大家，对后世影响深远。明代董其昌自称学习柳书后才悟得用笔古淡处，从此“不得舍柳法而趋右军也”。如今学书者也多从柳体入门，以求骨力。

第七章 繁盛的五代两宋艺术

五代时期的中原地区，相继出现了后梁、后唐、后晋、后汉、后周五个王朝；与此同时，南方和山西一带还并存着南唐、蜀、楚、吴越、北汉等十个较大的地方割据政权。五代十国延续50多年，其间割据势力混战不断，中原地区尤甚。北方人民为避战乱往南方迁移，促进了南方经济的繁荣。许多文人墨客也随着南下，西蜀、南唐遂成了有名的艺术中心。960年，后周大将赵匡胤于“陈桥兵变”中黄袍加身，建立宋朝。北南两宋不重武功，在与辽、金、元的对抗中一味退让求和，经常失败，以至亡国灭朝，但在文学艺术方面却取得了光耀后世的突出成就。

宋代商品经济活跃，城市日益繁荣，市民阶层壮大。像开封、洛阳、杭州、扬州、成都那样繁华的城市为数不少。当时，城市店铺林立，“瓦舍”、“勾栏”成了民间艺术表演的舞台，各种娱乐场所热闹非凡。歌曲、说唱、戏曲以及器乐等得到迅速发展和提高。曲子经过了长期的演变，受到词人和音乐家的重视，创造出了许多优美的作品。说唱形式多种多样，有说话、讲史、诸宫调、鼓子词、陶真等，令人听不胜收。戏剧至宋代步入了一个新纪元，北方出现了杂剧，南方确立了戏文，成为带有较高综合性，颇具发展前途的艺术形式。

五代两宋是继唐代之后中国美术史上又一个辉煌时期。五代绘画承唐启宋，人物画、山水画和花鸟画都取得了突出成就，出现了北方与南方及“富贵”与“野逸”不同的绘画风格。宋代宫廷绘画、士大夫绘画、民间绘画自成体系，彼此间又相互影响，促使宋代画坛出现繁盛景象，名家众多，分科细致，风格多样。北宋徽宗时期是中国古代宫廷画院绘画最兴盛的时期，宫廷画家绘制帝后肖像、宫廷壁画及敕建的寺观壁画，还为皇帝画代笔，参与宫廷书画鉴定及临摹。宫廷绘画造型准确精微，画风严谨不苟，华贵富丽，形成院体画的独特风格。宋代城市经济繁荣，市井生活丰富多彩，出现了大量反映平民百姓生活的风俗画，促进了世俗文化的发展。宋代也是文人绘画形成时期，当时不少文人士大夫将绘画看成是文化修养和风雅生活的重要组成部分，在绘画中以梅、兰、竹、菊等为题材，反对过分拘泥于形似，追求主观情趣的表现，画风平淡素雅。宋代雕塑一改唐代的宏大气势而变得细腻写实，神圣性减弱而世俗化增强。

在宋代，印刷业较唐代有了更大进步，书家们便突破了前代多表现生活实用文字的局限，把精力转到更具艺术性、更能抒情言志的行书上来，使书法由追求造型而变为追求精神内涵。当时有名的书家均擅长行草，其创作带来了书法风格的个性化和多样化。

一、宫廷乐舞和城乡舞队

中国历史上的宫廷雅乐多应用于统治阶级的祭祀仪式中。宋代宫廷祭祀仪式繁多，如祀感生帝、朝日、夕月、祀九宫贵神、封禅、祭九鼎、祀岳镇海滨、祀大火、祭风雨灵师、祭先农先蚕、腊祭、祭文宣王庙（孔子庙）等等。其中最为重要的是祭祀天地和祭祀皇帝的祖先。祭祀天地通常在郊外举行，称为“郊祀”，祭祀祖先在皇帝为祖宗特别建造的庙里举行，称为“宗庙”，两者合称为“郊庙”。在祭祀仪式上，一般都要表演符合统治者要求的舞蹈和雅乐。

应钟镈　宋

宋代宫廷宴乐，包括杂剧、歌舞、器乐独奏与合奏、百戏等项目。此时歌舞音乐的地位逐渐下降，其势已不如唐代，取而代之的是杂剧。在宋代宫廷宴乐机构中，最为重要的是教坊，其次有云韶部、钧容直、东西班等。教坊产生于唐代，负责管理宫廷俗乐，宋、元、明皆沿用了此制度。北宋的教坊存在了190年时间。靖康二年（1127）金人攻陷汴梁，教坊中的乐器、乐书全部散失，北宋教坊便随着北宋政权一同结束。南宋时期由于政权动荡，教坊存在的时间比较短暂。宋代之初，教坊依照乐曲的种类分为大曲部、法曲部、龟兹部和鼓笛部四部。后来教坊取消了四部组织，根据个人擅长的技艺分为13部：筚篥部、大鼓部、杖鼓部、拍板部、笛色、琵琶色、筝色、方响色、笙色、舞旋色、歌板色、杂剧色、参军色。到了南宋，国力衰弱，每逢大规模的演出活动，往往需要临时选调民间的乐工来参加演出。民间艺人借此机会一方面可以学习宫廷乐舞，另一方面还可以与来自其他地方的艺人相互交流、切磋。因此，民间艺人参与宫廷演出，促进了民间艺术的发展。

散乐壁画　北宋

大晟编钟　宋

宋代宫廷“队舞”

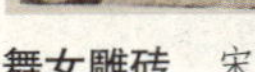
舞女雕砖　宋

杂剧伎乐石刻　南宋

是由唐代宫廷燕乐发展而来，分为“小儿队”与“女弟子队”。小儿队有 72 人，女弟子队为 153 人。根据《宋史 · 乐志》记载，小儿队演出的节目有《柘枝队》、《剑器队》、《婆罗门队》、《醉胡腾队》、《诨臣万岁乐队》、《儿童感圣乐队》、《玉兔浑脱队》、《异域朝天队》、《儿童解红队》、《射鹏回鹘队》，共 10 项。女弟子队也有 10 项：《菩萨蛮队》、《感化乐队》、《抛毬乐队》、《佳人剪牡丹队》、《拂霓裳队》、《采莲队》、《凤迎乐队》、《菩萨献香花队》、《綵云仙队》、《打毬乐队》。从名称上不难看出，诸如剑器、胡腾、浑脱、解红、菩萨蛮、霓裳等等都是唐代已有的舞蹈名称。由于作品主要在宫廷典礼时演出，因此表演时，在舞蹈前面还要加上许多歌功颂德的“致语”或者歌唱段落。队舞都有着较为明确的分工，队舞的指挥称为“竹竿子”，主体是“歌舞队”，伴奏乐队称为“后行”，还有称为“花心”的引舞。

北宋后期以及南宋时，国势衰败，使得宫廷无力维持庞大的乐舞

大曲伎乐石刻　南宋

大曲壁画　辽

机构。每逢朝贺大典，便只得到民间去雇请艺人临时参加演出，这些民间艺人称为“和顾”。在南宋乾道、淳熙年间（1165—1189），临时雇用的“和顾”人数已经很多了。

宋代，社火在民间十分盛行。“社火”也叫舞队，即民间舞蹈队伍。宋代范成大说：“民间鼓乐，谓之社火。”他们一般在迎神赛会以及元宵节、中秋节等节日中表演各种杂戏，尤其在元宵节，更是热闹非凡。在社火中演出的民间舞队，并不只是表演歌舞，而是包括音乐、舞蹈、武术、杂技等多种技艺的综合表演。宋代这种民间舞队与清代出现的“走会”以及至今流传在河北等地的“花会”十分相似，都属于综合性的街头游行表演队伍。社火的节目非常丰富，代表作品有《清乐》、《掉刀》、《旱龙船》、《村田乐》、《杵歌》、《鲍老》等。

《旱龙船》，又名《划旱船》、《跑旱船》。此表演形式最早可追溯到唐代的相关记载。范成大曾说：“夹道陆行为竞渡之乐，谓之划旱船。”其表演主要是模仿了赛龙舟的情景。

《村田乐》是表现农业劳动生活的民间歌舞。演员多扮成农夫形象，或表现农业劳动，或企求风调雨顺，舞蹈有着浓郁的乡土气息，深受农民群众的欢迎。有学者认为“村田乐”即后世秧歌的早期形式。

《鲍老》是一种滑稽舞蹈，表演时多戴着面具。“鲍老”原本是傀儡戏中引舞的角色名称。宋杨大年在《傀儡诗》中写道：“鲍老当筵笑郭郎，笑他舞袖太郎当。若教鲍老当筵舞，转觉郎当舞袖长。”可见，鲍老与郭郎都是滑稽可笑的角色。关于郭郎，在唐代《乐府杂录》中这样记载：“其引歌舞有郭郎者，发正秃，善优笑，闾里呼为郭郎，

傀儡戏纹镜 南宋

掉刀鲍老

踏歌图（局部） 南宋 · 马远

凡戏场必在俳儿之首也。”由此可知，郭郎是唐代傀儡戏中的领舞人，将鲍老与郭郎并提，说明他们同属于一类角色。

《踏歌》是一种十分古老的舞蹈形式，其特征为“踏地为节，拉手而舞”。在青海省大通县上孙家寨出土的距今5800年前的彩陶盆上，便绘有踏歌舞的文饰。踏歌自汉唐至宋代都十分流行，唐代汪伦以踏歌为李白送行，得李白赠诗：“李白乘舟将欲行，忽闻岸上踏歌声。”这些都是《踏歌》在当时普遍流行的真实反映。到了宋代，每逢元宵、中秋，都要举行盛大的踏歌活动。踏歌被广泛地反映到宋代书画诗词当中。蔡卞在《宣和画谱》里描写道：“中秋夜，妇女相持踏歌，婆娑月影中。”马远的名画《踏歌图》也描绘了四位老汉在山路上踏歌，并附宁宗皇帝的题词：“宿雨清畿甸，朝阳丽帝城 。丰年人乐业，垄上踏歌行。”可见踏歌在宋代受欢迎的程度。

二、唱曲填词成为时尚

歌乐图（局部） 南宋

隋唐以降，歌曲反映的生活内容越来越复杂，描写的方式越来越多样，描写的手法也越来越细致，于是，一种新的音乐形式——曲子出现了。曲子是在民间歌曲的基础上发展而来。它包含两个部分：音乐部分称“曲子”，歌词部分称“曲子词”，也称“词”，所以曲子又称曲子词。到了宋代，曲子词得到了更多文人的青睐，苏轼、柳永等文人也纷纷参与曲词创作，曲子词盛极一时，为宋人广为传唱。王灼在《碧鸡漫志》中说：“盖隋以来，今之所谓曲子者渐兴，至唐稍盛。今则繁声淫奏，殆不可数。”这基本上概括了曲子词发展的整体脉络。

历史上的齐言歌曲，其句法一般比较整齐，

而曲子词句子长短不一，节奏活泼多样，所以曲子又被称为“长短句”。就创作而言，一般歌曲是先有歌词后谱曲调，而曲子词是倚声填词，即先有曲调后填歌词。很多文人大家正是受到优美旋律的启迪，而创作出脍炙人口的名篇。

曲子词的音乐成分主要源于传统古曲、外来乐曲、民间曲调和自度新曲四个方面。曲子词中的曲调都有特定的名称，如《菩萨蛮》、《杨柳枝》等，叫做”词牌”，按照词牌填上歌词就可以演唱。同一词牌，为了表达不同的情调，可以有适当的变化，常见的变革规则有“减字”、“偷声”、“摊破”、“犯调”等。所谓“减字”就是减少原词字数；“偷声”是增加原词字数；“摊破”是在原曲牌的基础上增加新的乐句；“犯调”是把属于不同曲牌的乐句联结起来，形成一个新的曲牌。

宋代曲子词的体裁形式主要有令、引、近、慢等类别。“令”是较为短小的曲牌，如《调笑令》、《十六字令》；而“引”和“近”比较长，节奏偏慢，如《祝英台引》、《诉衷情近》；“慢”的曲调是最长的，节奏疏缓，如《浣溪纱慢》、《声声慢》。

曲子词还存在“豪放”与“婉约”两种不同风格。前者以苏轼的《念奴娇 · 赤壁怀古》为代表，其气势磅礴、高亢雄伟；后者则以柳永的作品最为典型。由于柳永仕宦失意，只好与倡优歌伎为伴，在依红偎绿中寄托情思。他的名篇《鹤冲天》中“忍把浮名，换了浅斟低唱”是其思想的集中体现。俞文豹在《吹剑续录》中这样描述二者的差别：“柳郎中（指柳永）词只合十七八女郎执红牙板歌‘杨柳岸晓风残月’，学士（指苏轼）词须关西大汉、铜琵琶、铁绰板唱‘大江东去’。”曲子词中“豪放”与“婉约”两种不同风格，也是音乐表现上慷慨激昂与委婉细腻两类基本情绪的概括。

众名姬春风吊柳七

曲子词对宋代社会的音乐生活发生了深刻影响。唱曲填词，不仅是乐工们的职业活动，而且成为广大市民的业余嗜好，甚至皇家贵族也是乐此不疲。北宋时期的很多皇帝皆精通音律、擅长曲作，如《宋史 · 乐志》载：“仁宗洞晓音律，每禁中度曲以赐教坊。”就连著名政治家晏殊、范仲淹、欧阳修、王安石等人也都是著名的词作家。宫廷音乐机构均以创作和演唱曲子作为一项重要任务，达官显贵常把唱曲填词视为一种雅兴。

随着宋代词调音乐的发展，一批优秀的词乐创作大家脱颖而出，著名的有柳永、周邦彦、李清照、姜夔等。

柳永（约987—约1052），福建崇安人，原名三变。出身官宦之家，少年聪颖，谙识音律。但其生性放浪，不拘一格，他在《鹤冲天》中写下“忍把浮名，换了浅斟低唱”

一诗句。对此宋仁宗大为不悦，“此人风前月下，好去‘浅斟低唱’，何要‘浮名’？且填词去！”因而没有让他通过考试。此后柳永屡试不中，他经常出入于汴京、苏杭等地的烟花柳巷，与歌伎们相互往来，直到中年后，才做过一小小的盐官，最后穷病交加，卒于江苏镇江。

柳永是北宋第一个专力于写词的词人。北宋初期的词，沿袭晚唐余风，题材和内容都比较狭窄和贫乏，柳永大胆地扩展了词作体裁，如抒情、叙事、写景、状物，并将民间俗语引入词中，开拓了词作的新气象，促进了通俗文学的发展。之前的著名词作家，如晏殊、欧阳修，继承了南唐传统，多作小令；柳永一改传统，积极地从事慢词创作。现存柳永的词204首，涉及词调153首，内容多为男女之情和离愁别恨。历史上对于柳永的评价褒贬不一，有人认为其词不能登大雅之堂，但是却深得大众的喜爱；也有人认为“序事闲暇，有首有尾，亦间出佳语，又能择声律谐美者用之”（王灼《碧血漫志》）。但不管怎样，柳永的词受到了人民的喜爱，甚至出现了“凡有井水饮处，即能歌柳词”的景象。

周邦彦（1056—1121），字美成，浙江钱塘人。其主要功绩是在词调的整理、创制及艺术技巧方面有着特殊的地位。宋徽宗时，设置大晟府，任用周邦彦等词人负责审定古音，谱写新调，即大晟词人。经周邦彦整理和创作的曲子皆成为后人创作的规范。周邦彦是婉约派和形式格律化的集大成者。他师承柳永，兼取秦观，又有突破；其作品典雅含蓄、富艳深密，开南宋姜夔、张炎一派词风。在曲调上，他注意格律、音律和谐，为格律派词人所效仿。周邦彦作品内容多为男女艳情、离愁别恨，有思想内容单薄而单纯追求格律之嫌。王国维《人间词话》说：“美成深远之致，不及欧、秦，唯言情体物，穷极工巧，故不失为第一流之作者，但恨创调之才多，创意之才少耳。”周邦彦以其优雅的、曼妙的作品风靡了词坛，被旧词人推为“词家之冠”。

李清照像　明

李清照（1084—约1157），济南章丘人，出身于官宦之家，才气卓越，很早就享有词名，是中国古代文学史上少有的杰出女作家。自“靖康之变”后，李清照的词风发生了巨大变化。在南渡之前，李清照以婉约的词风为主，多描写少女、少妇的闺中生活；而此后，她饱经战乱之苦，其作品呈现出高昂、豪迈、刚健之气，并且蕴含着强烈的爱国热情。李清照善于通过描写富有特征的事物来表达复杂的情感；她的语言清新自然，喜用叠字、俗语，富有艺术感染力。例如名作《声声慢》中

的“寻寻觅觅，冷冷清清，凄凄惨惨戚戚”，正所谓“用浅俗之语，发清新之思”（《金粟词话》）。李清照不仅从事词作，在诗词理论方面也颇有建树，她的《词论》是宋代第一篇系统的论词之作，提出了“词别是一家”的观点。

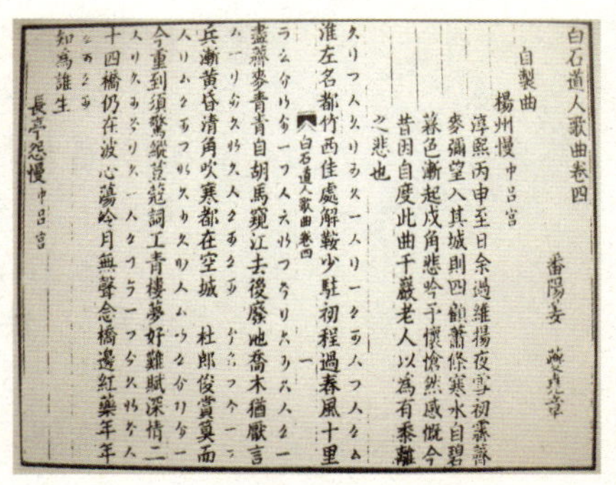

白石道人歌曲卷四　鄱陽姜夔堯章
自製曲
揚州慢 中呂宮
淳熙丙申至日余過維揚夜雪初霽薺麥彌望入其城則四顧蕭條寒水自碧暮色漸起戍角悲吟予懷愴然感慨今昔因自度此曲千巖老人以為有黍離之悲也
淮左名都竹西佳處解鞍少駐初程過春風十里盡薺麥青青自胡馬窺江去後廢池喬木猶厭言兵漸黃昏清角吹寒都在空城　杜郎俊賞算而今重到須驚縱荳蔻詞工青樓夢好難賦深情二十四橋仍在波心蕩冷月無聲念橋邊紅藥年年知為誰生
長亭怨慢 中呂宮

曲谱

宋曲子词的曲谱至明代大抵失传，留存在世的曲谱极少，其中附有曲谱的词集流传至今的唯有姜夔一人。姜夔（约1155—约1221），饶州鄱阳（今江西波阳）人，曾居住于浙江苕溪白石洞天附近，故号白石道人，世称姜白石。姜夔是南宋词坛上最为讲究音律的词人和音乐家。幼年丧父，寄居姐家，少年已小有名气，但屡试不第，终身未入官宦之门。

姜夔像 清画像石

姜白石有着杰出的音乐才能，不但擅长作曲演奏，而且有着很深的理论造诣。他曾献《大乐议》一卷、《琵琶考古图》一卷，阐述他的音乐理论，可惜未引起朝廷重视。在音乐方面最有价值的是姜夔的《白石道人歌曲》，它收有词歌曲十七首，旁注宋代俗字谱。十七首歌曲中，有两首是姜夔记录的古曲，一首《玉梅令》是范成大谱曲，姜夔填词；其余十四首均为姜夔所作的自度曲。所谓“自度曲”，是自制新曲之意，他打破了传统曲子词倚声填词的创作方法，而是先成文辞后制曲谱。十四首歌曲为《鬲溪梅令》、《杏花天影》、《扬州慢》、《长亭怨慢》、《淡黄柳》、《石湖仙》、《暗香》、《疏影》、《惜红衣》、《角招》、《征招》、《秋宵吟》、《凄凉犯》、《翠楼吟》。姜白石所处的时代，正值山河破碎、统治者偏安一隅的南宋时期，他的一生也是怀才不遇，贫苦潦倒，漂泊四海，因而他的作品题材多为纪游与咏物，内容主要是感慨身世飘零。姜夔的自度曲风格清新，感情真挚，立意幽远，清新峻拔，南宋风雅词派和清初浙西词派对其极为推崇。缪钺在《论姜夔词》中将姜夔同周邦彦作了比较：“周词华艳，姜词隽澹；周词丰腴，姜词瘦劲；周词如春圃繁英，姜词如秋林疏叶。姜词清峻劲折，格澹神寒，为周词所无。”

三、古琴艺术

鸣凤琴 南宋

在隋唐时期，由于西域音乐的冲击和琵琶的盛行，古琴艺术的发展在一定程度上受到压制；而到了宋代，古琴受到了宋太宗、宋徽宗等皇帝的大力提倡，古琴艺术又迅速地发展起来。很多文人士大夫都

精于此道，如范仲淹、欧阳修皆为弹琴名手。

宋代的古琴艺术多有师承，从而形成世代相传的艺术流派。琴曲的数量大大增加，质量也明显提高。最为重要的两个艺术流派，一个是以朱文济为代表的琴僧系统，一个是以郭楚望为代表的浙派。

朱文济在宋太宗时任琴待诏，在当时被誉为“鼓琴为天下第一”，他为人“性冲淡，不好荣利”(《琴史》)。宋太宗想把七弦古琴加二弦而变为九弦琴，朱文济坚决反对，他认为五琴有弦尚有余音，没有必要再增加二弦。朱文济将琴技传给了慧日大师夷中，夷中又传给了知白、义海。沈括在《梦溪笔谈》中评价义海的琴技为：“海（义海）之艺不在于声，其意韵萧然，得于声外，此众人所不及也。”义海的弟子是则全和尚，则全的学生是钱塘僧照旷。这个琴僧系统，师徒相传，贯穿北宋一百多年。

南宋建都临安（今浙江杭州），著名琴师多出在这一带，故称之为“浙派”。其中以郭沔成就最大。他继承和发展了传统的琴曲，并进行了颇具特色的创作。他的学生为刘志方，后者又传于徐天民、毛敏仲，从而形成了一脉相承的浙派艺术，其影响一直波及到元明时期。

郭沔，字楚望，浙江永嘉人，浙派的代表人物之一。《潇湘水云》是郭沔的代表作，最早刊印于明代朱权编撰的《神奇秘谱》。

郭沔曾是南宋末年光禄大夫张岩的门客，后来金兵入侵，为了议和投降，投降派杀害了坚持北征的韩侂胄，张岩也被罢官。郭沔只好迁居到湖南衡山脚下。潇、湘二水合流于此，郭沔常常在烟雨中独自泛舟江上，终日郁郁寡欢。他想遥望九嶷山，相传舜曾葬于此地，无奈山峰为潇湘之云所蔽而不得观。在此情景下，郭沔创作了《潇湘水云》，借咏水光云影，抒发忧国之情。全曲分为十段，明代的琴谱中列有十个标题：一、洞庭烟雨，二、江汉舒晴，三、天光云影，四、水接天隅，五、浪卷云飞，六、风起水涌，七、水天一碧，八、寒江月冷，九、万里澄波，十、影涵万象。

乐曲充分运用了古琴演奏中的“吟、猱、绰、注”技法，生动地描绘了祖国河山的壮丽。乐曲的开始，便运用清越的泛音，奏出了烟雾缭绕、淼淼洪波的洞庭湖意象。全曲建立在商调式上，乐曲寓情于景，借景抒情，在苍茫瑰丽的潇湘水云之中，寄托了作者对祖国大好河山无比眷恋的炽热衷肠。这部作品的艺术成就受到了其后历代琴家的推崇。除《潇湘水云》以外，郭沔创作的琴曲还有《步月》、《秋雨》、《春雨》、《飞鸣吟》、《泛沧浪》等等。

在琴曲创作和演奏的基础上，宋代琴学理论也有了突出的发展。史学方面有朱长文的《琴史》，该书共分六卷，“上自唐虞，下迄皇宋”，按时代顺序，共汇集了162位琴人及有关琴的记载，是中国第一部琴史专著，为琴学发展作出了贡献。

四、瓦舍勾栏的兴盛

辽代散乐壁画

宋代工商业空前发展，市民阶级逐渐兴起，城市生活日趋繁荣，从而给音乐活动带来了广阔的空间。在大城市的城里城外，出现了许多商品交易的集中点，称为“瓦子”、“瓦舍”或“瓦市”。据吴自牧《梦粱录》记载，南宋临安城内外就有13处瓦舍。孟元老《东京梦华录》记载，在汴梁有中瓦、里瓦、桑家瓦子、州西瓦子、州北瓦子和朱家桥瓦子等若干座。瓦舍主要是综合性的娱乐场所，里面有演杂剧的、说唱的、耍杂技的，也有卖药、沽衣、饮食、剃剪、探搏等等。瓦舍内观众总是熙熙攘攘，热闹非凡，所谓“不以风雨寒暑，诸棚看人，日日如是”。宋代城市经济和娱乐活动的高度发展，由此可窥一斑。

勾栏，又叫“勾阑”、“构栏”，是百戏杂剧的演出场所。勾栏，是栏杆的别名，因其所刻花纹皆互相勾连，故称“勾栏”。勾栏建筑主要包括戏台、戏房、神楼、腰棚等几部分。在汴梁的几个瓦舍中，就

清明上河图（局部） 北宋·张择端

名杂剧演员丁都赛像 北宋

有勾栏50余座，最大的可以容纳数千观众。勾栏中表演的伎艺项目可谓丰富多彩，有唱赚、鼓子词、诸宫调、杂剧、傀儡戏、说书讲史等等。勾栏中的艺人多以此为生。还有一些“路歧人”因地位较低，只能在瓦舍外的空地上演出。

瓦舍勾栏可看作中国剧场的雏形，它们的出现标志着市民艺术已经发展到了一个新的水平。自宋代后，民间艺术逐渐超过了宫廷艺术，成为中国艺术的主体。

宋代的歌曲主要有以下形式：叫声、嘌唱、小唱、唱赚等。叫声是将民间各种歌吟和卖物声音乐化、规范化而创造出来的一种歌曲形式。歌曲较为短小，朴素自然，节奏为散板或一板三眼。嘌唱是根据已有的小型歌曲，通过音乐加工变奏而形成的一种歌曲形式。演唱时有鼓声作为伴奏。所谓小唱，是将已有的歌舞大曲，分离出慢曲、引、近、曲破等歌唱部分，进行演唱。演唱以清唱为主，用板击拍。唱赚是一种用鼓、板、笛作为主要伴奏乐器的歌唱形式。它包含缠令和缠达两种曲式。所谓缠令，是由若干曲调联结而成，前面有引子，后面有尾声。缠达，又叫“转踏”、“传踏”，是以引子开始，在引子后面用两个曲调轮流重复演唱而成。唱赚在宋代颇为流行。

宋代说唱艺术创造出极为丰富的新形式，如说话、讲史、说经、诸宫调、鼓子词、陶真、道情、渔鼓等。较为重要的有陶真、鼓子词、诸宫调三类。

宋代的陶真，最早见于《西湖老人繁胜录》：“唱《涯词》只引子

唱赚图 陈元靓《事林广记》插图

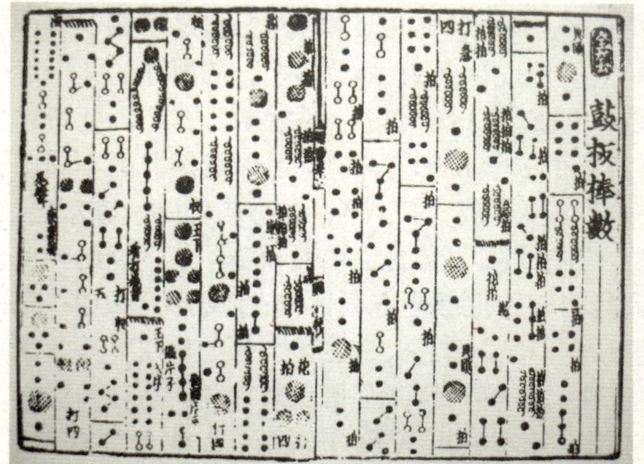

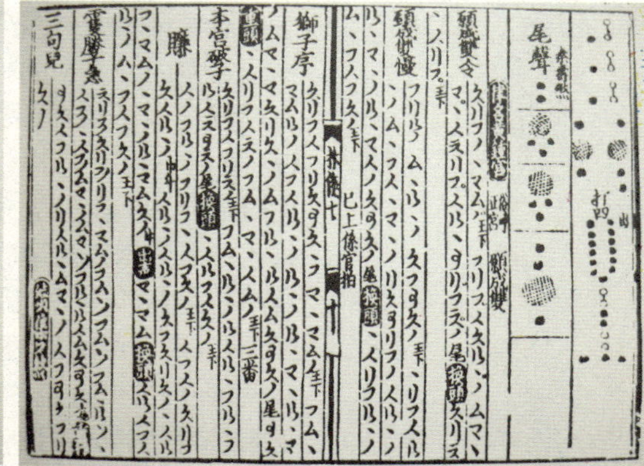

演奏谱和唱赚谱

唱赚图　南宋

弟，听《陶真》尽是村人。”这也是宋代唯一关于陶真的历史记载。所以，关于宋代陶真的描述多为推测。据“听《陶真》尽是村人”这一句来看，陶真受到了广大农村群众的喜爱，所以它应是一种都比较通俗易懂的说唱形式。南宋的陶真主要以鼓伴奏，表演者多为“路歧人”。这种说唱形式一直流传到明、清时代。明代的陶真采用琵琶为伴奏乐器，表演者虽有男有女，但大多为瞎子。有些学者认为宋代的陶真，应是后来弹词的前身。

鼓子词产生于北宋时期，是一种说唱相间、以唱为主的艺术形式，因主要用鼓伴奏，故称“鼓子词”。其音乐特点是通篇只用一个曲牌，反复演唱，每段中间加入说白。流传到今天而能确定为宋代鼓子词作品的只有北宋赵令峙所作的《元微之崔莺莺商调蝶恋花词》一篇，讲述的是张生和莺莺的爱情故事。它由一段散文的讲说和一段曲调的歌唱轮流相间而成。全篇共有12段，每段说白之后，便唱《蝶恋花》曲牌。它是宋代鼓子词的代表作。另外，欧阳修还创作了《十二月鼓子词渔家傲》。

宋代乐舞壁画

铜鼓　南宋

诸宫调是一种大型的说唱形式，其中以唱为主。它是由属于多种不同宫调的许多乐曲构成，所以称之为“诸宫调”。从现存的几个诸宫调歌词本子来看，它一般是用于描写复杂的故事情节，因此可以说，它是一种大型的、成本的长篇说唱音乐。所用伴奏乐器随不同历史时期而不断变化：宋代主要用鼓、板、笛，有时还可以敲着水盏，打拍子；到金、元时期，有采用锣、界方、拍板和笛伴奏的，此外也有用弦乐器伴奏的。因此明清人也把诸宫调称作“弹唱词”或者“搊弹词”。诸宫调的创始人是勾栏说唱艺人孔三传，曾创作《耍秀才诸宫调》，可惜没有流传下来。董解元的《西厢记诸宫调》是目前保存下来最完整的诸宫调作品。全本共用了14个宫调，基本曲牌有151个，连变体在内，共有444个曲调，其结构十分复杂。其中大约有三分之一的曲调现收在《九宫大成南北词宫谱》中。大型长篇说唱形式的出现，标志着中国说唱艺术进入了成熟时期。

五、杂剧与南戏

宋代是中国戏曲成熟的前夜。两宋时期商品经济比较发达，都市生活十分繁荣，众多的民间技艺皆在瓦舍勾栏中表演。宋杂剧正是在继承了唐代参军戏和歌舞戏的基础上，融合了各种民间艺术才孕育产生的，是宋代各种滑稽表演、舞蹈、杂戏的统称。宋金对峙时期，金出现了所谓的“金院本”，但总的来说，宋杂剧和金院本并无实质差异。

宋杂剧一般由三部分组成：艳段、正杂剧和杂扮。艳段为开场，一般演些街坊邻里的平常琐事，目的是招徕观众，安定剧场。正杂剧

杂剧壁画　金

《眼药酸》杂剧图　南宋

是主体，通常为两段，多为针砭时弊的滑稽剧，抨击力度较参军戏更为大胆自由，常用的手法有谐音、隐语、象征赋形、反铺垫等。杂扮是用于送客的幽默段子。

杂剧角色 宋雕砖 五种角色分别是：末泥、装孤、引戏、副净、副末

宋金杂剧通常有五个角色：末泥、引戏、副净、副末和装孤。末泥，相当于现代的导演兼主演，主要负责组织安排演出，元杂剧发展为正末，明清传奇为正生。引戏具体负责末泥的主张，进行指挥调度；同时，他还要兼演“装旦”，装旦类似旦角。副净本是原来的参军，多扮演装傻充愣的人物，以后发展为后来的净角。副末的前身是苍鹘，专门插科打诨，是丑角的前身。装孤扮演官员，当副净和副末争执不下时起仲裁作用。其中，副净和副末是杂剧中的主要表演者。这五种角色，除装孤外，其他四种即为后世的生、旦、净、丑四大行当，该划分体系一直沿用至今。

杂剧小舞台及砖俑 金

宋金杂剧并未留下一个剧本，只能依据史料笔记进行研究。南宋周密《武林旧事》中列举了280种杂剧名目，元代陶宗仪《南村辍耕录》记载了院本名目11大类700余目。著名剧目有《二圣环》、《三十六髻记》、《目连救母》等。根据史料看来，宋杂剧多是叙事性的故事歌舞，另有属于代言体的戏剧表演。总的说来，宋金杂剧虽然较先前的戏剧已有很大提高，但仍属于过渡性艺术形式。

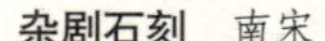

杂剧石刻 南宋

中国最早有剧本留下的是宋代的南戏。南戏是宋代杂剧外的另一个大剧种，为南曲戏文的简称。南戏产生于北宋末年的温州一带，因温州的别名为永嘉，所以南戏又称“永嘉杂剧”。宋代时的温州是重要的商埠口岸，环境宁静自由，村坊小曲、民间小戏极为丰富。明代文学家徐渭《南词叙录》说：“永嘉杂剧兴，则又即村坊小曲而为之，本无宫调，变罕节

杂剧壁画　南宋

奏，徒取其畸农、士女顺口可歌而已。”由此可见，南戏源于南方村坊小曲。

南戏较北杂戏最大特点为结构自由，形式灵活。曲调广泛取材于民歌、词曲歌体、诸宫调、村坊小调等民间音乐，没有严格固定的格律；演唱形式亦丰富多彩，可独唱，也可对唱、齐唱或轮唱。在结构上，南戏可长可短，短则几出，长则十几出或几十出，伸缩自由。

虽然南戏在艺术水平上较元杂剧还有很大差距，但它已奠定了中国戏曲的基本特点，即综合歌唱、念白、动作等手段，去表演一个完整的故事。同时，南戏还体现了中国戏曲另一特色——采用虚拟性的表现手法。比如在后世的《琵琶记》中赵五娘搀扶不慎跌倒的公公，却遭公公毒打，此处就是虚拟的责打。在舞台时空处理上，南戏也十分灵活。在《张协状元》中，张协一行从京城到五鸡山上任，演员只是轮唱了四支曲子就经过了千山万水，实现了时空的跨越，从而突破了舞台空间的限制。(《中国戏曲》)

据史书记载，南戏最早的剧目有《赵贞女蔡二郎》和《王魁》，但均已佚失。明《永乐大典》收录了宋元戏文33种，后因八国联军入侵，此书遭劫，现仅存《张协状元》、《宦门子弟错立身》、《小孙屠》三种。《张协状元》是中国现存最早的戏曲剧本，讲的是四川成都秀才张协进京赶考，途经五鸡山遭强盗洗劫，幸逢贫女相救，结为夫妻。之后，张协高中状元，离弃贫女，甚至将其砍成重伤。后来，王宰相将贫女收为义女，再嫁张协。在新婚之夜上，贫女当场历数张协往日

南戏瓷俑　南宋

丑行，拒绝成婚。在王宰相等人的劝说下，二人才重谐鸾凤。

六、承唐开宋的五代绘画

五代时期的中原地区长期战乱，不少画家迁徙到江南与四川，那里农业和手工业发展较快，商业繁荣，加之战争较少，社会相对稳定，有利于绘画的发展与繁荣，绘画中心由中原转移到西蜀与南唐地区。为了适应宫廷贵族的需要，西蜀、南唐先后创立了画院，出现了宫廷绘画，艺术上呈现出新的面貌。五代时期的绘画形成中原、西蜀和南唐三个较发达地区，人物画、山水画和花鸟画均取得一定发展。五代绘画上承唐代传统，下开宋代画风，其历史作用不可低估，对后世产生了深远影响。

中国古代人物画的重要内容之一是描绘宫廷贵族和上层社会生活。五代人物画创作中，最主要的题材就是直接描写贵族生活。画家们表现皇室贵族的形象或豪华生活，描绘贵族妇女的不同情态。五代人物画的作者多是宫廷画家，他们的创作使反映贵族生活题材的绘画具有相当高的艺术水准，使工笔重彩人物的表现技巧更趋精致和富有魅力。

周文矩，五代南唐画家，生卒年不详，建康句容（今江苏句容县）人。大约活动于南唐中主李景、后主李煜时期，李后主时任南唐画院待诏。周文矩工画佛道、车马、屋木、山水，尤其善画仕女。他善于表现繁华富丽的人物生活场景，善画人物肖像，画中人物衣纹行笔瘦硬，极富特点。现存作品有《重屏会棋图》、《宫中图》等。《重屏会棋图》描绘的是南唐中主李景与其弟景遂、景达、景逖会棋的情景。人物身后的屏风，画着唐代诗人白居易《偶眠》诗意图，图中又有山水屏风，故此画名称《重屏会棋图》。画家将南唐皇帝画成谦恭文雅的形象，表现了和睦气氛和脱俗的情趣。由于周文矩与李景是同一时代的人，因此他所画的肖像具有历史和艺术两方面的价值。《宫中图》今传宋代摹本，分段表现宫廷妇女扑蝶、听戏、戏婴、簪花、戏犬、演乐、理妆等情节。仕

重屏会棋图 五代·周文矩

听乐 《韩熙载夜宴图》局部

清吹 《韩熙载夜宴图》局部

女形象丰肌秀骨，可见唐代画家周昉的影响。全卷以墨笔勾勒，只在面部稍加淡彩微染，人物的身姿情态跃然绢素之上。

顾闳中，五代南唐画家，生卒年不详，主要活动于10世纪中后期，江南人。任南唐画院待诏。顾闳中以画人物肖像著称，现存唯一传世作品为《韩熙载夜宴图》。韩熙载是南唐大臣，官至兵部侍郎、中书舍人等职。长于文学，颇有抱负。后主李煜当政时，国势衰微，失败已成定局。韩熙载对南唐前途悲观失望，故生活放荡，好蓄声伎，逃避任用。他常在家中设宴，与宾客们在觥筹交错、酒酣耳热中放纵不羁。李煜为了解他的生活状况，派画家顾闳中潜其府第，暗中观察，目识心记，创作了这一画卷。《韩熙载夜宴图》以长卷连环图画形式表现了听乐、观舞、休息、清吹、宾客酬应等五个相互联系又相对独立的情节和场面。画中塑造了韩熙载的形象，真切深刻地表现出其性格和气质，将他抑郁苦闷的情绪在夜宴欢乐气氛的反衬下得到深化与加强。画中其他人物均围绕五个不同的情节，通过人物的表情、动作和相互联系，来表达其身份与精神状态，创造出华丽而又统一的画面气氛。此画在用笔赋色方面达到很高成就，人物衣纹细劲，线条优美，柔中有刚；整幅画面色彩丰富，对比强烈且协调统一；画中各种道具及陈设刻画精工，服饰花纹细如毫发，进一步烘托了主题。此画的

勘书图 五代·王齐翰

写实技巧和再现能力达到了相当的高度，可谓中国古代工笔设色人物画的经典作品之一。

王齐翰，五代南唐画家，生卒年不详，建康（今江苏南京）人。南唐后主李煜时画院待诏。擅画人物，代表作品《勘书图》，现藏南京大学。此画描绘一文人在勘书间歇时挑耳的情状。在山水屏风前，勘书之人袒胸赤足，一目微闭，一手挑耳，表现出惬意自适的生动神态。画面笔墨秀润纤细，人物情态传神，环境优雅，散发着书卷之气。

匡庐图　五代·荆浩

五代山水画家深入自然，表现感受，创造出较唐人山水画更真实的面貌和更富有个性的意境，形成了以荆浩、关仝为代表的北方崇山峻岭和以董源、巨然为代表的江南秀丽风光这两种不同的山水画风格，体现了五代山水画的巨大成就。

荆浩，字浩然，五代后梁画家，生卒年不详，沁水（今山西沁水县）人。主要活动于9世纪末至10世纪上半叶。在五代中原地区的战乱和动荡中，荆浩隐遁山林，寄情于自然之中。他在太行山的洪谷隐居，自号洪谷子。面对洪谷深处的风景佳胜和参天古松，他写生“凡数万本，方如其真”。在师法造化的艺术实践中，荆浩表现了崇山峻岭、层峦叠嶂、气势雄伟的北方山水。他将唐代出现的水晕墨章画法进一步推向成熟，对中国山水画的发展作出了重要贡献。其作品《匡庐图》为全景式构图，画中壁立千仞，山峰重叠，石质坚硬，高而深远，有很强的空间感。此画以水墨画出，无赋色，表现手法皴染结合，法度谨严，层次分明。构图上高远、深远、平远兼备，表现出“云中山顶，四面峻厚”的雄伟气势和峻峭、缥缈的山水境界。荆浩的画来自对自然景物的观察体验，表现了中国北方山水的特色。他的山水画标志着中国山水画走向成熟。荆浩所著《笔法记》，是中国古代画论中首部系统论述山水画创作方法与艺术准则的著作。文中借与虚拟的石鼓岩老叟问答的形式，列述了山水画中“真”与“似”的区别；提出作为创作原则和标准的气、韵、思、景、笔、墨的“六要”，品评艺术水平高下的神、妙、奇、巧“四等”，用笔筋、肉、骨、气的“四势”和绘画中的“有形病”和“无形病”等山水画理论，见解卓越，论述精当而有创见，是在隋唐山水画发展基础上经验和理论的总结，在绘画理论发展中具有重要意义。

关仝，五代画家，生卒年不详，长安（今陕西西安市）人。活跃

于五代末及宋初，在艺术上是荆浩的追随者。其山水画师法荆浩，经过刻意学习，在立意造境上显露出自己的风貌，可谓青出于蓝。关仝多画关陕一带山水，画风朴素，形象鲜明，具有“石体坚凝，杂木丰茂，台阁古雅，人物幽闲”的特色，画面朴厚动人。他善画秋山、寒林、村居、野渡等景色，其画能使观者如身临其境，具有强烈的艺术感染力。现存传为他的作品《山溪待渡图》和《关山行旅图》，都画出北方山水峰峦峻厚、幽僻荒寒的气氛。

董源，字叔达，五代南唐画家，生卒年不详，钟陵（今江西南昌附近）人。董源能作人物画，但善画山水，他的设色山水画有李思训青绿山水风格。其水墨山水，运用披麻皴和点苔法表现江南风貌，传写出峰峦晦明、洲渚掩映、林麓烟霏的江南景色。他作画用笔草草，近看几乎不成物象，退远望去，则景物粲然。董源在山水画技巧上有独创性，取得了极高的成就，他画中的那种“平淡天真”的艺术风格，受到北宋书画家米芾的推崇，并对元、明、清山水画产生了重大影响。董源的传世作品有《潇湘图》、《夏山图》、《夏景山口待渡图》、《龙宿郊民图》等。《潇湘图》为山水长卷，画中平静宁和的江水，起伏连绵的山峦，草木葱茏，烟云空濛，画家将南方这种特定景色表现得淋漓尽致。他所用的披麻皴和点子皴的笔法，与所表现的江南景色很适宜。他笔下的山形，多是陂陀起伏的丘陵，清远温润，毫无峻拔陡峭之感。画中以水墨淡着色，成功地描绘出江南山水林木繁茂，水面如镜，平静淡远的景象。

关山行旅图 五代·关仝

巨然，五代南唐画家，生卒年不详。活动于南唐后主和宋太宗时期。出家江宁（今江苏南京）开元寺为僧，学画山水，师法董源。他善画江南景色，笔墨秀润，充满田园风致。所画峰峦，水

潇湘图 五代·董源

气蓊郁，山顶多矾头，林麓多茂密，掩映以细径危桥，颇有野逸之景趣。在技法上，巨然的大披麻皴笔墨更加显露，为后来元明诸文人画家所仿效。其传世作品有《万壑松风图》、《秋山问道图》、《山居图》等。

五代著名山水画家还有赵幹、卫贤、郭忠恕等。郭忠恕最擅长画宫室、舟车和山水。他所画的界画宫室，重楼复阁，深远透空，精确到可以据此施工造屋，但同时又具有绘画艺术的审美感染力。现存作品《雪霁江行图》，表现出高超的描绘手法和真实的生活气息。

卫贤，五代南唐画家。《高士图》被认为是其传世作品，画面以高崖巨石和茂密的树丛为背景，表现屋中梁鸿、孟光夫妇相敬如宾、举案齐眉的故事。画面构图严谨，树石皴染精到，具有秀雅庄重之感。

高士图　五代 · 卫贤

万壑松风图　五代 · 巨然

赵幹，五代南唐画家。擅长画舟船、水村、楼观等题材，山水画长于描绘空间，布景置物，画面读来亲切自然，有身临其境的感觉。作品《江行初雪图》为长卷构图，描绘了寒冬的江岸、忙碌的渔民和行进的旅者等，画面充分营造了寒风初雪的冬日气氛，无论萧瑟的树丛，吹皱的江面，还是人物神情，均画得准确精致，生动传神。此画标志着中国山水画及风俗人物画在五代所达到的水平。

五代花鸟画取得突出成就，形成了以黄筌与徐熙为代表的不同花鸟画风格，在题材、风格和审美情趣上存在着“富贵”和“野逸”的差异，在表现技法上较之

江行初雪图（局部）
五代 · 赵幹

唐代有着更多的进步。

黄筌（903— 965），五代西蜀宫廷画家，善画花鸟，所画题材多是宫苑中的奇石名花、珍禽瑞鸟，以适应宫廷欣赏趣味。在表现技法上，他重视观察体会花卉禽鸟的形态习性，《梦溪笔谈》中记载："诸黄(指黄筌及他的儿子)画花，妙在赋色，用笔极精细，几不见墨迹，但以五彩布成，谓之写生。"黄筌花鸟画精细、工致、艳丽的作画风格，使其表现出宫廷花鸟画的富贵气象。《珍禽图》是黄筌为其子学画所作的范本，绢本设色。画面上描绘了20多种鸟雀昆虫，描绘精确，富有质感，呼之欲出，反映出五代花鸟画高度的写实水平，此画达到了造妙自然、形神兼备的境地。

徐熙，五代南唐画家，出身江南名族，终身不仕，生活放达闲适。擅绘画，大都以花竹、蔬果、草虫、禽鱼、蝉蝶等自然景物为对象。面对要表现的景物，必细心观察，故传写物态，皆富有生动的意趣。徐熙创造了一种落墨的表现方法，即先以墨线勾写花卉的枝叶蕊萼，然后赋色。他用笔不拘泥于精勾细描，而是信笔抒写，略加色彩。徐

珍禽图 五代 · 黄筌

雏鸽药苗图 五代 · 徐熙（传）

熙花鸟画表现出他作为江南文人的情怀与审美趣味，形成被称为“野逸”的花鸟画表现风格。徐熙花鸟画作品早已不传，传为其作品的《雪竹图》等皆非真迹，只能参考领略其画法与风格。

七、宋代人物画的演变

宋代人物画从唐代以画重大历史事件或贵族生活题材为主，扩展到描绘城乡市井平民生活的各个方面。宋代以人物见长的画家及其代表作品，是中国美术发展史中的重要组成部分。

宋代统治者提倡道教，众多大规模的宫观壁画都出自画院名家手笔。宋真宗时为修建玉清昭应宫，招募天下画工，应试者3000余人。宋徽宗时建五岳观，集天下名手，应诏者达数百人，说明当时绘画人才之多。宋代宗教画中出现了更为鲜明的世俗化倾向，以热闹的场面、有趣的情节吸引观众。道教绘画中创造了大量优秀的神祇形象，这些形象大都凭借现实人物画成。宋代的宗教画继承了唐代吴道子创造的画风，现流传的武宗元的《朝元仙仗图》是宋代宗教绘画的重要作品。

武宗元（？— 1050）为北宋宫廷画家，精于佛道人物。《朝元仙仗图》为壁画的粉本小样，描绘道教帝君率众部朝见最高神祇的行列。此图从左向右排列，以东华、南极二帝君为中心，首尾有武士神将护卫，行列中有金童、玉女、仙伯等不同人物，分别手持幡旗、伞盖、香花、乐器等，统一在行进的队伍中。这些人物中帝君庄严丰满，女仙端丽多姿，神将威武狰狞，男仙则有肃穆度世之风。画家通过对行列中人物疏密、高低、动作、衣裙、头饰和各种道具的精心安排，使得画面流动多变，造成队列缓缓前进的感觉，有优美的韵致，亦有舒缓的节奏。全画以莼菜条线描勾出，劲挺流利，满壁风动，从小样可想见当时壁画绚烂辉煌之效果。另有徐悲鸿生前所藏《八十七神仙卷》，人物与《朝元仙仗图》相同，但风格典雅，线条重叠繁复，无

朝元仙仗图（首尾部分）
北宋 · 武宗元

榜题，已是从《朝元仙仗图》演变成的完整画卷，颇具宋人绘画风范。

李公麟及其白描人物画也别具一格。白描不施色彩，纯用墨线勾勒表现形象，既严谨有法度，又朴素优美，表现出很高的造型技巧和文人的审美情趣。宋代文人画家李公麟对白描样式的发展作出了卓越贡献，他的人物画以生动、简括、凝练的特点，成为新的审美样式。

李公麟（1049—1106），字伯时，舒城（今安徽舒城）人，自幼深受艺术熏陶。他在熙宁三年（1070）中进士，任地方官员多年，后入京，官至朝奉郎。元符三年（1100）因病退引家乡龙眠山庄。李公麟作为一名文人画家活跃于北宋画坛，曾与王安石、苏轼、黄庭坚、王诜等人有过密切交往，是一位有高深修养和多方面才能的艺术家。李公麟的绘画才华为历史上文人画家所少有，代表作品有《五马图》、《临韦偃牧放图》、《维摩诘图》等。《五马图》为纸本白描，是李公麟的传世真迹。此画以富有表现力的线条，描绘了从边地进献给皇帝的五匹名马和五位身着民族服饰的牵马人。《五马图》造型极为准确，画家依据不同马匹的形象特征，以笔墨线条的起伏转折和刚柔徐疾，恰到好处的淡墨晕染，将马表现得神完气足，达到简洁含蓄和丰富耐看的视觉效果。李公麟以精简的线条，准确地勾画出不同民族、不同神情的人物形象，形神兼备，让人赞叹不已。李公麟以完美的线条，在物象造型上达到了精纯境界，显示了中国人物画“白描”手法的高度成就。

宋代绘画出现了大量表现城市经济的发展和城乡生活的作品，即风俗画。风俗画突破了唐以前以宗教和上层贵族生活为主要内容的题材限制，在艺术作品中着眼于平民百姓的现实生活。风俗画的题材涉及市民生活的各个方面，如货郎、婴戏、仕女、街市、城郭、耕织、盘车以及村牧、村医、村学、粮运等情状，都被描绘在画中。画家们

临韦偃牧放图（局部）
北宋 · 李公麟

五马图（局部） 北宋 · 李公麟

熟悉百姓的生活和精神状态，并在深入观察的基础上进行生动具体的描绘，反映了大众的生活、思想、情感与审美时尚，代表了人物画发展的新成就。

张择端，字正道，北宋画家，生卒年不详，山东东武（今山东诸城）人。青年时代生活于汴梁，宋徽宗时期进入翰林图画院。擅长界画，尤喜画舟车、市桥、郭径，是活跃于北宋后期的卓越的风俗画家。传世作品《清明上河图》，描绘了清明时节北宋京城汴梁繁华热闹的都市风貌和汴河两岸的景物风光。全卷内容复杂，人物众多，充分显示出画家驾驭宏大场面和处理复杂内容的艺术才能。画中人物多达500人以上，且男女老幼、士农工商、和尚道长、艺人乞丐、达官贵人无所不有；牲畜有90余头，各种树木160株，船只车轿各20余，另外还有无法计数的各色房屋建筑。如此众多的内容被安排在长528厘米、宽仅25厘米的画面上，有条不紊，各得其所，疏而有法，密而有秩，组织成为宏伟的艺术整体。画的内容结构大致可分为三个段落：开头部分为郊区农村风光，宁静的田野和村落，农民和驮运的牲口行走在小路上，刚刚萌发出枝芽的树木，渲染出北国早春的气息。中段是以虹桥为中心的汴河及船车运输和商业贸易活动，水波激荡的汴河渐渐成为画卷中段的主脉，一切活动都沿河展开，并将画面引向高潮：泊岸船只上悠闲的生活，逆水行船的艄公和岸上的纤夫，沿河街道上形形色色的人物、店铺……最引人注目的是准备驶过虹桥的木船，船桅已经放倒，船工们各就各位，桥上喧嚣叫嚷，岸边挥臂助阵，密挤的人群聚集在桥周围观看这紧张的一幕，此段为全画的最热烈处。后段为城门内外，街道纵横，店铺栉比，一派车水马龙的都市繁华热闹景象。该画再现了宋代社会生活的各个方面，不但是一幅杰出的绘画艺术作品，而且具有高度的历史文献价值。张择端社会生活知识丰富，观察细致具体，创作具有持久的热情和毅力。他的《清明上河图》，以其内容的异常丰富性、高度的历史真实性以及艺术表现的无比生动真切，成为古代绘画史上具有不朽意义的杰出作品。

南宋时期的风俗画进一步发展，供年节装饰的节令画趋于活跃。这一时期常见的题材有描绘农作与蚕织劳动过程的《耕织图》，表现百姓对商品经济与物质生活感兴趣的《货郎图》，刻画跋山涉水或雪

清明上河图（局部）
北宋 · 张择端

地运行的《盘车图》，特别是表现牧童生活和儿童嬉戏题材的绘画因寄托了市民对后代的期望和多子的愿望而广受社会欢迎。

苏汉臣，生卒年不详，汴梁（今河南开封市）人。宣和年间（1119—1125）任画院待诏，北宋亡后南下，在南宋画院复职。专长人物画，善绘儿童生活题材，画风富贵精丽。代表作品有《秋庭戏婴图》、《婴戏图》、《货郎图》、《五瑞图》等。《秋庭婴戏图》描绘贵族庭院中的稚童在花下嬉戏，形象烂漫天真，刻画生动有趣。画面上作为背景的花石高大富丽，衬托着儿童的幼小；色调的对比，使其动态处于醒目的视觉重心。作为工笔人物，勾线工整秀丽，恰当地表现出人物神情的真切和衣服的质地感。画面着色富雅、清丽。作品虽是风俗题材，但体现出宫廷画家良好的技术以及宫廷绘画精工、细丽的审美风格特征。

耕织图（局部） 宋

李嵩，南宋画家，生卒年不详，钱塘人。曾是南宋光宗、宁宗、理宗时画院待诏。他原为木工，后来习画，人物山水花鸟无所不能，最擅长风俗画题材，造型写实，表现质朴，独具画风。《货郎图》是李嵩传世的重要作品，描绘农妇携带幼童兴致勃勃地围观货郎担的情景，笔调亲切优美，形象自然生动。线条细劲雅致，落笔无浮饰之气。画面结构缜密，活泼自然，

准确而传神地勾画出朴实的人物形象，为宋代风俗画中的优秀之作。

宋代人物画中的历史故事画除了承袭前代存乎借鉴的作用外，多以古讽今，反映了人们对现实问题的关注与态度，更以褒忠贬奸和表现民族矛盾的题材折射出主张抗金、反对投降的政治态度和对民族存亡的关切。

秋庭婴戏图 宋·苏汉臣

李唐，字晞古，北宋末南宋初画家，河阳（今河南孟县）人。宋徽宗时任画院待诏，并受赏识。1127年靖康之变，李唐以近80岁高龄，仍跋涉千里至临安，隐名卖画，后重入画院任待诏，仍得皇帝看重。李唐是宋代绘画承前启后的人物。善画水墨山水和人物，与刘松年、马远、夏圭并称南宋四家。在宋代国土半壁沦丧、民族存亡危难之际，李唐眷恋祖国河山之情和复仇雪耻的愿望，在人物画里表现得十分强烈。他画的《采薇图》、《晋文公复国图》均寄寓了爱国之情。《采薇图》是宋代历史题材画，描绘殷商亡国后贵族伯夷、叔齐耻食周粟，采薇首阳山，宁肯饿死也不与周朝合作的故事，歌颂了他们的忠贞气节。此图作于南宋初年，元人宋杞题记认为是“意在箴规，表夷齐不臣服于周者，为南宋降臣发也”，画面曲折地表现了画家对屈辱妥协者的不满和对民族存亡的关切，明确地突出了主题。这幅画在树石背景中刻画了席地对坐的兄弟二人，伯夷双手抱膝，须发蓬乱，神情坚毅；叔齐身体向前倾斜，背向画面，反衬出两人意志的高亢坚定，表达了人物的个性和精神气质。画面以水墨粗笔表现树木，大斧披皴擦表现山石，景物浑厚朴拙，气氛深沉抑郁，表现出一种凛然正气和悲愤之情。

货郎图 南宋·李嵩

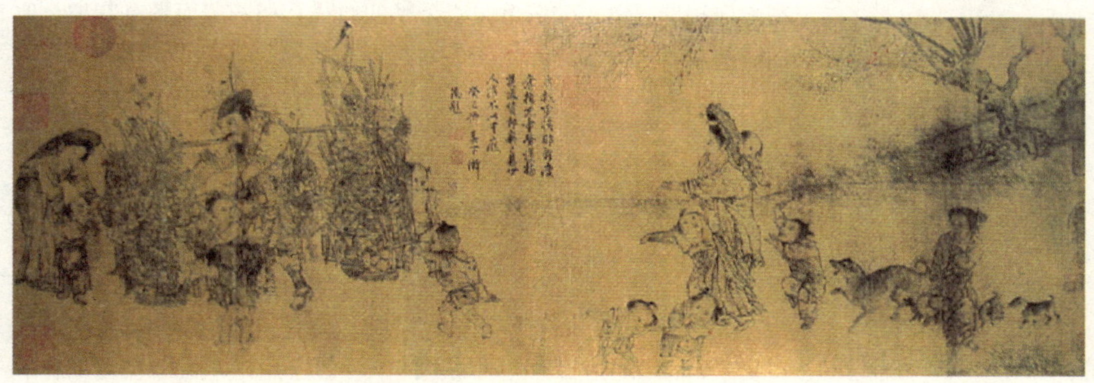

采薇图　南宋·李唐

宋代历史故事画多有描绘因战乱和复杂的民族关系而造成人物悲戚遭遇的情节，如南宋人所画的《文姬归汉图》、《明妃出塞图》等；还有诤言直谏以及与奸臣斗争的《朱云折槛图》等；更有反映以正确策略解决民族问题的《免胄图》、《便桥会盟图》等作品。

宋代的简笔人物画来自于梁楷。梁楷为南宋宫廷画家，画艺突出，性格狂放，善画人物、山水、佛道、鬼神、花鸟，具有极高的成就和独特的风格。梁楷作为宫廷画家，既能作精妙严谨的绘画，又独创了洗练放逸的水墨减笔画，对元、明、清的写意人物画有着重要影响。《泼墨仙人图》为纸本水墨，梁楷代表作之一。此画以泼墨画法表现了一位烂醉如泥、憨态可掬的仙人。作者以夸张的人物变形和水墨抒写，绝妙地表现了仙人清高超脱、不屑凡俗的精神状态和性格特征。画中泼墨粗阔有致，笔简神具，自然天成。从画中可以看出，中国人物画的用线方式到梁楷时已发生了变化，婉转莫测、转折快利的人物造型线条开始改变形态，出现了块面，用以强化形象的鲜明生动和简洁准确。从梁楷画中外形简括而内蕴精纯的风格可以看出，这种技术上的变化使人物画以意写形，向创造意象的更高方向拓展。梁楷的简笔与李公麟的白描互相媲美而各有其趣，他们从两个方向分别探索了中国人物画的笔墨与线条的表现力。

泼墨仙人图　南宋·梁楷

八、宋代山水画的兴盛

由于社会的重视，山水画逐渐跃居绘画的主要地位，“画中最妙言山水”。宋代山水画继五代之后更为成熟，名家辈出，风格多样。画家深入山川，重视对自然的观察与体会，将自己的理解变为笔下的山川物象，精确地画出不同地域、季节、气候的山水特征，技巧上有了很大创造。宋代山水画创造出雄浑优美的意境，取得了辉煌成就。

北宋山水画继承五代北方山水画表现风格，塑造了黄河两岸关陕一带的山水形象。宋初以李成、范宽影响最大，李成尤负盛名；北宋中期山水画家许道宁、翟院深、郭熙、王诜等人都不同程度受李成的影响；同时出现集山水界画为一体的“燕家景致”（燕文贵），以赵令穰为代表的“小景山水”，米芾父子创造的“米氏云山”以及王希孟、赵伯驹等人的“青绿山水”。靖康之变后，宋室南移，绘画中心转向江南，画家们致力于塑造秀丽的南方山水，被称为“南宋四家”的李唐、刘松年、马远、夏圭以峭拔清秀的形象和简括刚健的笔墨章法表现出山水画的新风貌。

李成（919—967），字咸熙，五代及北宋初画家，原籍长安，先世为唐朝宗室，五代时避乱迁家于营丘。李成山水画继承了荆浩、关仝北方山水画派的成就，并发展成新风格。宋代郭若虚说他的山水画“气象萧疏，烟林清旷，毫锋脱颖，墨法精微”。李成生活在齐鲁地域，他善用淡墨，且笔锋爽利，长于表现寒林平远景致，能够反映烟霭霏雾和风雨明晦的气候变化中的山川大地。他描绘郊野旷阔之景，画中岚烟轻动，寒林萧疏，老树劲拔，独有意境。传为他作品的有《读碑窠石图》、《寒林平野图》等。《读碑窠石图》画荒野老树古碑下，一神态凝重的老人正仰观碑文，旁有一童仆持杖而立，营造出寂寥无声、荒寒苍茫的意境。画中形象刻画真实精妙，画树作蟹爪状，画石如卷云状，风格独特，为人称道。李成山水画的秀雅、清旷与宋代文人士大夫的审美理想接近，故极受推崇，被称为“古今第一”。

读碑窠石图 北宋·李成等

范宽，生卒年不详，字中正，华原（今陕西耀县）人。北宋著名山水画家。初学画时师法荆浩、李成，后来觉悟到绘画莫如师造化，应当重视对自然山川的观察和体验。他长期生活在陕西太华山、终南山等处，观察自然的变化，将崇山峻岭的雄强气势，老树密林的荒寒景色，生动地再现于笔下。范宽山水画具有雄强势壮、深沉朴厚的表现风格。他画山石落笔老硬，以短而有力的笔触，画出岩石的形貌质感，笔下形象如钢浇铁铸般凝重结实。范宽画中山峰巍立，迎面而来，有压顶逼人的气势，即使离得很远观看，也如同就在眼前。范宽的山水形象与李成的烟林清旷、气象萧疏正相反，豪迈雄壮，别具

溪山行旅图　北宋·范宽

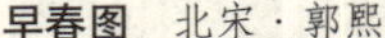
早春图　北宋·郭熙

一格。范宽的代表作品有《溪山行旅图》、《雪景寒林图》、《雪山萧寺图》等。《溪山行旅图》为巨幅山水画，画面正中主峰巍然矗立，壮气夺人，给人以“高山仰止”之感。山峦林木茂密，山涧瀑布直泻而下；岩石山体苍浑结实，显示出磅礴的气势。画面前景，大石兀立，雾气弥漫，溪水潺潺；山间路上，旅人驮队，其小如蚁，却真实生动，映衬出高山大壑的壮观雄伟，并使画面静中有动，点醒题意。范宽成功地刻画了北方关陕地区“山峦浑厚，势壮雄强”的特色，被誉为“得山之骨”、“与山传神”。正因为他对所画山水有深入的观察和真切的感受，因而能够创造出如此壮伟、崇高的艺术境界。

郭熙，字淳夫，温县（今河南温县）人。其山水画艺享誉宫廷，为宋神宗时画院待诏。其山水画取法李成，能表现不同地区、季节、气候的特点，画出远近深浅、四时朝暮、风雨明晦之不同，创造出优美动人的意境。他具有山水画的高超表现技巧，具有对自然景物的高度把握能力，具有对造型和空间表现的独特见解。他的山水画实践，得到宫廷和文人士大夫的器重与欣赏。其代表作《早春图》为绢本淡着色的大幅山水画。画面表现冬去春来、大地复苏之微妙的自然变化和雄浑的山水景色。在此画中，画家用“乱云皴”、“鬼脸皴”等笔致描绘出早春时节的感觉，树木舒展，溪涧解冻，春风和煦，将春意蕴藏在岩壑林泉之中，体现出郭熙的高超艺术技巧。郭熙的山水作品还有《窠石平远图》、《关山春雪图》等。郭熙的山水画主张，经由其子郭思整理成《林泉高致集》一书。该书多方面论述了山水画艺术创作的诸问题，具有相当的深度与广度。

“米氏云山”是指北宋文人画家米芾和其子米友仁的山水画风格。米芾（1051—1107），字元章，号海岳外史、襄阳温士、鹿门居士，人称米襄阳、米南宫。米芾性情古怪，经常效法唐朝人的衣着穿戴，潇洒倜傥，毫不顾忌世俗，还故意当众呼喊，所到之处，人们都好奇围观。无为州有一块奇特大石头，米芾见之便上前高呼兄长，以礼相拜，就产生了“元章拜石”之说。米芾根据对江南湿润多雨的自然现象的观察，用浑圆凝重的水墨横点错落排列，连点成线，以点为皴，干湿并用，再辅以渲染，贴切地表现出云雨微茫的江南山林景色。米芾的山水画表现方法，是对五代以来荆浩、关仝、李成、范宽等人为代表的北方山水画样式的补充，丰富了中国山水画的表现技法。米芾之子米友仁（1074—1153），字元晖，为南宋著名文人画家，其山水画继承家风，取材于平淡无奇的山水景物，落苔点浓淡适宜，朦胧湿润，随意而自然。《潇湘奇观图》为米友仁所作，表现江上云山，描绘苍茫雨雾中自然山水景物的特殊韵致。画卷中的山、树用横点画出，其画“草草而成，而不失天真”（邓椿《画继》），流露出他的真性情。其画与宫廷画家和职业画家的风格迥然不同，深为宋代文人士大夫所偏爱。“米氏云山”对后世文人山水画产生了巨大影响。

米芾拜石

春山瑞松图 北宋 · 米芾

小景山水是北宋流行的山水样式。它以表现幽情美趣、水边沙岸、柳溪野趣的山水小景见长。景小却富有诗意，幅小但清丽可人，引人入胜。这宋代山水画的另一种玲珑景致和清远意境，亦深得宫廷贵族与文人骚客的欣赏和爱好，并取得不凡成就。

赵令穰，北宋画家，为宋太祖赵匡胤之五世孙。他深受家中书画环境影响，喜爱书画，画风清丽雅致，在士大夫中颇受称赞。赵令穰

潇湘奇观图（局部）
北宋 · 米友仁

湖庄清夏图　北宋·赵令穰

多画山坡水岸、烟雨江村等自然小景，意境幽远，富有诗意。他身为皇族，不能远游，生活经历单调，所画仅限京洛之间风光。《湖庄清夏图》为赵令穰传世作品，描绘江湖郊野景致。画中湖庄幽静，莲叶点点，岸边垂柳依依，雾带绕林，颇得寂静清凉的意趣。此画描绘景物随意却有规范秩序，用笔精致秀润不呆板，以适度的苔点造成空濛宁静的气氛，画面精致清雅，趣味盎然。此画当为小景山水的代表之作。

青绿山水在两宋也不乏名家，代表画家有王希孟、赵伯驹等。王希孟，北宋画家，为宋徽宗时画院学生。据记载，王希孟曾得宋徽宗赵佶亲授其法，指点笔墨蹊径，18岁时完成杰作《千里江山图》。画卷长1183厘米，宏大雄壮，苍茫无垠。画中山峰绵亘，江河旷远，水天相接，气势不凡。画中细部精到详实，其中有飞流瀑布，寺观庄园，茅舍瓦屋，水中舟楫、亭榭、桥梁，令人目不暇接。此画大青绿着色，染天染水，富丽细腻，在强烈却又统一的蓝绿色调中，以浓淡虚实，表现山水的明灭隐现，呈现出一种和煦的阳光感。整个画面充满了生机和朝气，有一种灿烂辉煌的美，反映着典型的宫廷审美情趣，是中国山水画中之精品。

赵伯驹，字千里，南宋画家，以青绿山水画著名。他在表现技法上，改变了唐代山水的浓艳辉煌的装饰性，代之以秀丽清雅的文人趣味，创造了一种介于院体画和文人画之间的青绿山水画。《江山秋色图》传为赵伯驹所作，长卷构图，气势磅礴，境界非凡。画家以极细的笔致描绘出庞大复杂的画面，充满了社会生活气息。画面容量大，布阵奇，开合有度，在多变中具有和谐美的整体感。画面山石树木刻

千里江山图．北宋·王希孟

江山秋色图（局部）
南宋 · 赵伯驹

画工细，设色雅丽深重，却清澈透明。画中房室楼阁，长廊栏杆，一切细微之处，来龙去脉皆表现清晰，一丝不苟，全无松懈苟且之笔。此画实为中国绘画史中之杰作。该卷无款印，自明代起定为赵伯驹所作，但最近有人提出不同看法，认为当是北宋高手作品。

南宋特定的社会环境和画家的创作心态使山水画得到新的发展，形成了以李唐、刘松年、马远、夏圭为代表的具有创造精神的简练洒脱的水墨山水，出现了南宋院体山水的新风格。其艺术特征可概括为：景物造型多作大斧披皴，笔力刚健，形象明确，对比强烈，水墨淋漓，刻画精致；画面乃局部取景，以少见多，剪裁大胆，取舍得当；南宋山水画多以山川小景为题材，营造出柳溪归牧、寒江独钓、风雨归舟、秋江暝泊等富有诗情的画面，意境含蓄优雅，创造出中国古代山水画高度的艺术境界。

李唐，在宋代绘画发展史上是一位承前启后的重要画家。早期山水画气势峻厚，皴法老硬，用笔刚劲缜密，真实地表现出北方山水的宏伟雄浑。南渡后，面对南方江山水色，开始晚年变法。山水画出现笔墨豪放精练、构图删繁就简、画面水墨齐下、元气淋漓的风格，开创了南宋山水画的新风。作品《万壑松风图》画于北宋宣和六年，画中峰岩峻拔，磊落雄壮；长松劲拔苍郁，山泉飞流奔腾，表现出气势宏伟的北方山水境界。《清溪渔隐图》是李唐作于南宋的长卷山水，画面表现了雨后溪畔山石明净、绿树覆阴、溪水潺潺的幽静境界。构图简练，形

清溪渔隐图 南宋 · 李唐

四景山水图之春景
南宋 · 刘松年

象鲜明，以水面的大片空白与近景的大片浓重的墨色形成强烈对比，使画面景象开阔，表现出一种清净悠远的山水境界。画中用笔粗犷豪放，墨色近浓远淡；坡石以阔长的大斧劈皴，细部加短小有力的小斧劈皴，皴染结合，出色地表现了山石的体面、明暗关系，使山石的坚硬质感跃然于画面。李唐根据江南山水景物的特点，在其晚年使山水画表现语言走向简练概括，为南宋山水画的发展作出了卓越贡献。

刘松年，南宋宫廷画家。其山水画兼具水墨、青绿两种形式。他画山石的斧劈皴来自于李唐，但寓雄健于典雅，画风清丽严整。其山水画常表现贵族及士大夫的生活环境，亦有不少山水与人物并重的画幅。《四景山水图》系表现杭州湖山之胜及贵族别墅园林的景色，分为春夏秋冬四图，行笔谨严，设色典雅，界画工致，带有诗意。画面内容分别是：春景的绿柳堤岸与人物踏青；夏季的荷塘水榭与人物纳凉；秋天的山色明净与人物赏景；冬天的雪山暖屋与人物出游等，其中人物正是贵族的生活写照。刘松年山水画在南宋四家中偏于优美柔丽，读来赏心悦目，别有意趣。

踏歌图 南宋 · 马远

马远，字遥父，号钦山，祖籍河中（今山西永济）人，南宋宫廷画家。善画花鸟、人物，尤长于山水，深得光宗、宁宗的赏识。马远的山水画表现江浙一带风光景物，受李唐山水画风格影响，形成其笔墨雄强、沉郁劲健的山水画特色。马远画中山石以大斧劈皴画出，坡石方硬严整，山势峭拔陡立，笔墨雄浑简练。马远画树瘦硬如屈铁，多折枝。他一变五代、北宋山水画的全景式构图，取自然山水之一角，经过提炼、加工、剪裁，突出山水的雄奇峭伟，并且利用空白衬托画面主体，造成优美简洁、富有诗意的效果，将水墨山水画发展到完美无缺的境地。《踏歌图》是一幅洋溢着盎然生机和歌舞升平气氛的山水作品。画中巨石兀立，树木参差，幽静曲折的山湾小径上，几位老农略带醉意，踏歌而行。远处奇峰秀耸，古木多姿，呈现出辽阔虚灵的空间感。马远刻画了峻峭的山峰、挺拔的松柏和蜿蜒的小径，同时以简洁的笔墨点染人物，创造了一种融洽的富有诗意的和乐境界。《寒江独钓图》意境独具，表现江中扁舟和孤坐船头的垂钓者，巧妙地以大片空白来突出江水的辽阔与钓者的悠闲，在构图上有其独到的效果。《水图》共十二幅，精确而生动地画出江河湖海各自不同的水貌水势，表现出极高的绘画功力和技巧。

水图之一　南宋·马远

夏圭，字禹玉，钱塘（今浙江杭州）人，南宋宫廷画家。善于画山水，亦能画人物。在山水画法上与马远相似，如一角半边取景，刚性的斧披皴线条，坚硬的石质，拖枝的树，浓重的水墨之气和具有对比效果的空间表现等等。他喜用秃笔，下笔较重，因而形象更加老苍雄放；用墨善于调节水分，画面更有淋漓滋润的效果。夏圭善于表现烟雨迷蒙的湖岸景色，剪裁精练，点画生动，以寥寥数笔，创造出清旷悠远的动人境界。现存作品有《溪山清远图》、《西湖柳艇图》，《山水十二景》中的《遥天书雁图》、《烟村归渡图》、《渔笛清幽图》、《烟堤晚泊图》等。《溪山清远图》为巨幅长卷，水墨画出，斧披皴笔，苍

山水十二景之一　南宋·夏圭

溪山清远图　南宋·夏圭

老劲力，墨色淡雅，朴素清逸，画面表现出于幽淡清净中的诗情意境，反映出作者的艺术修养和深厚功力。

九、宋代花鸟画的发展

宋代花鸟画在社会需求中有着新的发展和建树，取得重大成就。宫廷中的装堂饰壁务求华美，使花鸟画在贵族美术中占有地位；世俗阶层的需求也促使花鸟画的发展与活跃。花鸟画高手辈出，独有专长，活跃在宫廷画院、文人厅堂和百姓生活中。他们的创作不仅使花鸟形象达到精微传神的效果，而且从中表现出对生活的热情与理想，将花鸟的自然属性与人的道德品格相联系，从而出现了大量不同风格的优秀作品。

花鸟画是宋代宫廷画院绘画的重要表现题材。宫廷画家重视对动植物形象的观察研究，笔下花果草木，务求生动逼真，合情合理，一丝不苟。宫廷花鸟画具有形象精微传神、设色浓重典雅、造型周密端庄的审美特征。

山鹧棘雀图 北宋 · 黄居寀

北宋早期宫廷花鸟画家黄居寀，是黄筌之子，花鸟画深得家传，善画翎毛花竹山石，表现形象生动、富丽，作品《山鹧棘雀图》可为代表。宫廷画家赵昌，以画花果折枝著名。为达到传花之神，于清晨朝露未干时绕栏观花情态，同时调色作画，自号“写生赵昌”。其画设色明润，笔迹优美，造型逼真，很受时人欣赏。传为赵昌的作品有《杏花图》、《写生蛱蝶图》等。北宋画家易元吉专画猿猴，为掌握猿猴的形态习性，深入荆湖山区，对野生动物认真观察，“故心传目击之妙，一写于毫端间”。他于住所后边叠石堆山，疏

猴猫图 北宋 · 易元吉

写生蛱蝶图 北宋·赵昌

凿池沼，种花栽竹，养蓄水禽，以便观察动植物的自然生态，积蓄绘画素材。以上说明，北宋在精密不苟的工笔重彩花鸟画方面，已攀上新的高峰。以黄居寀为代表的宁静平和、细腻妍丽的花鸟画，已成为宫廷花鸟画的标准。

北宋宫廷花鸟画经过一百多年的发展，在熙宁元丰之际，由崔白打破了“黄家富贵”的成规，将花鸟画艺术推向新的高度。崔白，字子西，濠梁（今安徽凤阳）人，生卒年不详。北宋神宗时期，因其画艺高超，远胜众人，深得皇帝赏识。他擅画花竹翎毛，亦工佛道壁画。其花鸟画以更为生动自然的形象，使宋代花鸟画发生了明显的变化。崔白善于表现在不同季节自然环境中花鸟的运动变化及其相互关联，构思新巧，工而不拘，以画残荷芦雁等秋冬季节的花鸟尤具特色。《双喜图》是崔白重要传世作品，画中秋风劲吹，树木摇曳，双鹊鸣噪惊飞，野兔回首观望，自然具体之景与喜鹊野兔特定的情节交织在一起，富有情趣与生机。画面构图动静呼应，均衡和谐；造型工致，形象生动，而树木衰草和山坡的画法则用笔疏放灵活，设色淡雅。他的另一幅作品《寒雀图》描绘了严冬中依缩枯枝上的麻雀，形态多样，富有情趣。作品反映了崔白在继承五代徐黄两体的基础上另创一种清淡疏秀的画风，体现出北宋中叶院体花鸟画的新的审美特征。

双喜图 北宋·崔白

赵佶（1082—1135），即宋徽宗，北宋画家、书法家，在艺术上造诣精深。在诗词、书画、音乐、戏曲等方面有广泛的爱好和较高

寒雀图 北宋·崔白

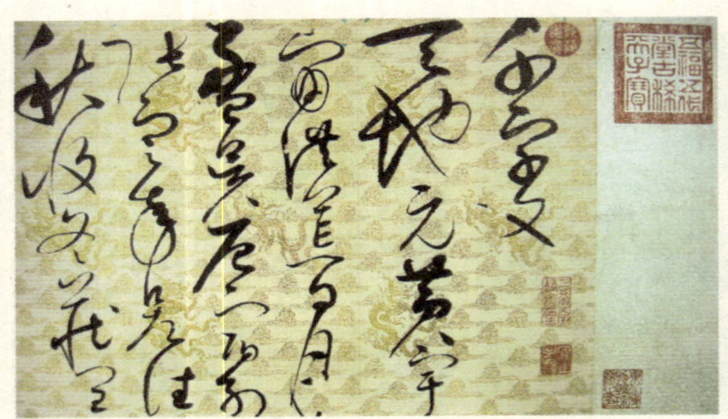
赵佶书千字文

瑞鹤图　北宋·赵佶

芙蓉锦鸡图　北宋·赵佶

的修养，在书法、绘画上有着超人的才华。作了皇帝后，赵佶出于当时政治需要和个人爱好，大力扩充画院，兴办画学，鉴藏古画，编纂《宣和画谱》。当时，宫廷画院人才济济，成为中国宫廷绘画最兴盛的时期。赵佶善画花鸟、人物和山水，长于工笔花鸟画。他画风细腻柔丽，设色典雅，笔墨精妙，神形兼备，具有个人风格。他重视传统法度，强调深入观察生活，亦追求绘画的构思与意境。现存赵佶绘画作品，能反映出他的花鸟画风格和精湛的艺术水平。《瑞鹤图》为赵佶中年时所画，描绘京都汴梁之宣德门上空，祥云缭绕，仙鹤翱翔，一片点缀升平、和安祥瑞、绚丽典雅的气氛。画中仙鹤刻画入微，飞翔的鹤布满画面，相互呼应，空中仿佛回荡着悦耳的鸣叫声。该画构思磅礴大气，色彩富丽堂皇，为工笔花鸟画中不可多得的大手笔之作，颇有皇室气派与宫廷审美风格。今见传为赵佶作品的还有《杏花鹦鹉图》、《竹雀图》、《腊梅山禽图》、《芙蓉锦鸡图》、《柳鸭芦雁图》、《听琴图》、《雪江归棹图》等，虽都力求严谨，但不像出自一人手笔，其中定有宫廷画院画家所作。

风雨归牧图　南宋·李迪

南宋宫廷花鸟画延续北宋宣和时的工细写实、生动艳丽之风。画家仍致力于花鸟形象的真实生动，精妙入微，但章法趋于简练，每取生动之部分，又与山水画相渗透，布景上有不少新创造。南宋重要花鸟画家李迪，花鸟作品以《雪树寒禽图》、《枫鹰雏鸡图》表现深厚功力，而在《风雨归牧图》、《雪中归牧图》等作品中，则表现出花鸟畜兽与山水小景结合，技巧细密与粗放共擅的特色，其绘画具有浓郁的生活气息。画家林椿以《果熟来禽图》为代表，李安忠以《草卉秋鹑》显特色，表现出南宋花鸟画的较高成就。许多传世作品无款、小幅，但主题突出，技术精湛，描绘缜密，赋色浓郁雅致，均为优秀之作。《出水芙蓉图》佚名，画面呈纨扇形，描绘盛放之荷花，娇红明艳，

果熟来禽图 南宋 · 林椿

出水芙蓉图 南宋 · 吴炳（传）

晶莹高洁。花后衬以绿叶，鲜活饱满，红绿相映，分外醒目。画家用独具的构图和深沉典雅的设色，恰到好处地描绘出荷花艳而不俗的清容丽态，表现出芙蓉的雍容气质和出污泥而不染的品格，创造出一个极美的花鸟境界。

枯木竹石图 北宋 · 苏轼

北宋中叶，文人士大夫的诗文书画活动相当活跃。许多文人把绘画视为文化修养与风雅生活的重要组成部分，纷纷进行艺术鉴赏、艺术收藏和艺术创造活动。李公麟、苏轼、文同、王诜、米芾等人都有精深的文化修养和书法造诣，均属文人画家。文人绘画有别于宫廷绘画，题材多为梅兰竹石，画风清新、平淡、素雅，反对过分拘泥形似的描摹，借物抒情，状物言志，表达主观情趣和审美理想，形成宋代独具特色的文人绘画风格，并在实践与理论上为元明清文人画的发展奠定了基础。活跃在宋代画坛上的文人画家有画墨竹的文同，画墨梅的杨补之，善画梅兰竹菊、白描水仙的赵孟坚，以及以墨兰寄托

墨兰图 南宋 · 郑思肖

墨竹图　北宋·文同

高雅之情的郑思肖等，反映出文人画赋予梅兰竹菊以道德品格，使“四君子”题材在宋代成为绘画中的独特门类。

文同（1018—1079），北宋画家，字与可，梓潼永泰（今四川盐城县）人。曾在京城任太常博士、集贤校理，在四川陵州、陕西洋州等地任地方官，后调湖州，未赴任而卒。但世人以“文湖州”称之。文同文化修养深厚，擅长画竹，是对墨竹画法作出贡献并对后世有巨大影响的画家。他常在居室周围植竹木，对竹有深入的观察和体验，“画竹必先得成竹于胸”，遂能得心应手，振笔直画，并赋竹以品格，抒发个人情怀。文同创造了多种墨竹形象，为“墨深为面，淡为背”画竹方法的始创者。作品《墨竹图》，绢本水墨，画一竿竹枝，枝叶荣茂，凌空倚势，宛若龙翔凤舞。此画写实，竹干的浑圆、竹节的坚硬和竹叶的向背都十分真切，布局丰满，格调清雅，充满生机。

十、宋代雕塑

宋代雕塑主要包括宗教雕塑和宋陵石雕。总的说来，宋代雕塑比较注重写实，讲究精雕细刻，但缺乏隋唐时期的那种宏伟规模和奔放气势。

宗教雕塑占重要地位，开凿石窟的风气虽已趋衰微，但寺观雕塑仍具一定规模。由于宗教艺术进一步世俗化，神佛塑像中理想化成分明显减弱，现实生活气息则大大增强，特别是有的菩萨、罗汉、侍者像几乎是现实生活人物的写照。宋代宗教造像，以佛教造像为主，包括寺庙造像和石窟两部分。在宋代之前，由于战乱和时间久远等原因，寺庙保存下来的很少；自宋代往后，才逐渐多起来。宋代寺观雕塑中最具特色者有：山东长清灵岩寺罗汉像、广东南华寺罗汉像以及山西太原晋祠侍女像彩塑。

罗汉像　宋　长清灵岩寺

灵岩寺在长清县泰山西北麓方山之阳，创建于唐代，宋代重修。千佛殿内有彩塑罗汉40躯，与真人同高。这些罗汉的动作、神情生活化，有的拄杖，有的端拱，有的怒目而视，有的凝神沉思，动态生动入微，

体现了宋塑高度的写实水平。晋祠位于山西太原西南，本为纪念周武王次子唐叔虞的祠堂，北宋时又崇奉其母邑姜。在圣母殿中彩塑43尊，主像为圣母，其余是宦官、女官、侍女等，其中侍女彩塑33尊。圣母凤冠蟒袍，端坐在凤头椅上；侍女有的伺候饮食，有的负责梳洗，有的专管打扫。她们体态优美，神情自然，从细微的表情中显示了不同气质风度，显示出塑造生活形象的高度水平。

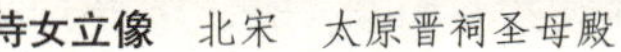

侍女立像 北宋 太原晋祠圣母殿

千佛 宋 大足宝顶山

唐代自“安史之乱”后，中国社会出现了长期的分裂和混乱，佛教艺术的中心也开始由洛阳、长安地区逐渐向其他地方推移，巴蜀佛教造像逐渐兴起。史书上说巴蜀之地几乎是“县县有石窟”，其中以大足石窟、广元千佛崖、巴中石窟、安岳卧佛院和乐山大佛等处造像最具代表性。

大足石窟位于四川大足县境内。大足县境内共有晚唐到宋末的造像5万多尊，石刻分布40余处。大足石窟实为石窟群，其中以北山及宝顶山规模最大。大足石窟是继北方敦煌莫高窟、大同云岗石窟和洛阳龙门石窟之后，在中国南方兴建的另一大石窟。大足石窟雕塑有两个特点：一是佛教人物形象进一步世俗化；二是雕塑题材的世俗化。像大足石窟中《父母恩重经变》，所表现的是父母对子女的恩德——祈子怀胎、临产受苦、咽苦吐甘等十大恩德，与原初的佛教教义——远离尘世，大不相同。

北山石刻把宗教题材人性化、世俗化，作品中洋溢着浓郁的生活气息。中国早期的观音像，一般以男性形象出现，正襟危坐，庄严肃穆，而这里晚唐以后的观音，却迥然不同，以女像出现，具有人性之美。窟内的观

日月观音 南宋 大足北山136号窟

养鸡女 宋 大足宝顶20号龛

石狮 北宋 巩县永裕陵

音、文殊、普贤菩萨像和蔼可亲，不像云岗大佛那样神秘高深。长期享誉北山石刻之冠的“数珠手观音”，俗称“媚态观音”，其侧身站立，右侧斜倚石壁，脸庞秀丽，低眉浅笑，俨然像一个追求美好生活的妙龄少女。

北山的石雕以秀丽精巧著称，而宝顶山的石雕却气势雄伟，场面壮观。以宝顶山的涅佛为例：涅佛俗称卧佛，大佛长31米，只见佛祖释迦牟尼半身侧卧，仅现上半身，下半身隐没岩石中，几乎占据整个北崖，气魄宏伟，令人赞叹。

另外，延安地区的宋代石窟也较为有名，主要有清凉山万佛洞石窟、富县石泓寺和阁子头寺石窟、子长县万佛寺石窟、黄陵县万佛寺石窟。清凉山万佛洞共有石窟4座，开凿于宋神宗元丰年间。石窟中涅槃变相浮雕形象生动，佛、菩萨、天王及佛传故事雕刻精美，反映了北方石窟雕刻水平。

宋陵位于河南巩县内，这里埋葬着北宋9位皇帝，另有21座皇后陵，亲王、公主、皇子及名将勋臣墓152座，现存石刻941件。巩县宋陵共有四个陵区，各陵区布局紧凑、整齐划一，是此后明、清两朝陵区设计的先驱。陵区内遍植柏林，也有祭礼性建筑，气氛肃穆。陵前神道两旁排列着象征大朝会的石雕像：文武官员、外国使臣、内侍、马、象、瑞禽及袪邪虎、羊等。这些石雕规模庞大，雕刻精细，是宋代石雕艺术中的杰作，但就整体艺术水平而论，则逊于唐陵。

十一、宋代四大书家

东坡试砚 近代 · 吴友如

苏轼（1037—1101），字子瞻，号东坡，眉州眉山（今属四川省）人。宋嘉祐二年，与其弟苏辙同中进士，官至吏部尚书、礼部尚书、端明殿翰林侍读学士。苏轼与其父苏洵、弟苏辙因诗文著称于世，后人称为“三苏”。

苏轼是一位艺术全才，诗词、散文、音律、书法无所不通，无所不精，在当时就是一位赫赫有名的人物。有一次，苏轼外出游览山水，来到一庙宇之中。道长见他衣着朴素，就随便说了一声“坐”，对侍人说：“茶。”言语之中，见苏轼谈吐非凡，才华横溢，便说：“请坐！”随后吩咐道：“敬茶！”直到最后，当他得知眼前此人便是当朝最有

东坡题扇图

名的文豪苏东坡时，急忙站起来恭敬地说：“请上座！”“敬香茶！”临别之时，道长向东坡求字，他顺手写了句“坐请坐请上坐，茶敬茶敬香茶”的对联以示讽刺。

苏轼经常约朋友饮酒对诗。有一次，一位诗友说：“我有一上联，只有五个字，你要是能在一顿饭的工夫对上来，我就服了你。”苏轼自信地说：“只要你能说出口，我便立即能对。”朋友给出的是“三光日月星”，东坡随口便对道“四诗风雅颂”。可见苏轼才思敏捷。

苏轼的书法艺术非常有个性和特色，他对书法的理解也不拘一格。他曾提出书法要“尚意”，说“我书意造本无法，点画信手烦推求”，“吾虽不善书，晓书莫如我，苟能通其意，常谓不学可”，主张学习书法不能简单模仿，拘泥于古法。他对自己非常自信，认为“吾书虽不甚佳，然自出新意，不践古人”。他的书法并不是不讲法度，而是出意于法，通过书法将自己的思想感情表达出来。

前赤壁赋　北宋·苏轼

据传，苏轼经常与黄庭坚谈论书法。有一次，他们在一起谈到各自的书法，苏轼说：“鲁直近字虽然清秀婀娜、妩媚流丽，笔势有时却显僵硬瘦纤，象树梢上挂蛇。”黄庭坚反过来说：“你的字固然凝重沉静，却太过于扁浅，象石板压着的蛤蟆。”虽然这只是互相之间的无意之谈，却道出了各人书法的特点和不足。

黄几道祭文帖　北宋·苏轼

苏轼在宋代四大家中居首位。他的书法学习“二王”、颜真卿、柳公权、褚遂良、李邕等大家，博采众长，形成自己的特色。苏轼书法成就主要在行书，其用笔圆润浑厚，含蓄生；行笔沉稳凝重又有灵动飘逸之妙处；姿态端庄，多呈侧倚之势；结体中宫紧凑，四肢拓展；媚润而古朴典雅，清新而意趣横生，劲健而藏巧于拙，自然带有文人特有的风韵。

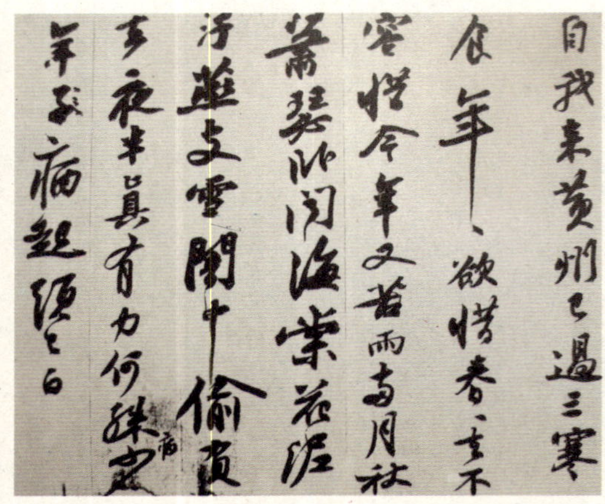

黄州寒食帖 北宋 · 苏轼

苏轼遗留的书法作品很多。主要有楷书《丰乐亭记碑》、《黄几道祭文帖》，行楷《前赤壁赋》，行书《黄州寒食帖》、《归去来兮帖》、《书杜工部桤木诗卷帖》、《洞庭春色赋》、《人来得书贴》、《李白仙诗卷》等。

《黄几道祭文帖》是其不多的楷书墨迹作品之一。此帖书法结体工整端庄，楷法严谨，用笔方整圆润，精妙奇绝以意韵取胜；用墨厚重之中含飘逸之韵，丰腴之中内蕴筋骨之力，圆润之中藏挺拔之势，为东坡楷书精品。岳珂曾赞道："坡公（苏东坡）墨妙，如繁星丽天，照映千古。"

《黄州寒食帖》是墨迹行书，书于1082年，是苏轼因乌台诗案遭贬黄州时所作。此帖结体富于变化，风格独特，气势磅礴，以侧取势，如平原万马奔腾；落笔一气呵成，如天上行云般流畅，坚利凝重，个性鲜明，韵律协调，刚柔相寓。此书是苏轼最成功的代表作，有评论家列之为神品。"尚意"的书法与他的诗词完美结合，充分展示出一代文豪书法家的风采。

黄庭坚像

黄庭坚（1045—1105），字鲁直，号涪翁，又号山谷道人，世称黄山谷，洪州分宁(今江西修水)人。黄庭坚自小聪慧机敏，读书过目成诵，相传7岁即会作诗，22岁就中了进士。但他仕途跌宕，一生极为坎坷，他对此却不以为然，这恐怕与其崇尚佛教和道教有关。他说："但观世间万缘，如蚊蚋聚散，未尝一事横于胸中……"他文采超群，深受苏轼赏识，二人结为金兰之好。黄庭坚与当时的张耒、晁补之、秦观同出于苏轼门下，世人称"苏门四学士"。他虽小苏轼8岁，又是苏门学士，其诗名却与苏轼并驾齐驱。其诗学习杜甫，又大胆创新，化腐朽为神奇，提炼民间俗语而清新奇峭，句法高超，被称为天下奇作，在当时影响极大，成为江西诗派的领袖。

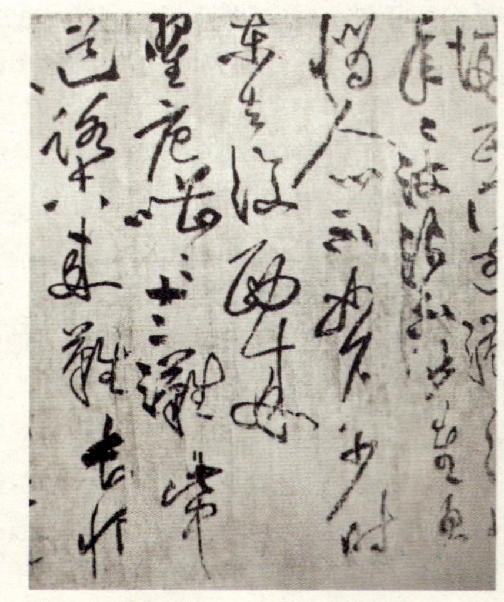

草书刘禹锡竹枝词 北宋 · 黄庭坚

黄庭坚不但诗文与苏轼齐名，而且书法也能与之相媲美。楷书独具风貌，草书成就更大。他学书甚广，曾自述："余学草书三十余年，初以周越为师，故二十年抖擞俗气不脱，晚得苏才翁子美书观之，乃得古人笔意，其后又得张长史、僧怀素、高闲墨迹，乃窥笔法之妙。”他学书可分两个阶段。50岁前“笔意痴钝，用笔多不到”。后来博采众长，到晚年极力创新，又善从世间万物中悟出笔法，摄取形象，看到船夫荡桨，遂书艺大进，“意之所到，辄能用笔”，达到出神入化的地步。

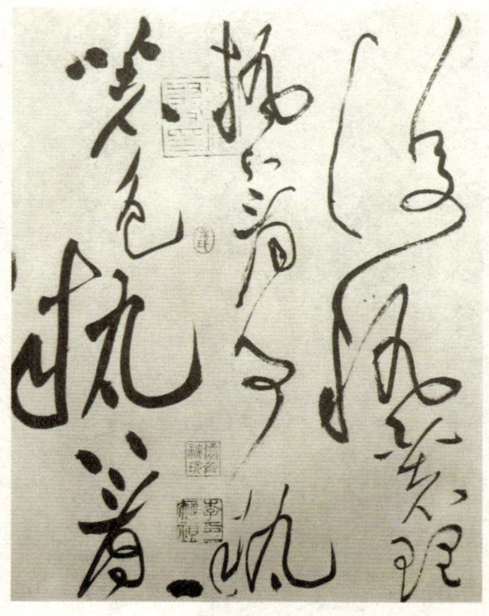
诸上座帖 北宋 · 黄庭坚

黄庭坚反对在艺术上因循守旧，和苏轼一样主张创新立意，提倡具有自己的个性和风貌。曾经作诗曰：“随人作计终后人，自成一家始逼真。”他对晋唐许多名家精心临摹，融会贯通，加入其禅学的审美情趣，创造了独特的书法形象。运笔圆劲苍朴，风神洒荡，结体中宫紧严，长笔伸展，以侧险取势，以横逸为功。行草更是姿态多变，笔外生意，势若飞动而神采飘逸，如高人名士。他遗留作品较多，尤以行书、草书出名。

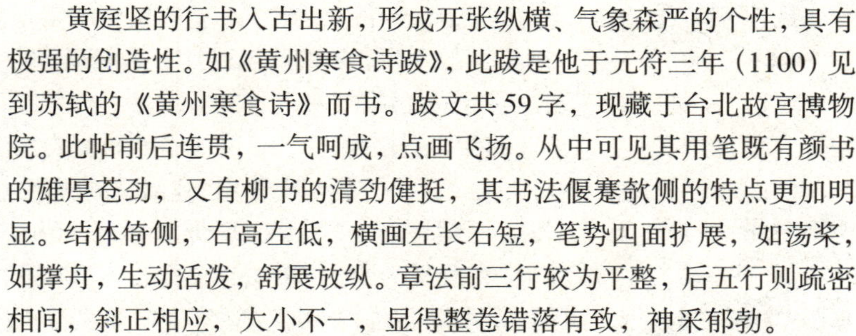
黄庭坚的行书入古出新，形成开张纵横、气象森严的个性，具有极强的创造性。如《黄州寒食诗跋》，此跋是他于元符三年（1100）见到苏轼的《黄州寒食诗》而书。跋文共59字，现藏于台北故宫博物院。此帖前后连贯，一气呵成，点画飞扬。从中可见其用笔既有颜书的雄厚苍劲，又有柳书的清劲健挺，其书法偃蹇攲侧的特点更加明显。结体倚侧，右高左低，横画左长右短，笔势四面扩展，如荡桨，如撑舟，生动活泼，舒展放纵。章法前三行较为平整，后五行则疏密相间，斜正相应，大小不一，显得整卷错落有致，神采郁勃。

黄庭坚的草书更是气象雄伟，满纸烟云，飞花落坠。代表作有《诸上座帖》、《刘梦得竹枝词九首》等。《诸上座帖》墨迹纸本，现藏于北京故宫博物院。全帖92行，共477字，内容为禅师语录。此帖用笔老辣，跌宕诡谲；线条上下牵动，婉转自如；结体奇正相兼，大小不一；墨点相杂，活泼飞舞。虽篇长字多，却如急风骤雨，行气贯通，变态纵横，势若飞动，如湍流直下，不可抑止。气势豪放之中蕴含清新秀逸之雅韵，给全帖增添了不少禅意。有评价云：“字法奇宕，如龙搏虎跃，不可控御。”可谓一语中的。

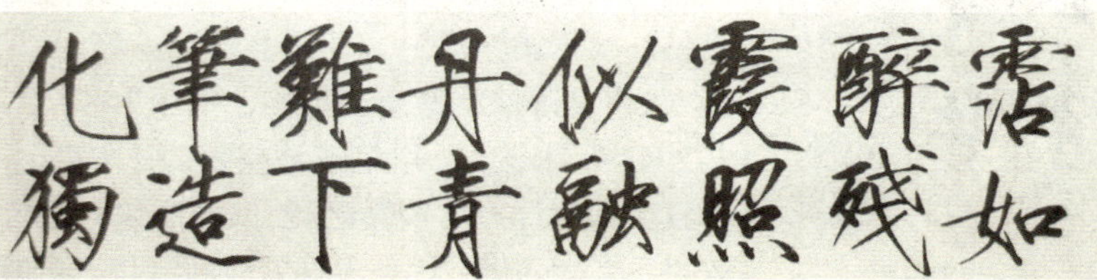
诗贴 北宋 · 赵佶

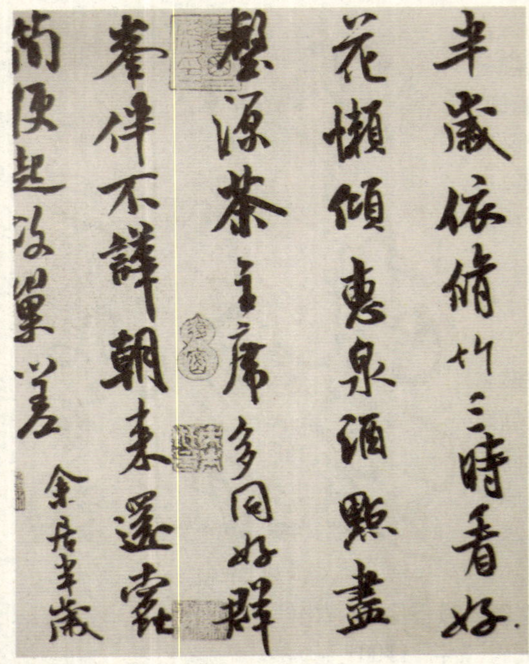
苕溪诗帖　北宋·米芾

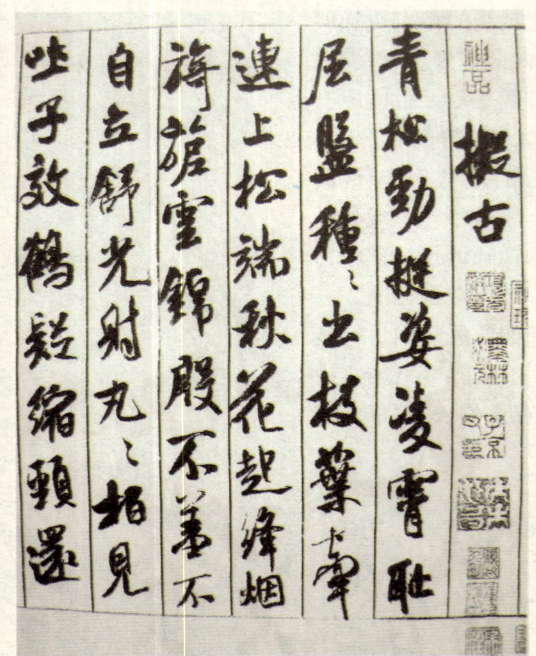
蜀素帖　北宋·米芾

黄庭坚的书法推陈出新，格调清高，促进了宋代书法的发展，备受后人推崇。虽然个别笔画处理欠妥，有像苏轼所说的如“树梢挂蛇”的毛病，但没有影响其书法格调的大局。另外，他学书的创新意识，对今人大有启发。

四大书家的另一位米芾喜爱砚台，但又好洁成癖。有一次，宋徽宗赵佶召见米芾，命他写一幅条屏，准他使用御砚。写完后，米芾把砚台揣在怀里，跪下请求皇上：“这只砚台经过我的使用，已经被污染了，不能再让皇上继续使用了。”结果，皇上就把砚台赐给他了。但他用过的东西从不与别人共用，这块砚台后被好友曾祖吐入唾沫，就把它送给了曾祖。米芾也爱书如命，据传，米芾在真州的时候，曾拜访过蔡攸，蔡攸拿出王羲之的《王略帖》真迹向他展示。米芾大为惊奇，就想用别的字画来换。蔡攸不肯，米芾就以跳江自杀相逼，无奈，蔡攸只好给他。

米芾特别推崇“二王”书法，经过勤奋练习，习得“二王”笔法精华，达到乱真的程度。据说，王献之的《中秋帖》现传本即是米芾的临本。在此基础上，他根据自己的艺术风格和喜好，另辟殊途，独创“刷字”体，成为宋代著名书法大师。

米芾在书法中善于把正、侧、藏、露等用笔方法结合起来使用，特别是把侧锋用得出神入化，变幻莫测。他的书法行笔迅疾如闪电，刚健洒脱，酣畅流利，粗稳细劲，格调独特。苏轼评曰：“风樯阵马，沉着痛快，当与钟、王并行。”米芾遗留的作品主要有：行楷书《向太后挽词》，行草《寒光二帖》、《自怡帖》，行书《苕溪诗卷》、《多景楼诗》、《研山铭帖》、《蜀素帖》、《米芾三帖》、《芜州县学记》等。

《苕溪诗帖》是墨迹行书，书于1088年，共294字。书法上，用笔或藏或露，极具变化，而且多用侧锋产生清新洒脱、酣畅痛快的艺术效果；笔画劲健，线条飘逸，饱满沉稳，无偏枯浮躁之感，却有飞动之势。有评论者赞之“变化无穷，有翔龙舞凤之势”。黄庭坚说此帖“如快剑斩之”。

蔡襄像

《蜀素帖》系墨迹绢本，书于1088年。此帖书法变幻灵动，痛快淋漓，回折自然，纤细遒健，细处如弓弦，蓄势待发，粗处如游蛇，刚劲有力；笔锋翻飞跳跃，运笔流畅潇洒，活泼自然，无拘束之态，做作之状；章法精秀明朗，虚中有实，实中寓虚，随势而取，随情而发；姿态婀娜，雄壮骨劲，韵律和谐，古雅清新。

《米芾三帖》系行书，为《叔晦帖》、《李太师帖》、《张季明帖卷》的合集，书法上用笔惊绝，笔行如游，沉着畅快，洒脱超逸，气势雄胜。

《自怡帖》系行草书。该帖妙趣横生，豪放洒脱而不失法则，潇洒流宕却收敛有节，用笔精巧险辣，或行或草，变化万千；或虚或实，协调精妙，有“二王”和颜草之妙。

米芾是一位书法家、鉴赏家，其书法博大精深，具有极强的个性，他创新求变的精神对我们今天学书者是非常有借鉴意义的。

题唐明皇鹡鸰颂跋　北宋·蔡京

蔡襄（1012—1067），字君谟，兴化仙游（今属福建省）人。他出身贫寒，但自幼好学，19岁便中进士，官至龙图阁直学士、端明殿学士，人们也称他“蔡端明”。隶书、楷书、行书、草书，无一不精，而以楷书最为精妙。他的书法别具一格，善用散笔书草字，人称之为“散草”。苏东坡评他曰：“如君谟草真行草隶，无不如意。”《续书断》赞赏道：“君谟真行草皆优入妙品。”《宋史》中说他“工于书，为当时第一，仁宗尤爱之”。

宋代“四大家”中，论年龄、辈分，蔡襄应排在苏轼、黄庭坚、米芾之前。但据记载，宋四家中的“蔡”应是指蔡京，因为蔡京为相奸诈，朝野臭名昭著，人们便用蔡襄替换之，尽管蔡京书艺不在蔡襄之下。因此，蔡襄便习惯性地排在“四大家”的最后。在当时，蔡襄的书法已经为世人所推崇。据记载，蔡襄把欧阳修撰写的《集古目录序》刻在石碑上，欧阳修

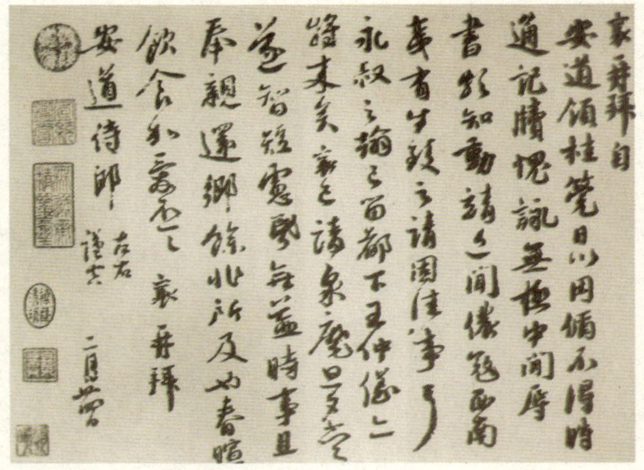
离都帖　北宋·蔡襄

陛下仁明加犇禹豪英進用司
鴻鈞臣襄材智寂駑下豈有
志業通經綸獨是丹誠抱忠朴

谢赐御书诗　北宋·蔡襄

就把鼠须狼毫笔、青铜古架、大小龙团茶、惠山泉等贵重礼物送给蔡襄作为答谢，谁知，过了一段时间之后，有人给欧阳修送了一箱清泉香饼，蔡得知后非常后悔，说："这东西送来得太晚了，这才是我想要的。"

蔡襄的书法学"二王"、颜真卿、柳公权、虞世南、徐浩等大书法家，效法前人，追求古意，博采众长，推陈出新，形成深厚端庄、遒劲秀润、精妙生动、气度非凡的风格。他的大字庄严大方，雄伟遒劲，如雄鹰展翅，惊龙腾云；小楷飘逸秀美，妙趣横生。蔡襄的遗世作品很多，主要有《山居帖》、《万安桥记》、《洛阳桥记》、《陶生帖》、《思咏帖》、《离都帖》、《暑热帖》、《山堂诗帖》、《寒蝉赋并序》、《去德帖》、《春初帖》、《脚气帖》、《谢赐御书诗》等。

《谢赐御书诗》是蔡襄墨迹楷书。此书楷法严谨精妙，姿态秀美端庄，豪迈大方，风格典雅清远，此帖书法将颜真卿、欧阳询、"二王"笔法精华融会贯通，独具匠心。

《去德帖》是蔡襄行书作品的代表。此帖形态富于变化，圆润秀美，婉媚娇娆；笔画飘逸清艳，天真烂漫，丰腴富于韵律；运笔有风骨峭劲，柔中寓刚，刚中透柔，笔笔精妙。

从蔡襄作品可以看出，他的书法从褚遂良入手，有虞世南书法的秀美神韵、颜真卿的风力筋势，也有王羲之行书的风采情趣，可见蔡书继承多一些，创新稍不足。

第八章 变化中的元代艺术

13世纪初，蒙古族崛起于塞北，成吉思汗完成统一，建立蒙古汗国。随着国势增强，先后灭掉夏、金，通过西征建立了一个庞大的帝国。忽必烈成为大汗后，迁都燕京，并于1271年改国号为“大元”，采用汉法治国，把经济重心移到了中原。1279年元灭南宋，统一了中国。元朝的统一推动了多民族国家的巩固和发展，促进了经济文化的交流。在这种情况下，元代艺术得到相应的发展。

元代版图空前扩大，蒙古人以征服者和胜利者的姿态统治着中原大地。元朝统治者为维护自身特权，推行民族分化政策，把人分为蒙古人、色目人、汉人、南人四等，职业分十级，在政治经济上实行不平等待遇，知识分子处于“老九”的社会地位。科举制度的中止，又堵塞了文人们步入仕途的道路。这强烈地影响和改变了文人士大夫们的命运和心态，动摇了文人士大夫们固有的价值观念。既然在政治上不可能飞黄腾达，又耻于沦为异族之奴隶，因此，一些士子只好栖身市井，与百姓为伍；一些士子则隐遁山林，远离尘世，寄情书画，在笔墨抒写中，建构出清高、淡远的审美品格。

元代的音乐与舞蹈非常发达。蒙古族是一个能歌善舞的民族，入主中原后，又吸收了汉族音乐的精华，因而呈现出更加多姿多彩的局面。宫廷乐舞方面，主要继承了宋金遗制，同时糅入蒙古族的传统，宫廷乐队男女混杂，头戴面具，身穿铠甲，具有浓郁的喇嘛教色彩，代表性乐舞是“十六天魔舞”。由于无法走入仕途，许多知识分子便投身瓦舍勾栏，杂剧和散曲(合称元曲)得到空前发展，涌现出大量优秀的剧作家和作品。关汉卿、马致远、郑光祖、白朴被誉为“元曲四大家”。关汉卿的《窦娥冤》和王实甫的《西厢记》名震剧坛，成为戏曲名著。他们二人也在中国戏剧史上分别开创了本色和文采两个重要流派。元代中期以后，随着元杂剧的衰落，扎根于南方民间的南戏在吸收了北方杂剧一些特点的基础上迅速崛起，产生了《荆钗记》、《白兔记》、《拜月亭》、《杀狗记》“四大传奇”和《琵琶记》，对后世戏剧产生了深远的影响。

中国绘画发展到元代，出现了明显的变化。艺术的社会教化功能和统一规范被削弱，创作变成了画家们抒怀言志、怡情娱性的一种手段，绘画更加注重内心感受和个人经验。画家以自然山水花鸟为载体，将传统绘画忠实地再现客观对象转向随意抒写主观情怀，在书画中诉说他们的寂寞和愤懑。文人山水画在很大程度上成为画家抚慰自己精神创伤和寄托思想情操的艺术形式，表现出画家对自然人性、情感欲求的某种程度的觉醒与追求。元代绘画以山水画成就最高，有名的山水画家赵孟頫、黄公望、吴镇、倪瓒、王蒙等人的作品从立意到笔墨都反映出上述特色。元代花鸟画的主流也向着文人画情趣发展，“四君子”绘画盛行，代表画家有王冕、李衎等。

一、宫廷乐舞

舞蹈俑　元

元代宫廷乐舞在本民族舞蹈艺术基础之上，吸收了华夏文化，形成了一种具有特色的舞蹈形式。由于元代统治者崇尚喇嘛教、萨满教、道教，因此元代的宫廷舞蹈有着浓郁的宗教氛围。

宫廷乐舞人数众多，领班、舞者、唱者、作曲、指挥，编制严格，分工精细。据《元史·礼乐志》记载，宫廷乐队主要有四种：一是“乐音王队”—— 元旦使用；二是“寿星队”——皇帝生日使用；三是“礼乐队”——朝会使用；四是 “说法队”——宴享使用。表演时，前面是两位“戏竹”，高举着缠有穗带类装饰的长竹竿，指挥整个乐队的舞蹈动作。元代宫廷代表性的乐舞主要有“十六天魔舞”等。

元代时期的喇嘛教，有着捉神弄鬼、伏魔降妖的跳神仪式活动。元代民间舞蹈最先引用了跳神这一题材，例如在元杂剧中便有《提头鬼》这样的剧目形式，后来由民间影响到宫廷。十六天魔舞主要在宫中赞佛时表演。据《元史·顺帝纪》载：元顺帝“以宫女三圣奴、妙乐奴、文殊奴等16人按舞，名为十六天魔，首垂发数辫，戴象牙佛冠，身披缨络、大红绡金长短裙、金杂袄、云肩、合袖天衣、绶带、鞋袜，各执加巴刺般之器，内一人执铃杵奏乐”。为她们伴奏的乐队由11名宫女组成，所用的乐器有龙笛、头管、小鼓、筝、琵琶、胡琴、笙、响板等。明叶子奇《草木子》云：“其俗有十六天魔舞，盖以朱缨盛饰美女十六人，为佛、菩萨相而舞。”张翥《张蜕庵诗集·宫中舞队歌词》有关于十六天魔舞姿的文字描述：“十六天魔女，分行锦绣围。千花织布障，百宝帖仙衣。回雪纷难定，行云不肯归。舞心挑转急，一一欲飞空。”从中可以想像该舞蹈表演时的优美场面。在敦煌莫高窟元代建造的第465窟壁画中舞蹈的菩萨和金刚形象，其舞姿与十六天魔舞很相似：有的双手头顶合十，右足抬起，挂在右臂上，有的手拿金刚杵，抬左腿，拧

吹笛、击节陶俑　元

胜乐十六天女 元

胡琴舞伎 西藏萨迦寺元代壁画

腰，可以看出该舞蹈具有相当的表演难度。此外，元代的白翎舞也别有特色。

二、《海青拿天鹅》

琵琶在宋元时期已出现很多的“品”，著名的乐曲有《胡渭州》、《六幺》等。琵琶套曲《海青拿天鹅》是目前所能确定的创作时间最古老的一首琵琶独奏曲，产生于元代，流传至今已有六七百年的时间。

目前所见最早的《海青拿天鹅》谱本是北京智化寺保存的康熙三十三年（1694）的手抄本。华秋苹《琵琶谱》和李芳园《南北十三套大曲琵琶新谱》均有此谱，说明该曲在元、明、清时期广泛流传。

该曲取自于北方游牧民族狩猎生活。海青，又名海东青，是北方游牧民族用于打猎的一种青雕，天鹅则是人们希望捕到的珍禽。这首乐曲生动地表现了海青捕捉天鹅时激烈搏斗的场景，曲调充满着紧张、激烈、风趣的音乐情绪。全曲共十八段，主题鲜明，结构完整，以合尾的形式贯穿全曲。该曲运用了多种琵琶演奏技巧，具有强烈的艺术表现力。

乐曲可分为引子和五个部分。引子是在绵长音调和短促节奏交替反复中展开的，它描绘了广阔无垠的草原景色。第一部分由二、三、四段组成，柔和、轻快的曲调描绘了天鹅的优美形象，轻快的弦音仿佛是天鹅的鸣叫，温柔善良的天鹅在天空中自由地翱翔。第二部分包括五至九段，音乐变得硬朗有力，海青矫健强悍的形象跃然而出。第三、四部分包括十至十五段，表现了海青与天鹅两个回合的较量。海青发现了天鹅，对它发起了攻击。此时音乐的节奏变得飘乎不定，松紧张弛，表现了海青步步紧逼，天鹅不断挣扎逃脱的场面，气氛渐趋紧张。第五部分是十六段，是全曲的高潮段落。在这一段中，曲子充分运用了弹、挑、轮、扫等琵琶演奏技法，曲调高昂，惊心动魄，令观众似乎隐隐听到了天鹅的哀号，看到了海青的凶猛嘶啄，乐曲的紧张情绪也推向了最高点。第十七、十八两段尾声，节奏变得疏缓流畅，大自然又恢复了往日的安详宁静。

明代李开先在《词谑》中记述了河南琵琶演奏家张雄弹奏《海青拿天鹅》的情景："有客请听琵琶者，先期上一副新弦，手自拨弄成熟，临时一弹，令人尽惊，如《拿鹅》，虽五楹大厅中，满厅皆鹅声也。" 由于该乐曲是目前所见最古老的一首手弹琵琶曲，故可推断，中国琵琶艺术由横抱拨弹的外来形态向竖抱手弹的民族形态的演变，至迟在元代已经完成。

鹰击天鹅图 明 · 殷偕

三、散曲

元曲是同唐诗、宋词相并列的艺术形式，它包括散曲和杂剧。散曲是利用只曲与套曲的形式创作的一种艺术歌曲。散曲的名称最早见于明初朱有燉的《诚斋乐府》，后人沿用；而元人称散曲为"乐府"或"今乐府"。它在宋代曲子的基础上发展而来，流行于金元时期的市井之中。

散曲与杂剧在很多方面都很接近，如旋律、节奏，所用曲牌则完全相同。二者的主要区别在于杂剧多是表演故事，而散曲则是利用清唱形式来抒情、叙事、写景，因而没有人物角色和念白。在伴奏乐器方面，散曲只用丝竹乐器。魏良辅《曲律》云："清唱俗语谓之冷板凳，不比戏场借锣鼓之势。全要闲雅整肃，清俊温雅。"就表演的场所而言，散曲主要在茶肆与私人宴会上，而杂剧多在勾栏瓦舍。

散曲分为小令、带过曲、套数三种形式。小令又叫"叶儿"，一般指单个曲子，明代王骥德《曲律》说："所谓小令，盖市井所唱小曲也。"小令形式短小精悍，语言精练，通俗生动。每一首小令都有一个曲牌名，如《一枝花》、《山坡羊》、《满庭芳》等；曲牌不同的，字数、句数、平仄、押韵也不同。散曲还可以由两个、三个相同的只曲联成，如马致远《天净沙·秋思》就是由几个只曲联结而成。当然，可以用几个不同的只曲的整曲或几句联成一个“带过调”，如双调《雁儿塔》带《得胜令》，南吕宫《骂玉郎》带《感皇恩》、《采茶歌》等，但套联讲究宫调相同，从头至尾一韵到底，中间不能换韵。这种形式被称为“带过曲”。套数又名套曲或散曲，是一种更为复杂的结构形式，一般至少要有三个曲牌，有时可达二三十个曲牌。如马致远的著名套曲《双调·夜行船·秋思》，就是由《夜行船》、《乔木查》、《庆宣和》、《落梅风》、《风入松》、《拨不断》、《离亭宴煞》等七个曲牌组成。

元代散曲以元成宗大德年间为界，可分为前后两个时期。前期作家主要集中在北方的大都，有杂剧家关汉卿、白朴、马致远，还有刘秉忠、杨果等文人雅士以及一些达官贵人。其中，就艺术成就而言，杂剧家的作品更为朴实无华，意境深远，较多地保持了民间歌曲质朴自然的特色。代表性作品主要有马致远的《夜行船·秋思》、关汉卿的南吕《一枝花·不伏老》、张养浩的中吕《山坡羊·潼关怀古》等。元代后期，散曲的创作中心转移到南方，代表作家有张可久、乔吉等。后期作品较前期趋于清雅典丽，讲究格律规范，但有一些模式化的痕迹。

四、元杂剧的兴盛

元杂剧是在宋金杂剧的基础上，融合了北方音乐、舞蹈、说唱等艺术技法而发展起来的一种新型戏剧形式。它的产生标志着中国古代戏剧的正式形成。元杂剧最初流行于北方，以大都（今北京）为中心，元灭南宋后，发展为全国性剧种。

说唱俑

击鼓童俑

元杂剧的形成有着深刻的现实原因。元统一中国后，统治者采用了民族歧视和压迫政策，将各民族分为四等：蒙古人、色目人（即东北、西北的各少数民族）、汉人（北方的汉人）和南人（南方的汉人和西南各族人民）。汉人和南人受尽了蒙古人的压迫，这提供了丰富的创作题材。与此同时，元代还废除了科举制度，断绝了书生们跻身仕途的可能，很多人沦为社会底层，只得

戏班赶路图　元

元杂剧人物　洪洞明应王殿壁画

投身瓦舍书会，以写戏谋生。这就为元杂剧的繁荣创造了社会条件。

元杂剧的结构比较严谨，一般采用了四折一楔的形式，当然也有个别例外。“折”相当于现代戏剧的“幕”，一折就是一个故事单元。楔子是指对剧情起交代或连接作用的短小开场戏或过场戏。元杂剧的每一折用同一宫调的一套曲子组成，一般来说四折的宫调皆不相同。元代常见的宫调有九种：仙吕宫、南吕宫、正宫、中吕宫、黄钟宫、双调、越调、商调和大石调。元杂剧可分为唱曲、宾白和科介三部分，其中以唱曲为主。唱曲多由正旦或正末从头唱到尾，“一人主唱”可以极大发挥唱歌艺术的特长，充分表现人物情感；但有时为了迁就角色的主唱，难免会拼凑情节。宾白，就是道白，主要用于叙事，比如通报姓名、自叙身世、交代事件来龙去脉等。宾白有散白和韵白之分，前者用当时的口语，后者用诗词或顺口溜式的韵文。科介指的是表演动作、表情及舞蹈效果。元杂剧的角色分工很细，有旦、末、净、外、杂五大类，每一类下又分为若干子类，其中以正末、正旦为主要角色。

王国维在《宋元戏曲考》中将元杂剧分为三个时期。从元太宗灭宋到统一中国为第一期，也是元杂剧发展的鼎盛阶段，涌现了一大批著名的剧作家和作品，有关汉卿的《窦娥冤》、王实甫的《西厢记》、马致远的《汉宫秋》、白朴的《墙头马上》等等。第二期到元顺帝元

关汉卿　现代·李斛

年间，代表性作家有郑光祖、乔吉、官天挺、杨梓等，这一时期杂剧的艺术成就已不如前期。最后一期为元末明初，此时元杂剧已近尾声。

关汉卿是元代最伟大的戏剧家。关于他的生平身世史料很少，他自己评价道："我是一个蒸不烂煮不熟捶不匾炒不爆响当当一粒铜豌豆。"史载关汉卿的杂剧共66种，现存18种，如《窦娥冤》、《单刀会》、《哭存孝》、《蝴蝶梦》、《救风尘》等，这些杂剧思想深刻，故事性强，人物性格鲜明。《窦娥冤》是关汉卿的代表作，该剧取材于《汉书·于定国传》和干宝《搜神记》中的"东海孝妇"故事，描述了窦娥悲惨的一生。其中，"六月雪"已经成为冤枉的代名词。王国维评价该剧说，"列之世界大悲剧亦无愧色"。

五、元南戏

元灭南宋以后，杂剧占据了南方舞台，但因南戏有着深厚的群众基础，依然在民间流行。在南北剧共存之际，南戏积极吸收了北杂剧长处，比如采用了杂剧曲牌联套的方法，其艺术水平得到了很大的提高。尤其到了元代末年，随着元杂剧日趋衰退，南戏却以其丰富的唱腔、灵活的形式受到广大观众的喜爱。元末明初也是南戏的艺术顶峰，出现了《荆钗记》、《白兔记》（又名《刘知远白兔记》）、《杀狗记》、《拜月亭记》四大传奇和《琵琶记》。

《荆钗记》插图　明

四大传奇，也简称为"荆、刘、拜、杀"，它们都是根据"宋元旧篇"修改或改编的。虽然称之为传奇，但它们都属于南戏。《荆钗记》描写了一对患难与共的夫妻的故事。书生王十朋以荆钗为聘礼同钱玉莲成婚。婚后，王十朋进京赶考，高中状元，但因拒绝了宰相逼婚而被贬

《拜月亭》插图　明

《白兔记》剧本一页

到广东潮州。孙汝权便谎称王十朋已经招赘相府，同时玉莲继母也逼迫女儿改嫁孙汝权。贫女不从，投江自尽，幸得钱安抚救起，收为义女。五年后的上元节，王十朋与钱玉莲二人凭荆钗相认，终得圆满。《白兔记》说的是刘知远离开妻子李三娘入伍从军后，兄嫂便对三娘百般虐待。后来李三娘产下一子，因无人接生，只好自己咬断脐带。她自知难以养活断脐郎，便托人交刘知远抚养。十五年后，刘知远因军功升为九州安抚使。有一天，断脐郎打猎追赶白兔，巧遇李三娘，从此一家团聚。《杀狗记》是一家庭伦理剧。哥哥孙华受坏人挑拨与弟弟不和，孙华的妻子设计杀了一条狗冒充人的尸体放在门外，结果孙华的狐朋狗友柳、胡不仅不帮忙，反而落井下石，最终还是弟弟替哥哥解围，二兄弟重归于好。《拜月亭》写的是两个家庭失散又相聚的故事。大意是：金朝末年，穷书生蒋世隆和妹妹蒋瑞莲、王镇尚书的妻子与女儿王瑞兰皆在战乱中离散。世隆和瑞兰相识结为夫妻，而王氏与瑞莲巧遇，收其为义女。战争平息后，王尚书嫌弃世隆贫寒，强迫他们夫妻分开。后来，世隆和好友陀满兴福分别考中文武状元，分别与瑞兰

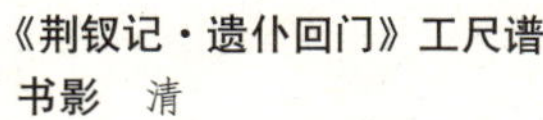
《荆钗记·遗仆回门》工尺谱书影　清

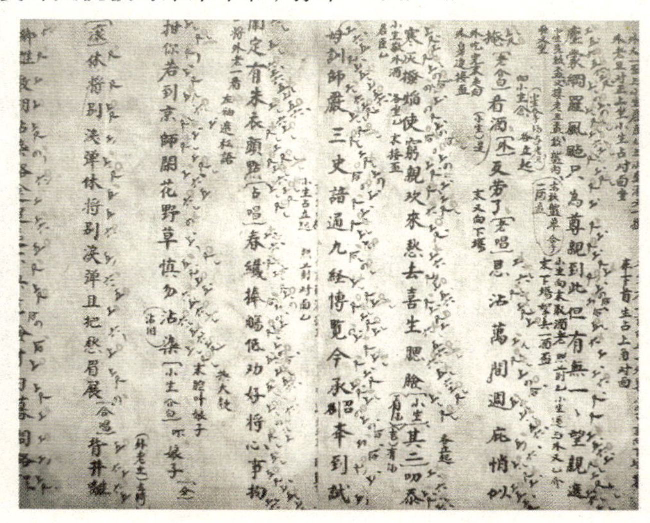

《琵琶记》插图　明

和瑞莲完婚。

南戏发展到《琵琶记》已达到了顶峰。《琵琶记》是高明根据南戏《赵贞女》、《蔡伯喈》改编而成的，成书于元末1359年。剧中成功塑造了吃苦耐劳、贫贱不移的赵五娘形象。故事的梗概是：蔡伯喈与赵五娘结婚不久，在父亲的逼迫下进京赶考，高中了状元。他本想回乡侍奉父母，但皇命不准，只得当了京官。牛宰相为女儿又强招伯喈为婿，无奈之下入赘相府。后来，家乡逢旱灾，伯喈的父母双双去世，赵五娘背起琵琶沿路卖唱，进京寻夫。后来，在宰相女儿牛小姐的帮助下，夫妻团圆，一夫二妻融洽相处。

六、元代山水画

元代绘画以山水画成就最为突出。元初山水画以赵孟頫、钱选、高克恭为代表。元代中晚期对后世有重大影响的是“元四家”——黄公望、吴镇、倪瓒、王蒙。

赵孟頫（1254—1322），字子昂，号松雪，又号水晶宫道人，湖州（今浙江吴兴）人。宋朝宗室，是赵匡胤的第十一世孙。元朝建立后，他被荐入宫授官。历经五朝，官至翰林学士承旨，是一个在艺术上、政治上有很高地位的显赫人物。但他作为宋代皇室后裔在元朝为官，不免受人讥议，内心充满不安与矛盾，他既有“忠直报皇元”现世之想，又有“山林隐逸”逃避之思。在朝为政总觉难抗他人之非议，使其退隐念头加剧，终于仁宗延祐六年（1319）辞官南归。赵孟頫博学多才，工诗文，通音律，精鉴赏，在书画方面造诣尤深，为元代画坛领袖人物。赵孟頫的艺术观点和绘画主张，在当时与后代都有深远影响。他是绘画艺术的全才，善画山水、人物、鞍马、花鸟、兰竹各科，取材广泛；技法上，水墨、青绿、工笔、写意诸体皆备。在艺术上主张绘画要有古意，“若无古意，虽工无益”。崇法唐人，追求画风的清雅与朴素，反对南宋“院

秋郊饮马图　元·赵孟頫

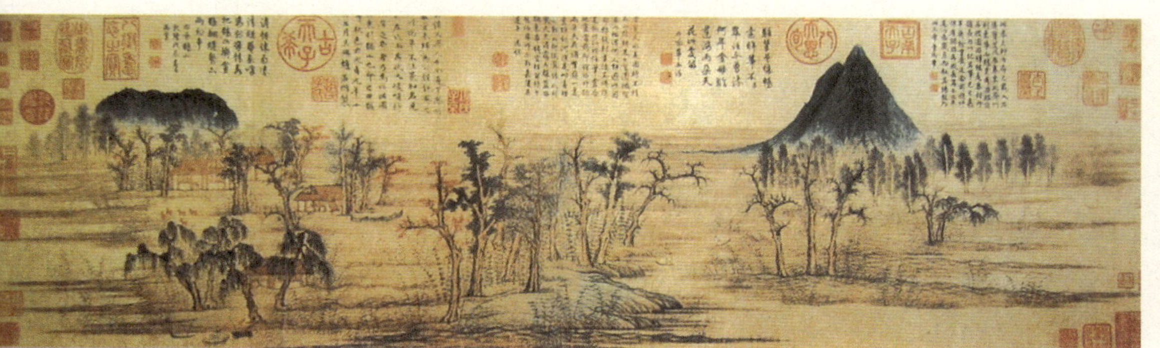

鹊华秋色图　元 · 赵孟頫

体”中柔媚纤巧的画风；他强调书画同源，将书法用笔进一步引进绘画造型之中，加强绘画中笔墨的表现力，其理论对后世文人画产生了巨大影响。

赵孟頫绘画深受晋唐与北宋画风影响。山水画出自董源、巨然和李成、郭熙两大体系，而能脱去精勾密皴之习，参以唐人高古之趣，自创新格。他的代表作品有重彩人物鞍马《人骑图》、《秋郊饮马图》，山水画《鹊华秋色图》、《水村图》，还有竹石画《秀石疏林图》等。作品体现了多样的艺术面貌和高超的艺术技巧。《鹊华秋色图》为他山水画的代表作品之一，描绘今属山东济南的鹊山和华不注山及附近风光。华不注山峭立，鹊山圆方，一片清旷平淡中，秋林疏落，两山突起，遥遥相对。长卷构图中，色调雅淡，气息宁和。山峦以皴线画出层次体感，水墨淡彩晕染，使景致湿润柔和；用笔松动、潇洒，颇具书法意味，使画面有苍秀简逸的风格。此画为其中年时所作，表现出他在传统基础上的变化，代表了元画在转变时期的进展，并展示出赵孟頫的艺术风格。

山居图　元 · 钱选

钱选（1239—1301），字舜举，号玉潭。与赵孟頫同为吴兴文化名人。但入元不仕，隐居终生。其绘画表现家乡山水景物，常画工笔青绿，但意境脱俗。代表作品《山居图》，设色明丽雅致，追求拙朴意趣。

高克恭（1248—1310），字彦敬，号房山，回族，官至刑部尚书。擅绘山水，在技法上融合“米氏云山”之皴点，兼取董巨披麻之皴线而自成一家，形成浑穆秀润高古的独特风格。传世作品有《春山欲雨图》、《云横秀岭图》等。

云横秀岭图 元 · 高克恭

“元四家”是指活动于元代晚期的文人画家黄公望、吴镇、倪瓒和王蒙，他们的创作代表了元代山水画的最高成就。“元四家”生活于元末社会动乱之际，生活中都有不得意的遭遇，因此都在绘画中抒发情感和心绪。他们善画山水，兼工竹石，艺术上受赵孟頫的影响，师法董、巨，但具有个人语言风貌，将文人山水画推进到成熟的境地。“元四家”山水画来自自然山水感受，但讲求笔墨，注重风格，通过山水抒发一定理想并题跋诗文加以阐述。他们用水墨表现山水，画面清雅秀逸，但有伤感、孤独和无奈的情绪，体现了时代动乱中的文化特征。在艺术功能上标榜“写胸中逸气”、“自娱”，而不趋势附俗，坚持自己的审美主张。

黄公望（1269—1354），字子久，号大痴道人。他的山水画作品大都表现江浙自然山川景色，作画有水墨和浅绛两种面貌。其风格笔意简远、苍劲高旷，有峰峦浑厚、草木华滋之评。《富春山居图》开始创稿于至正七年（1347），时断时续，历经数年，到他83岁为此图作题时，仍尚未最后竣稿。此图描绘富春江两岸初秋景色，陂陀起伏，林峦深秀，笔墨纷披，苍茫简远，是黄公望水墨山水画的杰作。黄公望寓居富春山，对山水景物有细致的体味和观察揣摩，他以雄秀而简远的笔风将其对自然的理解和感受淋漓尽致地表现出来。在这幅长卷画中，笔势潇洒而秀润，墨色透明而凝重，其艺术修养和笔墨技巧均达到相当高的水平，恰当地表现了作者那种超脱、空灵的精神境界。

吴镇（1280—1354），字仲圭，号梅花道人。善画山水梅竹。作画多用湿笔，笔法雄浑，墨气清润，题材以渔父图为多，主要描写江南湖山景色，表现画家避世幽居、寄情山水的隐士生活。他还善画墨竹，用笔草草似不经意，但具有书法韵致，情态生动。传世作品有《渔

富春山居图（局部）
元 · 黄公望

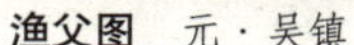

渔父图 元 · 吴镇

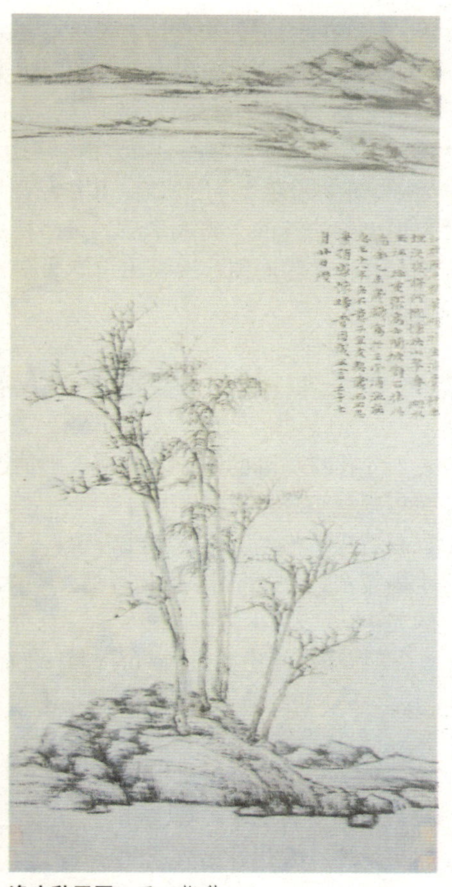

渔庄秋霁图 元 · 倪瓒

父图》、《秋江渔隐图》、《竹谱册》等。

倪瓒（1301—1374），字元镇，号云林。其经史诗文修养深厚，书法绘画技法精深，所画山水具有清新、萧散、古淡、天真之逸趣。倪瓒山水画是他坎坷人生与情感的抒发。作品大多取材于太湖一带景色，章法极简，物象极简，笔墨极简，风格萧条寂寞，荒寒简远。他作画多用枯笔干擦，淡雅松秀，似嫩而苍，独树一帜。他主张作品要表达画家“胸中逸气”，反对刻意求工、求似。他将社会动乱中变化、独寂的生活境遇，伤感、无奈的思想情绪，都凝结在他独特的笔墨运化中，建立了清远、幽淡、简逸、萧散这种极富艺术个性的审美理想情境，对文人山水画作出了自己的贡献。《渔庄秋霁图》为倪瓒55岁时所画，画中秋树枯疏，陂陀简远，描绘出一种萧疏静寂的不食人间烟火的超俗境界。画法墨色清淡，用笔侧锋有轻有重，渴笔画树石，皴擦多于渲染，表现出“疏而不简，简而不少”的特色。画中远山遥

青卞隐居图　元·王蒙

岑，平湖静波，近处疏林坡石散发着孤寂寒意，画面营造出空旷明洁、纤尘不染的画境，表现出画家的理想审美境界。

王蒙（1308—1385），字书明，号黄鹤山樵，吴兴人。赵孟頫的外孙。其绘画技法全面，功力精深。山水画多表现隐居生活，以水墨为主，亦有设色，善用枯笔，其作品布局饱满，结构茂密，景色深秀，表现出笔法苍浑、秀逸华滋的风格特点。其传世作品有《春山读书图》、《青卞隐居图》、《葛稚川隐居图》等。

七、花鸟画、人物画及壁画

元代花鸟画的主流是向文人画情趣发展。绘画中枯木、竹石、梅兰等题材十分普及，并得到新的拓展。这些题材比兴寓意，寄托画家思想情操；艺术上讲求自然天趣，不以造型的精致和富丽为尚，运用水墨技法，状物言志，借物抒情，其画法开启了后来水墨写意花鸟画的先声。

"君子"是中国古时对有德者的美称。以"四君子"相称，即是将梅、兰、竹、菊人格化，将花木的自然特征与人的美好品德结合起来，赋予其品格生命。梅、兰、竹、菊形象的清新淡雅符合中国文人的审美要求和欣赏习惯。宋代开始兴起的墨梅墨竹在元代得到广泛的发展，使"四君子"绘画盛行，直至明清不衰。文人士大夫借此寄意自比，抒发感受，表现其清高淡逸、孤芳自赏、鄙俗求雅的品格与人生理想。他们在梅、兰、竹、菊的审美创造上，得到精神的慰藉，发抒思想感情，并丰富了绘画表现语言。

父老乡绅送给一位即将离任的清官象征高洁的松、竹、兰

王冕（1287—1359），字元章，号煮石山农、梅花屋主等，会稽（今浙江诸暨）人。是个有入世精神但仕途不顺的落魄文人。他工诗善

墨梅图 元·王冕

清闷阁墨竹图 元·柯九思

画，尤以墨梅知名。笔下之梅，蕊萼分明，冰清玉洁，层次清晰，疏密得当。他画梅干，用笔遒劲，富有质感。笔下花瓣或水墨点染，或双线勾勒，变化多端，生动地传达出梅花特有的形态和神韵。《墨梅图》绘横向折枝梅花，枝疏花茂，蓓蕾初绽，英气飒飒。画面枝干长而坚韧，显得舒展清新，梅花以淡墨轻写花瓣，仅用浓墨勾点蕊萼，感觉清润皎洁。画面自题诗："吾家洗砚池头树，个个花开淡墨痕。不要人夸好颜色，只留清气满乾坤。"诗画相得益彰，道出画中寓意，抒写了他清高孤洁的情操和风骨。

元代画竹石名家还有李衎、高克恭、赵孟頫、柯九思、吴镇、顾安、倪瓒等，都以水墨见长，并有各自的风格特色。另有钱选、陈琳、王渊、张中等人，其花鸟画在继承宋代院体花鸟画基础上，或变工丽细密为清润淡雅，或变工整富丽为简逸秀淡，突破了宋代宫廷画一丝不苟的格局，表现出突出的成就。

双钩竹图 元·李衎

元代人物画与前代相比呈式微状态。多数画家在特定社会状态下，消极避世，漠视人生，人物画少有直接表现社会风俗的作品，而

杨竹西像
元·王绎等

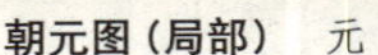

朝元图（局部） 元

奉宝玉女 《朝元图》局部

主要是对古今高人雅士及文学作品的描绘。元初赵孟頫、钱选善画人物画。元后期，张渥善画白描人物，代表作品有《九歌图》。王绎是肖像画家，传世作品有《杨竹西像》（倪瓒补景）等，并著有《写像秘诀》，这是一部研究肖像画创作的重要文献。

元代壁画比较兴盛，分布地区较广，主要有佛寺、道观壁画和墓室壁画。宗教壁画重要遗存有敦煌莫高窟元代窟、山西稷山兴化寺、青龙寺佛教壁画，山西洪洞广胜寺道教壁画等，最有代表性的是山西永济永乐宫壁画。永乐宫原址在山西永济县，20世纪50年代因修三门峡水库而迁到山西芮城县。永济传说为道教神仙吕洞宾住地，是元代道教中心。元代修建的永乐宫绘有精彩壁画。永乐宫三清殿壁画描绘《朝元图》神仙行列，以八个主像为中心，各种神祇像280多个，采用勾填重彩的表现手法，形象生动，规模宏伟，堆金沥粉，色彩绚烂，具有场面壮阔、气势磅礴的效果，存有唐以来壁画风范。永乐宫纯阳殿四壁绘有吕洞宾故事画，内容丰富，其中汉钟离度吕洞宾一幅将人物心理活动刻画得准确细致。永乐宫壁画均有民间画工的题名，显示出他们的卓越绘画才能与智慧。

八、元代书法与赵孟頫

北宋书坛曾一度流行的个性化运动，开辟了书法的新境界，但也存在一定的不足之处。书法家因过于追求狂野与个性，从而导致书法

续千字文 元 · 鲜于枢

书叙笔法 元 · 康里巎巎

艺术美中的共同性的丧失和境界的浅俗。南宋姜夔曾经提出“以古创新”的主张，但没有取得良好的效果。元朝统治者是蒙古人，重视武功，轻视文治，书法艺术发展缓慢。与同时期的文学、绘画相比，大为逊色。尽管如此，仍出现了一位屈指可数的大家——赵孟頫，如晨星灿烂，闪耀于元代书坛。面对一些书法家急功近利，书写恣意妄行、无笔无境的状况，他高举“以古为法”的旗帜，身体力行，引导元代书坛走上了继承魏晋书法传统、以古为新的道路，出现了鲜于枢、康里巎巎等一批书法大家，形成元代的书法风格。元代楷书、行书的成就较大，篆隶章草亦得到恢复与发展。

赵孟頫正在抄写佛经
明 · 仇英

赵孟頫自小才识过人，过目成诵，是少有的艺术全才。入元做官时，忽必烈见他神态英俊，气度不凡，称其为“神仙中人”。他书法冠盖一时，称雄元代书坛。更有意思的是，他的夫人管道升和儿子赵雍都善书，被

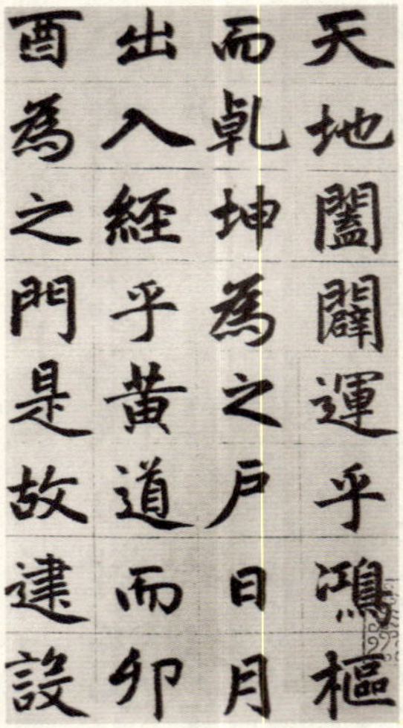

当时的元仁宗视为元朝的骄傲。

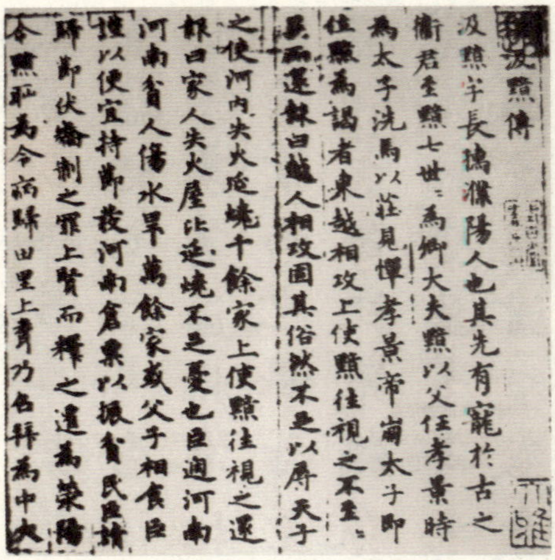

赵孟頫在书法方面，主张提倡古法，恢复在宋代中断的晋唐之风，力追远古，上溯秦汉，提出“用笔千古不易”的说法，但并不因此而守旧不化。他融绘画笔法于书法，在博学的基础上提炼古人之字中的精妙之处，然后渗入自己的艺术个性，从而开辟了新的书风。其用笔圆转流美，清秀润媚而极富姿态，结构安排精巧，优雅匀称。这种独具一格的书体被称为“赵体”，与颜、柳、欧体并称于世。

三门记　元·赵孟頫

汲黯传　元·赵孟頫

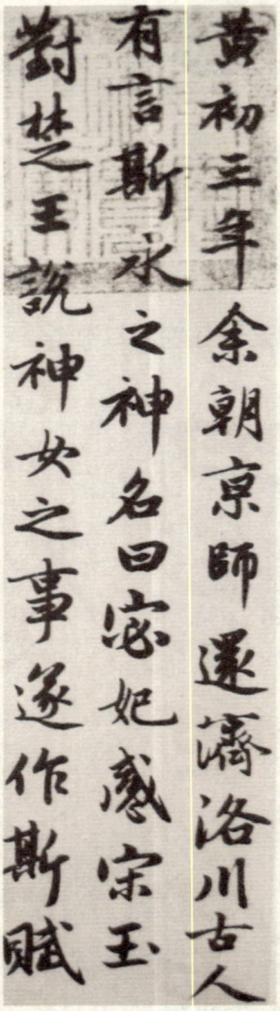

赵孟頫留存的作品多达数十，尤以楷行作品最为出色。如楷书《三门记》、《胆巴碑》和《汲黯传》，行书《洛神赋》、《兰亭十三跋》等。《三门记》墨迹纸本，原迹流落于日本。书法以楷书为基础，时出行书笔画，故而秀润飞动。结体方整平正中有倚侧倾斜，左紧右舒。线条劲秀浑厚，清雅秀媚，可谓典型的“赵体”。《汲黯传》属小楷，法度严谨，极为工整，笔法劲利圆畅，姿态多变，妍媚舒展，富有唐法晋韵而被后人视为小楷范本。行书《洛神赋》为纸本墨迹，是赵孟頫47岁时所书。此卷用笔结体有许多字出于“二王”，又渗入草书笔意，多姿多态，大小轻重相呼应，连绵起伏而错落有致，清新妙丽，体势优美，温文秀雅，有《兰亭序》和《圣教序》二者之神韵，被人称为“纵横曲折无不妙契古人”。

赵孟頫的书法雅媚秀润，浸染元代书风，在当时即名声大振。就连天竺僧人都不远万里来求购其作品，回去之后像珍宝一样加以收藏。后人也有许多赞颂之声，说他尽掩古人，超迈魏晋。更有甚者说：“上下五百年，纵横一万里，举无匹敌。”不过对其书法的贬抑之声也不绝于耳。论者多以他由宋入元做官的缘故，说其书为“奴书”，“妍媚纤弱，殊乏大节不夺之气”。尤其是由明入清的傅山，更是对其痛加贬斥。这些评论由人推书，未免过于偏颇。

洛神赋　元·赵孟頫

赵孟頫的艺术修养全面，多才多艺，其书法兼善各体而自成一家，恢复古法，振兴古体，成为元代书坛盟主，不愧为书坛巨擘。

第九章 风格多样的明清艺术

1368年，朱元璋推翻元朝的统治，此后又陆续削平各种割据势力，统一了全国。明朝伊始，朱元璋强化国家机器，加强中央集权，中国封建社会开始步入晚期。随着经济恢复、城市扩展和人口增加，商品经济日益繁荣，在江南某些地区出现了资本主义萌芽。为了适应市民生活的需要，各种艺术形式异彩纷呈，形成了发达昌盛的局面。明朝后期，统治集团腐朽，社会矛盾激化，农民反抗斗争不断，最后农民起义军领袖李自成率军攻入北京，明王朝灭亡。而此时虎视中原的满清政府乘机涌入山海关，打败李自成，入据北京。有清一朝，也曾出现过“文治武功”的康乾盛世，但封建社会已走上了不可逆转的下坡路，伴随着西方列强的入侵和西学东渐，中国社会进入了大转变时期。

明清两朝，民歌、说唱兴盛，呈现出繁荣景象。随着大量人口流入城市，从民歌演变出来的城市小曲大量涌现。明代以“四大声腔”，即海盐腔、弋阳腔、余姚腔和昆山腔为代表的传奇继元杂剧和南戏之后成为当时表演艺术的主流。经过魏良辅的改革，昆山腔从四大声腔中脱颖而出，昆山腔传奇成为风靡全国的剧种，直到清乾隆朝的两百年间，昆曲艺术都是剧坛的主角，出现了著名的剧作家汤显祖、洪昇、孔尚任等。此后，各地具有特色的“乱弹”诸腔纷纷涌上剧坛，花部与雅部竞相争胜，最终诞生了京剧，并取代昆曲成为流行全国的新剧种。

随着政治、经济情况的变化以及审美趣味和流行画风的转变，明代绘画大致可分为早、中、晚三个时期。早期出现了点缀升平、带有贵族趣味的院体绘画和以地方画家为主的刚健外露的“浙派”绘画。明代中期是吴门画派支配画坛的时期，他们继承和发展了元代文人画传统，代表画家有沈周、文徵明、唐寅、仇英。受他们影响，画坛上出现了富有创新精神的花鸟画家陈淳、周之冕和徐渭。明代晚期画坛上活跃着别树一帜的人物画家陈洪绶和仿古的山水画家董其昌。

明代早期书法追摹古帖，以再现古人书法风姿为能事，很少创造意识和个人风貌。明中期文人书法受到重视，书法讲求形式美和抒发个人情怀，代表人物是吴门书派的祝允明、文徵明、王宠。而徐渭、张瑞图、董其昌等都以自己的独特风格使明末书坛别开生面。清代画坛风格多样，占据主流地位的文人画呈现出追寻传统和张扬个性的不同趋向，从清初的“四王”和“四僧”到康乾盛世的“扬州八怪”，都各具面貌，领画坛之风骚。

一、明清民歌和小曲

民歌在明代蓬勃发展，形式多样，数量众多，呈现出一片欣欣向荣的景象。明人卓柯月曾评价道：“我明诗让唐，词让宋，曲让元，庶几《吴歌》、《挂枝儿》、《打枣竿》、《银纽丝》之类，为我明一绝耳。”据有关学者统计，明清时期的民歌歌词，流传至今的尚有千余首。

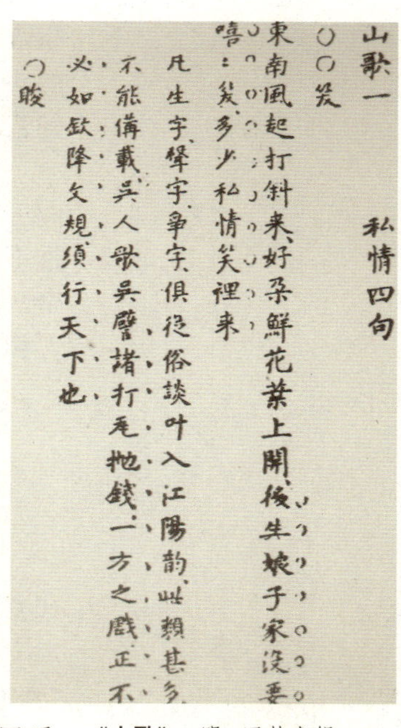

山歌一　私情四句

〇〇笑

東南風起打斜来，好朵鮮花葉上開，後生娘子家没要嘻嘻笑，多少私情笑裡来。

凡生字、聲字、爭字，俱從俗談叶入江陽韵，此類甚多，不能備載。吳人歌吳聲，譬諸打瓦拋錢，一方之戲，正不必如欽降文規，須行天下也。

〇睃

《山歌》　明·冯梦龙辑

明代民歌的内容十分广泛。数量较多的是反映劳动人民纯朴爱情的题材，如颜自德《霓裳续谱》中的《寄生草》、李调元《粤风》中的《傜歌》；也有反抗封建势力、歌颂农民起义题材的，如吴麟征《吴忠节公遗集》中的《迎闯王二首》；还有反映百姓苦难生活的，像《凤阳花鼓》曾唱遍大江南北。

文人们也十分重视民歌，从中汲取丰富的艺术养料，他们积极搜集和整理了当时民歌。明代著名文学家、戏曲家冯梦龙编了两部民歌集《挂枝儿》和《山歌》。其中《挂枝儿》收录了435首作品，是明代民间时调小曲集中仅见的一部巨制；《山歌》共收歌词383首，是保存吴中山歌数量最多的一部专集，具有很高的资料价值。

小曲又叫“时尚小令”和“杂曲”，是民歌的进一步发展，用乐器伴奏，增添了过门。小曲的伴奏形式因地方差异而有所不同：南方多用琵琶、弦子、月琴、檀板等；北方多用三弦、八角鼓、坠琴、四胡等。曲式方面，小曲的形式多样，有“一曲变体”、“一曲重叠”、“多曲联套”、“加说白、帮腔”等。形式的丰富可以表现更加复杂的内容，二者相得益彰，从而促进了明清歌曲的发展。

麟堂秋宴图（局部）　明

清时期的民歌仍沿用以往称谓，叫做“山歌”、“小曲”，与前代民歌相比，种类更为繁多，内容更加庞杂。如《倒扳桨》、《叠断桥》、《一剪梅》、《刮地风》、《绣荷包》、《满江红》等等，许多曲调至今仍在民间流传。

一些文人也采用民间小曲的形式创作歌曲，如蒲松龄的“俚

曲”。清初，著名作家蒲松龄在他的家乡淄川，以当时流行的小曲填词，创作了有故事情节的长篇叙事音乐，称“蒲松龄俚曲”或“聊斋俚曲”。蒲松龄俚曲共有14部作品，目前已搜集到13部，其中最具代表性的当推《磨难曲》。作品根据《聊斋志异》中《张鸿渐》的故事改编而成，揭露了清代社会的黑暗，鞭挞了贪官污吏，赞扬了正义的斗争精神。蒲松龄俚曲的音乐特点是质朴、优美，体现了民间歌曲的艺术风格。

下面是几首当时的民歌：“吃他娘，穿他娘，开了大门迎闯王，闯王来时不纳粮”，“妹相思，妹有真心弟也知。蜘蛛结网三江口，水推不断是真丝”，“说凤阳，道凤阳，凤阳本是好地方。自从出了朱皇帝，十年倒有九年荒。三年水淹三年旱，三年蝗虫闹灾殃。大户人家卖骡马，小户人家卖儿郎；奴家没有儿郎卖，身背花鼓走四方”。

二、明清说唱

今天已发现的民间曲艺有260余种，其中很大一部分是在明清两代发展起来的。明代曲艺最具特色的是弹词和鼓词。

弹词是主要流行于东南沿海的江苏、浙江地区的说唱曲种，是“弹唱词话”的简称。弹词具有悠久的历史，有可能是从宋代的“陶真”发展而来，还有“文书”、“说小说”、“评弹”等名称。“弹词”之称则起于明代。明末清初时的女弹词家陶贞怀在《天花雨》中写有“弹

皇都积胜图（局部） 明

词万本将充栋”的字句，由此可见弹词自明代以来的兴盛情景。弹词流传地区不同，因而形成了不同的地方色彩，如苏州弹词、扬州弹词、长沙弹词、山东弹词、江苏弹词等，其中以苏州弹词影响最大。根据所用语言种类，弹词分为“土音”和“国音”两类。土音的弹词中以吴音者为最多，国音的弹词是用北京话写的。土音唱本主要以爱情为题材，而国音唱本较多地描写历史故事，被表演的机会相对较少。明代的弹词，多用琵琶、三弦伴奏，此外也有人使用小鼓和拍板。弹词的表演形式有“单档”和“双档”之分：单档由一人用琵琶或三弦伴奏，自弹自唱；双档分“上手”、“下手”，即一人弹琵琶，一人弹三弦，轮流说唱，同弹伴奏。也有加用二胡、扬琴等构成三人或多人表演的形式。弹词的唱腔婉转柔美，节奏抑扬顿挫，具有南国风格。

鼓词是流行于北方诸省的说唱艺术，是由宋、元鼓子词发展而来，明代称作“词话”。鼓词的演出形式是演唱者自击鼓板掌握节奏，伴奏用大三弦、琵琶、四胡等乐器，因曲种不同，伴奏乐器亦不尽相同。现存最早的鼓词传本是明代后期刊印的《大唐秦王词话》，内容是描写唐太宗李世民征伐诸雄、统一天下的故事。

各地蓬勃兴起的说唱艺术在清代继续发展、分化，新的形式、新的曲目不断涌现。到清代末年，基本上定型为弹词、鼓词、牌子曲、道情、琴书五大类别。

弹词方面，苏州弹词历经元明的发展至清代中叶，流派迭起，名家辈出，在乾隆、同治年间形成了陈、俞、马（即陈遇乾、俞秀山、马如飞）三大调。陈调唱腔稳健、苍劲，适合老生、老旦演唱。俞调迂回曲折，婉转流丽，演唱时真假声并用，适合花旦、青衣角色。马调质朴雄健，擅长表现激昂愤恨的情感。三调对后世的弹词发展影响深远。1840年后，弹词进入上海，女艺人增多，为适应市民需要，产生了“弹词开篇”、“拆唱”等短篇演唱形式。虽然唱腔流派也越来越多，但主要还是陈、俞、马三调。

俞调演唱 清

清代“大鼓”是在明代鼓词的基础上与各地方言、民歌、小调相结合的一种曲艺形式。咚咚的鼓声可谓传遍全国，有西河大鼓、梨花大鼓、唐山大鼓、梅花大鼓、东北大鼓、京韵大鼓等等。大鼓有大书和小段的区别，成本大套的长篇大鼓叫大书，短小精悍的叫做小段。大书在早期比较流行，但清代中叶以后，小段以其创作表演快捷更多地赢得了人们的喜爱。到了民国之前，全国大概已有几十种风格的大鼓，其中以

盲歌图　清·任熊

京韵大鼓最具代表性。京韵大鼓产生于清代末期，起源于河北保定、河间一带，是“河间调”与“子弟书”合流而成，主要流行于京津地区。演唱方面，以京音代替河间方言，并借鉴京剧的发音吐字方法，同时吸收京剧和其他姊妹艺术的唱腔，所以称为“京韵大鼓”。其伴奏乐器有鼓、板、三弦和四胡。唱腔板式有一板三眼的慢板、一板一眼的垛板和有板无眼的紧板。

唱大鼓书　北京民间风俗图

牌子曲是将民间小曲联结成套，用于演唱一定的故事情节的一种说唱形式。北方和南方都有牌子曲，北方如京、津的“单弦牌子曲”（又名“八角鼓”），山东的“聊城八角鼓”，河南的“曲子”等。南方如“扬州清曲”、“湖北小曲”、“四川清音”、“广西文场”等。各地牌子曲所用的曲牌不同，但结构一般遵循“曲头——连接用若干曲牌——曲尾”的模式。常用的曲牌有《银纽丝》、《寄生草》、《剪剪花》、《叠断桥》、《满江红》等。伴奏乐器北方多以三弦为主，南方常用琵琶、二胡、扬琴等乐器。

除了上述流传较广的几种说唱部类以外，在清代末年以前出现的说唱形式还有道情、琴书较为重要。道情有浙江道情、湖北渔鼓、湖南渔鼓、江西道情、广西渔鼓、河南坠子等分支，它们所用的伴奏乐器虽然

不尽相同，但一般保留着渔鼓和简板两样特有的击乐器。琴书有山西的翼城琴书、山东琴书、徐州琴书、安徽琴书、四川扬琴、云南扬琴等分支，琴书一个显著的特点是在多种互不相同的伴奏乐器中，皆以扬琴作为主要伴奏乐器。

三、民间舞蹈

宋元以来，虽然歌舞渐渐让位于新兴的戏曲而退居社会生活的次要地位，但在节庆期间以及在一些仪典和宴会上，为增加喜庆欢腾的气氛，歌舞表演还是不可缺少的。北方主要流行秧歌，而南方以表演“采茶舞”、“花鼓舞”等著称。

一般认为，秧歌起源于南宋歌舞“村田乐”。清吴锡麟《新年杂咏抄》记载：“秧歌，南宋灯宵之村田乐也。所扮有耍和尚、耍公子、打花鼓、拉花姊、田公、渔妇、装态货郎、杂沓灯术，以得观众之笑。”到了明代，秧歌遍及江南北国，发展成为多种多样的民间歌舞形式。明何宇度《益部谈资》记载了四川秧歌的详细情景：“长腰鼓长七八尺，以木为桶，腰用篾束二三道，涂以土泥，两头用皮幪之，三四人横抬扛击，郡献春及田间秧歌时，农夫皆击此，复杂以巴渝之曲。”“巴渝”是一种古老的蜀地传统乐曲。与南方秧歌相比，北方秧歌则更加强调动感，尤其是身体的扭动。表演者通过身体的颤、转、拧、摇等多种方式表达一种喜庆气氛。如山东胶东秧歌动作柔韧舒展，婀娜多姿，素有“扭断腰”之称。

南都繁会图（局部） 明

击鼓起舞，早在秦汉已有之。到了宋代，在瓦子勾栏中就有名为“花鼓”的歌舞节目。明清时代，各地流传着风格各异的花鼓：安徽的“凤阳花鼓”、河北的“战鼓”、山西的“威风锣鼓”、陕北的“安塞腰鼓”等。从明代开始，很多

打花鼓图　明 · 顾见龙

艺人四处流浪，以打花鼓演唱进行乞讨，最典型的就是凤阳花鼓。据说明代凤阳地区连年灾荒，凤阳人被迫背井离乡，沿途卖唱，代代相传，由此形成了凤阳花鼓。花鼓舞常采用两人对舞的形式表演，一般为一男一女，男持小镗锣，女挎小花鼓，边歌边击，相对而舞。明代顾见龙作打花鼓图，画有一对农民夫妇，男的打锣，女的打鼓，两人对舞，大体描绘了花鼓的情形。

到了清代，民间舞蹈呈现出一片欣欣向荣景象。在灯节和迎神赛会上，通常会有各种形式的舞队表演，这被称为“走会”或“花会”。其中最具代表性的有秧歌、花鼓、太平鼓、霸王鞭、龙舞、狮舞等。

清代秧歌十分盛行，并且由阡陌走向广场，从农村进入城市，各地秧歌风格鲜明：陕北秧歌豪迈奔放，山东秧歌挺拔舒展，东北秧歌欢快喜庆。宗教活动中也常有秧歌表演，如朝山进香时。清代秧歌表演一般手里拿着扇子、手帕等道具，领头的人有的手里拿着花伞，有的敲着擀面杖。表演形式有大场和小场之分，大场主要表现队形的变换，小场是两三个人表演的小型舞蹈形式，强调个人的技巧。

太平鼓是一种源于汉魏《鞞舞》的舞蹈形式，明代已经颇为盛行，清代则流传更广。据徐珂《清稗类钞》：“年鼓者，铁为圈，木为

过皇会图（局部）　清

过皇会图（局部）　清

太平春市图 清 · 丁观鹏

万寿山过会图（局部） 清

柄，柄系铁环，圈冒以皮，击之鼕鼕，名《太平鼓》，京师腊月有之，儿童之所乐也。”可知，太平鼓多在农历新年或正月里表演。参与人员除有儿童外，还有妇女。

霸王鞭起源于辽、金时代，又叫连厢、打连厢、金钱棒或打花棍等。以竹或木制成棍，长三尺余，双头挖小孔，各串一吊铜钱。表演时用棍敲击四肢、肩背等部位，铜钱发出清脆的声响，以此为节奏。清代霸王鞭盛行，清人李声振《百戏竹枝词》中描写了有关霸王鞭的表演场面：“窄样春衫称细腰，蔚蓝首帕髻云飘。霸王鞭舞金钱落，恼乱徐州《叠断桥》。”

龙舞、狮舞均是清代流行的具有扮演特征的民间舞蹈。龙是中华民族的象征，在古代被视为神圣、吉祥之物。一般是用竹、木、纸等材料扎成龙形，通过全体舞龙者默契的配合，模仿诸如二龙抢宝、龙腾云、龙下海、龙出洞等龙的各种姿态。狮舞则是“以羊毛饰为狮形，人披之，滚球跳舞”。演员有两个，一个扮演大狮子，称

打太平鼓

打连厢

踩高跷

为“太狮”，一个扮演小狮子，称为“少狮”；有时还有一个“引狮”，一个人拿着彩球逗引狮子。

清代民间流传的汉族歌舞除上述介绍的以外，还有扇舞、灯舞、面具舞、高跷舞等等，种类繁多，这里便不一一介绍了。

苗族芦笙舞　清

除汉族民间舞蹈外，少数民族舞蹈也是风姿多彩，别具特色。如维吾尔族的《木卡姆》、藏族的《囊玛》、苗族的《芦笙舞》、壮族的《扁担舞》、彝族的《阿细跳月》、瑶族的《长鼓舞》、土家族的《摆手舞》、傣族的《孔雀舞》、侗族的《踏歌舞》都各具特色。少数民族舞蹈与汉族舞蹈一起，共同组成了中华民族丰富多彩的民间歌舞形式。

四、古琴和琵琶艺术

明清时期，各地琴人因受民间音乐、地方语言诸因素的影响，逐渐形成了多家流派，有浙派、江派、虞山派，此外还有广陵派、蜀派、浦城派等。各流派均有自己的曲目、刊本，其审美要求和欣赏情趣也各不相同，理论著作也日益增多。

浙派以徐诜为代表，他继承家学，在琴界有很高的声望。人们称赞他演奏古琴“得心应手，趣自天成”。他的学生很多，如王礼、金应隆，其子惟谦、惟震也深谙琴理，因而浙派在明代的影响很大，甚至达到了“琴家者流，一或相晤，问其所习何谱，莫不曰‘徐门’”的地步（钱泳《履园丛话》）。浙派曾编印《梅雪窝删润琴谱》，该谱集中了徐门的经典曲目，其中《潇湘水云》、《秋鸿》、《渔歌》、《樵歌》等作品，经历代琢磨润色，皆为传世之作。江派

奔雷琴　明
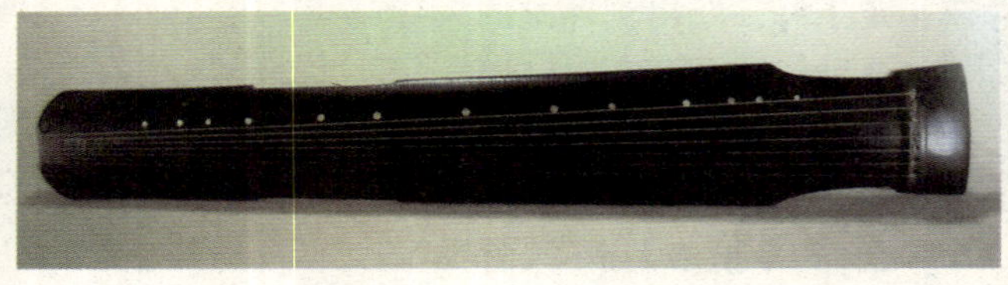

指松江刘鸿的演奏派别，其影响较浙派为小。到了嘉靖万历年间，琴坛上又兴起一个重要流派，称为“虞山派”或“熟派”，创始人是严澂。他做过知府，后退隐山林，在家乡组织了“琴川社”，广泛结交琴友，他们在艺术上共同追求“清微淡远”的意境，形成了独树一帜的“虞山派”。严澂还编印了《松弦馆琴谱》，收入他弹过的29曲和撰写的文论《琴川谱汇序》。

松荫抚琴图　明

严澂之后，虞山派又升起一个重要人物——徐上瀛。徐上瀛，号青山，江苏娄东人。他先后师从虞山派张渭川、沈太韵，但不法古，他对虞山派的演奏风格发展作出了重大贡献。徐上瀛著有古琴表演艺术的美学著作——《溪山琴况》，书中提出了“和、静、清、远、古、淡、恬、逸、雅、丽、亮、采、洁、润、圆、坚、宏、细、溜、健、重、轻、迟、速”二十四况，从而发展了严澂“清微淡远”的四字原理。前面8则，主要论述了古琴的格调、风格；中间12则，主要是关于取音（音质音色）、运指（演奏技巧）的论述；后4则主要是关于音乐处理的论述。《溪山琴况》在论述、分析技巧问题上相当深刻而细微。首则“和”是全篇总纲，“和”就是“弦与指合，指与音合，音与意合”。“弦与指合”，是指要对演奏技巧自如运用；“指与音合”，是指取音准确，合乎音乐的章法；“音与意合”说明了音乐最终要达到的审美境界。《溪山琴况》总结了古今的琴曲及演奏艺术，提出了古琴表演艺术的美学原则和审美标准，历来被琴家视为必读的经典之作。

明清时期出现的著名琴曲有《平沙落雁》、《渔樵问答》、《醉渔唱晚》、《长门怨》等，其中影响最广的为《平沙落雁》。该曲谱最早见于明崇祯七年刊印的《古音正宗》，《天闻阁琴谱》题解：“盖取其秋高气爽，风静沙平，云程万里，天际飞鸣。借鸿鹄之远志，写逸士心胸者也。”乐曲流畅生动，手法简练，将抒情性与情节的发展巧妙地结合在一起，易于理解，所以流传甚广。《渔樵问答》最早见于明嘉靖三十九年肖鸾刊印的《杏庄太音续谱》，《琴学初律》评价此曲：“曲意深长，神情洒脱。”

弹琵琶

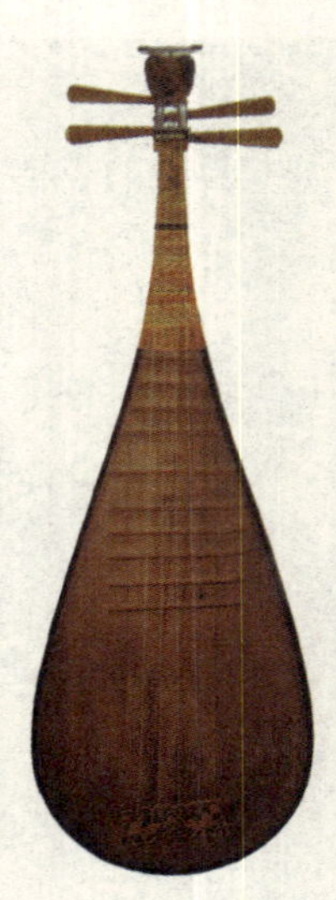
琵琶 清

蒙古乐队 清《紫光阁赐宴图》局部

明清时期是琵琶艺术的又一个高峰阶段。明代，河南的张雄、安徽的钟秀之以善弹琵琶闻名，还有查八十，曾学艺于钟秀之，每奏琵琶，四座倾倒。另外北京双目失明的李近楼能用琵琶模仿琴、筝、笛的音色，甚至可以模仿二三人说话的声音，号称“琵琶绝”。

清代琵琶名家华秋苹，又名文彬，字伯雅，江苏无锡人。他精于琵琶，兼唱昆曲，是无锡派琵琶艺术的创始人。1818年华秋苹编著了中国第一部正式刊行的琵琶曲谱——《华秋苹琵琶谱》，该谱兼收南北两派曲目60余首，其中有著名的《十面埋伏》、《月儿高》等。此外，华秋苹还是第一个为琵琶订出指法符号的人，他对近世琵琶艺术的传播与发展作出了卓越的贡献。清代的李芳园也是一位久负盛名的琵琶名家，是平湖派琵琶艺术的创始人。李芳园于1895年编印了《南北派十三套大曲琵琶新谱》，记录了《阳春古曲》、《满将军令》、《郁轮袍》等十三曲，其中有些曲子为华氏谱所没有。

明清时期出现的著名琵琶曲有《十面埋伏》、《霸王卸甲》、《月儿高》等。一般认为《十面埋伏》的前身是《楚汉》一曲，表现了公元前202年楚汉之争的最后一战——垓下决战的情景。其乐谱最早见于《华秋苹琵琶谱》，是一首武套琵琶大曲，曲调来自民间曲牌《五声佛》和《撼动山》。全曲共十三段，首段引子“列营”展示了古代双军对垒的场面，紧接着“吹打”、“点将”、“排阵”描写了雄壮威武的汉军正在调兵遣将，以迎接即将到来的战斗。随后“埋伏”、“小战”、“呐喊”、“大战”四段逐渐将乐曲的紧张气氛推向高潮，呐喊声、拼杀声在琵琶弦的拨动中迸发出来，最后的“争功”、“奏凯”是乐曲的尾声。在《华秋苹琵琶谱》中，还有一首以同一题材创作的乐曲《霸王卸甲》，无分段标题。此曲在李芳园琵琶谱中改名《郁轮袍》，其音曲较《十面埋伏》相对缓和，主要靠细腻的演奏技法塑造形象。

五、明清传奇与四大声腔

海盐腔演出　明《金瓶梅词话》插图

元代南戏发展到明代，演化成新的戏曲形式——传奇，明清传奇也逐渐取代元杂剧而成为主要的戏曲形式。“传奇”在唐代专指文言短篇小说，宋代的诸宫调、元杂剧、一些南戏也有称之为传奇的；而明清传奇则专指一种不同于杂剧的戏曲体裁。明清传奇的剧本一般只有30出，常分为上、下两部分，结构比较紧凑。同南戏一样，音乐也采取了曲牌联套的形式，但曲牌的多少决取于剧情的需要，而且一折戏中不再限于一个宫调。

明传奇初期主要有海盐腔、余姚腔、弋阳腔和昆山腔等四大声腔。海盐腔产生于浙江海盐，是元代就已产生的南戏声腔，明代以后，海盐腔盛行，皇宫贵族对此也颇为青睐。最初只以锣、鼓、拍板伴奏，后来增加了筝、琵琶等乐器。海盐腔风格偏于幽雅、文静，是昆腔兴起之前南曲的主要声腔。

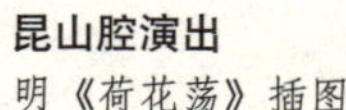

余姚腔产生于浙江会稽，即绍兴余姚一带，形成于元末明初，明代中叶已流传到江苏常州、镇江、扬州、徐州和安徽的贵池、太平等地。有关余姚腔的记载很少，音乐面貌已很不清楚。

弋阳腔形成于江西弋阳一带，清代称作“高腔”。弋阳腔的风格粗犷豪放，演唱形式是“一人唱而众和之”，伴奏只用打击乐，具有浓厚的乡土气息。弋阳腔在流传过程中，常常根据当地语言和音乐演化为地方声腔，先后出现了乐平腔、青阳腔、四平腔、义乌腔、太平腔，形成了一种声腔系统。弋阳腔比较通俗易懂，贴近生活，因而受到广大群众的喜爱。

弋阳子弟演出图

昆山腔演出　明《荷花荡》插图

昆山腔是流行在江苏昆山一带的南戏

梁辰鱼像

清唱腔调，明初已有昆山腔的称谓，它是四大声腔中流传最广、留存最久的戏曲形式。昆山腔的创始人名叫顾坚，因其居住于昆山附近而得名昆山腔。用昆山腔来演唱的昆曲的繁荣与魏良辅和梁辰鱼这两个人物是分不开的。魏良辅号尚泉，江西豫章（今南昌）人，长期寓居江苏太仓。他初学北曲，后改学南曲。在他之前，即从元末至明嘉靖中叶，昆山腔只是一种清唱曲，伴奏乐器也很少，魏良辅对当时昆山腔并不满意，决定要对其改革。魏良辅的革新得到了很多人的帮助，如擅长北曲的张野塘、苏州洞箫名手张梅谷、昆山笛师谢林泉、曲师过云适，还有学生张小泉、季敬坡等，但无疑魏良辅是这个集体的核心。改革后的昆腔，曲调细腻委婉，清柔优美，人称“水磨腔”、“冷板曲”。另外，魏良辅等人还把弦索、箫管、鼓板三类乐器集中在一起，创立了一个规模完整的伴奏乐队。

明代脸谱 分别为：焦赞、单雄信、惠岸、钟馗

在昆山腔的改革中，著名戏曲家梁辰鱼也作出了巨大贡献，他是将革新后的昆山腔应用于戏剧创作之中的第一人，对昆腔的传播发扬起到了积极作用。梁辰鱼，字伯龙，江苏昆山人，为人疏旷任侠，才华卓越，曾拜魏良辅为师学习昆曲。大约在隆庆末年，他首次采用新昆山腔创作了传奇《浣纱记》，该剧描述了春秋时期吴越兴亡的历史，歌颂了范蠡和西施顾全大局、视高官厚禄如粪土的高贵品质，演出轰动一时。此后文人雅士竞相模仿，纷纷用昆腔新声来写传奇，昆山腔一举成为风靡剧坛的全国性剧种。昆山腔传入北京后，受到了统治者和文人士大夫的宠爱，赢得了“官腔”的称号。由于明清传奇主要是用昆山腔演唱的，故有人也称之为“昆曲传奇”。

自明代嘉靖、隆庆年间至清代乾隆年间的二百多年中，是昆曲艺术最兴盛的时期，其间名家辈出，创作繁荣。最为著名的有汤显祖的《牡丹亭》、洪昇的《长生殿》以及孔尚任的《桃花扇》。

汤显祖像

汤显祖（1550—1616），江西临川人，作品有《临川四梦》，即《牡丹亭》、《紫钗记》、《南柯记》和《邯郸记》，其中《牡丹亭》艺术成就最高。故事梗概是：宋代南安太守杜宝的女儿杜丽娘在花园中游玩，梦中与书生柳梦梅幽会，梦醒后相思成疾，香消玉殒。三年后，柳梦梅赴京赶考，途经南安，拾得丽娘画像，与其魂魄相会，并遵照丽娘之嘱，掘墓开棺，杜丽娘死而复生，两人结为夫妻。但杜宝不信

《牡丹亭》插图　明

丽娘复生，反复验证，又经皇帝出面，事情方得圆满解决。剧本通过杜丽娘与柳梦梅的爱情故事，塑造了女主人公追求个性解放、争取自由幸福的斗争精神，揭露了封建礼教的虚伪和冷酷，反映了时代的进步要求。正如明人沈德符《顾曲杂言》所云："《牡丹亭》一出，家传户诵，几令《西厢》减色。"

与汤显祖同时代的沈璟同他领导的吴江派在明代剧坛上地位显著。沈璟，江苏吴江人，著有传奇17种，合称《属玉堂传奇》，现存有《义侠记》、《博笑记》、《双鱼记》等7种。在音律方面，他提出"合律依腔"的主张，要求传奇必须严守韵律，而轻视其思想内容；著有《南九宫十三调曲谱》，该书详细说明了南曲的唱法，被后世曲家视为金科玉律。明代中晚期的优秀作品还有：高濂的《玉簪记》、周朝俊的《红梅记》、孟称舜的《娇红记》等。

明末清初，很多传奇作家埋首案头而远离生活，他们过分注重形式而致使剧情荒诞无稽。在此氛围中，以李玉为代表的苏州派传奇作家异军突起，使沉闷的剧坛增添了生气。苏州派作家多是以写戏谋生的贫困书生，他们大多熟悉社会生活，了解广大群众的疾苦，其作品内容充实丰富，通俗生动，多取材于时事。李玉，江苏吴县人，所著传奇40余种，现存18种。他最初以《一捧雪》、《人兽关》、《永团圆》、《占花魁》而享誉剧坛，不过他最优秀的剧作是入清后的《清忠谱》。

与李玉同时代的李渔对传奇创作和昆曲艺术进行了全面系统的总结。李渔（1610—1680），浙江兰溪人，是一位著名的戏剧理论家和

城郊演戏场面　《南都繁会图》局部　明

剧作家，他的杂著《闲情偶寄》被视为中国古代戏曲理论的经典之作。《闲情偶寄》从结构、词采、音律、宾白、科诨、格局六方面论述了戏曲文学的规律和技巧，同时他还在选剧、变调、授曲、教白、脱套等方面阐述戏剧表演、导演艺术以及舞台与观众的关系，对后世戏曲发展产生了巨大影响。

到了康熙年间，出现了两个著名的剧作家，洪昇（1645—1701）和孔尚任（1648—1718），史称“南洪北孔”。当时有诗赞曰：“两家乐府盛康熙，进御均叨天子知。纵使元人多院本，勾栏争唱孔洪词。”洪昇的代表作是《长生殿》，讲述了唐明皇、杨贵妃的爱情故事，以及后来安史之乱、马嵬之变。与众不同的是，洪昇还诉诸神话传说，让两人死后在天宫继续成为美满夫妻。孔尚任的《桃花扇》讲述了复社文人侯方域和秦淮名妓李香君的爱情故事，展现了明末动荡不安的社会生活。两剧演出后都曾一度轰动剧坛。《长生殿》和《桃花扇》是清传奇由盛转衰的转折点，此后传奇日趋衰退。

六、乱弹的兴起与花雅之争

清代的中后期是民间地方剧百花齐放的时期，在全国范围内各具特色的地方声腔竞相涌现，令人眼花缭乱。“乱弹”是指昆山腔以外的各种地方戏曲。乱弹，既有贬低看不起之意，也因扬州确有一种叫做“乱弹”的地方戏。乱弹包含的声腔很多，主要有高腔、梆子腔、皮黄腔、柳子腔，此外还有罗罗腔、楚腔、吹腔、弦索腔、巫娘腔等等。

清代地方声腔与昆腔的主要区别是：昆腔采用曲牌联套的形式，唱辞的格式为长短句；而花部各声腔为板腔体，唱辞是七字句或十字句。联曲体一般格律严格，字数固定，平仄谨严；而板腔体更富于变化，通过唱腔板式（如快板、慢板、流水板、散板等）的变化来表现复杂的人物情绪，因而地方声腔在安排剧情方面更加灵活。

乱弹戏单人戏画 分别为：《渭水河》姜子牙，《取荥阳》刘邦、项羽，《探营》姜维，《断密涧》太监

弋腔脸谱 分别为：包文正、金头王、崇黑虎、窦尔墩

高腔是由弋阳腔演变而来的。弋阳腔具有“错用乡语 ”、“只沿土俗”的优点，因此自产生后不断向前发展，经历了弋阳腔——弋阳诸腔——高腔系统三个阶段。到了清代，高腔系统遍布全国，有安徽的岳西高腔、江西的湖口高腔、河北的高阳高腔、湖南的辰河高腔等等。高腔的特点在于只用锣鼓等打击乐器敲击，不用管弦乐伴奏，台上一人唱，台后众人帮腔，音调高亢，富有朗诵性。现代的地方戏如川剧、湘剧、赣剧、滇剧、辰河戏、调腔等剧种中都有高腔的唱法。

梆子腔也称秦腔，是起源于陕西、山西、甘肃一带的古老戏曲曲种，最早因用枣木梆子击节伴奏而得名。到了乾隆年间，梆子腔已流传到北京、河北、河南、广东、福建、江苏、四川等十多个省份，成为一个成熟声腔系统，有同州梆子、蒲州梆子、中路梆子、北路梆子、河北梆子、山东梆子等等。梆子腔节奏鲜明，铿锵有力，腔高板急，令人感到振奋。

秦腔《大政宫》秦始皇脸谱

皮黄腔是“西皮”和“二黄”的合称。西皮腔是陕西的梆子腔流传到湖北襄阳一带后，与当地的土声土调结合而产生的一种新的声腔，故又称襄阳调。二黄是由吹腔、高拨子演变而成，最早形成于安徽，是徽剧的主要腔调。在道光年间，湖北戏班与徽班同时进京，两种唱腔相互融合便形成了皮黄腔。就音乐风格而言，西皮高亢跳跃、轻快活泼，二黄低回缓慢、端庄凝重，二者构成情调与色彩的对比。皮黄腔系大概有 20 多个剧种，如徽剧、汉剧、京剧、粤剧、湘剧等。

柳子腔有狭义、广义之分。狭义的柳子腔最初缘自山东，金元时期流行着《山坡羊》、《傍妆台》、《锁南枝》、《驻云飞》、《耍孩儿》等民间小曲，到了明中叶逐步发展为柳子戏。而广义的柳子腔是一个大的声腔系统，凡是以民歌小曲作为戏曲唱腔的地方剧种都可称为“柳子”。

南梆和二胡

乱弹诸腔的剧目多为下层人民所喜闻乐见的历史故事、民间传说，如有关三国、水浒、杨家将等历史故事的剧目，这些剧目曲折表达了劳动人民的愿望和要求。比较优秀的剧作有《打渔杀家》、《张古董借妻》等。

至18世纪，戏曲出现了雅部和花部对立的局面。雅部是指昆曲，花部则是指昆曲以外的各种声腔，也即“乱弹”诸腔。自魏良辅革新昆山腔以来，昆腔便一直是明清戏剧舞台的主角；而花部长期受到清廷的压制。但自乾隆之后，昆曲便逐渐走向萧条，花部却日益繁荣。到了清代中后期，雅部形式越来越僵化，规范也越来越繁缛，曲辞艰深，远离生活。与之相反，花部则来自民间，形式多样，曲调灵活，散发着勃勃生机。不断壮大的花部先后与日益迟暮的雅部展开了三次激烈的竞争，最终花部大获全胜。

首先与昆腔竞争的是京腔。京腔是弋阳腔传入北京后京化的新声腔。京腔唱腔高亢挺拔，受到了广大观众的喜爱，曾有过“六大名班，九门轮转”的兴盛局面。由于京腔与昆曲类似也是曲牌联套，很多昆曲剧目可直接套用京腔演唱，因而清廷对其采用了规范和利用的措施，将京腔和昆腔同列为雅部，成为御用声腔，但也因此逐渐地失去了活力。

第二个与昆腔较量的是秦腔。事实上，在乾隆年间秦腔已经传到全国各地。乾隆四十四年（1779），秦腔艺术家魏长生自四川入京献艺，以《滚楼》一剧轰动北京，一时间京腔六大班几乎无人过问，大有压倒京腔之势。清廷为扶持雅部，屡次下令禁止秦腔演出，魏长生被迫离开北京。尽管如此，地方戏的蓬勃发展已无法阻挡。

徽班进京掀起了花雅之争第三回合的序幕。1790年乾隆80寿辰，由徽班艺人高朗亭带领三庆班来京朝贺演出，受到了乾隆帝的高度赞赏。继三庆班之后，四喜、和春、春台等著名徽班也陆续来到北京，他们的精彩表演深受观众欢迎。道光八年，徽班艺人同湖北的汉调艺

农村戏台上正演《吕布戏貂蝉》 清院本《清明上河图》局部

人合作，创造了京剧这一新型剧种。京剧的产生标志着“花雅之争”的结束。从此，京剧（当时称为皮黄戏）取代日渐衰落的昆曲，成为流行全国的剧种。

七、明代山水画流派

明代绘画，大致分为早期、中期和晚期三个时期。明代初期出现了歌功颂德、点缀升平的宫廷院体绘画。明代宫廷绘画恢复了宋代绘画传统，以山水画、花鸟画的成就最为突出。宫廷参照宋代画院，征召许多画家为宫廷服务，但在其编制、职称上与宋代有很大不同。洪武初年，朱明政权就从浙江、福建等地招收画工，山水画主要宗法南宋马远、夏圭风格，也兼学北宋名家，代表画家有戴进、李在、王谔、朱端等人。戴进（1388—1462），字文进，号静庵，浙江钱塘人。他于宣德年间被荐进入宫廷，山水与人物均技术全面，具有新意，自成一格，但很快遭诬陷返回家乡。他在职业画家中具有广泛影响，其画风与其众多追随者一起，被称为“浙派”。该派的另一位代表人物吴伟（1459—1508），字次翁，号小仙，江夏（今湖北武汉）人。他亦曾被召入宫廷绘画，但因不习惯朝廷羁绊，辞京回归江南。由于两人在艺术上极大地左右了院内外画家的风格追求，因此，明初山水画风的院体和“浙派”在表现风格上基本是一致的。

戴进山水画取法南宋马、夏，上接北宋，画面显示出健拔劲锐一体的特征。他的山水画比南宋人措景丰富、构图精练、气度恢宏、造型明快、法度谨严，画面整体有气势，细读有情节，表现出很高的绘画功力。存世名作有《春游晚归图》、《风雨归舟图》、《春山积翠图》、《三顾茅庐图》等。吴伟的山水画继承南宋传统，但又具有放任豪爽

春山积翠图　明 · 戴进

长江万里图　明 · 吴伟

庐山高图 明·沈周

的个人性格，在严格的造型中放纵涂抹，恣意挥写，具有笔墨酣畅、劲健豪放之特点。代表作品有《溪山渔艇图》、《长江万里图》、《柳下读书图》等。吴伟的艺术成就在当时影响较大，追随者甚多，故当时论者将师其画风的一路画家称为“江夏派”。但他们的后继者多为民间画师，对传统的体味和学习有限，绘画语言的深化和自身修养不足，笔墨渐趋草率，无法与笔墨形式日益精致化的吴门画派竞争抗衡，故逐渐衰落。

明代中期绘画主要表现为吴门画派的艺术创作。吴门画派是明代中叶活动于苏州地区的绘画流派。因苏州为古吴都城，代表画家又均属吴郡人，故名。吴门画派产生的原因在于苏州远离帝京，有相对自由的政治空气，繁荣富庶的经济生活，以及由此产生的文人荟萃、诗文唱和、以画为娱、鉴赏成风的习尚。吴门画派继承和发展了元代文人绘画传统，致力于平和典雅的艺术风格，体现生活的富足和精神的优越，描绘自己的田园风貌。吴门画派以沈周、文徵明、唐寅、仇英最为著名。

古木寒泉图 明·文徵明

“吴门四家”不同程度地融合了文人画和院体画，但其中又可分为两个系统：沈周、文徵明主要继承宋元文人画传统，变元人的淡逸疏简为文雅舒秀，成为文人画发展中元四家与董其昌之间的重要环节。而唐寅和仇英则以绘画为职业，从南宋院体李唐、刘松年画风入手，吸取文人画的某些艺术特点，融合了两种风格，体现了“文人画家职业化与职业画家文人化”的文化趋势，他们的画风是苏州城市风尚和市民趣味的直接体现。

沈周（1427—1509），字启南，号石田，长洲人。文徵明（1470—1559），初名壁，字征仲，长洲人。他们为典型的文人画家，吴门画派最突出的代表。其绘画创作以山水画为主，在淡雅的青绿和文秀

的水墨形式中，描写自己的生活环境和自然风光。他们注重笔墨的表现，强调感情色彩和幽淡的意境，追求恬静平和的品格，其画风奠定了吴门画派的基调。他们的画法来自元代文人画传统，亦追踪五代北宋，但不受南宋院体的影响。沈周多以简练浑厚、苍劲雄健的粗笔见长，画境优雅，笔致平和秀逸，但蕴涵着气势与想像力，反映出明代文人的审美趣味。文徵明多以缜密工致、清秀古雅的细笔画著称，画面构图不追求纵深空间表现，具有抒情意味。他的画色彩淡雅，笔墨文秀，以书入画，富有"士气"。沈周代表作品有《庐山高图》、《夜坐图》、《江村渔乐图》等，其中《庐山高图》是其早年作品，为其诗文老师陈宽七十寿辰所作。此图画法学王蒙，景色繁茂，草木华滋，笔法缜秀，风格秀丽。画面精工中见气魄，绵密中含苍浑，平和怡悦，宁静优雅。沈周以庐山的崇高来比喻老师的学问与道德，以壮丽的山水境界来祝贺老师的寿诞，这种以山水象征人品的手法当为首创。文徵明的《江南春图》、《真赏斋图》等，以纤秀的笔致描绘了江南水乡明媚柔和的景色；《古木寒泉图》等作品以粗放的笔致，表现宁静典雅的气质，反映出其绘画风格。

孟蜀宫伎图 明 · 唐寅

唐寅与仇英分别代表吴门画派中另外两种类型。唐寅（1470—1523），字子畏，另字伯虎，晚号六如居士，吴县（今江苏苏州）人，是由文人转化而成的职业画家。仇英（约1502—1552），字实父，号十洲，原籍江苏太仓，后移居苏州，是出身工匠而跻身文人之林的画家。他们的绘画在思想趣味、艺术风格、师承关系以及表现技巧上与同是吴派的沈、文不尽相同。唐寅人物画时工时写，山水画既学沈周，又师周臣，吸取李唐、刘松年的风格，融合元四家技巧，造型写实，抒情自然，笔墨潇洒，既有文人画家的风流洒脱，又不乏职业画家的严谨缜密，形成了独特的表现风格。代表作品有《秋风纨扇图》、《孟蜀宫伎图》、《落霞孤鹜图》等。仇英具有极好的临制古画能力，熟悉传统绘画特征，懂得民间审美好尚，善作青绿山水

秋风纨扇图 明 · 唐寅

桃源仙境图 明 · 仇英

和工笔人物，在当时画坛上颇受器重。他画风扎实严谨，在精工秀美中又蕴含着文人画的雅致清润，是当时一种雅俗共赏的体格。存世代表作有《桃源仙境图》、《剑阁图》、《秋园猎骑图》、《右军书扇图》等。

明代后期山水画突显出以董其昌为代表的华亭派。董其昌（1555—1636），字玄宰，号思白，松江华亭（今上海）人，官至南京礼部尚书。他修养深厚，富于收藏，精于鉴赏，书法造诣尤高，并致力于山水画。他的山水画多从古人画迹着手，通过悉心模仿和兼容并蓄加以融会贯通，探得古人的笔墨情趣。他擅长运墨，层次分明，而意趣简淡中见天真秀润。他讲究用笔，往往皴、擦、点、染互施，追求运笔的丰富变化，强调不为物象所束缚，将宋元诸家绘画形象简化，作笔墨的重新组合。董其昌山水构图程式化意味浓，但对笔墨表现造诣较深，形成符合当时审美情趣的山水风格特征。他追求绘画形式和一味仿古的倾向，造成当时和后来的摹古仿古的风气。传世作品有《青卞图》、《江山秋霁图》等。另外，他所提出的绘画“南北宗论”以及对绘画演变与画家风格的精辟分析与见解，对明末清初的绘画产生了重要影响。

葵石图 明 · 陈淳

八、明代花鸟画和人物画

明代初期花鸟画主要体现为宫廷院体风格，其继承了宋代花鸟画传统，精工富丽，造型扎实，构图饱满，但多画大幅，将花鸟形象与山水景物结合在一起，花叶禽鸟工致艳雅，木石皴写用笔豪放，表现出在富丽堂皇中不失浑朴端严的宫廷风格。明代宫廷花鸟画家有擅长工笔重彩的边文进，专工没骨的孙隆，长于水墨写意与擅于画鹰的林良，工笔重彩与水墨淡彩兼长的吕纪，他们集中代表了院体花鸟画的成就。

明中叶吴门四家的艺术成就，在当时产生了巨大影响，从学者甚多。写意花鸟画开始勃兴，陈淳、周之冕可谓杰出代表。陈淳（1483—1544），字道复，号白阳，苏州人。其花鸟画题材多为文人士大夫庭园常见之花木，造型具有书写性，简洁放逸，用笔洗练，水墨淋漓，花叶疏斜历乱，别具一格，深受文人士大夫喜爱，并对后世有很大影响。存世作品主要有《葵石图》、《花卉》、《山茶水仙图》等。周之冕，字服卿，号少谷，长洲人。以画花鸟著名，其画法兼工带写，画花用勾勒法，画叶以墨色点染，被称为“勾花点叶体”。存世代表作品有《竹鸡图》、《花卉鹌鹑图》等。

竹鸡图 明·周之冕

墨葡萄图 明·徐渭

黄甲图 明·徐渭

徐渭像

明末对花鸟画进行变革，将花鸟画推向新高度的大画家是徐渭。徐渭（1521—1593），字文长，号天池，晚号青藤。他富有才华抱负，却一生坎坷，屡遭不幸，受尽磨难。他中年以后开始学画，擅长水墨写意花卉。他的绘画在前人的基础上，发展了文人画以感情驾驭笔墨、以笔墨抒发感情的传统，完成了写意花鸟画的重大变革，推动了大写意画派的发展和盛行。他绘画常突破对象本身的局限，强调主观感受；对物象的描绘，随兴所至，信手拈来，横涂竖抹，不求形似，其作品具有强烈的感情色彩和震撼人心的感染力。他综合泼墨、破墨、积墨之法，以迅疾奔放的笔调，任意点染，使画面既水墨交融，又富有层次变化，形成淋漓尽致的特色。他的作品有磅礴的气势和豪放的格调，表露了他傲岸倔强的性格和激昂郁愤的思想感情。他的写意花鸟画成为中国写意花鸟画发展中的里程碑，代表作品有《墨葡萄图》、《杂花图》、《墨石榴图》等。

《九歌图》之屈子行吟
明·陈洪绶

明代人物画曾长期呈现一种流于柔靡细弱、千人一面的状态。明末陈洪绶异军突起，一扫弊习，在浙、吴两派之外，别树一帜。陈洪绶（1599—1652），字章侯，号老莲，浙江诸暨人。他善用夸张变形

杂画册（局部） 明 · 陈洪绶

的笔法突出人物特征，尤其长于“易圆以方，易整于散”的装饰手法。他在作品中成功地塑造出人物形象与精神气质，线条具有倔强刚毅之性格，画面体现出画家孤傲不屈的艺术个性。代表作品有《归去来兮图》、《杨慎簪花图》等。陈洪绶的版画成就也异常突出，在小说戏曲插图及叶子等表现形式中，许多作品广为流行，成为明末版画中脍炙人口的名作。《九歌图》描绘了古代诗人的形象，刻画了屈原坚毅忧愤的个性特征，作品形神兼备，给人以深刻印象。《水浒叶子》将梁山好汉40人的不同面貌、身份、精神气质刻画得夸张动人、惟妙惟肖，并在题句中流露出对水浒英雄的赞誉之情。《西厢记》则生动地表现出莺莺看情人来信的动态与心理特征，形象突出，章法奇妙，为古代插图的杰作。

张卿子像 明 · 曾鲸

古代肖像画因为社会的需要和审美风尚的发展有了新的演进，人物肖像画在明代晚期达到高峰，出现了名家流派。曾鲸（1568—1650），字波臣，福建人，寓居南京。他在人物肖像画的创作中，不同于民间先以淡墨勾廓、然后用粉渲染的传统方法，而是创墨骨画法，以淡墨勾定轮廓五官，以墨色染出结构凹凸，然后再赋色彩。他的作品流传到今天的有《王时敏像》、《张卿子像》、《葛一龙像》等。明代许多画家在肖像画艺术中追随曾鲸，风格相近，均工整肖似，形成了具有中国肖像画特点的明末清初的“波臣画派”。

九、“四王”与“四僧”的绘画

清代画坛，文人画呈现出明显的主流地位，不但风靡民间和官场，也进入宫廷供奉御用。清代绘画中山水画和花鸟画成就斐然，水墨写意得到了很大发展。由于社会环境与文人的分化，文人画呈现出继承传统和张扬个性两种趋向。宫廷绘画在康熙、乾隆时期获得明显的发展，由于西方画家的进入，宫廷绘画呈现出不同于前代的面貌。民间绘画中的年画、版画呈现出繁盛局面。

清早期绘画是指从顺治至康熙末年的绘画活动。清初绘画风格基本上延续明代追求笔墨效果的文人传统。明清更替，影响了众多文人的人生道路，使画家受到心理和情感上的巨大冲击，但艺术的发展却一脉相承，并未中断，山水画家大多继承明末传统而有变化。清代画坛出现了集传统之大成而更重笔墨的“四王”绘画，亦出现了不废弃传统但更加抒发个性而具有新意的“四僧”绘画。

王时敏小像

“四王”是指清初山水画家王时敏（1592—1680）、王鉴（1598—1677）、王翚（1632—1717）、王原祁（1642—1715）。他们是两代人，在艺术上多受董其昌影响，以元四家为楷模，致力于摹古或在摹古中寻求变化，追求笔墨效果和平淡清闲的情调，以能灵活地运用前人的笔墨技法为绘画艺术的最高境界。他们在绘画中将古人画中景物搬前挪后，重新组合置放，构成前人已经达到的理想境界。他们将古人绘画中的笔墨精心体味，笔笔有出处，体现“士气”与“书卷气”，却较少观察自然，表现具体感受。他们总结运用前人笔墨，在发展干笔渴墨层层积染的技法方面，具有自己的独特贡献，丰富了文人山水画的表现力。“四王”绘画从清初到近代，其山水画的垄断地位未曾动摇，影响不衰。但他们的绘画一味摹古，缺乏真切的生活感受，也大大桎梏了艺术的创造性，为绘画的发展带来了消极影响。

王时敏与王原祁祖孙重笔墨风格，具有“熟不甜，生不涩，淡而厚，实而清”的特点，在笔墨的探究上达到很高境界。《云壑烟滩图》

云壑烟滩图　清·王时敏

梦境图　清·王鉴

溪山红树图　清·王翚

焦菊图 清 · 石涛

为王时敏的代表作品,《辋川图》等反映出王原祁的作品风貌。王鉴画法多样,其《夏山图》、《梦境图》展现以临摹入手但仍表现出丘壑形象的创作特点;王翚善于吸收各家传统,也善于观察自然,作品功力深厚,以《溪山红树图》、《仿董源夏景山口待渡图》、《康熙南巡图》等为代表。

"四僧"是指清初朱耷、石涛、髡残、弘仁四个和尚。他们均为明朝遗民,明亡后出家为僧,心怀亡国之痛,抒发激越情感。他们在绘画中或抒发反清意识,或表现不向命运屈服的个人性格和旺盛生命力。这些画家重视感受生活,注重观察自然,在绘画中蕴含着强烈的情感,突破了四王派所表现的境界与内容。他们的绘画表现不限于临摹,不满足于挪用古法,画中物象来自自然又有艺术加工和个人创意,表现出时代气息和新的意境。他们的出现是明末个性主义潮流发展的结果,也是明清社会变动的结果。

石涛(1641—1707),原名朱若极,字石涛,别号大涤子、清湘老人、苦瓜和尚等,法名原济。他才华横溢,山水、花卉、人物无所不精,细笔粗笔、渴笔泼墨无所不能。他的绘画来自于对自然造化的观察与感悟,极富创造性。其画风格奇特多样,或沉雄奔放,或清新典雅,或秀逸隽永,或简约淡远,或清旷幽邃,或苍茫刚健等,审美意境都能在画中得到表现。他的作品构图新颖自然,笔墨纵横潇洒,富有生机活力,确实达到风格清新多变、功夺造化的自由境界。他的画论《苦瓜和尚画语录》从哲学高度上观照了绘画艺术的本质与要义,对绘画中主体与客体的关系,恒与变的关系、感性与理性的关系以及素材与构成的关系等问题作了精辟的分析,提出了著名的"一画"论、"从心"论、"我自用我法"、"笔墨当随时代"、"搜尽奇峰打草稿"等主张,对当时被摹古风气笼罩着的沉闷画坛,起到震聋发聩的作用。

《山水清音图》是石涛的著名山水作品。此画用笔劲力沉着,用墨淋漓泼辣,皴写并用,浓淡相宜,特别是幅中浓墨苔点配以尖笔剔出的丛草,使画面产生了如惊风骤雨般的节奏,呈现出苍茫幽邃、豪情奔放的壮美感受。画中瀑流巨响,丛林喧哗,松风吟啸,合奏出一曲荡气回肠的交响曲。此图墨色浓淡干湿浑然一体,可谓中国画"用墨如用色"的典范。

朱耷(1626—1705),号雪个、个山等,江西南昌人,明宗室后裔。清初落发为僧,康熙二十三年,始号八大山人。一生经历坎坷,明亡后埋名于村野,后削发为僧,遁入空门。他满怀悲愤之情,

冈陵图 清·弘仁

誓不与清王朝合作，性格倔强，行为狂怪，常借诗文书画，发泄其内心的苦痛积郁。朱耷诗书画俱善，他的诗格调古怪而幽涩，表现出对世道的不平和蔑视，充满神秘性和讽刺性。他的书法能传达出傲岸不驯的情态和流畅秀健的神韵，自成一格。他的画以寓意的手法，奇特的形象，简放的笔墨，孤傲雄奇的格调，创造出前所未有的风貌，给后世以巨大影响。朱耷笔下花鸟，缘物寄情，表现自我，将物象人格化，以达讽喻之意。朱耷常画禽鸟，多是昂首向天，冷眼望世，一副桀傲不驯、倔强不屈的神情。形象中有对其生命身世的嗟叹，更是他贫贱不移、冷峻孤傲的人生态度的表现。他晚年画的鱼、鸟多呈现出“白眼向人”之状，传达出画家愤世嫉俗的性格。他笔下的花鸟，形象夸张，表情奇特，加以险怪却又空灵流动的构图，简约含蓄并充满孤独幽愤情感的笔墨，达到内容与形式的高度统一，形成其率意而为、奇简冷逸、出人意料的艺术效果。

“四僧”中的弘仁（1610—1663），号渐江，安徽歙县人。山水画取法倪瓒，笔墨洗练，意境幽寂，丘壑奇倔，没有丝毫世俗之气，描绘的是远离清廷的世外山水。《黄海松石图》、《冈陵图》等可为代表。髡残（1612—1673），号石溪，湖南澧陵人。山水画从黄公望、王蒙变化而出，以真景为粉本，描绘重山复水，层层皴染，具有苍茫浑厚的气势。《苍翠凌天图》、《苍山结茅图》是其主要作品。

荷石水禽图 清·朱耷

苍翠凌天图 清·髡残

十、扬州画派

康熙、雍正、乾隆年间，社会安定，经济发展，艺术上呈现出新的繁盛景象。北京与扬州成为绘画艺术的两大中心。宫廷绘画活跃，扬州画派崛起，形成了新的潮流。清代中期的宫廷绘画形成规模。一些供奉内廷的外国画家如郎世宁、王致诚、艾启蒙等人带入西洋画的明暗、透视法，创造了中西和璧的新画风，深受宫廷器重。他们按照要求，以中国画材料用西画表现规律作画，画面物象具有体面感、纵深感和色彩感。他们在中国工笔画与西方古典写实主义的结合上作出了尝试性努力。袁江（1671—1746）的界画在清代独树一帜，其题材或描绘私家园林，或描绘想像中的古代著名建筑，或表现想像中的山水，代表作品有《东园图》、《观潮图》等。他的侄子袁耀，亦是清代画界名家。

海上三山图　清 · 袁江

18 世纪中叶，随着社会生产的发展，商业城市繁荣，作为盐商富贾聚集、人文荟萃、思想活跃的扬州，逐步成为新的艺术潮流中心地，出现了以“扬州八怪”为代表的富有创新精神和个人风貌的扬州画派。“扬州八怪”是泛指代表扬州画坛新风的一批画家。这批画家重视生活感受，强调抒发性灵，作品多写梅兰竹石，善用泼墨写意，具有思想深刻、情感炽烈、关心民生、个性鲜明的特征。他们的艺术创作形式不拘一格，狂放怪异，具有生活感受，在画坛上独树一帜。扬州八怪画家可分三类：一是仕途不顺，丢官后来扬州的文人，如郑燮、李鱓和李方膺；二是厌弃官场的文人画家，如金农、高翔、汪士慎等；三是有文人修养的职

阿房宫图　清 · 袁耀

渔翁渔妇图　清 · 黄慎

业画家，如黄慎、罗聘等。

扬州八怪画家在商品和世俗社会的生存背景中，具有文人情结，恪守文人画传统，顺应社会审美要求，以梅兰竹菊松石等为主要描绘对象，并开拓新的创作题材和表现语言。除了表现诸如清高、孤傲、绝俗等思想外，还运用象征、比拟等手法，通过题诗写文，赋予作品以深刻的社会内容和思想意义。在艺术上，扬州八怪提倡风格独创，重视个性表现，发挥水墨特长，造型简括，笔墨纵横，以书入画，直抒胸臆，打破了成法约束，冲击了社会上流行的恽寿平正统花鸟画风，被称之为“怪”。这些已经职业化的文人画家和已经文人化的职业画家，具有师法造化，抒发个性，自用我法，水墨写意，完善人品和广博修养的特点，形成了反映时代变化的新风貌，发展了文人写意画。

郑燮（1693—1765），字克柔，号板桥、理庵，江苏兴化人。康熙年间秀才，雍正年间举人，乾隆元年（1736）为进士。乾隆七年出任山东范县知县，后调任山东潍县。乾隆十八年（1753）遭诬被贬，弃官还乡，回扬州过其卖画生涯。在艺术思想上，郑燮受儒家修身齐家治国平天下的影响，提出“凡吾画兰、画竹、画石，用以慰天下之劳人，非以供天下之安享人也”，创作中使自己的作品具有伦理道德和社会意识。他在《墨竹图》题画诗中写道：“衙斋卧听萧萧竹，疑

梅花图　清 · 罗聘

弹指阁图　清 · 高翔

梅花图　清 · 汪士慎

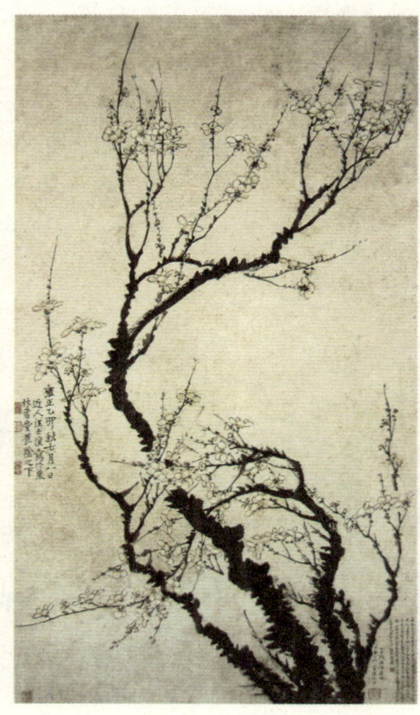

墨竹图　清·郑燮

是民间疾苦声。些小吾曹州县吏，一枝一叶总关情。”他爱画兰竹石，歌颂兰竹石有香、有节、有骨，正好与其人格、精神、情操相合，借物抒情，以对自然物的赞美，抒发自己的人格理想。他注重观察自然，以造物为师，赋予笔下墨竹以性格与生命。他的绘画章法以少胜多，重在意境；他写的竹竿瘦而挺，竹叶坚劲，浓淡相宜，干湿并重。他的许多画竹感受与经验体会，见之于题跋、题诗，见解独到，为前人所未及。他善画兰，多写山中净雅之兰，兰叶多不乱，少不疏，脱尽俗气，秀劲绝伦。他的画构图简洁，笔情纵逸，苍劲豪迈。郑板桥书法以画法入笔，折中行书和隶书之间，自称“六分半书”，纵横错落，正正斜斜，如乱石铺街，不落前人窠臼，别有一番风味。代表作品有《墨竹图》、《兰竹图》、《竹石图》等。

金农（1687—1764），字寿门，号冬心，仁和（今浙江杭州）人。工诗词，善书法，精鉴赏，博学多才。学画时间较晚，善画梅、兰、竹及人物、佛像、山水等。由于他有较好的文学修养，精通书法，所见古代名画甚多，所以“涉笔即古，脱尽画家时习”（《桐阴论画》），具有鲜明的艺术个性。他的画造型奇特，笔法古拙，构境别致，富有金石气，令人回味。他长于题咏，书法运笔扁方，竖轻横重，结体创新奇趣，自称“漆书”。代表作品有《携杖图》、《采菱图》等。

兰竹石图　清·郑燮

采菱图　清·金农

十一、明清书法大家

明代早期的书法家大都注重继承而创新不足，整个书坛笼罩在宋元帖学的氛围之中，缺乏个人风貌。到了明代中期，富饶的江南成为文人墨客荟萃之地，文人书法受到重视。书法家们在继承传统的基础上更加追求形式美和抒发个人情怀，出现了一大批书法名家，形成了苏州的吴门书派，其代表人物是被称为“吴中三子”或“有明三子”的祝允明、文徵明、王宠。

祝允明（1460—1526），字希哲，号枝山，长洲人。祝允明幼年时非常聪明，5岁就能写方尺大的字，9岁时就能写诗。但考举屡试不中，33岁时才中举人，官至应天府通判。他博览群书，才华横溢，只是仕途不顺，怀才不遇，导致他性情放纵不羁，成为封建社会具有悲剧色彩的文人书家。

祝允明像

祝允明精通各书体，最擅长楷书、行书、草书。他的楷书学习“钟王”、欧阳询、颜真卿楷法，得其神韵。行书专攻“二王”，笔力遒劲稳健，姿态飘逸，变幻莫测，功力深厚，潇洒秀逸。草书学习“二王”、张旭、怀素、苏轼、黄庭坚等，形成笔势劲健、沉稳秀美、雄壮舒展的风格，达到鬼斧神工、变化无穷的境界；进而既发展个性，又承袭传统，寓法则于意韵，流畅合顺，豪迈雄壮，奔放纵逸，节奏明快，因此他的草书号称“明代第一”。

祝允明遗留下来的书作主要有《唐宋四家文卷》、《洛神赋卷》、《杜甫诗卷》、《出师表》、《古诗十九首》、《苏轼赤壁赋》、《书刘基诗》、《春江花月夜卷》等。《出师表》为小楷墨迹，此书笔力强劲稳健，用笔方圆结合，动静相映，天真生动，行笔流畅自然，姿态活泼清逸。细观之，行书气韵、隶书意味跃然纸上，达到虚实合一而极具古雅神妙情趣。

《洛神赋卷》为祝允明草书作品，书于嘉靖四年。此书得张旭、怀素草书之精妙，飘逸生动，气象万千，如龙腾虎跃，疾风骤雨；用笔以中锋为主，形成圆润浑厚，豪迈刚劲之势，以侧锋为辅，产生急转苍雄的效果；用墨浓处形成凝重大方之象，淡处产生灵动挥洒之韵；姿态千变万化，左顾右盼，错落有致，神出鬼没，迂回翻转，自然潇洒。此帖为祝允明得意之作。

出师表 明·祝允明

祝允明主张书法艺术必须作到意形融合，心手相映，

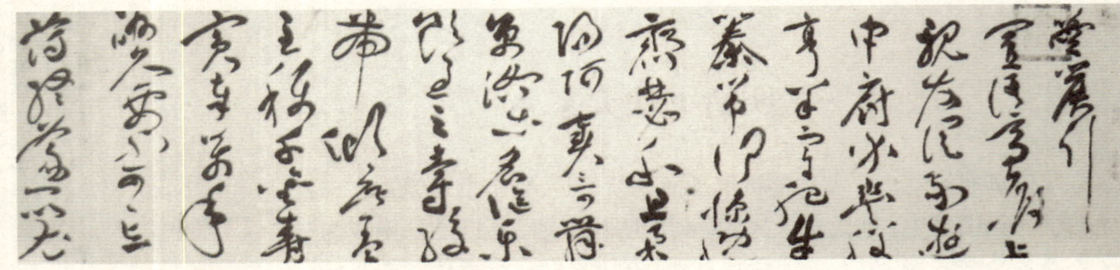

箜篌引　明·祝允明

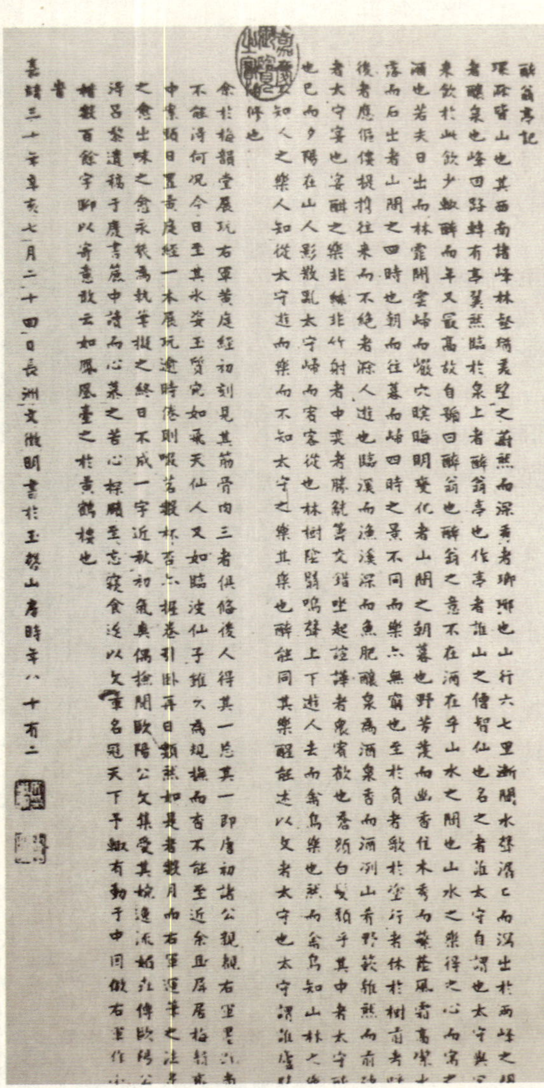

醉翁亭记　明·文徵明

达到天人合一的境界。虽然如此，仍有人批评他过于追求意韵情感而致使一些笔画产生散乱、含蓄不足的失误，正所谓“仁者见仁，智者见智”，不管怎样，祝允明是明朝最著名的草书大家已为大家公认。

文徵明年轻时书法并不好，乡试时，连名字都写不好，考官把他的考卷扔了出来，乡试也就化为泡影。但他并没有灰心，而是奋发向上，勤奋钻研，每天都临习智永《千字文》，最后进步神速，成一代书法名家，还与沈周、唐寅、仇英合称画坛上的“明四家”。文徵明还精于诗歌、散文，堪称“全才”。

文徵明备精诸体，早期学宋元书，后学晋唐。他的小楷学习欧阳询、智永、钟繇、王羲之，集瘦劲、平和、秀美于一身；大字则临摹黄山谷。他的楷书法度森严，中规中矩，笔力遒劲峭峻，稳健凝重；笔画优美舒畅，匀称和缓；形态婀娜妩媚，寓正于敧，气韵贯通，有“有明第一”的称誉。据载，文徵明80多岁时仍能挥毫写小楷，90岁时还写墓志铭，结果没有写完就去世了。

文徵明的楷书作品有《顾春潜传轴》、《金刚经卷》、《离骚经九歌册》、《醉翁亭记》等。《离骚经九歌册》是文徵明64岁时的小楷作品。此书得“二王”、智永楷书精妙笔法，结构严整紧凑，疏密匀称，笔画劲秀挺拔，潇洒飘逸，变化万千，凝重大方。《醉翁亭记》是文徵明82岁时所书的小楷作品，

赤壁赋 明·文徵明

此时人书俱老，笔画遒劲中含古韵，楷法谨严中蕴灵动，神采奕奕，清新和美，出神入化。

文徵明行草书学王羲之、智永，又得苏轼、黄庭坚行草笔法精妙之处。他的草书既显精熟技巧，更含典雅风度，笔力遒劲，运笔干净利落，牵连贯畅。其行草主要作品有《滕王阁序》、《赤壁赋卷》、《奉天殿早朝诗》、《题金焦落照图诗卷》等。《赤壁赋卷》书于1556年，此书用笔苍劲，笔画飘逸顺和，厚润中内含骨力，清秀中古趣跃然，是文徵明行书中的精品。《滕王阁序》用笔老辣精妙，或行或草，相互映衬，随意而转，随情而连，流畅生动，挥洒自然，姿态圆厚劲健，极富弹力，清爽利落，气韵自始而终一气呵成，风格高古典雅。

王宠（1494—1533），字履仁，后改为履吉，号雅宜山人，世称“王雅宜”，长洲人。他工诗、书、篆刻、画，而且无一不精，史称“诗书画三绝”。

王宠精小楷，学钟繇、王羲之、虞世南，得其用笔精华、结体风韵，形成清远秀丽、雄健空灵、姿态妩媚又具盎然古意的风格。楷书作品主要有《辛巳书事诗册》、《丰岩潘君七帙序并辞》等。

王宠行草成就最高。行草书学习大令、智永，借鉴欧阳草书意趣，取虞书半润雅致，形成不同于祝、文的风格。主要代表作有《千字文》、《古诗十九首》、《行书藏经》、《自书诗册》、《白雀寺诗》、《石湖八绝句卷》、《五律诗》等。

《千字文》系行草书，却字字独立，互不牵连，章草意味浓厚，笔力苍劲，笔画干脆疏朗，行态矫健，高古典雅，“二王”神韵重燃，乾隆皇帝曾评曰：“明王宠行楷，全法右军。”《自书诗册》系行草书，成于1532年。此书大胆借鉴晋书风神，笔法上，或方或圆，兼取其妙，虚实分明，刚柔兼备，法度严守，线条遒劲，却不失流动自然之秀美；

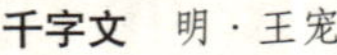

千字文　明·王宠

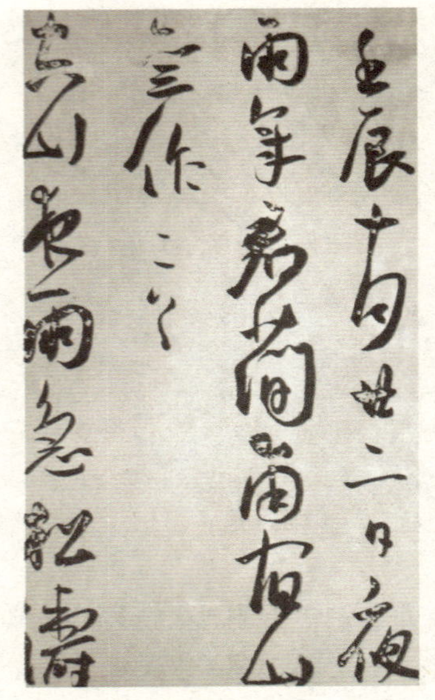

自书诗册　明·王宠

或欹或正，活泼自然，气象万千；书中以拙取巧，巧中见拙，古意十足，典雅朴实。可惜的是王宠艺术生命太短，为后人留下的作品不是很多。

明代后期的书法，或宗宋元名家，或追晋唐古法，书法的个性昭然，出现了邢侗、张瑞图、董其昌、米万钟组成的“晚明四家”。其中董其昌以其深厚的功力和独特的风格而成为四家之首，对后世影响深远。

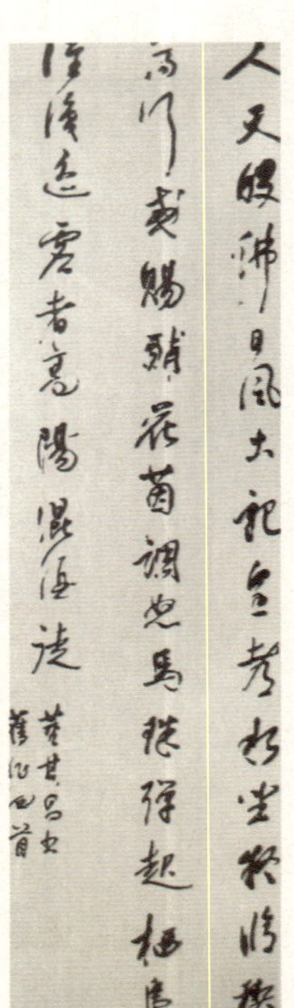

行草诗　明·董其昌

董其昌少时非常聪明，爱好书画，《松江志》记载他“临慕真迹，至忘寝食，中年悟入微际，遂自成名家，行楷之妙，跨绝一代”。他的绘画气韵秀润，潇洒生动，长于山水，颇负盛名。其书法与绘画齐名。在他的自述中，可以看出其学书经历。他17岁时和堂弟一同参加考试，因字写得差，被主考官排在第二位，于是发愤临池。然而学书仅三载，就不把文徵明、祝枝山两位名重一时的大家放在眼里。后来见到历代著名书迹后，才顿感自己的浅陋狂妄，于是更加刻苦临习历代诸名家书帖，逐渐形成自己独特的书风。他的书法，追求字的神韵、意境与格调。由于他精通禅理，常以此入笔，不喜狂怪怒张、刻板流滑，因此其书法自然率意，清润遒丽，意态妍美，风流潇洒而韵味十足。

董其昌的作品多以行草传世。《行草诗卷》充分体现了其书法天真烂漫，奇宕潇洒，疏雅古淡、神清意秀的特点。此卷运笔流畅，线条清劲，更加率意自然。章法布局也更为疏朗，字里行间透露出清雅空无的禅意。其墨色浓淡变化适度，绝无枯格凋疏之感。狂草部分线条飞动，结体奇姿异逸，中锋用笔含而不露，洁净单纯，淡雅优美，信笔随意而不失法度，把作品引向高潮。

董其昌由于高超的书法技艺，在明末就已誉满江南，又借帝王之口得以宣扬，名扬天下。“名闻外国，尺素短札，流布人间，争购宝之。”其书法影响深远，几乎笼罩了康熙、雍正、乾隆三代百余年，成为清初书法之圭臬。

清代书法突破了宋元明以来帖学的樊篱，康乾之际，碑学盛行天下，书法发展随之别开生面，涌现出一批擅长篆隶、北碑，追求古朴之风的书法大家，其中邓石如冠盖一代。

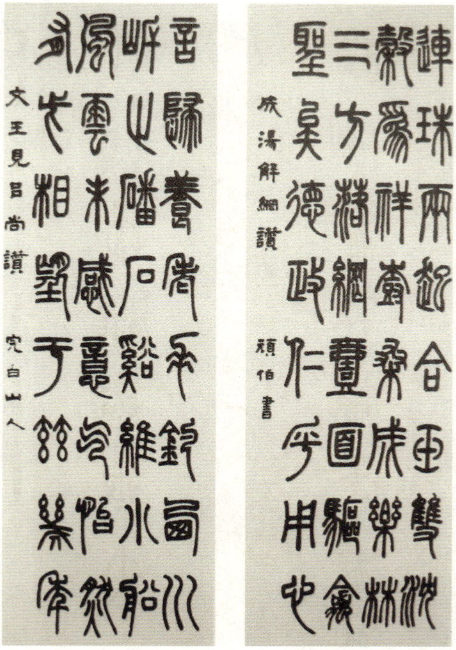

邓石如（1743—1805），初名琰，后避嘉庆皇帝名讳，以字行，更字顽伯，别号完白山人、笈游道人等，安徽怀宁人。他出身寒门，少时即随其祖父学习书法及篆刻。家境贫寒磨炼了他刻苦自强的意志。38岁时曾由人介绍到江宁（今江苏南京）举人梅缪家做客，从此客居梅家8年，精心临习梅家所藏丰富的秦汉以来的碑刻善本。据说他天亮即起，磨好一大盘墨，从早至晚直至墨写完为止，寒暑不辍。他用五年光阴习篆书，又用三年时间习隶书，为其书法的飞跃打下深厚功底。邓石如的书法还得益于其丰富的生活经历和感受。他一生从未做官，到46岁才结婚，经常戴着草笠，穿着芒鞋，骑着毛驴，遍览名山大川，从大自然中吸取养料，搜寻残碑断碣，增添了书风的浑朴气势。可谓“读万卷书，行万里路”。

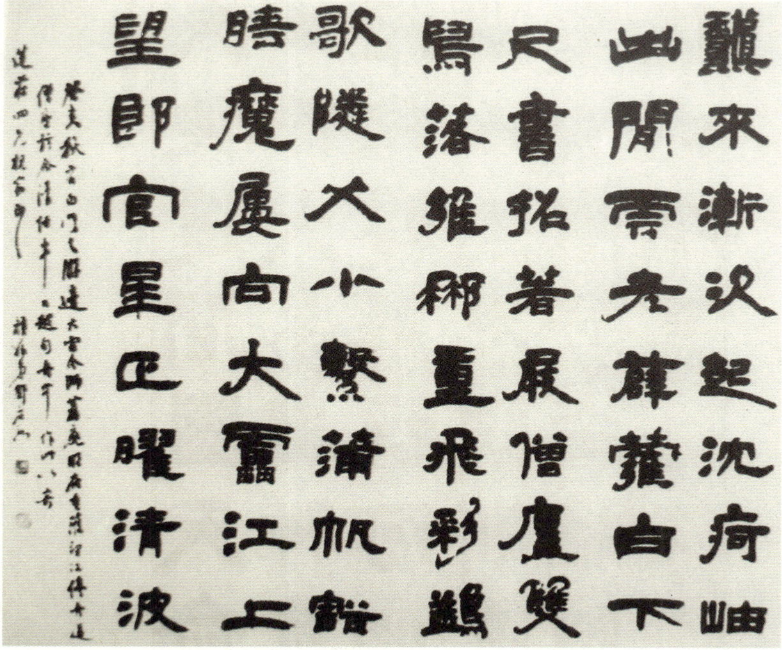

篆书 清·邓石如

隶书 清·邓石如

邓石如篆刻

邓石如成就非凡，主要在篆书、隶书和篆刻方面。他能够以隶入篆，又能以篆入隶。其篆书用笔丰富，线条变化多端，八面生风。笔画纵横肆意，结体方圆，笔法方劲浑厚，改变过去篆书婉转的姿态，有隶书意趣；风格沉雄朴厚，体态矫健，线条曲折结合，变化万端；结体纵长，上紧下疏；章法疏密，疏可走马，密不透风，沉着稳健，典雅雄朴。其隶书糅进篆书笔法，线条苍劲有力，有魏碑意趣，结体严谨方正，遒丽雄逸，极具个性，独树一帜，被康有为认为集隶书之大成。

邓石如的书法始终和篆刻联系在一起，他曾谈到自己的学书经验是“书从印入，印从书出”。他一生从事篆刻，成就极高。其篆刻以书入印，刚中有柔，刀法流畅中可见雄奇苍莽，形成邓派印风。邓石如书法、篆刻对后世影响很大，他的学书经历也激励后人自强不息，孜孜不倦。

走進中國藝術殿堂

第十章 西风东来与近代艺术

1840年鸦片战争之后，伴随着帝国主义列强的入侵而大量涌入的教会势力，为了宣传教义和进行宗教音乐活动，编译赞美诗，还在教会学校中开设西洋音乐课程。这在客观上有助于西洋音乐知识、技能的传播及信徒们对西方音乐风格、表演形式等的了解。清政府的洋务派官员中，曾有人专门送子女去国外学习音乐和舞蹈。洋务派翻译西书的机构中也有介绍西方音乐的书籍出版。1881年上海英美租界的“公共管乐队”成立，后来袁世凯的“新军”里也组建了西洋铜管乐队。戊戌变法前后陆续开设的新式学堂里设有“乐歌”课，有的也附设铜管乐队。

19与20世纪之交，帝国主义列强在中国沿海城市强占租界、享受各项特权的同时，也把西方的舞蹈带到了中国。传统舞蹈领域的低谷和人们审美趣味的转变，给西方舞蹈的流行提供了机会。在上层社会的交际圈里，欧美式的交谊舞成了社交礼仪的重要手段。西方舞蹈在各大城市风行，不仅有西方歌舞团来华作商业性演出，甚至还出现了专门教授西洋舞蹈的学校和专业性舞厅。清末派驻各国的使臣和留洋归国的学生所撰写的异域见闻录中也多有关于外国舞蹈的描述，中国的第一位西洋舞蹈家裕容龄就是当时驻法国公使裕庚的女儿。与此同时，新式学堂里的“学堂舞蹈”也大大流行起来。

京剧在近代迎来了它的辉煌时期，各行当名角辈出，同光十三绝的表演艺术令人赞叹！与此同时，西方的话剧传入中国，在外国人经营的戏院和教会学校开始演出西洋戏剧。中国留日学生还在日本成立了春柳社。20世纪初，在新思潮的影响下，中国戏剧界掀起了改革热潮，不论是传统戏曲、地方戏，还是京剧，从内容到形式都被纳入改革的轨道。

伴随着西学东渐，西方美术也由传教士带入中国。一些传教士还被任命为宫廷画家，西方绘画技法开始进入中国画家的视野。中国画师所绘制的反映中国人生活百态的洋画引起了外国人的兴趣，行销国外市场，以至形成了一个新兴行业。由教会开办的画馆也成了中国人接受西方美术教育的场所，许多人还出洋学习油画。所有这些都预示着中国画坛将会出现新的面貌。

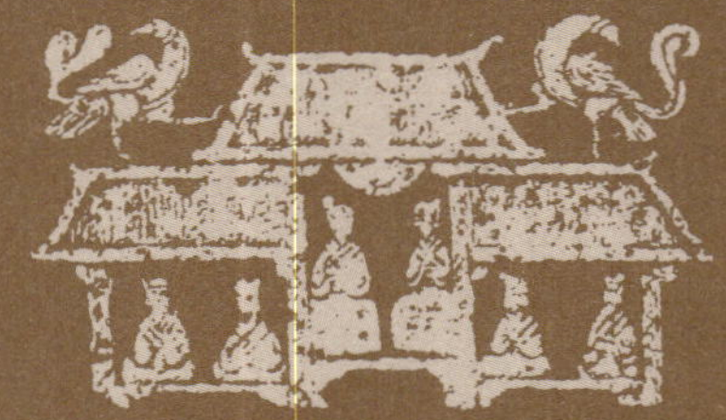

一、西方音乐的传入

中国自古以来就有着对外音乐文化交流的传统，中国人与基督教音乐的接触早在唐朝就有历史记载。基督教在唐代译为“景教”，敦煌藏经洞中发现的《大秦景教三威蒙度赞》等手稿、明代在长安发现的《大秦景教流行中国碑》都证明了基督教教会音乐在唐代流传的事实。元代京城大都曾设立过天主教堂，并开展过“咏唱”活动，古制管风琴（当时称为“兴隆笙”）也在此时传入元朝宫廷。其后关于基督教音乐的记载一度中断。明万历年间，意大利传教士利玛窦来到中国，向朝廷进贡了击弦古钢琴（当时称为“西琴”），他留居中国后还写了《西琴曲意》一卷。清初又有汤若望、南怀仁、徐日升、德礼格等传教士来朝，徐日升、德礼格等颇受康熙重用，他们在宫廷中传授五线谱和浅显的乐理知识，制作西洋乐器，康熙还曾学习演奏这些乐器。他们的音乐活动在1713年成书的《律吕正义》续编中有详细的记载。

鸦片战争以后，随着帝国主义列强的入侵，教会势力也在一系列不平等条约的保护下急剧膨胀，为方便宣传教义和进行宗教活动，传教士们编译了大量的赞美诗，还把它们结集出版。早期的赞美诗集有《养心神诗》（1818）、《祈祷文赞神诗》（1833）、《榕腔神诗》（1861）、《潮腔神诗》（1862）、《颂主诗歌》（1872）等。基督教赞美诗的流传不仅帮助了其教义的传播，也加大了西方乐谱、乐器和演唱形式的影响。清末的一些教会学校，如徐汇公学、圣芳济学校、中西书院等都开设有关于西洋音乐的课程，有些学校里还设有教习钢琴和风琴的“琴科”，圣约翰书院、中西女塾等校则在课外活动时开展音乐训练，这在客观上扩大了西洋音乐在近代中国的接受群体。

北京西什库天主教堂

洋务运动开始后，一些洋务派官员和知识分子在对外交往时与西方文化有所接触，他们中间有些人还送子女去国外专门学习音乐和舞蹈。洋务派创设的翻译西书的机构中，偶尔也翻译和刊印介绍西方音乐的书籍。1881年西方人在上海英美租界组成了“上海公共管乐队”，这是一个仪仗性的铜管乐队，由雷米赛担任指挥。1883年后，公共管乐队的指挥是费拉拉，并逐渐扩大、改建为管弦乐队，演奏员则全部是外籍音乐家（该乐队1920年后由意大利钢琴家帕器担任指挥，1922年改名为“上海公部局管弦乐团”)。成立于19世纪80年代的管乐队还有海关总税务司赫德组建的“赫德乐队”,这支乐队的成员多是中国人,教练是葡萄牙人恩格诺。1898年左右,袁世凯统领的“新军”里也创建了一支铜管乐队,这应该是迄今为止见于记载的最早由中国人自己组建的铜管乐队。另外,20世纪初的一些新式学堂中也成立过西洋铜管乐队。

由于早期适应宗教活动或殖民者与国内官宦、军阀的娱乐需求而传入的西方音乐影响范围狭小,加上中西方审美情趣的差异,因此它们对中国的社会音乐生活并没有产生实质性的影响。真正促使西方音乐在中国广泛传播,与中国音乐相互交融并产生出有别于传统音乐的新兴音乐文化的,是20世纪初的学堂乐歌活动。

二、学堂乐歌

19世纪末叶,资产阶级改良派提出兴办新学的主张,并建议在学堂中“教以文史、算数、舆地、物理、歌乐”(见康有为《戊戌奏稿·请开学校折》),在中国近代史上第一次将音乐写入了学校教育的课程当中。戊戌变法失败后,许多知识分子东渡日本留学,切身感受到日本明治维新后学校音乐教育和社会音乐活动在政治宣传以及塑造国民精神中的重要作用,于是更加极力倡导学校音乐教育,希望借此对青年学子灌输民主思想、激励其爱国救国的志向。在他们的影响和多方努力下,全国各地的新式学堂中陆续开设了“唱歌”(或称“乐歌”)课,这种学堂中的音乐课以及音乐课上所教唱的歌曲被统称为“学堂乐歌”。“学堂乐歌”是当时资产阶级所提倡的“新学”内容之一。

学堂乐歌中虽有个别自创曲调的歌曲,但大多数作品是采用外国(日本、欧美)的现成曲调填词,也有以中国传统音乐旋律填配歌词的作品,因此尚不属于严格意义上的专业音乐创作。这些作品中以表达中国人民富国强兵、抵御外侮的爱国主义歌曲为主流,如《中国男儿》、《何日醒》、《十八省地理历史歌》、《黄河》等;还有歌颂辛亥革命、拥护民主共和新政的,如《革命军》、《光复纪念》等;呼吁妇女解放、宣传男女平等的,如《勉女权》、《缠足苦》等;倡导学习科学、反对封建迷信的,如《格致》、《辟占验》等;反映学校生活、向青少年进行知识和思想教育的,如《送别》、《春游》、《春郊赛跑》等。

在学堂乐歌的发展历程中,早先求学日本等国的留学生们通过编创乐歌来推动学校音乐教育的开展,又通过举办“音乐会”、“音乐讲习会”等社会活动和编译音乐教材等来传播自身掌握的西洋音乐知

识，为中国新音乐建设立下了筚路蓝缕之功。在这些新音乐领域的拓荒者中，比较著名的有沈心工、李叔同等。

李叔同像

沈心工（1870—1947），被誉为“吾国乐界开幕第一人”（李叔同《征求沈叔逵氏肖像》）。他原在南洋公学附属小学任教，1902年赴日考察教育。在日本期间，沈心工在留学生中发起组织了“音乐讲习会”，并创作出他的第一首乐歌《男儿第一志气高》。1903年回国后不仅在本校，还在务本女塾、龙门师范等学校竭力提倡、推广乐歌活动。他一生编辑出版过《学校唱歌集》、《重编学校唱歌集》、《民国唱歌集》、《心工唱歌集》等乐歌集，其中也收集了他自己的一些作品如《黄河》、《美哉中华》、《赛船》、《竹马》、《铁匠》等。由于长期从事中、小学教育工作，沈心工善于把握儿童的心理特点，善于通过儿童所熟悉的事物向他们灌输进步思想和爱国观念。他的作品歌词浅而不俗，词曲结合自然，易于上口，在当时中、小学生中广为传唱。

李叔同（1880—1942），1905年至1910年在日本东京上野美术专门学校学习西洋绘画和音乐，在此期间曾与友人曾孝谷等一起创办了中国最早的话剧团体“春柳社”，并独自创办了中国最早的音乐刊物《音乐小杂志》。归国后他先后在天津、上海、杭州、南京等地从事美术、音乐教学，凭借自己在音乐、美术、书法、篆刻、诗词、戏剧等多方面的深厚造诣培养出了一批优秀人才。1918年出家为僧，法名演音，号弘一。李叔同的乐歌大部分为咏物写景的抒情歌曲，也有一些表现爱国热情的乐歌。其作品文辞隽永、韵味醇厚，不但在词曲配合和意境创造等方面超过了同时代的学堂乐歌，有些歌曲还配有钢琴伴奏，显示出作者较高的文学和艺术修养，其中《送别》等名作至今传唱不衰。李叔同本人编辑有《国学唱歌集》、《清凉歌集》，其作品后来收入丰子恺所编《中文名歌50首》、《李叔同歌曲集》和1990年编订的《李叔同——弘一法师歌曲全集》中。

李叔同作词的《祖国歌》

李叔同作词的《送别》

这一时期的著名音乐教育家还有曾志忞、高寿田、冯亚雄等。学堂乐歌活动不仅造就了这样一批开中国近代音乐先河的先行者，还向社会充分展示了音乐的巨大功能，为音乐在近代学校教育中争得了一席之地。西方的音乐理论、技巧、各种歌曲体裁、集体歌唱的表演形式等也由此被国人所熟悉和接受。尤其是五线谱和简谱的广泛使用，不仅促进了西洋音乐的传播，也为中国传统音乐的整理提供了有力的工具。可以说，“学堂乐歌”在中国音乐文化发展史上掀开了崭新的一页。

三、西方舞蹈的传入

19世纪末叶，作为独立表演门类的中国古代舞蹈逐渐被综合性的艺术形式戏曲所融合，失去了往日的光辉。与此同时，西方文化大量涌入，传统舞蹈领域的低迷和人们审美趣味的逐步转变，给西方舞蹈进入中国舞台造成了极好的时机。

西方舞蹈进入中国的途径有很多，外国人租界里西方人的生活方式就是其中之一。鸦片战争以后，帝国主义殖民者的铁蹄踏入中国领土，在沿海城市强占租界，他们不但垄断了租界的建设、财政、交通、教育等权利，还把西方的娱乐文化带到了中国。光绪初年上海出版的一本叫《淞南梦影录》的书中就曾描述道：“西人有跳跃之戏……所谓戏者，不过短袖窄衣，互相扑击，学魏犨之距跃三百、曲踊三百而已。”虽然语气中带有几分不屑，但欧美式的交谊舞却不可阻挡地成了上层社会社交礼仪和娱乐的重要手段。后来为适应人们学习交谊舞的需要，社会上还出现了一些教习交谊舞的机构。在旧上海，有公开的交谊舞场所，最初不对外售票，后来则开设了营业性的舞厅。

希腊舞　裕容龄表演

清末的驻外使节和留洋海外的学生所撰写的记录海外见闻的书籍中也介绍了当时欧美国家盛行的交际舞、芭蕾舞、外国民间舞等。这些书籍的影响范围虽然不甚大，但也在一定程度上开阔了国人的视野，让人们了解到这些有异于中国传统舞蹈模式的西洋艺术。

清末的驻外使节不但亲身接触了西方文化，他们的子女也有机会成为中国近代较早一批受到西方艺术熏陶的人，有的洋务派人士甚至专门送子女去国外学习音乐和舞蹈。中国第一位西洋舞蹈家裕容龄的成就最早就得益于她得天独厚的家庭环境。裕容龄（1882—1973），12岁时跟着父亲裕庚出使日本，在此期间学习了日本的古典舞。

1899年又随父亲出使法国，得以师从旅居法国的美国著名舞蹈家邓肯，后来进入巴黎音乐舞蹈学院学习正统的芭蕾舞，并公开演出。1903年裕容龄随家人回国，1904年入宫任慈禧太后的御前女官，在宫内表演过《西班牙舞》、《希腊舞》及她自己创作的《如意舞》、《扇子舞》、《荷花仙子舞》、《菩萨舞》等，备受欢迎。1907年出宫后，裕容龄多次参加各种义演，1916—1935年间先后担任过北平总统府女礼官和冀察政务委员会交际员，解放后任国务院文史馆馆员。裕容龄是近代中国第一位亲身接触和学习外国舞蹈的人，也是第一位把外国舞蹈艺术介绍到国内来的中国舞蹈家，她的艺术生涯对于中国近代舞蹈的形成和发展具有启蒙意义。在其著作《清宫琐记》中，她详述了自己在巴黎和清宫学舞、跳舞的情况。

玫瑰与蝴蝶 裕容龄表演

由于西方的马戏表演中经常穿插一些舞蹈场面，所以在清末民初记录异域见闻的书籍中也包含着对这类活动的描述。1886年，西方车尼利马戏团到上海演出，除马戏杂技节目外，还带来了西洋舞蹈表演。这些活生生的节目，比起书本上的记载更让国人大开眼界。20世纪初叶以后，来华演出的西方舞蹈团和马戏团日益增多，表演内容涉及芭蕾舞、外国民间舞、现代舞等。

扇子舞 裕容龄表演

在当时的新式学堂里，西方的交谊舞、土风舞等被作为体育课的内容，其教学目的是为了增强学生的体质。据有关文献记载，1908年建立的“中国体操学堂”中就开设了专门的舞蹈课程，后来该校的女子部改为“中国女子体操学校”后，仍设有舞蹈课，且以教授日本舞而出名。1907年上海商务印书馆刊行的《舞蹈游戏》一书，是中国迄今所见最早出版的舞蹈教育方面的书籍，该书的译者认为：“舞蹈者，高等之运动法也。……近经欧美体育之考验，谓舞蹈法姿势优美，动作平均为他种运动所不能及。”可见舞蹈的美感作用和它在锻炼体能、体态方面的功能已经得到当时人们的认可。

四、京剧的演变和戏剧改良运动

今天京剧被誉为国剧，其前身为皮黄剧（西皮和二黄）。从乾隆五十五年（1790）徽班进京到道光八年（1828），是京剧的孕育时期。四大徽班进京后，吸收了当时流行的秦腔和京腔，所以这一阶段也称之为“徽秦合流”。从1828年至1845年（道光二十五年），是京剧的形成时期。道光八年以后，湖北汉调艺人王洪贵、李六等人先后进京，由于当时北京徽班领袖地位稳固，汉调艺人多在徽班搭班演出，促使了皮黄并奏，这一时期史称“徽汉合流”。

程长庚饰鲁肃

汪桂芬像

从1845年到19世纪末是京剧成熟期，也是“老三鼎甲”辉煌时期。三鼎甲原是指中状元、榜眼、探花的荣誉称号。京剧的老三鼎甲指的是第一代京剧演员中的三位老生，即三庆班的程长庚、春台班的余三胜和四喜班的张二奎。余三胜成名最早，张二奎其次，最后成名的是程长庚，但威望也最高，被称为“徽班领袖，京剧鼻祖”。程长庚，安徽潜山人，以《文昭关》一剧成名，为三庆班的首席老生。他的演唱熔徽调、汉调、昆曲之优点于一炉，以徽音为主；唱腔调高声洪，字正腔圆，“高亢之中又别具沉雄之致”。代表剧目有《战樊城》、《鱼肠剑》、《战长沙》、《让成都》、《群英会》、《华容道》等。后来的杨月楼、谭鑫培、汪桂芬、孙菊仙皆是程门弟子。

同治、光绪年间，是京剧艺术的辉煌时期，各行当名角辈出：老生行代表人物为谭鑫培、汪桂芬、孙菊仙；小生和武生行有王愣仙、德（王君）如、傅菊笙等；旦行有王瑶卿、梅巧玲、陈德霖等；老旦行有龚云甫、谢宝云等；净行有何桂山、金秀山、黄润甫、裘桂仙等；丑行有罗寿山、郭春山、王长林等。谭鑫培、汪桂芬、孙菊仙三人也被称为“小三鼎甲”。其中，最有影响力的当推谭鑫培和王瑶卿。

谭鑫培，湖北武昌人，他集百家之所长，积极吸收了其他行当的行腔技巧，大胆地对老生唱腔进行改革，开创谭派老生流派。陈彦衡在《旧剧丛谈》中说：“集众家之特长，成一人之绝艺，自有皮黄以来，谭氏一人而已。”王瑶卿对于旦角也进行了革新，将青衣、花旦和马刀旦的表演艺术融合在一起，形成了“花衫”这一新行当。后来的“四大名旦”皆跟他学过戏。值得一提的是，清代画家沈蓉甫曾绘了一幅《同光名伶十三绝》图，他们代表了清末民初的各种角色，他们是张长胜、刘赶三、程长庚、时小福、卢胜奎、谭鑫培、郝兰田、梅巧玲、余紫云、徐小香、杨鸣玉、朱莲芬、杨月楼。

1905年中国第一次拍的电影《定军山》中的谭鑫培

谭鑫培便装照

20世纪初，伴随着“诗界革命”、“小说界革命”，戏剧界也掀

同光名伶十三绝
近代 · 沈蓉甫

起了改革热潮，革新内容涉及传统戏曲（传奇和杂剧）、京剧和地方戏，甚至包括文明戏，其规模浩大，史称“近代戏剧改良运动”。这次改良运动的发起人主要是具有资产阶级民主思想的学者，如梁启超、陈独秀、汪笑侬等人。1902年，梁启超在《新民丛报》创刊号上发表了剧作《劫灰梦传奇》，随后又写了《新罗马传奇》和《侠情记传奇》，这三部剧作掀起了“戏剧改良”的序幕。1904年，资产阶级革命派陈去病和京剧艺人汪笑侬创办了中国第一个戏剧刊物《二十世纪大舞台》，刊物的宗旨为：“他日民智大开，河山还我，建独立之阁，撞自由之钟，以演光复旧物、推倒虏朝之壮剧快剧，则中国万岁！”1905年陈独秀在《新小说》发表了《论戏曲》一文，从理论上阐述了戏剧的教育功能。此后，近代戏剧改良便轰轰烈烈地展开了。

传奇和杂剧在清末寂静之后，在改良运动中又重焕了生机。这一时期的作品多以历史上反抗异族统治的民族英雄和斗争故事为题材，以弘扬爱国主义、宣传资产阶级民主革命和自由、平等思想为主旨。郑振铎称这些作品“皆激昂慷慨，血泪交流，为民族文学之伟著，亦政治剧诗之丰碑”。当时流传的作品有《革命军》、《苍鹰击》、《黄龙府》、《爱国魂》、《警黄钟》、《后南柯》等等。

京剧改良是近代戏剧改良运动的重要组成部分，代表人物为汪笑侬。从题材上分，京剧改良分为时装新戏（或称时事新戏、改良新戏）和古装新戏。时装新戏，取材于报纸新闻，因在舞台上穿戴时装而获名。最早的时装新戏是1890年在上海演出的《任顺福》。古装新戏其实就是历史剧的改良，如汪笑侬的新编历史剧《长

汪笑侬像

梅兰芳演时装新戏《一缕麻》

乐老》、《缕金香》、《桃花扇》，这些剧作有着强烈的现实感和政治性，多为借古喻今、古为今用。当时报界评论道："汪笑侬所演之《党人碑》、《瓜种兰因》、《桃花扇》等剧，使阅者惊心动魄，视听为之一变。不徒声伎之工，传诵一时已也。"

五、西方戏剧的传入和影响

话剧作为"舶来品"大约是在19世纪末传入中国的。最初是由外国人经营的戏院或剧团在中国演出了一些西方戏剧。一些在中国的教会学校每逢节假日也表演西洋戏剧。西方戏剧传入途径主要有两个：一是间接从日本输入，一是直接从西方输入。由于地理环境和人员往来的制约等因素，中国早期话剧受日本的影响更大一些。

欧阳予倩、李叔同、曾孝谷等留日学生于1906年底在东京组织了一个综合性艺术团体——春柳社。1907年2月，春柳社在东京上演了《茶花女》第三幕，同年6月又公演了根据林纾翻译的美国小说《汤姆叔叔的小屋》改编的五幕剧《黑奴吁天录》，该剧在日本、中国都引起了广泛的社会反响。《黑奴吁天录》被认为是中国话剧第一个创作剧本，该剧描述了白人农奴主对黑奴种族迫害的事。辛亥革命时期，部分春柳社成员回国，还演出了《社会钟》、《热血》等戏。

几乎与春柳社演出《黑奴吁天录》同时，1907年上海成立了中国首家话剧学校——通鉴戏剧学校。学校的发起人是马相伯、任天知，实际主持人为王钟声。后来通鉴学校开始用春阳剧社的名义进行演出，这也是中国境内首家新剧团。受春柳社影响，1907年10月春阳社在兰心大戏院也演出了《黑奴吁天录》，不过春阳社成员并未看过春柳社的演出，剧本是由许啸天重新改编的，演出形式还保留着一些旧戏曲的手法。

春柳四友 左起：欧阳予倩、吴我尊、马绛士、陆镜若

由于1907年春柳社和春阳社同演了话剧《黑奴吁天录》，话剧界将这一年定为中国早期话剧的诞生年。早期话剧也称为"文明戏"。

通鉴学校解散后，1910年，任天知（曾留学日本）又创建了进化团。它是文明新戏的第一个职业化剧团，剧团演出的剧目多是讴歌争取民族解放、反抗异族统治和宣传爱国主义的戏剧，代表剧有《血蓑衣》、《东亚风云》、《新茶花》等，它们被称为"天知派新戏"。虽然天知派新戏有着浓郁的改良戏剧风格，但却创造了早期话剧的编写和

演出模式。

这一时期南开新剧团也展开了有声有色的戏剧活动。1908年，南开学校校长张伯苓自欧美考察回国后，编写了话剧《用非所学》。1910年，张伯苓胞弟张春彭赴美留学，课余学习欧美戏剧理论和编导艺术，回国后成为南开新剧团的副团长和导演。胡适对新剧团有较高的评价："他们那边有几位会员，做戏的功夫狠（很）高明，表情、说白都狠好。布景也极讲究……以我个人所知，这个新剧团要算中国顶好的了。"

六、西方美术的传入和影响

中国人最早是通过传教士带来的圣像开始了解西方绘画作品的。明代中期，西方油画随传教士进入中国。1601年意大利传教士利玛窦向明代皇帝进献天主像、圣母像，被视为油画来到中国的标志。1629年，意大利传教士毕方济在中国撰写了一本讲解西方绘画技法理论的书《画答》，是外国人在中国讲授西画技法的第一本专著。(《20世纪中国绘画美学》)

慧贤贵妃像 近代·郎世宁

清代来华的传教士中善于绘画者更多了，像郎世宁、王致诚、艾启蒙、潘廷章等人，都被清廷任命为宫廷画家，从而在一定规模上开始了西方美术对中国的影响。这些传教士一变而成为宫廷画家，其主要任务是为皇帝服务以及教一些宫廷画师画油画。他们在有限的条件下，尽力将西方造型技巧与中国画表现手法相融合，从而满足皇室对绘画的需求。郎世宁，原名朱塞佩·伽斯底里奥内，生于意大利米兰，年轻时曾受过绘画训练，后加入耶稣会。1714年，他以传教士的身份，由耶稣会的葡萄牙传道部派遣到达中国澳门，取名郎世宁。后到北京，居住在紫禁城东华门之东的天主教东堂内。大约在康熙末期，郎世宁便以其画艺供奉中国的皇室，开始了他宫廷艺术家的生活。他

八骏图 近代·郎世宁

十骏图（局部） 近代·王致诚

创作了大量人物肖像、历史纪实、翎毛走兽、花卉和静物画作品。他还将欧洲的油画、铜版画以及天顶画、焦点透视画的技法传授给供职宫廷的中国画家，形成了一种“中西合璧”的新颖绘画风格。郎世宁的绘画多以“西法中国画”的面目出现，基本放弃了油画的材料和样式。对朝廷而言，郎世宁的油画技艺是次要的辅助技术，而重要的是迎合宫廷需求的各种装饰功能。

另一位传教士画家是来自法国耶稣会的王致诚。王致诚在供职清宫期间绘制的作品为数众多，除了为教堂绘制的宗教画外，他还作过200多幅肖像画，其中有皇帝本人及皇亲国戚的，有满、蒙、汉文武大臣的，也有外国使臣及传教人士的。王致诚作品的特色及其影响，主要体现在其油画方面，由于油画在清廷并不被重视，因此外来画家只能在写真肖像中体现其艺术价值。王致诚擅长油画，只有在绘制肖像时，才能完全运用其油画技法所长进行创作。王致诚曾说自己主要是在丝绸上画水彩，或是用油彩在玻璃上作画，很少采用欧洲的方式作画，除非是为皇帝家族画肖像。

自画像 近代·关乔昌

西画东渐，随着社会的发展出现了新的境况。伴随着耶稣教会的解散和乾隆朝代的过去，传教士在中国的活动及其影响日渐衰微。而沿海城市商业交往中美术作品的流通，使得西方绘画陆续通过广东的通商口岸进入中国，中国的艺术品亦开始流向欧洲。随着来华外国人的增多，在广州出现了一个新兴行业——外销画。所谓的外销画是中国画师采用西方绘画技术和绘画材料绘制而专供输出国外市场的绘画，这些外销画又称“中国贸易画”或称“洋画”。外销画的品种有油画、玻璃画、水彩画、水粉画等等，题材包括现实生活百态。手法写实，反映了当时外国人对中国社会方方面面的浓厚兴趣。这些画铺大多数都开设在十三行的靖远街和同文街（外国人称“中国街”和“新中国街”），画铺的铺主本人就是画师，由他们雇用一些画工和店员，当时这一行业人数多达两三千人。他们之中最著名的画家是关乔昌（别号啉呱）以及他的四弟关联昌（别号庭呱），他们活跃在1830年至1860年的广州十三行和香港的画苑，擅长油画，是当时中国外销画的主要代表人物。

1843年上海开办商埠之后，外国教会获得了在中国传教的自由，为了扩大宗教宣传，办起各类学校和工艺场所。“土山湾画馆”就是

上海徐家汇天主教堂于19世纪中叶开办的。画馆是土山湾工艺场的一部分，工场制作圣像、雕塑等宗教工艺品，画馆则专门培训绘画人才，可以说是在中国最早建立起来的传播西洋画的场所。在这里主持教学的是1847年来华的西班牙籍修士范廷佐和1846年到上海的意大利传教士马义谷。

音乐家 近代·李铁夫

据1907年画馆出版的《绘事浅说》、《铅笔习画帖》等教材来看，这里的教学程序严格，课堂作业以临摹西方宗教题材画为主。画馆通过有组织的复制、临摹和销售西洋绘画，对在中国传播西方美术起了重要作用。土山湾画馆的建立带有一定的殖民主义文化性质，但对中国的西画教育起到了启蒙作用。土山湾画馆曾培育了中国最初的研究西洋绘画的人才。如著名画家徐泳青、周湘、丁悚、张充仁、杭穉英等，他们都是画馆的学生或与画馆有着密切的联系，他们学有所成之后又开办了自己的画室，其中很多人成为中国水彩画最早的开拓者。

19世纪初的中国绘画，已经从传统文人画的盛期，跌入复古摹古、笔墨僵化、停滞不前的艺术低谷。而西方油画体系具有五百年的历史积淀和文化底蕴，仅靠传教士油画和广州的商业油画是不可能触及其真实面貌及其精华的。因此，走出国门，留学欧洲就势在必行了。事实证明，留学生对中国油画的启蒙和发展起了重要作用，从而使中国油画在此后几十年迅速发展起来。中国最早到国外学习油画的留学生是广东人李铁夫、江苏人李毅士、天津人李叔同、广东人冯钢百。

苏武牧羊 近代·任颐

七、海派和岭南画派

19世纪中叶，上海、广州逐渐发展成为大工商业城市，富庶而繁华，使得文人、画家云集于此。为适应新的市民阶层的审美需要，绘画在题材、风格技巧方面都出现新的风尚，形成了“海派”和“岭南画派”群体。

“海派”是从清代中后期的文人画中蜕变出来的。其主要特征是将文人画传统与民间美术传统相结合，从古代书法和古代金石艺术中吸取营养，将绘画题材世俗化，将传统水墨写意融入强烈的色彩，讲究造型，注重修养，追求笔墨，形成了诗书画印一体、格调清新明快、雅俗共赏的绘画风格。海派前期以任伯年绘画为代表，后期以吴昌硕为影响深远的艺术巨擘。

任熊、任薰及其学生任颐并称海派三任。任熊善

吴昌硕像

画人物，兼作花鸟山水，画风高古谨严，笔力刚健方硬，造型具有装饰风格。任薰与他基本一致。任颐（1840—1895），字小楼，后改字伯年，浙江绍兴人。他是个绘画全才，其技法全面，人物画、花鸟画成就卓著。任颐人物画题材丰富，亦古亦今，无论历史故事、民间传说、人物肖像等，皆通俗易懂，思想倾向明确。《苏武牧羊》、《雪中送炭》、《女娲补天》、《钟馗》、《寒酸尉》等是他的代表性作品，反映出他对生活的观察和造型能力，亦表现出他对国家民族的忧患意识和爱国热情。任伯年艺术成熟期的花鸟画数量最多，他博采众长，无论工笔、写意、勾勒、没骨、设色、水墨均能运用自如。他善于描绘花鸟的瞬间动态，画面充满情趣，富有生机。任伯年花鸟画作品很多，《五瑞图》、《金章紫绶图》、《春江水暖图》、《牡丹图》等为其画中精品。

被视为海派名家，但未定居上海的画家为赵之谦和虚古。赵之谦（1829—1884），字益甫，浙江绍兴人。他书法篆刻造诣深，并将书法篆刻上取得的古拙风格移入绘画，使绘画的柔媚纤细画风一变为纵笔泼墨、挺拔厚重的大写意。虚古（1824—1896），名虚白，字怀仁，出家后以虚谷名，安徽歙县人。青少年时居扬州，曾任过清军参将，后于咸丰三年（1853）在安徽九华山出家为僧，但不礼佛号，唯以书画自娱，云游江浙各地，往来于扬州、苏州、

荷花图　近代·吴昌硕

葫芦图　近代·吴昌硕

上海之间。虚谷工花卉、蔬果、禽虫、鱼介、山水、动物等，其落笔冷峻，蹊径别开，擅长用枯笔逆锋作颤动的线条，似续似断，韵味十足；他笔下形象夸张有趣，奇峭绝俗，画中色彩明丽清澈，是清末画坛上风格最明显的一家；他修养深厚，人品画艺均受到推崇。代表作品有《松鹤延年图》等。

吴昌硕（1844—1927），名俊卿，中年后更字昌硕，亦署仓硕、苍石，别号缶庐、老苍、苦铁等，浙江安吉县人。吴昌硕修养全面，诗书画印各方面造诣很深，这使他达到了艺术上炉火纯青的境界。他的篆刻师承浙派，亦受邓石如等人影响，继承秦汉气魄，雄浑大度；他的书法善写石鼓文，晚年以篆隶笔法作草书，苍劲雄浑，不拘成法，别具一格。吴昌硕绘画继承传统而有所创新，博综约取，融会贯通，独树一帜。他曾说：“我生平得力之处在于能以作书之法作画。”他擅长大写意花卉，表现题材极其广泛。传统的梅、兰、竹、菊，百姓喜闻乐见的牡丹、荷花、桃实、蔬果等都是他爱画之物。他的绘画章法

吴昌硕刻的印章

悲秋图 近代 · 高剑父

枫鹰图 近代 · 高奇峰

结构突兀，常作对角倾斜之势，用笔坚实挺拔，得力于书法之处极多，如画梅脱胎于篆隶，画藤本植物则有狂草的奔放笔致。在设色上打破古人的旧套，汲取民间用色特点，鲜艳的重色对比强烈，取得浑厚、饱满、生意盎然的效果。吴昌硕发展了明清以来的大写意绘画传统，在前人基础上创新，形成个人独具的新风格。

岭南画派是指广东地区以高剑父、高奇峰和陈树人为代表的绘画流派。他们的中国画是在传统技法的基础上，融合日本和西方技法，注重写生，具有广东地方特色，形成了具有时代精神和地域性绘画风格的画派。岭南画派的创作题材以翎毛走兽、花卉和山水为主，其表现特点是写实性强，善用色彩和水墨渲染，善于将雄健泼辣的笔墨与水粉技法结合在一起，渲染出天光云影、月夜朦胧的气氛，使画面真实而又诗意盎然。岭南画派二高一陈作品章法新颖，笔墨温雅，清新脱俗，在中国近现代画坛上独树一帜。

走進中國藝術殿堂

第十一章 承前启后的现代艺术

五四运动前后，在反对封建文化、探求新文化和新思想的浪潮中，中国艺术的发展也走上了新的历程。全国各地成立了许多新式艺术社团，它们在西方艺术知识和技能的传播、艺术创作等方面都作出了贡献。这时期专业艺术教育机构的建立，则标志着中国现代艺术教育史从此开始了新的阶段。

20世纪20年代重要的专业作曲家有萧友梅、赵元任等；刘天华则以二胡作为改进国乐和普及音乐的突破口，对其作了多方面的改革，并将二胡引入高等专业音乐教育领域。20年代也是中国现代舞蹈的初创期，在经过了早期照搬西方教材的“学堂舞蹈”阶段后，“五四”前后有人开始尝试民族风格的歌舞创作。黎锦晖的儿童歌舞剧和儿童歌舞表演曲是这一时期校园歌舞的代表，这些作品在当时和其后的长时期内在国内外产生过积极的影响。随着工农革命运动的开展，产生了早期的工农革命歌曲；红色根据地建立后，革命音乐和革命舞蹈伴随着红色文艺团体的发展而茁壮成长，有力地配合了革命宣传。辛亥革命后，京剧也步入了黄金时代，以梅兰芳为代表的一批大师使京剧走出国门，成为世界剧坛上的一朵奇葩。

30年代，中国共产党领导下的左翼音乐、戏剧工作者，通过创作革命歌曲、组织歌咏活动、表演戏剧等方式进行革命宣传，随后又发动了轰轰烈烈的抗日救亡歌咏运动和戏剧运动。受左翼文化运动影响而产生的“新舞蹈艺术”首先在国统区舞台上崭露头角，荡涤了国统区色情歌舞的污浊气氛。40年代，国统区的进步音乐、戏剧组织以及进步舞蹈家们顽强地坚持抗日宣传。解放区也建立了艺术教育机构和文艺团体，并创作出各种体裁的优秀作品。革命圣地延安还掀起了热火朝天的秧歌运动。

中国现代绘画是在引入西方美术的背景下向前发展的。这一时期画坛活跃，西方传统绘画和现代绘画流派都为年轻画家所追随。许多画家还尝试着将西洋画法用于国画的创新；一些画家则主张尊重艺术个性，按国画自身的发展规律去开辟新道路。不论持哪种观点，徐悲鸿、刘海粟、齐白石、张大千等大师都创作出了光照现代画坛的艺术形象。

一、音乐社团和音乐教育的兴起

1917年8月，蔡元培在《新青年》上发表了著名的《以美育代宗教说》，号召人们用艺术来陶冶情操、发展个性，从而改善人生、改良社会风气。在这个主张的带动下，全国各大中城市相继成立了许多新式的音乐社团，它们不仅活跃了城市中的音乐文化生活，在批判封建思想、文化，提倡新思想、新文化方面更是作出了积极的努力。成立较早、影响较大的新式音乐社团有“北京大学音乐研究会”、“中华美育会”、“大同乐会”、“北京爱美乐社”、“国乐改进社”等。它们的职能主要是传授中西乐器的表演技能，组织各类演出活动，介绍西方音乐知识和记谱法，翻译和介绍西方音乐理论书籍，进行音乐创作，整理并研究中国传统音乐等。

江苏民歌《茉莉花》

北京大学音乐研究会的前身是周文笈、林士模等人自发组成的北京大学音乐团，该团后来改名为北京大学音乐会。1919年1月，北京大学音乐研究会在原有音乐会的基础上成立，由当时北京大学校长蔡元培兼任会长，聘任了萧友梅、杨仲子、王露等名师任教，活动宗旨为“研究音乐，陶冶性情”。研究会下设“昆曲组”、“古琴组”、“钢琴组”、“提琴组”、“丝竹组”、“中乐唱歌班”以及培养音乐师资的“特别班”等，成立后进行了大量的演出，并且编辑出版了社刊《音乐杂志》，当时在社会上影响很大。1922年，研究会接受萧友梅的建议改建为“北京大学附设音乐传习所”，影响范围更大，成为正式的学校音乐教育机构。

丰子恺像

“中华美育会”于1919年在上海成立，宗旨是“提倡美育”，发起人为吴梦非、丰子恺和刘质平等，参加者多是各学校中从事艺术教学或热衷“美育”的老师。中华美育会不仅研习中西音乐、传授音乐知识、组织社会性音乐活动，还开展音乐创作、编辑和翻译有关中西音乐的书刊及乐谱，另外还编辑出版了会刊《美育》。中华美育会的活动仅历时三年，但由于该会的会员遍及全国十几个省市，因此其影响是相当广泛的。

四川民歌《康定情歌》

“大同乐会”又名“大同演乐会”，1920年成立于上海，创始人是郑觐文。大同乐会聘请汪昱庭、程午加、柳尧章等为教师，会员则多是文人和职员。大同

乐会当时拥有中国规模最大的民族管弦乐队，分为吹管、擦弦、弹弦、打击四个组。早期的活动主要是演奏古代宫廷雅乐，后受到萧友梅等音乐界进步人士的批评，遂改为以演奏中国传统音乐和民间丝竹乐为主。大同乐会在整理和改编民族器乐曲、改造和改良民族乐器、完善民族乐队编制、培养民族乐器专门人才等方面都有着非常突出的贡献，其整理改编的民族器乐曲无论在内容还是演奏形式上都对中国传统国乐有着很大的突破，尤其是柳尧章改编的《春江花月夜》，可谓是中国民族器乐合奏发展史上里程碑式的杰作。

“北京爱美乐社”是由柯政和、刘天华等人1927年在北京发起成立的。它的主要活动是编辑出版《新乐潮》杂志、创办音乐学校进行业余音乐教育、举办各种形式的音乐演出等。《新乐潮》虽然只出版了大约10期，但刊载过民乐大师刘天华关于民族音乐问题的许多文章，当时在社会上产生过一定的影响。

“国乐改进社”是1927年由刘天华、郑颖荪、吴伯超、曹安和等35人在北京发起成立的民族音乐社团。该社团的活动宗旨是借助西洋音乐的长处改造和促进国乐的发展——“一方面采取本国固有的精神，一方面容纳外来的潮流，从东西的调和与合作之中打出一条新路来”。(《国乐改进社缘起》) 国乐改进社的主要负责人是刘天华，活动范围包括演出以及编辑社刊《音乐杂志》等。1932年刘天华逝世后，该社即停止了活动，《音乐杂志》也停刊。

“五四”以来新式音乐社团在西洋音乐知识技能的传播和传统国乐的收集整理等方面都发挥了巨大的作用，它们不但为中国现代社会音乐教育的全面展开打下了良好的基础，同时也成为中国专业音乐教育的光辉发端。

1912年中华民国临时政府成立之后，在首任教育总长蔡元培的支持下，音乐教育作为“美育”的重要内容成为全国中小学开设的必修课之一。为配合中小学的音乐师资供给，专门音乐人才的培养也成为迫切的需要，中国现代专业音乐教育的产生正是适应了这种社会需求。

私立上海专科师范学校，成立于1919年，是中国最早的私立艺术师范学校，由吴梦非、刘质平、丰子恺自筹资金开设。学校分为普通师范科和高等师范科，分别培养小学艺术师资和中学或普师的艺术教师。该校音乐方面的教师有刘质平、卫仲乐等，教授乐理、和声、作曲、声乐、钢琴、小提琴、国乐等课程。这所学校的办学活动持续了8年，其间曾一度扩组改名为“上海艺术师范学校”、“上海艺术师范大学”、“上海艺术大学”，培养了毕业生近千名，为中国艺术教育作出了杰出的贡献。

北京女子高等师范学校音乐体育专修科，设于1920年。1921年经萧友梅提议将音乐、体育分科，学制课程也日益完备。这是中国“最早的一所由国家兴办的、较为正规的高等师范专业音乐系科”（《中国音乐通史简编》），音乐科于1924年随校名的变更而改称“国立北京女子师范大学音乐科”，1925年后归入国立女子大学。

1927年北京各大专院校音乐系、科被奉系军阀停办。萧友梅在蔡元培的支持下，于同年11月创办了中国第一所独立的高等专业音乐学院，即上海国立音乐院，由蔡元培兼任院长，萧友梅任教授兼教务主任（后任代理院长）。1929年音乐院改名为“国立音乐专科学校”，萧友梅任校长。国立音专参照欧洲音乐学院的教学体制，设有本科、本科师范组、选科、附设高中班、高中师范科、研究班等；又按专业分为理论作曲、键盘乐器、乐队乐器、声乐、国乐等组。国立音专重视教师的质量，聘请的中外音乐家有查哈罗夫（俄）、富华（意）、佘甫磋夫（俄）、苏石林（俄）、黄自、周淑安、应尚能、赵梅伯、李惟宁、青主、朱英等。学校精选中外经典作品为教材，并经常举行音乐会和音乐观摩活动。国立音专为中国现代音乐事业输送了大批栋梁之材，毕业生中多有诸如贺绿汀、江定仙、陈田鹤、刘雪庵、谭小麟、钱仁康、喻宜萱、周小燕、李献敏、丁善德等享誉国内外的作曲家、歌唱家和演奏家。

黎锦晖、徐来率明月歌舞团访问天津时合影

在普通音乐教育方面，则不得不提及黎锦晖的贡献。黎锦晖（1891—1967）受五四新文化运动的影响提倡“美育”，他为推广国语和普及儿童音乐教育而创作了12部儿童歌舞剧和24首儿童歌舞表演曲，较著名的有《麻雀与小孩》、《葡萄仙子》、《月明之夜》、《三蝴蝶》、《小小画家》、《可怜的秋香》、《寒衣曲》、《吹泡泡》等。黎锦晖在创作中多是自编脚本和歌词，其作品不但富有民族风味和民间特色，还注意吸收西洋音乐的创作手法，而且词曲结合贴切、通俗易唱，舞蹈动作也非常优美，适合儿童的心理特征和接受能力。为了培养专门歌舞人才和扩大中国歌舞在海外的影响，1927年黎锦晖还在上海创办过“中华歌舞专门学校”。后来又成立了“中华歌舞团”，这是中国最早的专业化歌舞表演团体，通过他们在国内及香港、南洋群岛等地的演出，黎锦晖的儿童歌舞和中国新兴的歌舞 艺术产生了更加广泛的社会影响。20世纪30年代以后，中华歌舞团经过几番停办、改组、重建，先后发展为明月歌舞团、联华歌舞班、明月歌剧社等。

《麻雀与小孩》剧照

二、国乐改进

清末以来，传统音乐在民间仍保持着深厚的基础和应用范围，并出现了华彦钧（1893—1950）等民间音乐家（华彦钧即瞎子阿炳，擅长近三百首作品的演奏，但仅有二胡曲《二泉映月》、《听松》、《寒春风曲》，琵琶曲《大浪淘沙》、《昭君出塞》、《龙船》六首作品传世），城市中的一些民乐社团也定期进行演出活动。但总的来说，传统音乐的地位受到了外来文化和新音乐的猛烈冲击，除一部分音乐形式保持着旧有的面貌和发展轨迹之外，吸收新音乐因素以改革传统音乐成为一种主要趋势。五四运动之后，随着对音乐中西关系的思考和讨论，在“借助西乐，研究国乐”（《国乐改进社发刊词》）思想的引导下，民族音乐家利用西方音乐理论、技巧对传统音乐的改造更加系统有序。在民族音乐领域具有创新精神并作出突出贡献的音乐家，首推刘天华。

刘天华（1895—1932），中国著名的民族音乐家，现代二胡学派的创始人，江苏江阴人。他与兄长刘半农、弟弟刘北茂都是中国现代文化史上的名人，被人们尊称为“刘氏三杰”。他在常州中学读书时，就开始接触西洋铜管乐器。1912年在上海参加“开明社”的乐队，系统学习了音乐理论和钢琴、小提琴、铜管乐器等。1914年返回家乡，在中、小学任教，其间曾跟随当时著名的民间音乐家周少梅、沈肇洲等学习二胡、琵琶。1922年受聘于北京大学音乐传习所，任国乐导师，还在北京女子高师音乐科、北京艺术专门学校等处任教。教学之余，他坚持二胡、琵琶的创作和研究，并考察和收集民间音乐、戏曲，随外籍音乐家学习小提琴及西洋作曲理论。1927年与友人一起创建“国乐改进社”，并创办《音乐杂志》，还参与成立了“北京爱美乐社”。1932年，刘天华去北京天桥搜集锣鼓谱，不幸染上猩红热，治疗无效去世。

华彦钧像

刘天华像

刘天华热爱民族音乐，他的理想和志向正如他所发起的音乐社团“国乐改进社”的名称一样，是改进国乐。他希望融合东西方音乐之长来促进民族音乐的发展，“一方面采取本国固有的精粹，一方面容纳外来的潮流，从东西的调和与合作之中打出一条新路来”（《国乐改进社缘起》）。他受到当时“平民教育”、“平民文学”等民主思想的影响，选择了最常见的二胡作为改进国乐和普及音乐的突破口，提出音乐“要顾及一般的民众”，反对音乐成为“贵族们的玩具”（《〈除夜小唱〉、〈月夜〉的说明》）。他对二胡作了大胆的改革，使二胡从选料、制作到音域、音质、音色、指法、弓法、定弦以至记谱等方面均有很

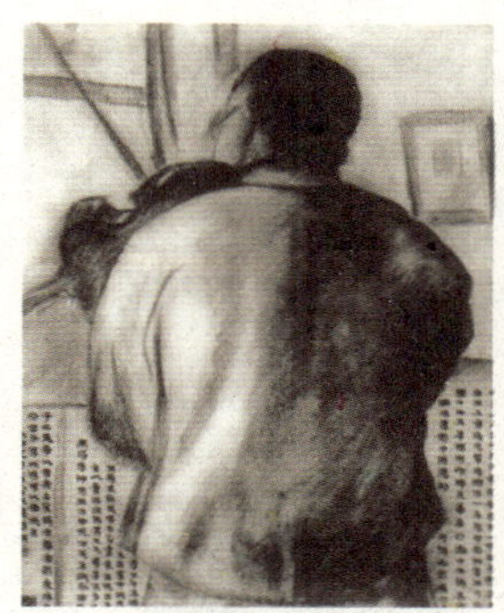
音乐家刘天华　刘作素描

大改进，提高了其艺术表现力。他不但借鉴西洋音乐的作曲技巧创作了既有浓郁民族风格又体现鲜明时代精神的“十大二胡曲”(《良宵》、《月夜》、《苦闷之讴》、《独弦操》、《病中吟》、《烛影摇红》、《光明行》、《悲歌》、《空山鸟语》、《闲居吟》)，还参照西洋乐器的教学方法，采用练习曲和乐曲相结合、循序渐进的方式进行教学，并改变了传统二胡口传心授的教学方式，编写了47首《南胡练习曲》。在刘天华的多方努力之下，使二胡这件过去不受人们重视的民间乐器不但成了重要的独奏乐器，而且被纳入了高等专业音乐教育领域。刘天华培养出了许多二胡名家，为中国现代二胡学派的建立奠定了基础。

刘天华对琵琶也作了大胆的改革，提出过“六相十三品”、“活动品位装置”的建议，创作了《歌舞引》、《改进操》、《虚籁》等琵琶曲和15首琵琶练习曲，使琵琶的教学也趋于规范化、科学化。他还对中国传统的工尺谱作了比较科学的改进，并运用五线谱和工尺谱将京剧大师梅兰芳的唱腔记录下来，整理成为《梅兰芳歌曲谱》，开京剧唱腔结集成谱之先河。另外，刘天华还作有丝竹合奏曲《变体新水令》，整理过崇明派传统琵琶曲，留下《安次县哨子合乐谱》、《佛曲谱》等遗稿，他为促进中国民族音乐发展所立下的功劳是多方面的，也是具有开创性的。

萧友梅像

三、专业音乐的发展

五四运动以后，一些掌握欧洲音乐创作技巧的音乐家开始了专业音乐创作的尝试，他们的作品在很大程度上符合时代精神和人民大众的进步要求，在中国现代音乐史上有着重要的开创意义。在这方面较有影响的代表人物有萧友梅、赵元任、黄自、贺绿汀、马思聪等。

萧友梅 (1884—1940)，早年曾留学日本、德国，他一生的工作主要集中在音乐教育方面。他为中国现代音乐教育的发展呕心沥血，被誉为“中国现代音乐教育事业的奠基者”。他在歌曲、管弦乐曲的创作方面也有一定造诣。萧友梅的歌曲虽然受德国古典主义音乐的影响较为明显，但其中表现出的民族情感和传统文化底蕴却十分深厚。代表作品有独唱曲《问》、《南飞之雁语》、《卿云歌》、《五四纪念爱国歌》，合唱曲《柏树林回旋歌》、《春江花月夜》等。这些歌曲中，有的是反映当时资产阶级民主革命、表现反帝爱国题材的，

《五四纪念爱国歌》

大多散见于报刊杂志；大部分则是描写自然景物和学校生活等的抒情性作品，一般收集在《今乐初集》、《新歌初集》和《新学制唱歌教科书》中。萧友梅的器乐作品有管弦乐曲《新霓裳羽衣舞》（后改编为钢琴曲，是中国音乐史上第一首以民族历史题材为内容的大型钢琴作品）、钢琴曲《哀悼引》、大提琴曲《秋思》等，这些作品虽然采用欧洲作曲技术写成，有的作品今天看来稍嫌拘谨，但它们对中国现代专业音乐创作的发展无疑发挥了最初的启蒙作用。

赵元任像

著名的语言学家赵元任（1892—1982）早年留学美国，在此期间曾业余学习音乐，并尝试着进行音乐创作。他的歌曲在20年代具有广泛的影响，其中最著名的有《卖布谣》、《教我如何不想他》、《听雨》、《也是微云》、合唱曲《海韵》等。这些成就的取得很大程度上得益于他在语言学上的深厚造诣和对各地方言以及民间音乐的了解。他的声乐作品大多采用当时的白话体新诗作为歌词，对歌曲伴奏的处理也十分独到，使钢琴伴奏成为表现音乐形象的重要手段。赵元任还创作过一些钢琴音乐作品，他在1915年发表的《和平进行曲》是目前所知最早由中国人创作的钢琴曲。赵元任的音乐创作受到“五四”进步思想的影响，具有鲜明的爱国思想和民主倾向，他对于“中国化”的和声以及以五声音阶为基础的“中国派”曲调等的探索使得作品具有突出的民族风格，也为后人提供了许多有益的创作经验，被音乐界誉为是“替我国音乐界开一个新纪元”（萧友梅《介绍赵元任先生的〈新诗歌集〉》）。

黄自（1904—1938）这位曾求学于清华学校和美国欧伯林大学、耶鲁大学的音乐家，不仅是中国现代音乐教育史上继萧友梅之后又一位举足轻重的人物，也是现代有重大影响的作曲家之一。黄自1929年学成回国后，于1930年起担任上海国立音专的教授兼教务主任，负责全校教务工作，并承担了音专几乎所有的音乐理论方面的课程。他以严谨的治学态度和高度的专业水平影响着自己的学生，著名音乐家贺绿汀、刘雪庵、陈田鹤、江定仙等都出自他的门下。黄自的音乐创作标志着20世纪30年代专业音乐创作的新高度，他的作品中有为古诗词或拟古体诗词谱写的抒情性艺术歌曲，如《点绛唇》、《南乡子》、《玫瑰三愿》、《思乡》、

《教我如何不想他》

《春思曲》等。他善于表达歌词的特定意境，恰当地处理诗词韵律与曲调的关系，作品含蓄细腻，充满中国古典文化的气韵。黄自创作了中国第一部清唱剧《长恨歌》，这部作品充分发挥了合唱、独唱、重唱等多种演唱形式的特点，在民族风格的和声、复调等方面也作了有益的尝试。黄自于“九一八”事变以后创作的《抗敌歌》、《旗正飘飘》等，是中国音乐家最早创作的抗日救亡歌曲，也是近代合唱曲中的上乘之作。黄自的器乐作品数量不多，但他早年在美国时的习作交响序曲《怀旧》和为进步影片《都市风光》作的片头音乐《都市风光幻想曲》已然显示了他驾驭大型交响作品的才能。黄自在音乐美学、音乐欣赏、音乐评论和如何发展中国音乐等理论问题上都有一定的见解和论述，还根据教学需要编写了《音乐史》、《和声学》等教材（均未完成）。黄自在社会音乐活动和普通音乐教育方面也做了大量工作，他参与创办“音乐艺文社”和《音乐杂志》，发起建立“上海管弦乐团”，还主编《复兴初级中学音乐教科书》等。他的一生虽然短暂，但留给中国新兴音乐事业的宝贵遗产却是不胜枚举的。

黄自像

贺绿汀（1903—1999）早在进入上海国立音专学习之前就曾经参加过湖南农民运动、广州起义、海陆丰农民运动等革命活动，并创作了他的第一首革命歌曲《暴动歌》。1931年考入国立音专后，师承黄自。1934年，他的作品《牧童短笛》在俄籍钢琴家、作曲家齐尔品举办的“征求中国风味的钢琴曲”比赛中获头奖，从此受到乐坛的瞩目。之后，他进入电影界，从事电影配乐工作。在20世纪30年代抗日战争的历史洪流中，他加入进步救亡歌咏组织“歌词曲作者联谊会”和“歌曲研究会”，并参加上海文艺界抗日救亡演剧一队，赴前线宣传抗日。40年代以后他先后在苏北华中根据地和延安根据地开展音乐教育、文化宣传等工作。贺绿汀在战争年代的作品以他在救亡歌咏运动和抗战初期写作的进步电影音乐和抗战歌曲影响最大。他在歌曲的民族化和大众化方面作了许多努力，代表作品有《春天里》、《天涯歌女》、《四季歌》、《游击队歌》、《嘉陵江上》、合唱曲《垦春泥》等。战争时期他还作有管弦乐曲《晚会》、《森吉德玛》等。

贺绿汀像

20世纪30年代，留法归国的马思聪（1912—1987）曾与陈洪共同创办过私立广州音乐学院，他所创作的小提琴音乐“结束了中国人只能拉外国小提琴曲的历史，标志着中国小提琴音乐有了良好的开端”（《中国音乐通史简编》）。他还作有大量交响乐、室内乐、大合唱等作品，并在抗战期间写过一些抗战歌曲、独唱曲，表现出强烈的爱国主义精神。

马思聪像

这时期重要的音乐家还有周淑安、应尚能、陈洪、李惟宁、赵梅伯、陈田鹤、刘雪庵、江定仙、丁善德等，他们在作曲、理论、演奏、演唱等方面各自有所建树。另外，青主在音乐美学方面的研究和他的《大江东去》、《我住长江头》等古诗词歌曲也有一定的社会影响。

四、红色歌舞的兴起

五四运动以后，随着马列主义的传播和中国共产党领导的工农革命运动的开展，出现了配合革命形势需要的工农革命歌曲。这些歌曲的内容大都与当时的政治斗争和重大事件相联系，例如《五一纪念歌》是1921年长辛店工人纪念“五一节”所唱的；《京汉罢工歌》是表达对“二七惨案”中死难者的哀悼和工人们打倒封建军阀的决心的；《农会歌》则是在广东海丰地区农民运动中产生的。这些作品大多是参加工农斗争的进步知识分子和工农群众创作的，他们当中没有专业的音乐家，因此多数作品还是采用现成的曲调（尤其是城市小调）填词而成。这时期一些革命知识分子把许多外国革命歌曲也介绍给了中国的工农群众，瞿秋白在《新青年》季刊上发表的《国际歌》曲谱和译词就是其中之一。

1927年大革命失败以后，中国共产党领导中国革命逐渐走上了建立农村根据地、以农村包围城市的道路，革命文艺也伴随着根据地的巩固和扩大而蓬勃发展起来。20世纪20年代末30年代初，红军各部队中先后加强或新建了俱乐部、宣传队、慰劳队、跳舞队等文艺团体，其中成立较早的有战斗剧社、湘赣歌舞团、工农剧团等。在当时艰苦的战争环境中，这些文艺团体的活动不但丰富了军民的精神生活，配合着各种战斗进行了适时的革命宣传，而且为工农红军和民主政府培养了早期的文艺人才。当时，根据地的歌曲大都利用各地流行的山歌、城市小调、戏曲曲牌等填词演唱，许多是群众的口头创作，也有专业文艺工作者的作品。它们保持着传统歌谣那种单纯、明朗、刚健、清新的气息和浓厚的地方色彩，又充满了新思想和革命乐观主义精神，著名者如《打碎敌人的乌龟壳》、《八月桂花遍地开》、《盼红军》、《刘志丹》、《红军纪律歌》等，至今仍有所传唱。

在艰苦的革命斗争中，革命舞蹈也逐渐萌芽并发展起来。红军战士利用歌曲向群众宣传党的方针时，有时配上简单的动作或本地区的民间舞蹈。当时在红军中和各根据地流传的革命歌舞有《朱德来会毛泽东》、《八月桂花遍地开》、《送郎当红军》、《武装上前线》、《扩大红军》、《红色五月》等。1931年中央革命根据地红军学校成立后，组织一些文艺骨干建立了俱乐部，定期举行文艺晚会。俱乐部的主要成员危拱之、李伯钊都曾赴苏联学习，后者还被誉为“歌舞明星”。红军学校俱乐部的晚会上舞蹈方面的节目有《俄罗斯舞》、《海军舞》、《乌克兰舞》等热情活泼的苏联舞蹈。李伯钊编演了《国际歌舞》，又与石联星、刘月华共同创作了《工人舞》、《农民舞》、《红军舞》、《团结舞》、《马刀舞》等反映苏区军民生活的舞蹈作品，受到苏区军民的喜爱。

1932年红军学校政治部领导下的“八一剧团”成立，后来又在该团基础上成立了“工农剧社总社”，次年开设下属的“蓝衫团”学校，这是苏区创办的第一所艺术学校，在这里舞蹈被当作主要课程之一。1934年，蓝衫团学校更名为“高尔基戏剧学校”，仍将舞蹈作为重要教育内容。

1934年，红军主力开始长征，文艺宣传员们随部队长途跋涉，同时根据新战果和模范事迹即时编演节目，竭尽所能地激励将士们的斗志，沿途宣传革命思想和党的政策。这些舞蹈活动充分显示出无产阶级军队的革命乐观主义精神。全面抗战爆发后，根据地的革命舞蹈活动也紧紧围绕着抗日救国的主题进行，创作表演了《陆海空军总动员舞》、《抗日舞》、《东渡黄河舞》、《反顽固舞》、《游击队舞》、《烽火舞》、《保卫黄河舞》、《生产运动舞》、《小八路》等节目。这些具有浓厚时代气息的舞蹈不仅在当时极大地鼓舞了抗日军民的斗志，而且也为中国现代舞蹈事业的发展积累了宝贵的经验。

五、左翼音乐运动和抗日救亡歌咏运动

1930年，中国共产党为团结进步文化工作者，重整大革命失败后白区文化生活的低迷、混乱状态，在上海先后成立了中国左翼“作家联盟”、“戏剧家联盟”等左翼组织，并由党所领导的“左翼文化工作者总同盟”统领。左翼文化组织一经成立，不久就扩大到了北平、武汉等地。由于左翼文学、戏剧、电影等工作需要音乐的配合，于是王旦东、李元庆等于1932年在北平组建了“左翼音乐工作者联合会”；次年，任光、安娥、张曙、聂耳等人在上海成立了“苏联之友社”音乐小组（又名“中苏音乐学会”）和“中国新兴音乐研究会”；1934年又由聂耳、任光、安娥、张曙、吕骥、萧声等人在上海的左翼剧联内建立了一个音乐小组。这些左翼音乐组织直接受到中国共产党的领导，他们的主要活动是为进步电影和戏剧配乐，创作和研究革命歌曲，深入厂矿、城乡、大中学校和市民当中组织歌咏活动，学习和介绍革命音乐理论等。他们把音乐的大众化作为努力的方向，利用各种群众喜闻乐见的传统音乐形式，创作通俗的革命音乐。他们所创

任光像

电影《风云儿女》海报

作的大量歌曲中，较著名的有为《母性之光》、《渔光曲》、《大路》、《桃李劫》、《风云儿女》等进步影片和《扬子江暴风雨》、《放下你的鞭子》等进步戏剧写作的配乐，以及《打回老家去》、《中华民族不会亡》、《救亡进行曲》、《牺牲已到最后的关头》等革命歌曲。这些作品通过舞台、银幕、唱片、广播等途径得到传播。1935年5月起，左翼音乐工作者发起组织“业余歌咏团”（亦称“业余合唱团”），同时大力支持由爱国群众自发组织的“民众歌咏会”，团结黄自、赵元任等进步专业音乐家，不仅扩大了左翼音乐运动的影响，也为革命音乐活动的深入开展培养了一批骨干力量。

聂耳（1912—1935）是左翼音乐家中的重要代表人物，他幼时在家乡云南学习过笛子、二胡、三弦、月琴等民族乐器，大革命期间积极参加进步音乐活动，后因参加学生运动遭到国民党反动派的搜捕，为此躲避到了上海。1931年考入“明月歌剧社”，学习小提琴、作曲理论等。1932年，他在田汉介绍下参加左翼剧联，从此投身于左翼音乐运动，人生观、艺术观也有了进一步提高。同年，他发表《中国歌舞短论》等文章批评明月歌剧社的商业性演出，并脱离该社。聂耳从1933年起正式开始为左翼电影、戏剧配乐。1935年，党组织安排聂耳取道日本去苏联深造，是年7月他在神奈川县藤泽市鹄沼海滨游泳时不幸溺水身亡。在聂耳年仅23岁的生命中，真正的创作生活只有两年多的时间，虽然生命和创作经历过分短促，他还未及掌握更多、更高的创作技巧，也尚未充分发挥出自己的潜能，但他留下的《义勇军进行曲》、《毕业歌》、《大路歌》、《开路先锋》、《码头工人歌》、《铁蹄下的歌女》、《塞外村女》、《梅娘曲》等脍炙人口的作品具有鲜明的时代感，反映了受压迫的劳苦大众内心

聂耳像

《毕业歌》

《义勇军进行曲》手稿

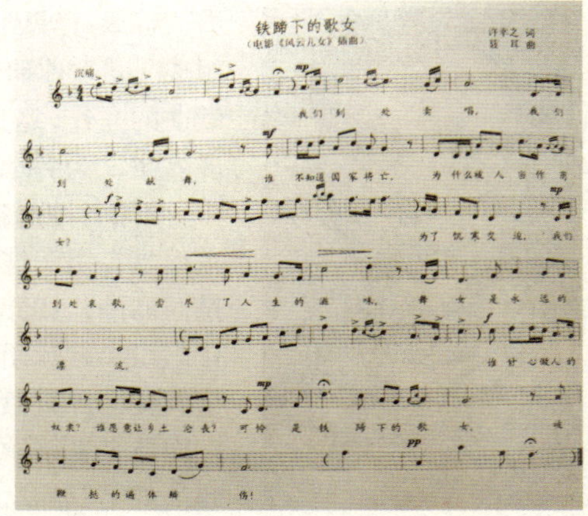

《铁蹄下的歌女》

的苦难、愤怒和强烈的反抗要求及顽强的斗争意志，同时又体现出民族化和大众化的特点。他的作品不但在战争时代起到鼓舞人心的作用，至今也不失其艺术魅力。

除聂耳外，左翼音乐运动中的重要音乐家还有任光、张曙、吕骥等。另外，贺绿汀、冼星海等虽然没有参加左翼音乐组织，但其创作思想也自觉或不自觉地符合左联的文艺工作方针。

在左翼文化运动的影响下，舞台上出现了一种与伴随西方文化输入的色情歌舞截然不同的“新舞蹈艺术”，其代表人物为吴晓邦。吴晓邦（1906—1995），原名吴锦荣，学名祖培，后因仰慕波兰音乐家肖邦而改名“晓邦”。读中学时即深受五四新文化运动的影响，青年时期积极地投身于进步活动。1929年，吴晓邦到日本早稻田大学求学，在一次观看学生们表演的舞蹈《群鬼》后，受到强烈震撼，开始对舞蹈产生兴趣，并先后在高田雅夫舞蹈研究所、江口隆哉现代舞蹈研究所学习。1931年，他在上海成立“晓邦舞蹈学校”，开始了自己的舞蹈事业，后来又两度去日本学习舞蹈。1935年9月，吴晓邦在上海举办了个人舞蹈作品发表会，演出了他创作的《送葬》、《傀儡》、《小丑》、《幻想的破灭》、《吟游诗人》、《爱的悲哀》等11个舞蹈。1937年4月，又在第二次舞蹈作品发表会上演出了新作《拜金主义者》、《奇梦》、《懊恼的解脱》、《中庸者的悲伤》、《和平的憧憬》、《思想恐慌时期》等。“七七”事变后，吴晓邦参加抗日救亡演剧队、新四军战地服务团，创作并表演了大量舞蹈作品，其中包括用聂耳的同名音乐创作的《义勇军进行曲》，另外还有《游击队员之歌》、《大刀进行曲》、《丑表功》、《传递情报者》以及中国现代舞蹈史上第一批舞剧之一的《罂粟花》等。这些作品以准确、深刻的舞蹈形象反映了旧中国苦难深重的社会现实，也标示着吴晓邦在艺术上的成熟。

麦新词曲的《大刀进行曲》

1935年中国共产党发表了《八一宣言》，号召停止内战一致抗日，建立“国防政府”、“国防军”。1936年初，左翼各界组织为响应抗日民族统一战线的号召相继宣布解散，并提出“国防文学”、“国防戏剧”等口号，同时音乐界也相应地提出“国防音乐”的口号，转入了发动群众性抗日救亡歌咏运动的阶段。

1936年，为配合救亡歌咏运动的需要，孙师毅、吕骥、任光、张曙、周巍峙、麦新、冼星

麦新像

张寒晖像

冼星海像

海、贺绿汀等成立了“歌词曲作者联谊会”，吕骥、麦新等十余人还组成了“歌曲研究会”，以培养进步歌曲作者，促进救亡歌曲和群众歌曲的写作。这支革命音乐队伍创作出大量的优秀歌曲，并出版了许多歌集，为各地救亡歌咏活动提供了演唱材料。在他们的积极推动下，全国各地的抗日歌咏团体纷纷建立，各种大规模的群众音乐活动也得以有组织地进行。1937 年全面抗战爆发后，救亡歌咏运动也被推向高潮。1938 年初，在“战时首都”武汉，汇集了大量的抗战文化组织和歌咏团体，相继成立了“中华全国歌咏界抗敌协会”、“中华全国文艺界抗敌协会”等文化界抗日民族统一战线组织。同年 4 月，在周恩来直接领导下，成立了专司抗战宣传的“国民政府军事委员会政治部第三厅”，郭沫若任厅长，冼星海、张曙主持抗战音乐工作。在冼星海、张曙的组织下，武汉曾举行过数十万人参加的“歌咏火炬游行”等活动，是当时抗日救亡歌咏运动的中心。抗日的歌声伴随着战争的烽火传遍了整个中国，在延安等抗日根据地，也开展了如火如荼的救亡歌咏运动。

这一时期为中国革命音乐事业作出突出贡献的作曲家有任光、张曙、麦新、吕骥、贺绿汀、冼星海、张寒晖、郑律成、马可、刘雪庵等。其中，1935 年留法归来的冼星海（1905—1945）影响尤为显著。冼星海回国后，积极投身于抗日救亡歌咏活动，创作了一系列抗战歌曲和电影插曲。1938 年底赴延安，在鲁迅艺术学院音乐系任教，后任该系主任。这时期他创作了大量反映时代精神和民族精神的优秀作品，其中包括著名的《黄河大合唱》以及《生产大合唱》、《九一八大合唱》等。1940 年，冼星海去苏联参加电影配乐工作，因苏联卫国战争爆发而滞留在苏联和蒙古，在战乱中贫病交加，于 1945 年 10 月病逝于莫斯科。冼星海的作品体裁广泛，其中既有交响乐、歌剧、大合唱，又有群众歌曲、声乐独唱曲和器乐独奏、合奏等，是中国现

冼星海在延安窑洞里创作

《黄河大合唱》手稿

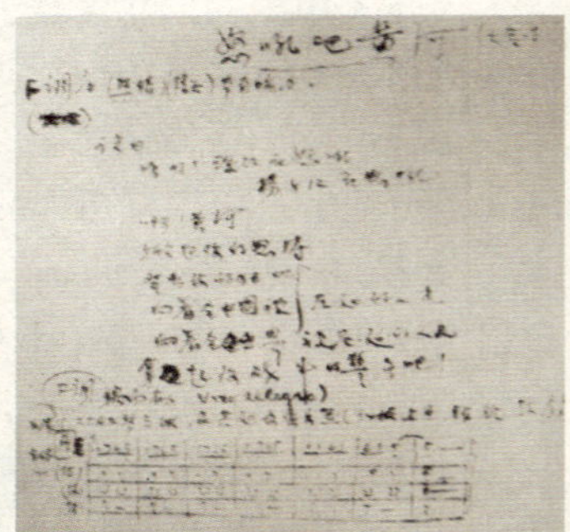

冼星海在延安指挥排练《黄河大合唱》

代革命音乐作品中的典范，冼星海也被当之无愧地誉为“人民的音乐家”。

六、国统区的音乐和舞蹈

抗日战争进入相持阶段后，国民党当局采取“消极抗日，积极反共”的政策，不但企图把持所辖区域内的音乐教育、创作、出版、广播、演出等事业，对各种抗日音乐活动也加以压制和迫害。1940年，国民党反动派解散了军委会政治部第三厅及一批救亡歌咏团体，成立了“国立音乐院”、“国立礼乐馆”、“中国音乐学会”等组织，大肆宣传“复兴乐教”，并通过编辑音乐刊物和组织“千人”、“万人”大合唱等方式进行反动宣传。

虽然反动派的倒行逆施给进步音乐工作造成很多困难，但“三厅”组织的各演剧队、孩子剧团等表演团体和中国共产党直接领导的“新音乐社”等组织仍始终坚持着抗日宣传。新音乐社成立于1939年，早期成员有李凌、赵沨、林路、孙慎、沙梅、舒模、联抗等。马思聪、张洪岛、江定仙、李抱忱、陈田鹤、缪天瑞等身处国统区的音乐家也与该社保持联系，并大都在其公开出版的《新音乐》月刊上发表过具有爱国民主倾向和进步意义的文章。

20世纪40年代，国统区的进步音乐创作以要求抗战、反对卖国投降、争取民主自由和反对法西斯统治为主要内容；体裁上以小型声乐曲为多，其中有正面反映爱国民主要求的。如《民主是那样》、《跌倒算什么》，还有《古怪歌》、《五块钱》、《你这个坏东西》等讽刺歌曲，《老天爷》、《红豆词》等抒情歌曲以及《茶馆小调》等叙事歌曲，这些歌曲在利用民间音乐语言方面作了较多的探索。大型声乐作品有陈田鹤的清唱剧《河梁话别》，舒模、孙慎、费克等为诗剧《岁寒曲》所作插曲，李凌的《南洋伯返唐山》组歌以及马思聪的《抛锚》、《民主》、《祖国》、《春天》大合唱等。歌剧创作以黄源洛作曲的《秋子》最具代表性。西洋弦乐器独奏以马思聪的小提琴独奏曲最为重要，钢琴独奏曲中较有影响的有丁善德的《春之旅》组曲、《中国民歌主题变奏曲》等，室内乐作品则有谭小麟的《小提琴和中提琴二重奏》、桑桐的《夜景》等，管弦乐作品有马思聪的《第一交响乐》、贺绿汀的《晚会》等。

40年代国统区专业舞台上活跃着一位杰出的女舞蹈家——戴爱莲。戴爱莲1916年出生于西印度群岛的特立尼达岛，自幼习舞，14岁赴伦敦，系统学习了欧洲古典芭蕾，并大胆借鉴现代舞的表现技巧。全面抗战爆发后，身在异国的戴爱莲多次参加“中国运动委员会”组织的演出，为宋庆龄领导的“保卫中国大同盟”募捐。1940年，戴爱莲到达香港，受到宋庆龄热情的接待，后来又绕道澳门、桂林到达重庆。她接受周恩来的建议，留在大后方从事舞蹈活动，从此为国统区进步舞蹈事业的发展而奔走。1941年，吴晓邦、盛婕和戴爱莲三位舞蹈家在重庆举行了一场具有历史意义的合作演出，他们的精湛技艺被报界誉为“新舞蹈的先锋”。戴爱莲早期创作和演出的舞蹈主要有《警醒》、《前进》、《东江》、《游击队的故事》、《思乡曲》、《卖》、《空袭》以及受延安新秧歌剧启发而作的《朱大嫂送鸡蛋》等。这些作品无论对中国舞蹈事业的发展还是对当时的抗日斗争宣传都起到重要的推动作用。戴爱莲重视民族民间舞蹈素材，多次深入西南少数民族地区采风，创编了一批少数民族风格的舞蹈作品，1946年在重庆举行首次“边疆音乐舞蹈大会”，表演节目有她和自己的学生创作的《瑶人之鼓》、《巴安弦子》、《春游》、《青春舞曲》、《甘孜古舞》、《倮倮情歌》、《哑子背疯》、《嘉戎酒会》、《羌民端公跳鬼》等，它们融会了汉、藏、维、彝、瑶、羌六个民族的舞蹈文化。这些清新、健康、充满活力的舞蹈与国统区舞台上长期弥漫的靡靡之音形成鲜明的对比，在重庆、上海演出后引起极大轰动，在国统区青年中掀起了学跳边疆舞的热潮。

戴爱莲像

哑子背疯　戴爱莲表演

嘉戎酒会　戴爱莲表演

早在30年代就产生过巨大影响的"新舞蹈艺术"，这时期仍是国统区舞蹈领域的主要表现形式之一。40年代初，吴晓邦和盛婕在贵阳、重庆、成都、广东等地进行新舞蹈活动，创作了《饥火》、《思凡》、《生之哀歌》、《迎春》、《网中人》、《月光曲》及舞剧《宝塔与牌坊》等作品。他们用舞蹈抒发爱国、抗日的激情，并帮助"新安旅行团"、"孩子剧团"、"广东曲江艺专"等青少年组织进行舞蹈训练，整理出一套新舞蹈基本训练教材，积累了宝贵的经验。1945年以后，吴晓邦到达延安，为解放区的舞蹈事业而工作。另外，当时在国统区的进步舞蹈家还有梁伦、陈蕴仪、游惠海等。

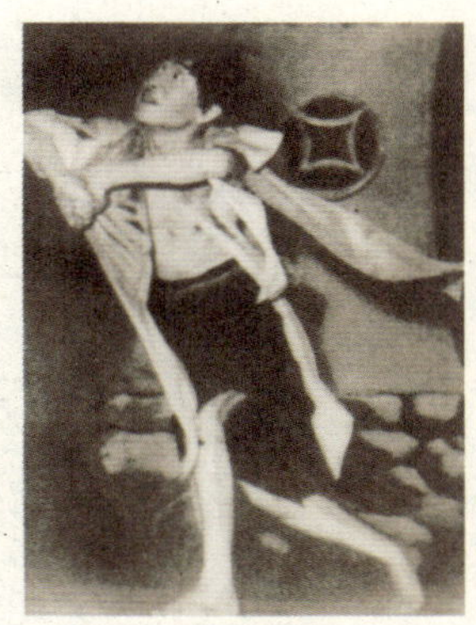

饥火　吴晓邦表演

七、解放区的音乐和舞蹈

抗日战争时期，中国共产党领导着革命队伍开辟了以延安为中心、遍及全国十多个省份的解放区，在这些红色区域中，音乐、舞蹈活动有着明确的指导方针，也有着健康向上的表现方式。

1938年，在毛泽东、周恩来等的提议下，延安创办了"鲁迅艺术学院"，1941年又成立了"部队艺术学校"及其分校，其他根据地也陆续成立了鲁艺分院或类似的艺术教育机构。另外，在陕甘宁边区和各根据地还有"边区音乐界抗敌协会"、"边区音乐工作者协会"、"抗日军政大学合唱团"、"延安合唱团"等文艺团体，革命文艺宣传的队伍在不断壮大。1942年5月，中共中央针对解放区文艺工作中自30年代末开始滋生的一些不良倾向召开了延安文艺座谈会，毛泽东发表了《在延安文艺座谈会上的讲话》，并发动文艺整风运动。通过学习和讨论，解放区文艺工作者在深入工农兵群众、深入实际斗争方面进一步提高了认识。

毛泽东与参加文艺座谈会的代表合影

当时根据地音乐生活中一个突出的现象是新民歌的广泛流传。这些新民歌基本上采取原有

《南泥湾》

民歌的曲调填词，内容以歌颂党和革命领袖、歌颂新社会和新生活为主，具有强烈的时代感和乐观、健康、向上的气质。其中较著名的有《东方红》、《咱们的领袖毛泽东》、《绣金匾》、《解放区的天》等。在“民间音乐研究会”等机构的组织下，一些专业音乐家也利用民歌曲调改编成曲，其中以《边区十唱》（张寒晖编曲）、《拥军花鼓》（安波编曲）等流传最广。

40年代解放区的音乐创作中，短小精悍的群众歌曲仍占有主要地位。这类歌曲不但数量多，而且题材广泛。其中有反映战斗生活的，如《朱德投弹手》、《行军小唱》、《提防鬼子来抢粮》、《让地雷活起来》、《说打就打》等；有反映解放区军民生活的，如《选举好人来当官》、《民主歌儿到处唱》、《南泥湾》、《朱大嫂送鸡蛋》等；有歌颂党、革命领袖、革命军队和解放区的，如《没有共产党就没有新中国》、《跟着共产党》、《八路好》等；有民间风格的叙事歌曲，如《歌唱二小放牛郎》、《狼牙山五壮士歌》、《晋察冀小姑娘》等；有为院校和革命团体所作的歌曲和纪念性歌曲，如《抗日军政大学校歌》、《鲁迅艺术学院院歌》、《陕公校歌》、《五四纪念歌》、《五月进行曲》等；还有表现对未来新中国展望的，如《民主建国进行曲》、《在毛泽东的旗帜下胜利前进》等。

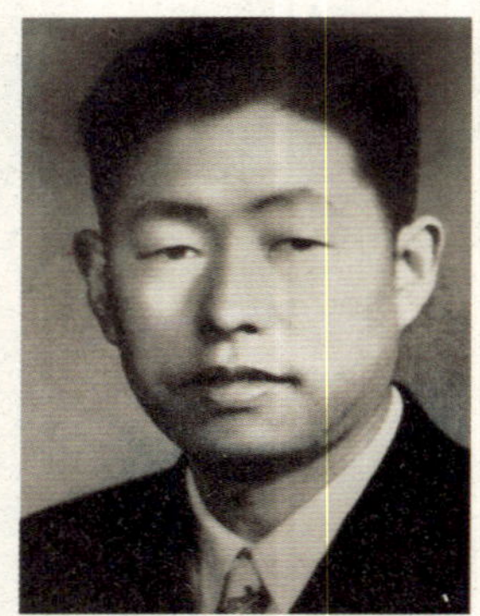
郑律成像

大型声乐体裁则有郑律成的《八路军大合唱》、马可的《吕梁山大合唱》、吕骥的《凤凰涅槃》、安波等集体创作的《七月里在边区》、刘炽的《工人大合唱》、沈亚威等集体创作的《淮海战役组歌》等。1945年，由贺敬之、丁毅编剧，马可、张鲁、瞿维等作曲的歌剧《白毛女》问世，这部作品成功地运用民间音乐作为基础塑造了性格化的音乐形象，同时又汲取、融合了外来音乐手段，是中国歌剧发展史上里程碑式的作品。继《白毛女》之后，解放区又出现了《兰花花》、《刘胡兰》、《赤叶河》、《王秀鸾》等大型歌剧，为中国歌剧事业的发展奠定了坚实的基础。

马可像

1946年延安成立中央管弦乐团，解放区的管弦乐创作也发展到相当水准，马可的《陕北组曲》、瞿维的《秧歌舞曲》、寄明的《民歌联奏》、程云的《生产舞曲》、陈紫的《锻工舞》、李鹰航的《翻身工人》等是这时期解放区管弦乐作品中的佼佼者。钢琴曲方面则有瞿维的《花鼓》等。

秧歌是中国北方地区广泛流传的民间舞蹈。1942年5月延安文艺座谈会召开后，解放区文艺工作者逐渐纠正作品内容以“大、洋、

古”为主、艺术造诣上“关门提高”的错误倾向，深入农村、部队体验生活，挖掘群众喜闻乐见的形式来宣传革命，配合斗争需要，于是秧歌这种古老的群众性舞蹈成为了人们的首选。1942年底，鲁迅艺术学院率先组织秧歌队到街头表演，最初参加演出的有王大化、李波、刘炽等。随着整风运动的开展和在表演实践中的不断摸索，革命文艺工作者逐步剔除了旧秧歌中属于封建糟粕的因素，代之以表现新的工农兵形象的形式和内容。1943年初，延安新秧歌运动掀起了热潮，不仅专业团体，一些学校、机关也组织起秧歌队排练新秧歌，其他根据地也纷纷效仿。

第一部秧歌剧《兄妹开荒》就产生于这个时期。秧歌剧是一种把秧歌与话剧、歌唱等融合在一起的艺术形式，新秧歌剧《兄妹开荒》由路由编剧、安波编曲，王大化和李波扮演主要角色。该剧一上演就受到延安革命军民的喜爱，随即又流传到其他根据地乃至国统区，成为秧歌运动中的代表性节目。继《兄妹开荒》之后，各秧歌队又创作了《牛永贵负伤》、《一朵红花》、《夫妻识字》等作品，在秧歌剧的内容和形式上也有了进一步的丰富和发展。

“七七”事变后，各根据地和革命军队中的表演团体、宣传队配合形势的发展将抗日救国作为文艺宣传的中心任务，创作演出了一些新的舞蹈节目，还帮助各地建起了民族革命艺术学校等艺术教育机构，培养了一大批部队和民间的文艺骨干，促进了根据地群众文化组织的发展。

抗日战争胜利后，解放区文艺活动转而围绕着解放战争的主题进行。1945年6月到达延安的吴晓邦，在鲁迅艺术学院教授舞蹈，还辗转张家口、沈阳等地开展新舞蹈活动。后来他和胡果刚、查列一起创作了著名作品《进军舞》。1947年，东北民主联军总政治部宣传队中成立了全军第一个专业舞蹈队，各野战军及兵团、军文工团中的专业舞蹈队也相继成立。《练兵舞》、《投弹舞》、《刺杀舞》、《射击舞》、《爆破舞》、《胜利渡江舞》等多姿多彩的战士

秧歌剧《兄妹开荒》

舞蹈，以及腰鼓、秧歌等民间舞蹈形式随着解放大军胜利的步伐传遍了全国。

八、美术教育的兴起

蔡元培在《以美育代宗教说》、《文化运动不要忘了美育》等文章中，提出把“美育”作为国民普及教育的核心，寄希望于纯粹之美育来陶冶人们的感情，把美育作为改造国民精神的手段。知识界对西方美术传统及思潮的关注，使得僵滞百年的中国画坛有了新的生机和活力，美术学校如雨后春笋般建立起来，艺术家冲破各种阻碍，积极推广西方美术教育。

为满足社会对美术师资的需求，在师范学堂首先兴办了图画手工科，这是新型美术教育的最初形式。中国最早建立图画手工科的是创立于1902年的南京两江师范学堂。在工商业繁荣发展的上海，开始建立私立美术学校。中国最早的私立美术学校是在1911年由周湘创办的，传授西洋绘画，称为中华美术学校。辛亥革命前新型美术学校的兴起，为现代美术教育的发展准备了条件。

辛亥革命后，随着社会对美术专业人才和美术师资的大量需求，私立、国立美术学校蓬勃发展起来。这些学校在专业设置上多以绘画为主，引进西方绘画及其教学方式，兼顾中西绘画，这成为现代美术教育的重要特点。当时许多学校还设有图案、机织、印刷、动画等实用专业。

上海美专西画系师生与模特儿合影

上海图画美术院，1912年由乌始光、刘海粟等人创办，后来改名为上海美专，是中国现代教育史上第一所正规的美术专门学校。该校在教学中创立人体写生课，雇用人体模特儿，以加强学生造型能力的训练，并坚持每年举办学生或教师的作品展览。学校使用人体模特的教学招致了社会上封建顽固势力和传统落后观念的阻挠与反对。以刘海粟为首的艺术家坚持沿用西法进行美术教学，与封建保守势力进行了不懈的斗争，扩大了自己和学校在美术教育史上的影响与地位。

苏州美术学校，1922年由颜文梁等人创办于苏州海红坊。校长颜文梁曾在1928年赴法留学，搜集购买教学石膏像460件托运回国，成为抗战前收藏石膏像数量最多、质量最好的美术学校。抗战期间，颜文梁几经艰难，坚持办学，在极端艰苦环境中培养了大批美术人才。

国立北平艺术专科学校，1918年创于北京。初名北平美术专门学校，郑锦任校长。1922年设国画、西画、图案三系。1925年改为艺术专门学校，增设音乐、戏剧二系，林风眠曾任校长。1928年改称北平大学艺术学院，设国画、西画、实用美术、音乐、戏剧、建筑六系。抗日战争爆发后，学校几经辗转，与杭州艺专合并为国立艺术专科学校，曾迁至昆明、重庆等地，在战火纷飞中坚持办学。1946年艺专在北京重建，设有绘画、雕塑、工艺、图案、音乐五科。1950年初，在此基础上建立了中央美术学院。至今，已成为中国最有影响力的美术院校。

国立中央大学艺术系，1927年成立于南京，是当时公立大学中比较完备的一所艺术教育机构。在蔡元培的扶持下，学校得到较好的发展。留法归国的徐悲鸿被聘为教授，负责绘画教学。1929年，学制改为四年，设国画、西画、音乐、工艺四个组。当时国内很多著名艺术家都曾执教于此系。抗日战争爆发后，艺术系撤离南京，先后迁至四川重庆等地，在极其艰苦简陋的条件下办学，师资力量不减，培养人才众多。抗战胜利后，中大艺术系重回南京旧址，设国画、西画、音乐三组，吕斯百任系主任。1952年改建为南京师范学院美术系与音乐系。

国立杭州艺术专科学校，1928年创立于浙江杭州，原名是西湖艺术院。由蔡元培倡导，林风眠为第一任校长。曾设置国画、西画、

徐悲鸿与中央大学艺术系部分师生合影

农民肖像 现代 · 吕斯百

雕塑、图案四系。抗日战争时期迁至湖南，又与北平艺术专科学校合并，迁校至昆明、重庆等地，抗战胜利后返回杭州。建国后改为中央美术学院华东分院。1958 年改为浙江美院，现为中国美术学院。

鲁迅艺术学院美术系学员有来自解放区的红军战士，有学过美术又参加革命的知识青年，课程设置主要是版画、漫画、宣传画、素描、美术史等等。抗战胜利后部分师生前往东北，创建鲁迅文艺学院于佳木斯。建国后在鲁迅文艺学院美术部的基础上，建立了东北美术专科学校，1958 年改名为鲁迅美术学院。

九、西画在中国

西画是指由西方传入的油画和伴随油画而来的素描、水彩、水粉等画种。西画传入后，影响了中国新的现代美术教育体系，学校多以教授西画为主，并将中国美术的革新，寄托在西画的学习上。出国学习西画的留学生回国后，多数成为中国油画创作和现代美术教育的中坚力量。他们有吴法鼎、林风眠、徐悲鸿、刘海粟、潘玉良、周碧初、张弦、王悦之、陈抱一、关良、庞薰琴、颜文梁、常书鸿、吴大羽、张充仁、吕斯百、唐一禾、卫天霖、倪贻德、吴作人、吴冠中、赵无极等。这些留学生多在法国或在日本学习西方油画，大多数人接受了以古典写实主义为宗旨的学院派教育；也有画家从印象主义、后印象主义、野兽主义、

荣 现代 · 潘玉良

静物 现代 · 赵无极

负水女 现代 · 吴作人

立体主义等画家那里吸取艺术营养。

上世纪二三十年代，中国美术学校兴起，画坛活跃，艺术家辈出，创作手法和表现形式趋于多样。欧洲传统绘画及现代艺术流派都出现于刚刚开始接触西方艺术的中国画坛，像学院主义、现实主义、印象主义、后印象主义、表现主义、立体主义、野兽主义、象征主义等美术思潮都曾经影响过血气方刚的中国艺术青年，他们热情地成为中国美术激进变革的角色。不同的艺术观点，在当时有过激烈的争论，其核心问题是对写实主义绘画的理解和对现代诸种绘画流派的认识分歧。徐悲鸿等力倡写实主义，提出素描为一切造型艺术的基础，力纠传统中国绘画轻视写实、脱离生活的弊端，以求适应追求科学与民主精神的时代要求。刘海粟、林风眠、庞薰琹等人则受现代艺术诸流派的影响，主张摆脱学院主义束缚，以不同的艺术形式，表达思想情感，追随世界潮流，主张中西艺术融合。

南京夫子庙　现代 · 刘海粟

徐悲鸿在1929年第一次全国美术作品展览会期间，以名为《惑》的文章发表于《美展汇刊》上，文中称塞尚、马蒂斯、博纳尔等现代画家的作品为无耻之作，而对欧洲古典主义画家称赞有加。他主张“细心体会造物，精密观察之。不必先有一什么主义，横亘胸中，使为目障”。他从写实主义的坚定立场出发，对20世纪西方现代艺术流派总的倾向是反对的，“艺之原素为形，色次之”，“形即不存，何云乎艺”，这是他一贯不变的态度，有时还表现得异常极端与偏颇。(《惑

田横五百士　现代 · 徐悲鸿

之不解》）徐悲鸿的观点受到诗人徐志摩的反对，他在名为《我也惑》的文章中，以与其相对的观点驳斥徐悲鸿对马蒂斯等人的谩骂言词，并引用英国艺术评论家罗斯金当年以“俗物、无耻、纨绔”等语言指责侨居英国的美国画家惠斯勒的创作而引发的一场轰动英国艺术界的笔墨官司为例，说明徐悲鸿观点的偏颇。这次二徐不同艺术观点之论争引人注目，活跃了中国艺术界学术研究的气氛，它使得中国的批评家或画家更冷静、更客观地审视东西方艺术的特征与差别。自此这两种不同的艺术观点的争执一直延续下来。

在20世纪上半叶的国内西画教学中，中央大学艺术系和苏州美专的教学要求严格的写实基本功训练，上海美专则提倡艺术上自由择取，杭州艺专则试图将严格的写实训练与自由创造统一起来，这些院校成为中国油画人才的培养基地。

十、现代中国画

传统中国画是伴随着中国封建社会的发展而形成和发展的，它有着辉煌的成就和深厚的文化积淀；但在近代社会变革的背景下，中国画的发展在文化界引起了激烈的论争。

20世纪初的中国画坛，出现了不同的地区性绘画派别，他们分别提出自己的创作主张和艺术观点，并形成各自的绘画体系和表现风格。1919年由金城、周肇祥发起成立了“中国画研究会”，以“精研古法、博取新知”为号召，主张保存和发扬“国粹”，反对新派画家观点。持这种主张的画家以古意为宗旨，把继承文人画传统笔墨规范和创作形式作为最高原则，在现代中国画流派中属于古典传统式画家。

如前所述，广州以高剑父、高奇峰、陈树人为代表的“岭南画派”，是接收新事物和提倡创新的改革画派。他们主张中国画在传统基础上吸收西洋画

千年桃实大如斗
现代 · 金城

自画像
现代 · 陈树人

微风图
现代 · 陈树人

小鸟 现代 · 林风眠

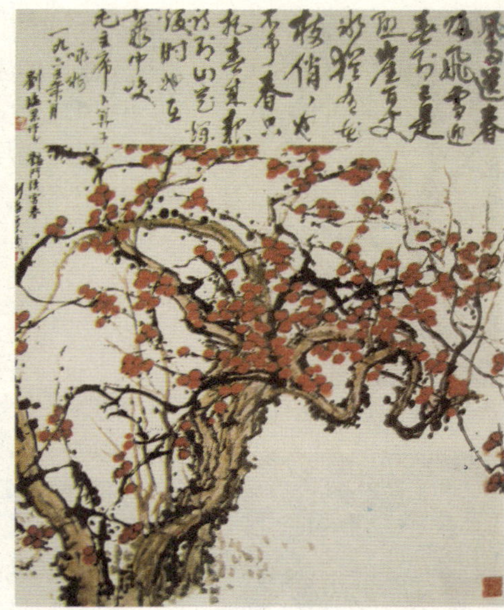
咏梅图 现代 · 刘海粟

法而进行创新，描绘新鲜事物，中西调合而融两体之美。他们以传统中国画的表现方法为主体，或吸取西画的造型方法，或借鉴其色彩的处理，是中国最早进行中国画创新的画派。

20世纪30年代一批学过西画的画家，像林风眠、徐悲鸿、刘海粟等人，在实践中将西方油画造型方法融入传统笔墨，形成各具特色的新国画。在这种新的绘画体系中，中国画传统笔墨已经不再是不可动摇的表现模式，他们在引入西方绘画的造型、色彩和形式法则的同时，坚持追求中国画的诗意内涵和审美境界，因此具有现代感和创新性。

江浙画家以潘天寿为首的“白社”和以钱瘦铁、陆丹林、贺天健、俞建华等人组织的上海“中国画会”，主张在继承传统的过程中革新与创造，反对摹古泥古，提倡外师造化，中得心源，尊重

刘海粟于1934年在柏林大学讲解中国画

江山多娇图 现代 · 潘天寿

徐悲鸿像

艺术个性，但不借鉴西画。持这种观点的中国画家在艺术实践中取得了令人瞩目的成就，出现了齐白石、黄宾虹、潘天寿等大家。

中国现代国画家，无论在传统基础上自辟蹊径，或以不同的方法在不同程度上与西画法相结合，都以各自的成就对中国现代美术的发展作出了贡献。

十一、现代画坛上的大师们

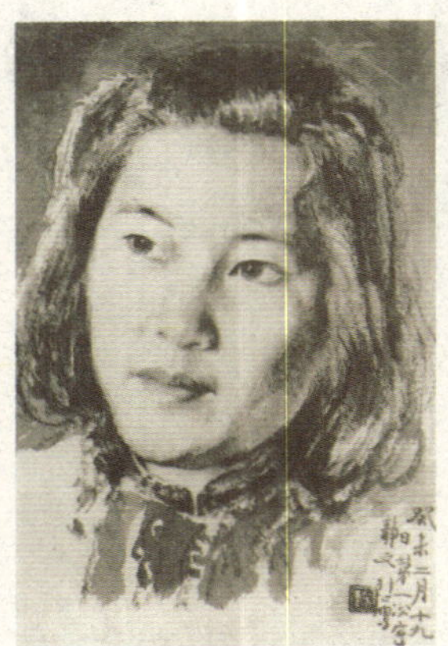
徐悲鸿第一次为廖静文画的像

徐悲鸿（1895—1953），江苏宜兴人，中国现代画家，美术教育家。他画学贯通中西，对中国传统绘画与欧洲传统美术深有研究，一生奉献给绘画艺术和中国的美术教育事业。他曾留学于法国国立巴黎高等美术学校，先后从师于历史画家弗拉孟和写实风格画家达仰，其坚实的素描功底和造型能力得益于达仰的教学要求和艺术传授。他坚信“素描是一切造型艺术的基础”，认定了写实主义的艺术目标，一往无前为之呐喊、传播和奋斗。他的绘画充满现实主义的创作精神，在中国现代绘画史上独树一帜。其《田横五百士》、《九方皋》、《奚我后》等油画作品，表现了他所主张的愤世嫉俗、悲天悯人、歌颂英雄与鞭笞邪恶等主题内容，作品曲折地表现了在中华民族濒于危亡之际，艺术家对人民的深切同情和爱国主义感情。

徐悲鸿在艺术实践中对中国画进行了中西融合的大胆革新。他用中国画的工具材料和某些传统画法，以素描为基础来塑造形象，即以西洋画法来改造中国画。他使绘画中的形象有了真实感和现代感，有了更强的视觉感染力。他在抗战时期的国画多以禽鸟、兽畜为题材，造型精练，生动传神。他坚持中国传统绘画的寓意和象征手法，以画笔为武器，投入抗日救亡运动。《风雨鸡鸣》、《群马》、《奔马》、《灵鹫》、《群狮》等作品，均是有感于时事而发，表现出

风雨鸡鸣 现代 · 徐悲鸿

群马 现代 · 徐悲鸿

艺术家的社会责任感和爱国主义精神。他的人物画《愚公移山》借寓言表现中华民族万众一心、坚韧不拔、打败日本侵略者的信念，以中国线描的表现力、以素描的准确造型确切地表现了主题。

徐悲鸿倾毕生精力从事美术教育。作为艺术教育家他爱才如渴，诲人不倦，培养了一批卓有成就的美术家。他坚持明确的教育理念，强调师造化，重视绘画基本技能训练，提倡科学精神。他所建立起来的美术教育体系，在中国持续了半个多世纪，直到现在仍有强大的力量和广泛的影响。

刘海粟像

刘海粟（1896—1994），江苏武进（今江苏常州）人，中国现代画家、美术教育家。 曾创办了中华民国时期正规的美术学校——上海图画美术院，由此揭开中国现代美术教育的序幕。他在学校设立人体写生课，首创人体模特儿教学，由此引起了十年（1915—1925）的模特儿风波。他在办学期间，带领学生走向社会，师法自然；介绍西方美术，阐发中国传统画论，显示出独特的教育个性和创造精神。

刘海粟早期以油画著称，后来转向中国画。其油画风格倾向于后印象主义，色彩与线条强烈，真实生动，少有拿捏做作之态，无纤柔细腻之感，显示出自己抒发情感的带有表现因素的绘画风格。刘海粟仰慕塞尚、凡高的艺术成就，其油画受他们影响很深。刘海粟创作中特有的书写性笔触和厚涂、重染的画法，形成他独具的油画面貌。油画《北京前门》是刘海粟1921年首次去北京时对古都的描绘。画中色彩凝重和谐，笔触奔放，蔚蓝色的天空、宏伟的古建筑、繁忙的市井在笔下跳动着，展示出中国早期油画优秀作品的面貌。油画《黄山

北京前门 现代 · 刘海粟

黄山温泉 现代 · 刘海粟

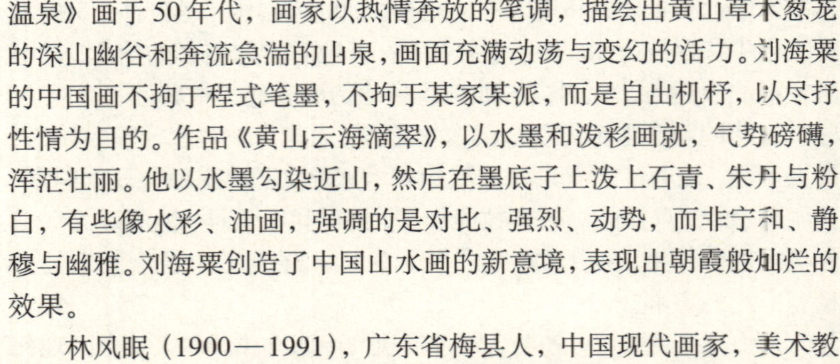
温泉》画于50年代，画家以热情奔放的笔调，描绘出黄山草木葱茏的深山幽谷和奔流急湍的山泉，画面充满动荡与变幻的活力。刘海粟的中国画不拘于程式笔墨，不拘于某家某派，而是自出机杼，以尽抒性情为目的。作品《黄山云海滴翠》，以水墨和泼彩画就，气势磅礴，浑茫壮丽。他以水墨勾染近山，然后在墨底子上泼上石青、朱丹与粉白，有些像水彩、油画，强调的是对比、强烈、动势，而非宁和、静穆与幽雅。刘海粟创造了中国山水画的新意境，表现出朝霞般灿烂的效果。

林风眠（1900—1991），广东省梅县人，中国现代画家，美术教育家。他出生在一个石匠家庭，1920年赴法国留学，1925年冬回国。早年从事油画创作，其早期作品具有象征意味，以痛苦的人体和灰黑的色调，寄寓着对生命和人生的希望，反映出祖国灾难深重的现实背景和画家所具有的民主思想和人道主义精神。其代表作品《摸索》的创意受拉斐尔《雅典学院》启示，将耶稣、荷马、但丁、雨果、托尔斯泰以及蔡元培等思想家描绘在一个空间内，表现出人类精英对人生奥秘的探索。此画在法国受到各界关注，并入选1924年的巴黎秋季沙龙。《人道》一画表现了不同角度的人体，以灰黑色的基调，粗犷的线条，痛苦的情感，揭露人生的苦痛、死亡和杀戮。林风眠憧憬友爱与人性，渴求幸福与光明，可他在现实生活中看不到希望，因此他的艺术反映出一定的悲剧情怀。

林风眠像

林风眠作为美术教育家，受蔡元培影响，主张在教学中兼收并蓄，中西并存。但是林风眠的理想与严酷的社会现实有较大的距离，中年以后的林风眠，由于各种原因，远离艺术倡导者和领导者的地位，集中精力进行创作。在孤独寂寞之中，埋头作画，醉心探求中国水墨画的变革与新生。建国以后，林风眠的“纯艺术”探索受到冷落，但他以几十年的勤奋与执著，追求将东西方艺术融合的理想，追寻着水墨画中的力与美。

歇　现代·林风眠

梳妆人　现代·林风眠

林风眠的中国画，表现出中西融合的创作特征。他融入画中的不是西方再现性造型，而是色彩和结构的表现性。林风眠在艺术上反对明清以来的复古风，亦不赞成西方19世纪的学院派艺术。他醉心于汉唐绘画和宋元名迹，同时吸取民间美术的营养，宋代瓷瓶上典雅畅利的线描，汉画像石的古拙、动势和力量，都融会在他的画面中。林风眠使用毛笔宣纸作画，但其运线、设色和画面意境，都突破了传统文人画规范，创造了新的样式。他将物象呈现于方形构图中，线条疾速、果断、华丽、舒畅，富有个性；浓丽的色彩与生动的墨色表现出画家对自然敏锐的感受。林风眠绘画的题材丰富，人物、风景、静物、花鸟无所不包。他的画展示的是和谐、绚丽而宁静的世界，体现出刚正并富有诗意的孤独感。他的作品多样、统一、简约、平衡，在方形构图中，具有稳定感和完满感。他的艺术充满了个性色彩和创造精神，为中国现代美术作出了独特贡献。

厨房 现代 · 颜文梁

普陀街市 现代 · 颜文梁

颜文梁（1893—1988），江苏苏州人，中国现代画家，美术教育家。1922年参与创办苏州美术专科学校。1928年赴法国巴黎高等美术学校学习。此间在欧洲的比利时、英国、德国、意大利等国参观，研习绘画艺术。这时期的作品显示出他受西方古典主义油画的影响和学习印象主义注重外光描绘的收获。在欧洲期间他购置了大量石膏教具，辗转运回国内，以充实学校的美术教学。1932年回国主持教学与绘画创作。建国后，绘画创作不辍，仍以风景画与静物画为题材，表现大自然的静谧幽雅之美，显示出画家对自然景色的敏感和绘画技法的娴熟。《画室》、《厨房》、《肉店》等是他的代表性作品。

《厨房》是色粉画，画于1920年。描绘江浙地区旧式厨房全景，具有温馨而真实的气氛。画面景物有很准确的透视关系和相当细腻真切的描写，语言朴素，色彩和谐，光影处理讲究，是中国早期写实主义绘画的典型范例。油画《普陀街市》是颜文梁1932年回国后游普陀时画的，画中表现出印象派绘画的明亮光感和画家描绘物象的扎实功底，反映出颜文梁对自然的关注和描绘风格。

齐白石（1863—1957），湖南湘潭人，中国现代国画家。他出身于农民家庭，自学绘画，经过数十年艺术实践，使他具有诗、书、画、印的全面修养，风格单纯，技术全面，内容丰富，作品雅俗共赏，是

齐白石像 现代 · 吴作人

齐白石在家作画

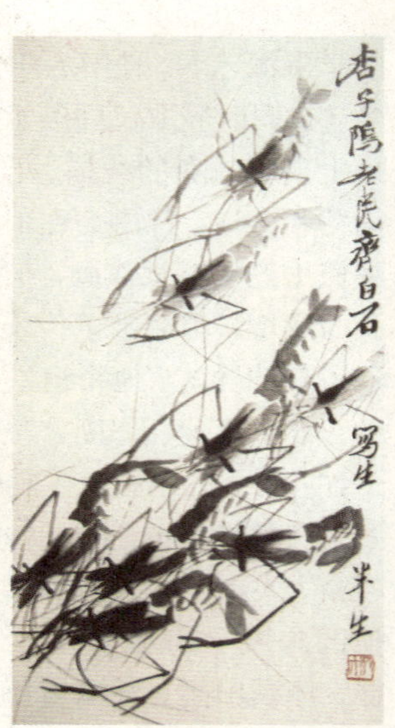

群虾 现代 · 齐白石

蛙声十里出山泉
现代 · 齐白石

中国现代绘画史上的艺术巨匠。他的作品多画花鸟虫草，工写兼备，造诣高深；其山水画境界新奇而富有诗意；其写意人物画简括、传神，充满人情味和幽默感。

齐白石绘画深受明清以来富有革新精神的画家徐渭、朱耷、石涛、金农、黄慎、吴昌硕的影响，博采众家之长为一体。他将文人传统与民间文化、文人修养与农民气质自然而然地结合起来，作品表现出心性淳厚、情感真挚、清新自然的特点，呈现出童心般的率真和质朴诙谐的品质。

齐白石刻的印章

齐白石的绘画造型，主张“妙在似与不似之间”。其用笔老辣遒劲，设色明快响亮，善于以极细笔的草虫与阔粗笔的花卉相结合，以极深的墨色与浓丽的色彩相结合，形象单纯精练，又高度笔墨化，形、神、意俱足，具有独特的魅力。代表作品有《祖国万岁》、《乡村夕照》、《荷花双鸭图》、《蛙声十里出山泉》、《虾》、《荷花蜻蜓图》、《牧牛图》等。

黄宾虹（1865—1955），安徽歙县人，中国现代国画家。他学识渊博，风格独特，在中国山水画创作和绘画史论研

仿元人意 现代 · 黄宾虹

究方面取得令人瞩目的成就。他的山水画艺术，经历了师古人、师造化和融化古人、造化形成独创风格三个阶段。黄宾虹师古人从明人入手，直追北宋，以元人为归。黄宾虹师造化，以黄山为基点，向周围扩展，历游山水名胜，其纪游画稿当以万计。他一生精研艺术，笃学好问，博览群书，穷究理法。他在师造化和继承前人笔墨的基础上，最终使传统融于个人品格之中，其绘画造诣，超迈前人，达到近现代山水画之顶峰。

黄宾虹像

黄宾虹山水画具有风格浑厚华滋，意境郁勃深邃，笔墨黑密厚重的特点。他的山水或实中见空灵，即将山峦树木等画得墨厚密重，而将房屋、云水、路径等景物以空白留出，使大面积的黑与小面积的白形成对比，让人感觉雄浑中有灵动秀逸；或虚中见雄伟，即以简洁疏朗的墨线勾勒，稍加淡墨渲染表现厚重的山势体积。其山水形式有水墨山水，亦有青绿设色，更有泼墨重彩，还有焦墨渴笔。他的山水画笔触苍劲，墨痕淋漓，于黑密厚重中，闪烁着异常丰富的光泽，构成了他山水画艺术“极塞实处，愈见虚灵”的精华所在。

黄宾虹刻的印章

设色山水 现代 · 黄宾虹

张大千（1899—1983），四川内江人，中国现代国画家。其画艺高深，人物、山水、花鸟、走兽各种题材都有所涉及，工笔、写意无不擅长。他早期绘画时，集中精力临摹，画风由近似石涛、朱耷而变为习晋唐宋元风范，绘画样式无所不能。他曾赴甘肃敦煌临摹壁画，作品达200多幅。多次在国外举办画展，先后在巴西和台北定居。及近晚年，张大千经历10年探索，融泼彩于泼墨、勾皴之中，创造出了雄奇壮丽的新风貌，泼彩成为他最富个性的画法。

泼墨荷花图 现代 · 张大千

水墨山水图 现代 · 张大千

《黄山文笔峰》是张大千晚年居美时回忆黄山壮美景色所作的泼彩精品。画中创造了黄山云海缥缈神秘的景象，模糊中峰巅、松影、游人依稀可见，虚中有实，意味无穷。张大千将墨与青蓝色融合为主调，加入多量的水挥洒而成，一变他平生所致力的工细、奔逸、飞动的画风，开拓出中国山水画的全新境界。张大千的泼彩画一方面来自传统的水墨青绿画法之发展，另一方面来自他对西方现代绘画抽象语汇的某种借鉴，将山水画由具象写意变为半抽象写意，但同时保留了中国画的意趣。

雁荡山花 现代 · 潘天寿

潘天寿（1897—1971），浙江宁海县人，中国现代画家和美术教育家。他以绘画著称于世，对书画史论均有精湛的研究与丰富的著述，其艺术实践显示出中国传统绘画的延续、发展和变革。潘天寿的画作，熔诗、书、画、印为一炉，显示了他渊博的学识修养和全面的创造才能。潘天寿的绘画，具有雄浑奇崛的独特风格。他有深厚的传统功力，将中国画以线为主的造型和笔墨表现方法发挥到极致。他运笔强悍而有控制，具有石刻钢铸般的力量和雄健、老辣、生涩的特点。他善用浓墨、泼墨，间用焦墨、破墨，元气淋漓，苍茫厚重。他善于布局，画面雄构奇筑，造险破险，出奇制胜，形成巨大的力量感和现代的结构美。他的画大气磅礴而又稳如泰山，极刚极柔，品格高深。潘天寿一反清末以来文人画的秀媚乏力，其绘画作品渗透着社会风貌

雨后天山铁铸成 现代 · 潘天寿

松鹰图 现代 · 潘天寿

和时代精神。

潘天寿善画苍松巨石，山花野草，朱荷老梅，均具有倔强的性格和旺盛的生命力，具有宁静、清新、旷野的诗意，表现出画家的修养和情操。他的画境没有孤芳自赏和愤世嫉俗的情绪，而体现出诚实、磊落、倔强与深沉，时刻关心着祖国与民族的命运的品格。潘天寿的代表作有《雁荡山花》、《雨霁》、《松鹰图》、《小龙湫下一角》、《雨后天山铁铸成》等。潘天寿是现代绘画史上具有传统修养和独创性的艺术家之一，他用强有力的艺术语言，谱写了民族文化和民族精神的壮美赞歌。

十二、戏剧的发展

辛亥革命后，京剧步入其黄金时代，各个行当名角辈出。旦行有四大名旦梅兰芳、尚小云、程砚秋、荀慧生以及稍晚些成名的筱翠花；生行中老生有四大须生余叔岩、言菊朋、高庆奎、马连良以及周信芳、唐韵笙、孟小冬、谭富英；武生有杨小楼、盖叫天；净行有金少山、郝寿臣、裘盛戎和钱金福；丑行有萧长华和叶盛章。

梅兰芳是继谭鑫培之后京剧新一代的代表人物。梅兰芳，为早期名旦梅巧玲之孙，师从王瑶卿。他的嗓音洪亮甜润，扮相俊美秀丽，所创梅派旦角艺术具有端庄典雅、优美俊秀的表演风格。其代表

梅兰芳、尚小云、程砚秋饰演《白蛇传》

抗战期间程砚秋不为日本人演戏，到京西种地

荀慧生饰演赵五娘

民国初年剪掉辫子的梅兰芳

抗战期间梅兰芳蓄须明志，不为日本人演戏

剧目有《游园惊梦》、《贵妃醉酒》、《霸王别姬》、《宇宙锋》、《凤还巢》等。梅兰芳不仅在国内享有盛誉，而且名满世界，是使京剧走出国门的第一人。1919年、1924年出访日本，1929出访美国，1935年又访问了苏联。尤其苏联之行，使梅兰芳的声誉达到了巅峰。梅耶荷尔德评价道："看了梅先生美妙多姿的手势，我觉得苏联演员的手应该砍掉。"

马连良是继谭鑫培、余叔岩之后又一影响深远的老生演员，其创立的"马派"老生表演艺术自20世纪20至60年代盛行不衰。早在20年代，他与余叔岩、高庆奎、言菊朋号称"前四大须生"，到了三四十年代又位于"后四大须生"（马连良、谭富英、杨宝森、奚啸伯）之首。他的嗓音清亮柔润，听起来响而不焦，柔而不绵，给人以爽朗明澈之感；其做功也颇为讲究，动作不温不火，恰到好处。擅长剧目众多，如《清风亭》、《甘露寺》、《群英会》、《借东风》等等。马连良还是民国时期灌制唱片最多、发行量最大的京剧演员。

京剧传到上海之后，由于上海是当时中国最早崛起的工商业大都会，尤其自五四运动之后，市民日益厌烦旧时代遗留下来的旧文化，很多传统京剧剧目受到了大家的冷落。在这种情况下，上海的京剧艺术家锐意革新，逐步形成了具有上海地方特色的京剧艺术流派，即"海派"京剧。周信芳是"海派"京剧的代表人物，艺名麒麟童，是京剧麒派创始人。他师承孙菊仙、汪桂芬，其唱功、念白、做功皆为上品，所创造舞台形象有风有骨，令人难忘。代表剧目有《四进士》、《徐策跑城》、《清风亭》、《乌龙院》、《打严嵩》、《义责王魁》等。

言菊朋和言慧珠饰演《打渔杀家》

马连良、王少卿饰演《苏武牧羊》

周信芳饰演萧何

随着“五四”新文化运动的兴起，在戏剧界展开了旧剧和新剧之争。1917年、1918年，钱玄同、刘半农、周作人、胡适、傅斯年、欧阳予倩等人在《新青年》上对于传统戏曲和堕落的文明戏进行了猛烈的批判，认为旧戏的观念与现代生活是根本矛盾的，传统戏剧中包含着很多封建旧思想，要根本地推翻。同时先驱们还翻译介绍了大量欧美著名的戏剧作品。

洪深像

随着早期话剧在中国的发展，到了20世纪20年代初，关于戏剧职业化与非职业化逐渐引起了人们的讨论。一些人认为戏剧职业化造成了资本家对于戏剧创作的控制，因而阻碍了戏剧事业的发展。在此背景下，“爱美剧运动”应运而生。“爱美”是英文amateur的音译，意为业余的、非职业的，爱美剧运动也就是戏剧非职业化运动。

1921年4月至8月，戏剧家陈大悲在《晨报》上连载了一篇题为《爱美的戏剧》的长文，率先提出了开展爱美剧运动的主张。这在戏剧界引起强烈的反响，很多剧作家随之响应。爱美剧作家认为，戏剧家不应受资本家控制，不应受金钱支配，而应以纯艺术和教育作为戏剧创作目的。上海民众戏剧社和上海戏剧协社是爱美剧运动中的两个重要剧团。

1921年3月，沈雁冰、郑振铎、欧阳予倩等13人在上海成立了民众戏剧社。他们在《民众戏剧社宣言》中明确地提出，“当看戏是消闲的时代现在已经过去了”，他们认为戏剧“是推动社会前进的一个轮子，又是搜寻社会病根的X光镜”，强调戏剧必须反映现实和负担社会教育的任务。同年5月剧社创办了《戏剧》月刊，这是“五四”以后最早出现的一个专门性戏剧杂志，主要介绍戏剧理论和技巧、批判当时的旧戏和文明戏。1922年，他们还在北平创办了“人艺戏剧专门学校”，聘请著名学者任教，用来培养优秀戏剧演员。

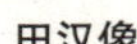
田汉像

上海戏剧协社成立于1921年冬，前身为上海中华职业学校演剧团体，它是中国现代话剧团体中历史最长的一个，前后奋斗十余年。最早成员有谷剑尘、应云卫等，不久，欧阳予倩、洪深、汪仲贤等人先后加入。从1921年到1933年期间，共进行了16次公演，剧目有《少奶奶的扇子》、《孤军》、《英雄与美人》、《傀儡家庭》等，绝大多数为西洋剧。戏剧协社有着严格的导演和排演制度，注重舞台实践，为中国话剧事业奠定了坚实的基础。

值得一提的还有南国社。1924年田汉和妻子易漱瑜在上海创办《南国半月刊》。1926年，田汉成立了南国电影剧社。到了1928年初，南国电影剧社改名为南国社，并创建南国艺术学院。同年夏，学院停顿，田汉便组织师生在上海、南京、广州等地进行公演，引起巨大的社会反响，推动了新戏剧在中国的传播。南国社演出剧目皆为田汉创

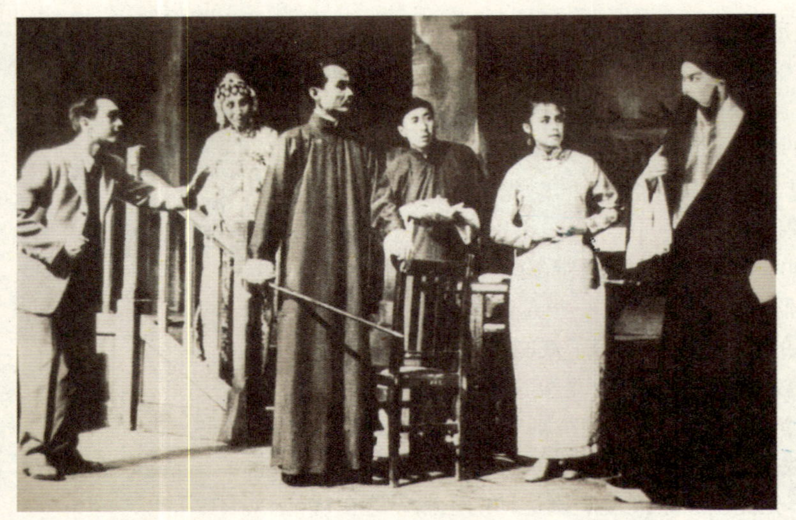
《名优之死》剧照

作，有《苏州夜话》、《名优之死》、《湖上的悲剧》、《南归》、《孙中山之死》、《古潭的声音》、《颤栗》等。有人认为，自从有了南国社，新剧才有了生机。

20世纪30年代以来，世界无产阶级解放运动和民族解放运动空前高涨，无产阶级文学运动蓬勃发展，在此背景之下，中国戏剧界也积极展开了无产阶级戏剧运动。1929年8月，在中国共产党的领导下，由沈端先（夏衍）、郑伯奇、冯乃超、叶沉等人组织了上海艺术剧社。他们率先提出了“无产阶级戏剧”（普罗列塔利亚戏剧）的口号，强调戏剧创作要服务于无产阶级革命事业。剧社还出版了《艺术》、《沙仑》两种刊物，组织移动戏团，深入工厂学校进行演出，并于1930年1月、3月公演了一批具有革命色彩的剧目。

夏衍像

1930年3月，上海艺术剧社、南国社、辛酉剧社、大厦剧社、戏剧协社、光明剧社、摩登剧社7个剧团联合成立了“上海剧团联合会”，8月1日，改名为“左翼剧团联盟”。当局对于左翼文化残酷压迫，艺术剧社和南国社被查封，其他剧团的工作也难以为继。为了适应新的斗争形势，1931年初剧团联盟改组为以个人名义参加的“左翼戏剧家联盟”（简称“剧联”）。同年9月，通过了《最近行动纲领》，纲领强调革命戏剧要深入工农群众，力图创作反映无产阶级抗争和前途的戏剧。

曹禺像

1936年初，为了配合抗日民族统一战线的工作，剧联自行解散了组织，成立了“上海剧作者协会”，以吸收更多的戏剧工作者从事抗日救亡的戏剧运动，其创作和宣传重心也从“无产阶级戏剧”转为“国防戏剧”。

这一时期著名的剧作家，除了原有的欧阳予倩、田汉、洪深等外，又涌现出曹禺、夏衍、阳翰笙、于伶、宋之的和陈白尘等人，多数是左翼戏剧运动的参加者，其艺术水平大大超过了前一时期。他们创作了大量的优秀剧作：田汉的《名优之死》（1929）、《回春之曲》、《洪水》、《扬子江的暴风雨》（1935），洪深的《农村三部曲》（1930），欧阳予倩的《潘金莲》（1928）、《屏风后》（1928）、《同住的三家人》

陈波儿、崔嵬演出《放下你的鞭子》

(1932)，夏衍的《赛金花》(1935)、《秋瑾传》(1936)、《上海屋檐下》(1937)。其中以年轻作家曹禺的《雷雨》(1933)和《日出》(1935)代表了中国现代话剧创作的最高成就。

“七七”事变之后，全国人民抗日救亡热情高涨，话剧作为一种快速的宣传手段迅速地发展起来。当时出现了大量的街头剧、活报剧、茶馆剧、朗诵剧、游行剧和独幕剧，其表演形式简短通俗，及时地反映了抗日战争现实。比较好的小型剧有称为“好一记鞭子”的三个短剧《三江好》、《最后一计》、《放下你的鞭子》，还有夏衍的《咱们要反攻》、荒煤的《打鬼子去》、于伶的《省一粒子弹》等。但总的来说，由于时间仓促，这些剧作多少有些粗糙、概念化。

自抗日战争进入相持阶段后，戏剧活动逐渐由农村、战区向大后方的剧场转移，多幕剧的创作大量增加，产生了很多现实主义题材的话剧。现实题材的剧作有夏衍的《法西斯细菌》、《芳草天涯》，曹禺的《北京人》，茅盾的《清明前后》，陈白尘的《岁寒图》、《升官图》，宋之的的《祖国在召唤》、《春寒》，田汉的《丽人行》，于伶的《长夜行》等等。

但自皖南事变后，由于国民党反动派对文化的压制，国统区的很多作家不得不转向讽刺剧和历史剧创作，以隐晦曲折的形式暴露现实的黑暗。郭沫若于1941年12月到1943年4月先后完成了历史剧《棠棣之花》、《屈原》、《虎符》、《高渐离》、《孔雀胆》、《南冠草》的创作，其中以《屈原》的艺术成就最高。剧本取材于战国时代楚国爱国诗人屈原的故事，以南后郑袖、靳尚等人的卖国行径来影射

《白毛女》在延安演出

当时国民党反动派“消极抗日、积极反共”的现实。这一时期其他优秀历史剧有欧阳予倩的《忠王李秀成》、《桃花扇》，阳翰笙的《天国春秋》，阿英的《碧血花》等。

延安文艺座谈会以后，解放区的戏剧创作发展很快，主要表现在秧歌剧和歌剧方面。秧歌在陕北十分流行，深受农民喜欢。1943年春节，延安根据地最先开展了新秧歌运动。文艺工作者们在旧秧歌的基础上进行了发展创新，摒弃了原有的丑角和男女调情的成分，革新后的新秧歌单纯朴素，健康明朗。当时广为流行的秧歌剧有《兄妹开荒》、《牛永贵负伤》、《周子山》等。

《白毛女》是这一时期新歌剧的代表作，是由延安鲁迅文学院根据“白毛仙姑”的民间传说改编而成。歌剧以黄世仁和杨白劳、喜儿的矛盾为线索，成功表现了“旧社会把人逼成鬼，新社会把鬼变成人”这一深刻主题。作品既借鉴了西洋歌剧的艺术形式，又采用了中国民间音乐和戏曲曲调，成为中国歌剧史上的一个里程碑。除《白毛女》外，傅铎的《王秀鸾》和阮章竞的《赤叶河》也是两部优秀歌剧。

十三、曲艺的发展

曲艺在中国已有两千余年的悠久历史，随着近现代中国社会形势的风云变幻，曲艺也形成了自己独特的面貌。

自清末民初以来，由于中国农村经济的破产和城市经济的畸形繁荣，大量农村民间艺人流入城市，在城市中出现了许多适应不同层次观众的书馆、茶社以及综合性游艺场等演出场所。为了迎合城市观众的需要，求得生存空间，民间艺人们一方面努力提高技艺水平，一方面又自觉或不自觉地使所掌握的艺术形式与各地的生活习俗、语言、音乐相结合，并利用城市中各种说唱、戏曲汇集的有利条件，相互交流和吸收，使得老曲种在艺术上不断改进，而一些新曲种也应运而生，造成了诸多曲艺曲种繁花竞放的局面。一部分不适应城市表演的曲种则在严酷的竞争中重返农村甚至逐渐消亡。

侯宝林像

高元钧像

这时期比较有代表性的曲种及其表演名家有：京韵大鼓——刘宝全、白云鹏、张小轩、白凤鸣、良小楼、骆玉笙；梅花大鼓——金万昌、花四宝、花五宝；西河大鼓——赵玉峰、马增芬；单弦——荣剑尘、常澍田、谢芮芝、谭凤元、曹宝禄、石慧儒；相声——张寿臣、常宝堃、侯宝林；东北二人转——徐小楼、李青山、胡景岐；河南坠子——乔清秀、程玉兰、董桂枝；山东琴书——茹兴礼、邓九如、商兴业；山东快书——高元钧、杨立德；四川竹琴——贾树三；四川清音——李月秋；四川扬琴——“慈惠堂”的“堂派”艺人、李德才；苏州弹词——夏荷生、沈俭安、薛筱卿、蒋月泉、周玉泉、徐云志、朱雪琴、徐丽仙；粤曲——熊飞影、小明星、张玉京，等等。近现代曲艺由于流传范围广、从业人员多以及采用口传心授的传承方式等原因，出现了同曲种多流派的发展趋势，一些优秀艺人的曲（书）目被后人继承后，又融进后继者的自身特长，形成不同的分支，上述的著名艺人就大多拥有自己独特的表演风格。同时，由于辛亥革命和五四运动的影响，社会对于女子的禁锢有所解除，因此清代已见端倪的女伶表演这时兴盛起来，许多曲种都吸收女艺人进行表演，山东大鼓、河南坠子、京韵大鼓、粤曲等还一度成了女艺人的天下。

由于曲艺长于叙述宣讲，因此复杂的革命形势和社会现象为其提供了取之不尽的创作素材。早在辛亥革命前后，曲艺就成为爱国者宣传革命的武器，涌现出单弦《秋瑾就义》，粤曲《革命武装歌》、《三民主义歌》，西河大鼓《科学救国》、《中山纪事》等新编的时事说唱。大革命时期，湖南渔鼓艺人武智熊等编创《对日绝交》声援五卅惨案，编创《饥荒歌》号召农民参加土地革命。土地革命时期，则有永新小鼓《打倒军阀列强》、湖南打春锣《文市大捷》、四川善书《刘湘自叹歌》等，广东东江独立师的女战士李素娇还利用“五句板”的形式进行对敌宣传。“九一八”事变之后，中国的大片领土落入日寇之手，曲艺界的爱国人士纷纷编创新曲支持抗日，江苏镇江的扬州评话艺人组织了为十九路军的捐献义演，相声艺人张寿臣编演了《揣骨相》、《哏政部》，苏州“小热昏”艺人编演了《九一八》、

《一二八》、《马占山东北抗日杀敌》等曲目。全面抗战爆发后，在解放区、国统区、沦陷区，都有爱国艺人的积极活动。解放区的文艺工作者在人民政权的领导下，一方面在军队中开展曲艺活动，一方面又通过团结和改造民间艺人来壮大抗日宣传队伍，出现了一批深受群众欢迎的"新艺人"和《刘巧团圆》、《张玉兰参加选举会》、《晋察冀小姑娘》等新作品。国统区的曲艺艺人们则以重庆为中心创办北方书场，利用各种曲艺形式宣传抗日救国。著名作家老舍对国统区进步曲艺运动的开展起到了重要作用，他在相声演员欧少久等的配合下，创作了鼓辞《王小赶驴》及《打小日本》、相声《卢沟桥》及《中秋月饼》等作品，并由富少舫、富桂花、董莲枝等爱国艺人进行表演。沦陷区的艺人更是在敌寇的铁蹄之下大胆地揭露日本人的侵略暴行和汉奸走狗的卖国嘴脸，著名的相声演员常宝堃还曾因创作演出相声《牙粉袋》而被捕入狱。在中国现代革命的历程中，曲艺发挥其通俗易懂、短小活泼的特点，在配合革命宣传方面起到了不可估量的作用。

走进中国艺术殿堂

第十二章 曲折演进的当代艺术

由于种种原因，新中国成立后，在进行社会主义建设的道路上几经挫折，文化艺术的发展也随着政治风云的变换而几番起落。

建国初期在党和政府"文艺为工农兵服务"、"百花齐放，百家争鸣"的文艺方针指导下，建设有民族特色的社会主义新文艺的工作蓬勃开展起来。广大文艺工作者政治热情高涨，艺术作品中充满劳动者当家做主后的乐观情绪和奋发向上的精神面貌。在统一的多民族大家庭中，艺术家们深入民间和边疆地区、少数民族地区进行采风，出现了许多民间风格、边疆风格、少数民族风格的优秀作品。一些民间艺人也纷纷登台献艺。

50年代末开始，党的文艺政策受"左"倾错误思想的影响出现了明显的偏差，在艺术作品的创作中盲目追求数量，片面强调现实题材和艺术为政治服务，严重违反了艺术发展的规律。艺术作品中出现公式化、概念化的倾向，艺术家对作品艺术性的追求被视为"以艺术性代替思想性"、"远离了文艺为工农兵服务、为社会主义事业服务的方向"。60年代初，党中央开始纠正前期的"左"倾错误，对文艺政策也作了相应的调整，全国文艺界的形势有了好转，涌现出一些艺术形象鲜明的新作品。理论刊物上也出现了不同观点的讨论，这在一定程度上推动了“百花齐放，百家争鸣”方针的贯彻和艺术家们对艺术规律的探索。

然而，“左”倾思想并没有因此而根除，反而愈演愈烈，最终导致了中国历史上一场灾难性的“文化大革命”。文革期间，全国的艺术团体以及艺术科研、教育等部门都被迫停止了正常工作，艺术家们遭到残酷的迫害，几乎所有的优秀文艺作品都被扣上了“封、资、修”的帽子，民族民间艺术被当作旧社会的遗留物而遭到扫荡，正常的学术讨论更是难以开展。“四人帮”鼓吹社会主义文艺要以“塑造无产阶级英雄典型”为根本任务，在创作中要遵循 “三突出”原则，对于花、鸟、虫、鱼、神话、爱情等内容一概否定，不仅限制了创作题材的多样化选择，同时也歪曲了历史和现实生活。许多艺术家迫于政治压力只能根据政治需要进行违心的创作。在这个狂热、扭曲的时代中，社会上到处弥漫着“样板戏”和以干涩的旋律配合政治宣导的“语录歌”，红卫兵在街头巷尾唱着“语录歌”、“造反歌”，跳着“忠字舞”、“造反舞”，舞台上的芭蕾舞也走了形，中国茂盛的文艺百花园被夷为荒漠。

粉碎“四人帮”之后，中国艺术家们获得了新生，创作个性、艺术才华也得到充分的发挥和彰显。随着改革开放的步伐，国内艺术家对当今世界艺术潮流和艺术水平有了越来越多的了解和认可，对民族特色和传统文化的重视程度也达到新的高度，伤痕艺术、寻根艺术、现代艺术、后现代艺术流行艺苑，一个艺术发展的新时代到来了。

一、新中国的音乐

1949年7月，中华全国音乐工作者协会成立，新中国的音乐事业随着社会主义建设的进行全面发展起来，成立了中央音乐学院、上海音乐学院等专业音乐教育机构以及一些艺术院校的音乐系、科。全国建立了许多专业的歌舞团、歌剧团、交响乐团、民族乐团。50年代举办过“全国民间音乐、舞蹈会演”、“全国音乐周”等活动，促进了文艺工作者的相互切磋和音乐作品的创新。对外交流方面，在一些世界著名音乐团体和音乐家来华访问演出、讲学的同时，中国音乐家也走出国门进行访问演出，并在历届“世界青年与学生和平友谊联欢节”上获奖。1957年出现的“左”倾错误，使新中国的音乐事业遭受了很大的挫折，不仅创作中出现公式化、概念化的不良倾向，正常的音乐活动也受到阻碍。1960年冬，党中央开始对文艺政策进行调整，从这时起一直到“文革”开始前，尤其是1964年关于音乐舞蹈“革命化、民族化、群众化”问题的讨论，使得文艺界、音乐界的形势有了一定好转。

新中国建立之初，音乐家们创作了一批具有艺术价值和时代精神的新作品，反映了广大人民群众当家做主后奋发向上的精神面貌和由衷的自豪感。这时期歌曲在音乐创作中占主要地位，致力于歌曲创作的著名作曲家有王莘、瞿希贤、郑律成、时乐濛、罗宗贤、生茂、刘炽、麦丁等，出现了《歌唱祖国》、《歌唱二狼山》、《真是乐死人》、儿童歌曲《我们多么幸福》、《快乐的节日》等优秀作品。同时较难驾驭的大型声乐曲也多有成功之作，如合唱曲《祖国颂》、歌剧《小二黑结婚》、《刘胡兰》等。建国初期作曲家们重视发掘少数民族和边疆音乐，并创作出《草原上升起不落的太阳》、《新疆好》、《桂花开放幸福来》、《我骑着马儿过草地》等歌曲，根据民歌改编的合唱曲《三十里铺》、《小河淌水》、《牧歌》、《远方的客人请你留下来》、《半个月亮爬上来》等也广为流传。“大跃进”年代，受政治因素的影响，歌曲的创作题材变得狭窄，歌曲创作的艺术规律遭到破坏。尽管如此，坚持真理的作曲家们仍然写下了《克拉玛依之歌》、《草原之夜》、《洞庭鱼米乡》、歌剧《洪湖赤卫队》等优秀作品。

东方红

进入60年代，在较为宽松的文化政策之下又产生了《谁不说俺家乡好》、《唱支山歌给党听》、《马儿啊，你慢些走》以及《长征组歌》大型合唱套曲、音乐舞蹈史诗《东方红》、歌剧《红珊瑚》及《江姐》等脍炙人口的作品。

新中国建立之初文艺界有着重视传统文艺、尊重旧社会艺人的良好风气，不仅对诸如无锡民间音乐家华彦钧（即阿炳）等人的保留曲目进行了采录和整理，还把一些优秀民间艺术家吸收到专业团体中，使他们与专业音乐工作者相互切磋、帮助，并在表演实践中形成了笛子曲《荫中鸟》及《姑苏行》、唢呐曲《庆丰年》、笙曲《凤凰展翅》、二胡曲《赛马》及《三门峡畅想曲》、琵琶曲《彝族舞曲》等新中国最早的一批优秀民乐作品。全国各地陆续建立了民族管弦乐团不仅成功地将部分传统古曲和民间乐曲等进行了整理改编，还新创作了《翻身的日子》等民族管弦乐曲。

这时期钢琴和小提琴曲的创作比较突出，除了解放前就活跃在乐坛上的丁善德、江文也、马思聪、陈培勋、桑桐等外，解放后音乐院校培养的汪立三、蒋祖馨、黄虎威、朱践耳、杜鸣心、辛沪光、何占豪、陈钢都在西洋乐器的民族化方面作了不懈努力，所创作的优秀作品有钢琴曲《第一新疆舞曲》、《快乐的节日》、《卖杂货》、《内蒙民歌主题小曲七首》、《兰花花》，小提琴曲《山歌》、《新疆之春》、《海滨音诗》等。管弦乐作品则有交响诗《黄鹤的故事》、《嘎达梅林》，管弦乐组曲《春节组曲》，小提琴协奏曲《梁祝》等。另外新中国还培养了傅聪、刘诗昆、殷承宗、顾圣婴、俞丽拿等西洋乐器演奏家，对于中国当代西洋器乐的发展起到举足轻重的作用。

二、新中国的舞蹈

宝莲灯 赵青等表演

新中国成立后，原来分散在不同政治区域的进步舞蹈工作者终于走在一起，建国初的十年中，舞蹈领域呈现欣欣向荣的景象。1958年后，新舞蹈艺术一度受到“左”倾冒进思潮的影响，陷入无视舞蹈艺术规律、片面强调为政治服务的道路，但是党中央文艺工作方针的调整和对音乐舞蹈工作“三化”要求的提出，在很大程度上扭转了错误导向，新中国舞蹈事业总的发展方向是在

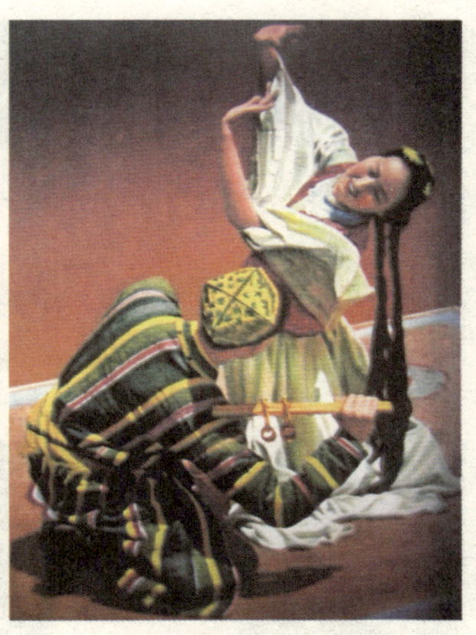
双人舞 康巴尔汗等表演

曲折中前进的。

新中国建立之初，从中央到地方陆续组建了许多专业歌舞团体，极大地促进了新中国舞蹈艺术的专业化进程。为了适应大量专业团体对舞蹈人才的需求，50年代起成立了中央戏剧学院舞蹈团、北京人民艺术剧院舞蹈团、青年艺术剧院舞蹈团以及中央戏剧学院的“舞蹈运动干部训练班”、“崔承喜舞蹈研究班”、“文化部舞蹈教员训练班”等训练机构。1954年9月，北京舞蹈学校建成，由戴爱莲担任校长。该校还举办了两届“舞蹈编导训练班”，对从全国各专业团体中选拔出的具有一定创作经验的舞蹈工作者进行系统培训，中国第一部大型民族舞剧《宝莲灯》和大型中国舞剧《鱼美人》就分别是两期训练班学员的毕业实习作品。广东、上海等省市也相继成立了舞蹈学校或艺术学院的舞蹈系。

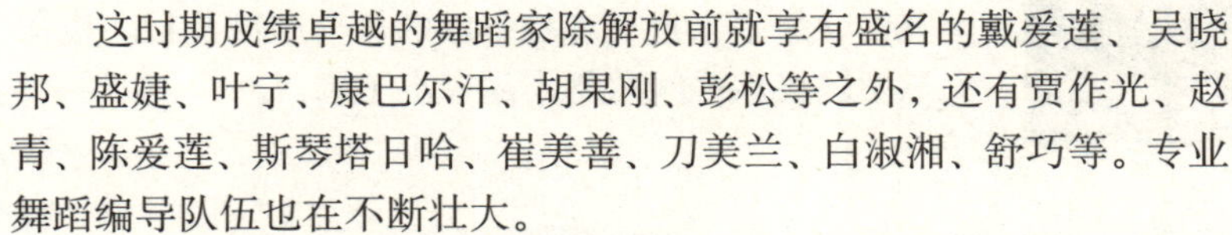

这时期成绩卓越的舞蹈家除解放前就享有盛名的戴爱莲、吴晓邦、盛婕、叶宁、康巴尔汗、胡果刚、彭松等之外，还有贾作光、赵青、陈爱莲、斯琴塔日哈、崔美善、刀美兰、白淑湘、舒巧等。专业舞蹈编导队伍也在不断壮大。

在大量优秀编导和演员们的共同努力下，新中国舞蹈事业在新中国建立之初的17年中获得了空前规模的发展，创作并演出的优秀作品有：舞剧《和平鸽》、《宝莲灯》、《鱼美人》、《小刀会》，音乐舞蹈史诗《东方红》，舞蹈《红绸舞》、《荷花舞》、《剑舞》、《蛇舞》、《花儿与少年》、《春江花月夜》、《草笠舞》、《洗衣歌》等。这时期举行过全军文艺会演、全国民间音乐舞蹈会演、全国群众业余音乐舞蹈观摩演出会、全国专业团体音乐舞蹈会演、全国少数民族群众业余艺术观摩演出等全国规模的音乐舞蹈盛会，来自天南海北的各民族专业或业

雁舞 贾作光表演

和平鸽

孔雀舞 崔美善等表演

天鹅湖

余音乐、舞蹈工作者汇聚一堂，共同切磋，相互观摩，极大地促进了中国当代舞蹈水平的提高。

50年代，许多外国舞蹈团来华访问演出，其中以苏联舞蹈团为多。新中国芭蕾舞事业也在对外借鉴和交流中起步。1957—1960年间，北京舞蹈学校排演了《无益的谨慎》、《天鹅湖》、《海侠》、《吉赛尔》等世界芭蕾舞名作。1963年成立了中央歌剧舞剧院芭蕾舞团。中国舞蹈家们在芭蕾舞的民族化方面作了许多有益的尝试，中国芭蕾舞剧《红色娘子军》、《白毛女》等就是成功的例证。除芭蕾舞外，世界各国的民族民间舞蹈也被陆续介绍到国内，尤其是1962年东方歌舞团成立后，不仅向国内介绍了来自亚非拉各洲的优秀歌舞节目，也把大量中国民族民间歌舞作品带出了国门。

红色娘子军

三、新中国的美术

新中国的成立，宣告了中国美术新阶段的开始。社会发生巨变，艺术必然发生变化。建国以后，“为工农兵服务”、“百花齐放”、“推陈出新”成为文艺工作的方针。祖国热火朝天的建设气象和人们朝气蓬勃的精神面貌，鼓舞着美术家们投入火热的社会生活，美术家真诚地描绘工农兵，歌颂社会主义新社会。1949年成立了“中华全国美术工作者协会”，1953年更名为“中国美术家协会”，并在1965年之前于全国各地建立分会。中国美术家协会及其各地分会，成为美术工作者和创作状况的管理者，是贯彻党的文艺方针和政策、把握艺术家创作方向的领导者。

出击之前　当代 · 何孔德

建国以后全国各地调整并建立了一批美术院系，制定了统一的正规化教育内容和教学原则。这些内容和原则基本上沿用了苏联模式。特别是素描教学，在所有的美术院系均作为所有艺术学科的基础训练，强调明暗造型，块面切分，空间体积与质感、量感的直观表达。1957年以前中国高等美术教育在课程设置以及教材教法上几乎全盘“苏化”，并且不断聘请苏联画家来华任教并进行专业培训。1955年2月至1957年7月，苏联画家马克西莫夫在中央美术学院举办油画培训班，百名中国画家参加了进修与学习。这对中国油画有效地培养人

刘胡兰　当代 · 冯法祀

家　当代 · 秦征

才、提高水平，起到了重要作用；这种苏化之风格，为中国油画家进行主题性创作创造了环境和条件。苏联画家所带来的俄罗斯巡回画派艺术传统，深深影响了中国艺术家，并构建了一代人的阅读方式和审美习惯。留苏回国的油画家和马克西莫夫训练班的学员所创作的作品，在数量和质量上都显示出中国油画在整体水平上迈上了新的台阶。如何孔德的《出击之前》、秦征的《家》、冯法祀的《刘胡兰》、王流秋的《转移》、詹建俊的《起家》等。

1957年，“反右”斗争将政治矛头指向文化界和知识界，“艺术为政治服务”成为压倒一切的衡量标准。1958年毛泽东提出了“革命的现实主义和革命的浪漫主义相结合”的文艺思想，“从历史的语境来看，主要是更加强调了艺术中浪漫理想精神的发扬”（《20世纪中国绘画美学》）。1961年党的八届九中全会提出了“调整、巩固、充实、提高”的方针，为艺术创作中新风格和新手法提供了相对宽松的环境。从50年代后期到60年代，绘画创作在复杂的政治运动和审慎的理论认识中前进发展，并形成了高潮期。

从油画来看，建国后培养的新一代画家开始表现出他们的创造活力，老、中、青三代画家组成了前所未有的艺术创作队

狼牙山五壮士　当代 · 詹建俊

金色的季节　当代 · 朱乃正

在激流中前进　当代·杜健

伍，推出一批革命历史题材、现代题材的作品。像詹建俊的《狼牙山五壮士》、王式廓的《血衣》、侯一民的《刘少奇与安源矿工》、蔡亮的《延安火炬》、靳尚谊的《毛主席在十二月会议上》、王征骅的《武昌起义》、朱乃正的《金色的季节》、潘世勋的《我们走在大路上》、高虹的《决战前夕》等等，都在人物造型、把握大场面和画面经营的气势与力量、色彩的运用、细部的雕琢处理等方面表现出成熟的技巧和能力。

1960年前后，国际政治关系的变动导致了学术上的转向，中苏关系的裂痕使美术界“苏化”的统一局面有所改变。这时期国家提出了“社会主义的民族正规化”的口号，开始注重中华民族美术传统，注重中国画教学的独特性，注重探讨油画的民族画风（《演进与运动》）。这时期油画教学开始向多样化发展，油画创作亦出现新的摆脱苏联油画影响的风格，显示出中国油画对新品格的追求。如罗工柳的《毛主席在井冈山上》、杜健的《在激流中前进》、钟涵的《延河边上》、王文彬的《夯歌》、李化吉的《文成公主》、孙滋溪的《天安门前》等，这些作品或以中国水墨语言、或以装饰性手法、或借用年画形式、或突出线的运动效果，或追寻诗意化的简洁平和，均丰富了油画的表现技巧，使画面蕴含着民族语汇与文化情感，显示了中国油画在一定范围内对多样化趣味的追求。

文成公主　当代·李化吉

建国以后，中国画取得突出成就的当属人物画。在艺术反映现实生活、再现劳动者形象的创作要求和时代潮流中，许多中国画家开始探索国画人物的表现技法。尽管对用西画素描来训练中国画基础造型能力有很大争议，但不

夯歌　当代·王文彬

天安门前　当代·孙滋溪

八女投江　当代·王盛烈

洪荒风雪（局部）
当代·黄胄

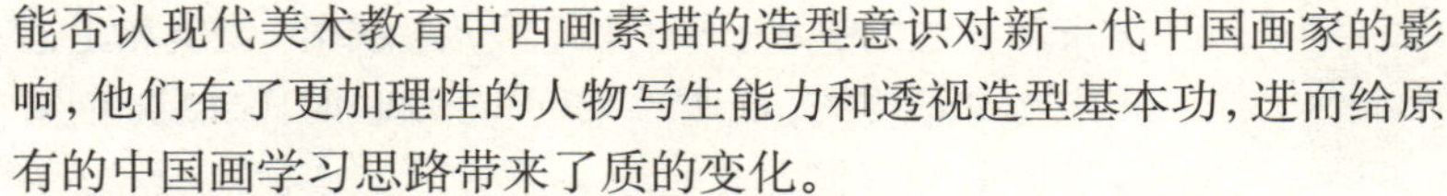
能否认现代美术教育中西画素描的造型意识对新一代中国画家的影响，他们有了更加理性的人物写生能力和透视造型基本功，进而给原有的中国画学习思路带来了质的变化。

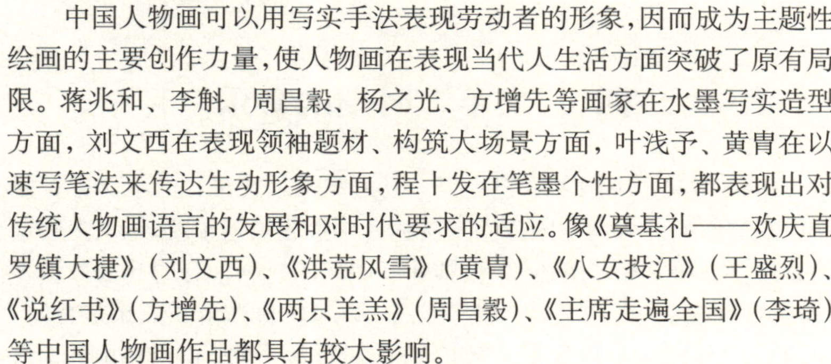
中国人物画可以用写实手法表现劳动者的形象，因而成为主题性绘画的主要创作力量，使人物画在表现当代人生活方面突破了原有局限。蒋兆和、李斛、周昌穀、杨之光、方增先等画家在水墨写实造型方面，刘文西在表现领袖题材、构筑大场景方面，叶浅予、黄胄在以速写笔法来传达生动形象方面，程十发在笔墨个性方面，都表现出对传统人物画语言的发展和对时代要求的适应。像《奠基礼——欢庆直罗镇大捷》（刘文西）、《洪荒风雪》（黄胄）、《八女投江》（王盛烈）、《说红书》（方增先）、《两只羊羔》（周昌穀）、《主席走遍全国》（李琦）等中国人物画作品都具有较大影响。

建国以后的山水、花鸟画家亦在新的社会时代充实了自己的生活感受，使自己的艺术有所升华。山水画家通过旅行写生，深入生活，

江山如此多娇　当代·傅抱石、关山月

万山红遍　当代·李可染

转战陕北 当代 · 石鲁

描绘锦绣山川，创造新的意境。花鸟画家力图在传统的基础上运用新技巧，抒发时代情感，表达社会心绪。特别是60年代初期，文艺政策调整，使美术创作一度活跃，像林风眠、潘天寿、傅抱石、李可染、关山月、吴作人等画家都在创作上进入了他们的成熟期或高峰期。石鲁、黄胄等年富力强的画家，也以自己的个性创造，引起社会的关注。

建国后的五六十年代，绘画中的版画、连环画、年画、壁画、漫画都和着新中国的前进步伐，适应社会的需求和技法的进步，有了长足发展。雕塑、建筑和工艺美术在继承传统、吸收外来营养、反映时代气息、创新发展方面亦有很大成就。

四、“文革”时期的音乐

1966年起，中国艺术遭受了一场大灾难。在漫长的十年中，极左思潮的影响使得新中国方兴未艾的音乐事业被迫中断，绝大多数音乐家被“斗争”和“改造”，被剥夺了创作的权利，有的甚至被迫害致死或背井离乡逃亡海外。自“五四”以来的优秀音乐成果被否定，建国后17年的作品也几乎全被扣上了“封、资、修”的政治帽子。由于江青的个人喜好，“文革”初期一改1963年的“洋改土”之风，民乐演奏人员纷纷改学西洋乐器，传统的和民间的音乐被当作“四旧”强行扫除，从事民族民间音乐的艺术家也惨遭蹂躏。“四人帮”鼓吹文艺创作要以“塑造无产阶级英雄典型”作为根本任务，以及在所有人物中突出正面人物、在正面人物中突出英雄人物、在英雄人物中突出中心人物的“三突出论”，把音乐彻底变成了政治的附庸。

对革命领袖的狂热崇拜，在“文革”初期形成了一种称为“语录歌”的历史怪现象，即把《毛主席语录》中的重要段落以至于毛主席的“最新指示”都谱上曲调演唱。这些歌曲的歌词毫无节律和艺术形象，仅仅是进行政治宣传的论文，作品的艺术性可想而知。这类歌曲有《造反有理》、《革命不是请客吃饭》、《下定决心，不怕牺牲》、《你不打，他就不倒》等。另外还有一些政治歌曲，如《造反歌》、《红卫兵战歌》、《牛鬼蛇神嚎歌》等，把畸形时代中疯狂、恐怖的政治气氛赤裸裸地体现到歌曲当中，成为“四人帮”迫害所谓“走资派”、“反动学术权威”的历史罪证。当时歌颂毛主席和林彪、江青的《祝福毛主席万寿无疆》、《以林副统帅为榜样，永远忠于毛主席》、《向江青同

《奇袭白虎团》剧照

《海港》剧照

《龙江颂》剧照

志学习》等歌曲也为数不少。“文革”中期，江青在中国共产党第九次全国代表大会(1969)期间的两次讲话竟然连这些畸形的歌曲也一并取缔了，一时间全国上下只允许演唱《东方红》、《三大纪律八项注意》、《大海航行靠舵手》和《国际歌》。

“文革”中的另一个特殊现象是“样板戏”。1967年，江青等人组织了“样板团”，把“文革”前就已经存在的一些优秀作品加以篡改，江青一方面以“呕心沥血创造革命样板戏”的文艺旗手自居，同时又将作品的原作者打成“破坏革命样板戏”的反革命分子。在其操纵之下，有八部作品被定为革命样板戏——现代京剧《智取威虎山》、《海港》、《红灯记》、《沙家浜》、《奇袭白虎团》，芭蕾舞剧《红色娘子军》、《白毛女》，交响乐《沙家浜》(实际上是一部清唱剧)。后来又将现代京剧《红色娘子军》、《龙江颂》、《平原作战》、《杜鹃山》、《磐石湾》，钢琴伴唱《红灯记》，芭蕾舞剧《红嫂》，交响乐《智取威虎山》(也是清唱剧)，钢琴协奏曲《黄河》等列入了“样板”的范畴。这些作品虽然不同程度上带有“文革”时期特有的极“左”痕迹，但由于它们原本就是广大文艺工作者辛勤耕作的结果，因此，在创作中积累了不少成功的经验，作品本身也具有一定的艺术价值。

《红灯记》剧照

在“四人帮”的严格“审查”之下，当时已经十分萧条的器乐创作活动受到很多局限，多数作品带有具体的甚至是政治色彩很强的标题(如《贫代会上话今昔》、《抓革命、促生产》等)。有的作曲家写器乐作品时为了求得“政治保险”，采取改编的方式把样板戏、革命歌曲和少数官方认可的歌曲旋律加以改造，钢琴曲《北风吹》、《浏阳河》、《台湾同胞我的骨肉兄弟》，钢琴组曲《红色娘子军》，小提琴曲《千年铁树开了花》，双簧管曲《山丹丹开花红艳艳》等都属

二泉映月　当代·范曾

于这类情况。这些作品由于产生过程受到种种限制，因而难免在艺术表现力上打了折扣，但其中仍不乏创造性的火花和可取之处。

面对“四人帮”的残酷迫害，以贺绿汀为代表的许多音乐工作者不畏强暴，显示出作为艺术家的高风亮节。因此在创作环境极端恶劣的情况下仍然产生了为数不多但具有较高审美价值的作品。尤其是“文革”后期，在周恩来总理的主持之下，政治形势有所好转，部分停止了工作的文艺团体被改建，还举行了全国性的音乐舞蹈调演。作曲家们创作了一批体裁多样的歌曲，并于1972—1976年出版了5集《战地新歌》（其中包括著名的《北京颂歌》、《红星照我去战斗》、《打起手鼓唱起歌》等）。器乐创作方面则有柳琴曲《春到沂河》、口笛曲《苗岭的早晨》、笛子曲《扬鞭催马运粮忙》、琵琶协奏曲《草原英雄小姐妹》、钢琴曲《塔吉克舞曲》以及根据同名歌曲或传统器乐曲改编的钢琴作品《绣金匾》、《二泉映月》、《夕阳箫鼓》，小提琴曲《阳光照耀着塔什库尔干》等。

五、“文革”时期的舞蹈

“文革”期间，在特殊的政治形势下中国舞蹈事业的发展几近停滞。当时全国除少数的“样板团”外，大量的歌舞团体都被迫“停产闹革命”，舞蹈工作者被下放农村、干校锻炼，一些杰出的舞蹈家更遭到残酷的迫害。大量优秀舞蹈作品被当作“封、资、修”的“毒草”批判，民族民间舞蹈和古典舞蹈或与“四旧”强行联系在一起，或被诬蔑为“文艺黑线回潮”。街头巷尾流行的是毫无艺术性和美感可言的“忠字舞”、“造反舞”。

《红色娘子军》剧照

《白毛女》剧照

更具有讽刺意味的是，在这场意图铲除“西方资产阶级的文化

《沂蒙颂》剧照

《草原儿女》剧照

和艺术”的“文化革命”中，恰恰是西方的贵族艺术——芭蕾得到了空前的传播和普及。当时，经过江青剽窃和篡改的芭蕾舞剧《红色娘子军》、《白毛女》被人为地捧上“政治样板”的地位，地方剧团纷纷派人赴京、沪两地学习“样板戏”，许多大企业和部队也成立文艺宣传队推广“样板戏”，全国各地的舞台上竞相上演《红色娘子军》和《白毛女》。大量没受过正规训练、不具备芭蕾基础和技巧的演员也跳起了芭蕾，一时间芭蕾舞蹈畸形大发展。当然，这种“土芭蕾”的流行不但无法使中国芭蕾艺术水平得到真正提高，反而与世界芭蕾水平拉开了更大的差距。

“四人帮”鼓吹社会主义文艺的“根本任务”和创作中的“三突出”原则，无视艺术自身的发展规律，使文艺作品包括舞蹈作品模式化、公式化，被涂上了不同程度的政治色彩。然而尽管创作环境恶劣，仍有部分深谙艺术规律的舞蹈工作者冲破阻挠，创作了一批具有较高价值的作品，这类作品数量虽然不多，但却是特定历史阶段中的艺术珍品。尤其是进入70年代以后，政治形势有所改变，对于文化艺术的压制稍有放松，部分优秀舞蹈作品也得以上演，为死气沉沉的文艺舞台带来了一线生机。中国舞剧团（原中央歌剧院芭蕾舞剧团）于70年代初创演了现代题材的芭蕾舞剧《沂蒙颂》和《草原儿女》。这两部舞剧的创作注重在生活中提练舞蹈语汇，并吸收民族、民间舞蹈动作，与芭蕾技巧有机结合，具有较好的艺术效果，在当时的条件下对芭蕾舞的民族化作了可贵的尝试。

“文革”后期，北京每年在“五一”劳动节和国庆节时举行包括文艺演出在内的游园活动，部分省、市、自治区组织了文艺调演，1976

年还在北京举办了“全国舞蹈调演”，同时一些对外文化交流活动也逐渐恢复。在这些参加演出和准备出国交流的节目中，不乏优秀的舞蹈作品，如《送粮路上》、《喜送粮》、《水乡送粮》、《雪山上的好“门巴”》、《我是一个兵》、《战马嘶鸣》、《火车飞来大凉山》等。这些舞蹈在种种限制和有限的题材选择余地下注意贴近生活和汲取民族民间舞蹈语汇，因此经受住了时间的考验，至今仍不失为具有艺术魅力的舞蹈佳品。

六、“文革”时期的美术

1966年至1976年的“文化大革命”，是一场史无前例的否定与摧残文化艺术的运动。在这十年当中，西方美术、中国古代美术和中国近现代美术都被当作“封、资、修”文化而加以批判与摒弃。在那个疯狂的年代里，大批珍贵美术文物遭到破坏，大批有成就的美术家遭到迫害，所有的美术院校停课，所有的美术刊物停办，这场运动使中国美术进入了一个极度扭曲、倒退、充满闹剧和苦难记忆的时期。

“文革”美术可分为两个阶段，第一阶段是红卫兵美术运动和造神运动；第二阶段是以“文革”后期的全国美展和地方美展为标志的美术创作高潮。红卫兵自1966年夏天出现之后，红卫兵美术也随之产生，并于1967年形成高潮，大批判专栏、红卫兵战报、宣传画、漫画、纪念章等铺天盖地而来，构成“文革”时期新的“艺术景观”。这些美术作品都在解释一种政治理念，如同文字讲解，如同声嘶力竭的叫喊，与那个时代的疯狂节奏统一。这种作品实用而模式化，作为政治工具，达到最简便最直观的效果。“文革”中的宣传画是当时颇具鼓动作用的绘画形式，《无产阶级专政万岁》、《在毛主席的无产阶级革命路线指引下奋勇前进》、《认真看书学习，弄通马克思主义》、《遥望天安门，心向毛主席》、《抓革命，促生产，夺取新的胜利》、《备战备荒为人民》、《广阔天地炼红心》、《将革命进行到底》等诸如此类的政治宣传画，画面上形象简单化、舞台化、概念化，表现手法“三突出”、“红、光、亮”，形成一套数年不变的艺术创作程式。画家为了求得政治保险，按照已有的样板或程式作画，谈不上也不可能追求艺术理想和创作个性。那时的作品无艺术可言。

毛主席去安源
当代 · 刘春华等

“文革”时期，毛泽东的肖像成为无处不在的红色景

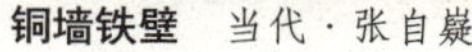
铜墙铁壁 当代·张自嶷

矿山新兵 当代·杨之光

观，对领袖的“偶像崇拜”达到了极致。这时期毛泽东形象围绕“四个伟大”、“红太阳”、“高瞻远瞩”的概念来制作，形成了新的标准化手法和样式。《毛主席去安源》一画，因为特殊的政治环境，被推上“革命绘画样板”的地位，成了为无产阶级政治服务的优秀范例。《毛主席去安源》应该属于历史画的范畴，但实际上依然是新闻画或政治宣传画的功用，这幅画所建立起来的领袖造像概念，影响到整个“文革”时期。

“文革”美术第二阶段是将政治理想和信念作为创作模式，以参与一系列国家展览为形式的美术创作。“文革”后半期，特别是“林彪事件”后，政治文化氛围稍有变化，美术创作在题材与表现手法上相对拓宽。1972年5月，国务院文化组举办了“纪念毛主席《在延安文艺座谈会上的讲话》发表三十周年全国美术作品展览会”，此次美展展出的一批中国画、油画、版画、连环画作品，产生了轰动效应，被誉为样板画。与60年代相比，这些全国范围的美术创作，题材有所扩大，样式有所丰富，画家不断涌现。他们在划一的创作目标和统一的创作方法的要求下，“以其特有的形式意味探索着政治目的之外的情感展示”（《中国20世纪绘画美学》）。这些美展的创作主体大都是50年代美术专业的毕业生，美展出现了许多优秀作品，如油画《铜墙铁壁》（张自嶷）、《永不休战》（汤小铭），中国画《矿山新兵》（杨之光）、《延安新春》（刘文西等）、《毛竹丰收》（卢坤峰等）等。它们虽然

延安新春 当代·刘文西等

还是“高、大、全”,“红、光、亮”的模式,但也有了生活基础和艺术上的独到之处,在塑造形象的过程中出现了久违的色调、质感等绘画语言;在表现“革命大好形势”的主题下,反映出画家处理色彩、光影、笔触的娴熟技巧和极其审慎的个人趣味。版画、年画、连环画因为其专业特点和具有社会普及性而得到较大发展。70年代中国花鸟画、山水画随着外交工作的需要而有所进展,宾馆装饰绘画和外贸绘画成为画家展示作品的机会。但1974年的“反击右倾翻案风”又一次使艺术遭到劫难。

十年的“文革”美术真实地反映了那个时代对文化的摧残和艺术扭曲,其形成、特色、方式和后果将被人们清醒地认识、反思,同样具有研究价值。

七、新时期的音乐

“文革”结束后,广大音乐工作者再次获得了政治上和艺术上的自由,百废待兴的中国音乐事业在新时期重新起步,恢复了正常的创作、表演、对外交流、教育、学术研究等活动。

为了促进新作品的创作和表演水平的提高,丰富人民的音乐生活,有关部门恢复了“文革”前开始的各种会演和调演,并定期组织各类全国性音乐创作评奖活动、各种类型的音乐会等。国内开放、活跃的音乐气氛吸引了越来越多的外国著名音乐团体、音乐家来华访问演出和讲学,中国音乐家也通过出国演出以及参加国际评奖等途径把本土的传统音乐文化和中国近现代音乐作品传播到了世界各地。

被压抑了整整十年的音乐家们,分外珍惜失而复得的艺术生命,歌曲领域出现了大量新作品。在这些歌曲中,抒情性的题材得到突出的运用,艺术质量上也有极大提高,并且有许多是受港台“校园歌曲”和“时代曲”影响的通俗性作品。大型声乐曲方面有合唱《祖国,慈祥的母亲》、《飞来的花瓣》、《把我的奶名儿叫》,民族交响合唱组歌《诗经五首》、合唱组歌《云南风情》、清唱剧《大劈棺》等。粉碎“四人帮”以后,《江姐》、《刘三姐》、《洪湖赤卫队》、《白毛女》等优秀歌剧重返舞台,同时又产生了《伤逝》、《芳草心》、《原野》等新作品,它们在借鉴西洋歌剧创作经验和刻画音乐形象、揭示戏剧矛盾等方面有了长足的进步。有的歌剧在创作中大胆引入西方现代作曲技术,《九歌》、《狂人日记》等就是这类作品。

这时期著名的民族器乐曲有笛曲《秋湖月夜》、箫曲《月下箫歌》、二胡曲《兰花花叙事曲》、琵琶曲《新翻羽调绿腰》、柳琴曲《剑器》、筝曲《秦桑曲》、民乐合奏《丝路驼铃》及《蜀宫夜宴》、二胡协奏《长城随想》、民族交响音画《大江东去》及《塔克拉玛干掠影》等。民乐作曲家根据文献记载或出土实物复制和仿造了一批古乐器，并为之创作了骨笛曲《原始狩猎图》、箜篌曲《湘妃竹》、编钟与乐队《楚商》及《哀郢》等作品。在旋律创作的同时，作曲家们又把目光投向了各地民间流传的打击乐器，挖掘或新创了梅花鼓《双龙戏梅》、云锣《钢水奔流》、新十番锣鼓《东王得胜令》、打击乐小合奏《鸭子拌嘴》及《鼓诗》、绛州鼓乐《秦王点兵》等作品，并尝试着将打击乐与民族管弦乐队配合，创作出《中国打击乐与乐队〈金沙滩〉》等成功的范例。

西洋器乐曲方面，除了采用传统技法的作品之外，随着对外交流的增多和音乐家对世界现代音乐观念、现代创作技法的认可，出现了有别于传统观念、技法和风格的“新潮”音乐作品。钢琴曲《东山魁夷画意》及《多耶》、弦乐四重奏《风、雅、颂》、混合室内乐《Mong Dong》、钢琴与乐队《川崖悬葬》、交响乐与人声《道极》等都属于此类。这些作品不仅在和声、调性、结构上作了大胆的尝试，在音色、音区、演奏手法乃至乐器组合方面也都突破了常规，对于民间音乐素材则从过去的直接引用或改编发展为消化吸收后的再创造。

八、新时期的舞蹈

“文革”结束后，中国舞蹈艺术得以重见天日，广大舞蹈工作者重返舞台，新中国成立后17年中创作或演出的优秀舞蹈（剧）也重新上演。舞蹈工作者利用中国前所未有的开放和进步局面，在创作、表演、教学及理论研究等领域都取得了引人瞩目的成就。

这时期成功的中国舞蹈作品有民族舞剧《丝路花雨》、《文成公主》、《半屏山》，傣族舞剧《召树屯与楠木诺娜》，音乐舞蹈史诗《中

丝路花雨

水　刀美兰表演

敦煌彩塑

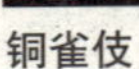
铜雀伎

雀之灵　杨丽萍表演

国革命之歌》，舞蹈《金山战鼓》、《敦煌彩塑》、《水》、《花山战鼓》（壮族）、《喜背新娘》（彝族）、《新婚别》、《雀之灵》等。1987年，山西省歌舞剧院上演了具有浓郁地方色彩的歌舞晚会《黄河儿女情》；北京舞蹈学院于1990年和1991年分别上演了《乡舞乡情》、《献给俺爹娘》舞蹈晚会。这些糅合民族风格和时代气息的作品，标志着新时期中国舞蹈的水平和高度。甘肃省歌舞团根据敦煌壁画的舞蹈形象创演《丝路花雨》之后，不仅形成了“敦煌舞”的新舞种，而且在全国掀起了挖掘古代舞蹈语汇的“仿古”热潮，《铜雀伎》、《仿唐乐舞》、《编钟乐舞》、《九歌》、《盛世行》等古乐舞题材的大型歌舞陆续诞生，这在继承和弘扬民族传统文化遗产、创新和发展民族舞蹈语言方面具有积极的作用。

希望

经过了“文革”十年的畸形发展之后，中国芭蕾舞事业在新时期也步入了正常的轨道。中国芭蕾界通过出国访问考察和世界著名芭蕾舞团访华演出、外国芭蕾舞专家来华教学和排练等机会加强对外交流与学习，逐渐由原来的模仿俄罗斯教学体系转向博采众长、面向世界。1983年，由北京舞蹈学校发展来的北京舞蹈学院设立芭蕾舞系，芭蕾被正式纳入中国高等专业教育的轨道。从80年代起，中国青年演员在国际比赛中连续获奖，显示了中国人在驾驭芭蕾舞方面的强大实力。在一批致力于芭蕾舞创作的编导的努力下，出现了《梁山伯与祝英台》、《祝福》、《白蛇传》等中国题材的芭蕾舞剧和以世界名著为蓝本的舞剧作品，以及大量优秀的中、小型芭蕾舞蹈。

古典舞、民族民间舞和芭蕾舞蓬勃发展的同时，中国现代舞也在80年代崛起。随着改革开放的深入进行，许多世界著名的现代舞团来华访问演出，并举办训练班等传授技艺。在1980年举办的第一届全国舞蹈比赛上，南京军区前线歌舞团创演的现代舞《希望》一鸣惊人，1982年该团又上演了现代舞剧《鼙漪》。1985年四川省成都市歌舞团上演了现代舞剧《鸣凤之死》，把现代舞的创作推向一个新的高度。1987年，广东舞蹈学校创办了现代舞实验班，1992年又成立了中国第一个专业现代舞蹈团——广东实验现代舞团。北京舞蹈学院也先后于1988年和1993年分别创办了现代舞培训班和首届现代舞大专班，1995年又招收了现代舞专业本科学员。

九、新时期的美术

1976年“文革”结束，中国进入拨乱反正、改革开放的新的历史时期，中国美术的发展从扭曲的年代逐步进入一个思想解放的时代。1978年召开的中国共产党第十一届三中全会，宣告了“左”倾时代的结束，共和国迎来一个最好的时期，艺术家思想解放，勇于创新，继承优秀民族传统，关注世界艺术风云，美术事业出现了空前活跃的局面。

枫（局部） 当代·程宜明等

70年代末出现的“伤痕”美术是指以反映文革政治运动对人们身心和整个民族、社会造成损伤为内容的美术作品。伤痕美术以写实的手法再现“文革”现实，突出它留给整个民族几代人的心理创伤。它摒弃了“文革美术”虚假的模式，表现出普通人在这段历史中的真实场景，用冷、灰、暗的色调和细腻的笔触渲染记忆中的伤

1968年×月×日雪 当代·程丛林

西藏组画之进城
当代·陈丹青

我的父亲 当代 · 罗中立

痛情感。程丛林的《1968年×月×日雪》、高小华的《为什么》、何多苓的《我们曾经唱过这支歌》、连环画《枫》等都是其中的代表作品。伤痕美术以有限的语言开启了新时期美术的情感表现闸门，将美术引领到关注人性深层感受的方向上来。

1979年中央美术学院油画系研究生陈丹青创作的《西藏组画》，产生了极大的反响，成为中国当代美术史上里程碑式的作品。从画面上看，《西藏组画》是对现实的直观，但在这现实之中却有着震撼人心的力量，因为它向人们展示了从来不可能在艺术上表现的真实。人们从这组作品中看到了贫困，而又有一种坚韧不拔的精神蕴藏在其中。《西藏组画》没有戏剧性冲突，只是把画家所看到的东西直接搬上画布，有些画面在构图上甚至还把主要人物放在画的一边，或朝向一边，这种对古典构图规范的有意破坏却构建了真实的现场效果。陈丹青在油画技法上受19世纪法国画家米勒的影响，在色彩和笔触的运用上尽量朴实，灰褐色几乎是画面上唯一的色彩，加上涂抹效果的笔触，使画面有一种凝重感。《西藏组画》在题材上由对风情的描绘和具体事件的反思发展到具有更广阔更深层的文化意蕴，让人回味无穷。陈丹青的绘画体现出一种非学院化的倾向，为新时期绘画创作的多元化形式的追求开启了先河。

而同样被誉为中国当代艺术里程碑的作品是油画《我的父亲》，作者是当时四川美术学院学生罗中立。这是一件巨幅作品(217×152厘米)，整个画面只有一个老年农民的脸部及画面下方显露出来的半只手和半个盛着水的破碗。在巨大的画幅上表现出的老农面部，具有强烈的视觉效果，使观者在他面前能看到暴露的青筋、刀刻般的细密皱纹、从毛孔里渗出的汗珠以及干裂焦灼的嘴唇，听到他沉重的喘息，闻到他特有的烟叶味和汗腥味。罗中立这种独特的表现形式受到美国照相写实主义的启发。他所塑造出的“父亲”形象，表现了一个具有深刻社会意义的主题。作品在1979年的全国青年美展上获得一等奖，曾是人们文化生活中的聚焦，好评如潮。以《西藏组画》和《父亲》为标志的乡土现实主义的创作思潮，在此后的几年内，几乎成为画坛的主流。乡土现实主义美术的社会背景即是当时正在逐步深入开展的以“联产承包责任制”为中心的农村经济改革。

春风已经苏醒
当代 · 何多苓

1981年，以画知青题材而初露头角的何多苓创作了《春风已经苏醒》，为乡土

现实主义绘画树立了一个充满诗意的典范。画面中一个着旧衣的女孩，以长满枯草的河滩为背景，迷茫而又深情的目光遥望着远方。这个完全写实的画面却暗含着寓意：苦难即将过去，希望正在萌生，就像春风吹拂过的荒原，必将是绿色履盖的原野。何多苓在表现自己的生活经历，表现那种不能忘怀的贫困而又纯朴的生活，表现了对生活的希望。作品描绘的显然不是生活情节，而是一种情感和精神。何多苓显然受到美国画家怀斯的影响。怀斯是以伤感的笔调描绘乡村生活和孤独的人，形成了一种冷峻的现实主义风格。这种风格为正在寻找出路的中国写实画家提供了样板。何多苓作品中那种冷峻和富有哲理的气质，那种写实手法与质感表现，不能不说是受到怀斯技法风格的影响。继何多苓之后，在乡土现实主义中掀起了一股怀斯画风，继而又向西方其他写实语言借鉴。

青春 当代·何多苓

“文革”的结束标志着中国与世界重新交往的开始。在此后的近十年里，几十个外国美术展览到中国展出，包括油画、雕刻、招贴画、插图、广告、版画、水彩画在内的西方传统绘画和现代绘画展览拓展了中国艺术家的视野，绘画原作给观者的视觉感受深深影响了中国画家对形式语言的认识，形成了一股关注绘画技术制作和形式美感的风潮。这个时期的绘画将直面人生的批判锋芒和情感的诗意追求，转换为视觉美感的形式经营。第六届全国美展的金奖作品《潮》（油画，詹建俊）、《太行铁壁》（中国画，王迎春、杨力舟）都显示出这一特征。

潮 当代·詹建俊

太行铁壁 当代·王迎春、杨力舟

泼水节——生命的赞歌（局部） 当代 · 袁运生

竹林与水田 当代 · 吴冠中

塔吉克新娘 当代 · 靳尚谊

归巢 当代 · 朱乃正

如果说伤痕美术和乡土现实主义绘画以客观化、注重感性形象再现的特征，使绘画表现现实生活的范围进一步拓宽的话，而80年代出现的唯美绘画风潮，则从主观的形式追求的角度展开，使多年来被批判的“形式主义”回到了绘画创作的语言层面。首都国际机场候机厅系列壁画的创作完成，成为体现形式美追求的典型作品，带动了各画种对变形装饰手法的热情。袁运生《泼水节——生命的赞歌》等作品的形式美魅力以及社会影响，使美术界从理论到实践掀起了对形式美和抽象美的讨论与认识。画家们从古代作品、少数民族生活、西方现代绘画和中国民间美术传统中去寻找形式依托，希望以视觉形式的多样化突破多年来绘画千人一面的沉闷格局。吴冠中、靳尚谊、詹建俊、朱乃正、李化吉等画家的作品都体现了装饰美的特点和浪漫化的诗意追求。无主题创作给画家带来了探索语言和表现美的自由。对形式美和装饰感的追求，容易忽略人的心理和精神因素，唯美导致了矫饰，艺术创造性被弱化了。1985年开始，中国当代美术进入了突变期，那就是“85新潮美术运动”。

中国新时期美术，随着伤痕美术以及乡土风情美术的发展，恢复了曾经被扭曲的现实主义精神，具有了对形式的自觉和个性的自觉，使美术的思维空间、语言、材料的运用获得了空前的自由。这个时期，老艺术家恢复青春，中年美术家群体成熟，青年一代蓬勃成长，一个多层次的美术梯队日益壮大，美术创作出现了空前的繁荣局面。

十、戏剧的历程

新中国成立后，党和政府对于戏剧事业十分重视，积极鼓励广大的戏剧工作者投身于戏剧创作，以反映社会主义革命和建设的新风貌。这一时期产生了大量话剧作品，有老舍的《龙须沟》、《方珍珠》，

曹禺的《明朗的天》，胡可的《战斗里成长》，安波的《春风吹到诺敏河》，集体创作的《红旗歌》等。在1956年第二届全国话剧观摩演出中就有51个剧目，集中显示了这一时期的戏剧成就。这些作品大多反映了各族人民翻身做主的喜悦心情和自豪感，但总的说来鲜有精品，多数存在着公式化和概念化的毛病。

1957年后，由于受到"反右"斗争扩大化和"大跃进"浮夸风的影响，戏剧创作越来越远离生活，只一味地粉饰现实。在这种特殊的社会环境中，很多作家不得不转向了历史剧的创作，并取得辉煌的成就。著名的作品有郭沫若的《蔡文姬》、《武则天》，田汉的《关汉卿》、《文成公主》和曹禺的《胆剑篇》。虽然现实主义作品鲜有杰作，但老舍的《茶馆》却成为中国现代话剧的高峰。《茶馆》以北京老字号"裕泰"茶馆为场景，描绘了北京社会的历史变迁和风土人情。

新中国成立后，通过对全国360多个文工团整编，成立了11个歌剧团，从此歌剧走上了专业化、正规化的道路。当时的歌剧创作存在着两个艺术倾向：一种是将西洋歌剧和中国戏曲相结合；另一种就是主张西洋歌剧。1957年后，中国歌剧一度繁荣，产生了很多有影响的作品，有《红霞》(1957)、《洪湖赤卫队》(1958)、《刘三姐》(1960)、《红珊瑚》(1960)、《江姐》(1964)，其中最为引人瞩目的是《洪湖赤卫队》和《江姐》。

自1949年至1957年，戏曲改革的重点是对传统剧目的"推陈出新"。在内容上，剔除那些封建伦理道德或色情凶杀等低级趣味的成分，同时在艺术上积极引入现代戏剧理论，克服传统戏曲人物形象类型化、剧情结构随意的缺陷。如京剧《白蛇传》、越剧《梁山伯与祝英台》、昆曲《十五贯》都是这时期优秀的作品。1958年至1966年，戏曲改革的重点集中于京剧现代戏。1964年，文化部在北京举办了全国京剧现代戏观摩大会，共演出了37个剧目，其中很多剧目成为后来"革命样板戏"的原本。

《白蛇传》剧照

"文化大革命"时期一道特殊的风景线就是"革命样板戏"。当时受政治的影响，所有传统戏曲和外国戏剧作品都以"破除四旧"、"砸烂封资修"的名义被禁止演出，十年间唯有"革命样板戏"才能登上舞台。

革命样板戏的产生和创作有着深刻的政治原因。1964年，江青在全国京剧现代戏观摩大会上作了题为《谈京剧革命》的讲话。她提到京剧革命是一场严重的阶级斗争，要创作革命现代戏，塑造当代的革命英雄形象，"让无产阶级牢固占领文艺阵地"。这次讲话实质上规定了戏剧创作的内容，即戏剧要塑造革命英雄形象，突出阶级斗争。1968年5月23日，

《沙家浜》剧照

姚文元在《文汇报》发表了《让文艺舞台永远成为毛泽东思想的阵地》一文，首次公开提出了革命京剧的“三突出”创作原则。三突出原则要求一个剧作当中只能有一个中心人物，其余人物皆为陪衬，而且主要英雄人物还要先知先觉，没有人情物欲。它成为了文艺创作的固定公式，是一种新八股，完全违背了正常的艺术创作规律。在整个“文革”期间，样板戏几乎独占了剧场、电台、电影等各个文艺舞台，甚至有“八亿人民八台戏”之说。到了1975年样板戏共为18个，其中京剧11个。“文化大革命”中，由于政治对艺术的过分干预，致使艺术成为荒芜，这个教训是深刻的。

《智取威虎山》剧照

在打倒“四人帮”的最初几年，话剧创作主要围绕着对“文化大革命”十年的反思和批判进行，代表作品有金振家、王景愚的《枫叶红了的时候》、苏叔阳的《丹心谱》以及宗福先的《于无声处》。《枫叶红了的时候》（1977）标志着话剧的重生，该剧以讽刺喜剧的形式描述了“四人帮”爪牙在末日前的一场闹剧，暗示了“四人帮”必然会灭亡的结局。《丹心谱》（1978）通过老中医方凌轩在周总理的鼓励下积极从事“03”新药的研究，同时与反革命势力激烈较量的故事，塑造了老一辈知识分子的形象。

自1979年后，戏剧工作者已不满足于表面地对“四人帮”阴谋的揭露，而进入了深刻的反思之中。李云龙的《小井胡同》（1981）被认为是老舍《茶馆》的续篇，它以小井胡同为场所，描写了从北平解放前夕、“大跃进”、“文革”时期、“四人帮”垮台到十一届三中全会召开30年来的历史变迁。虽然作品结构复杂，但杂而不乱，充分显示了作者写戏的功力。此类优秀作品还有苏叔阳的《左邻右舍》、李龙云的《有这样一个小院》。

十一届三中全会之后，反映重大现实生活问题的作品逐渐增多，如《报春花》（崔德志，1978）、《救救他》（赵国庆，1979）、《权与法》（邢益勋，1979）、《灰色王国的黎明》（中英杰，1980）。这些剧作的问世，标志着现实主义戏剧鼎盛期的到来。以人物和历史为题材的剧作也获得快速发展，如沙叶新的《陈毅市长》、白桦的《曙光》、曹禺的《王昭君》、陈白尘的《大风歌》等。

进入20世纪80年代后，话剧热开始降温，到了1984年底，戏剧演出的场次降到新时期以来最低点。话剧的困境促使戏剧工作者对话剧的理论和实践进行重新探讨。人们试图突破易卜生剧作模式和斯坦尼斯拉夫斯基的创、表、导体系，并将布莱希特、梅特林克、斯特林堡、贝克特、尤里斯库等人的戏剧理论广泛引进中国。最早的探索剧是谢民的《我为什么死了》和马中骏、贾鸿源、瞿新华的《屋外有热流》，它们打破了按顺序的写实手法，形成了一种新颖的结构形式。1985年后，大量的探索剧纷纷涌现出来，有高行健的《野人》，王培公、王贵的《WM我们》，陶骏、王哲东的《魔方》，沙叶新的《寻找男子汉》，张惠柱、张马力的《挂在墙上的老B》，魏明伦的《潘金莲》，这些作品为探索主体精神和新的戏剧形式作出了不懈努力。

十一、曲艺的历程

新中国成立后，在旧社会一向被视为“下九流”的曲艺艺人终于翻身做了主人，他们对新社会的热爱和对新生活的歌颂使新中国的曲艺事业获得了长足的发展。

新中国成立的文化部戏曲改进局等组织，统一管理全国的戏曲、曲艺艺人，负责贯彻“改戏、改人、改制”的“三改”政策，进行了对旧曲（剧）目的改进、对旧艺人的正确引导和对于旧戏班中不合理制度的改革工作。党和政府对流散于各地的民间艺人进行登记，分为职业和半职业两类，并协助两类艺人分别建立了集体所有制和自治性组织。1953年起，各地又以本地著名曲艺人为班底组建了中央广播说唱团、天津市广播曲艺团等全民所有制的曲艺团体，改变了旧艺人个人从业的方式。同时，还通过举办各种训练班、讲习会、座谈会等活动，帮助旧艺人了解党的文艺方针，提高政治觉悟，克服某些坏习气，有的地方还组织艺人进行文化学习。1958年第一届全国曲艺会演期间，举行了中国曲艺工作者代表大会，成立了中国曲艺工作者协会，进一步促进了新中国曲艺工作者的交流与合作。

通过多方努力，建国初期不仅传统曲目的内容得到整理，剔除了不健康的成分，在表演方式、唱腔、伴奏乐队等方面进行了改革，而且产生了一些反映现实生活的新作品。当时较有影响的新曲目有：京韵大鼓艺人白凤鸣、孙书筠等吸收民歌和歌剧旋律创作的《急浪丹心》、《韩英见娘》及骆玉笙创作的《光荣的航行》，上海评弹团创作的《一定要把淮河修好》，朱雪琴创作的评弹《南京路上好八连》，朱慧珍创作的评弹《刘胡兰就义》等。相声界艺人也组织了“相声改进小组”，创作了《买猴儿》、《昨天》、《英雄小八路》等优秀新段。政府的重视和扶持促进了曲艺作品的繁荣，同时也促成了天津时调、上海说唱、湖北道情、长沙大鼓、四川车灯、贵州灯词、广西壮族渔鼓、

骆玉笙像

陕西快书、甘肃河西曲子、山东柳琴等新曲种的产生。

从20世纪50年代后期开始，新中国在前进中经历了挫折，刚刚蓬勃展开的新曲艺事业也随之一步步走向了低谷。1958年起，曲艺界迫于形势掀起了“写中心、说中心、唱中心”的运动，盲目追求数量，写出了一大批标语口号式的作品，严重违背了艺术发展的规律。“文革”开始后，曲艺事业遭到了更为严酷的摧残，许多优秀曲种被贬斥为“靡靡之音”、“淫词荡调”而禁演，一批德高望重的曲坛名人也被诬陷为“文艺黑线人物”、“黑干将”、“三名三高人物”，受到抄家、游街、批斗、关“牛棚”、劳动改造等错误对待，有的则被遣送回乡。曲艺艺术正常发展的道路被阻断了，而一些说唱形式却成了“造反派”们用来大喊政治口号的工具。进入70年代，各地的曲艺团体逐渐恢复了活动，但活动范围却仅限于排演“批林批孔”等政治性节目。当时的文艺创作中无一例外地要求体现“根本任务”和“三突出”原则，曲艺作品自然也无法幸免，粗制滥造、毫无艺术感染力的作品充斥着舞台，甚至于1975年和1976年连续举行的两次全国性优秀曲艺节目调演也被“四人帮”利用来为篡权进行反动宣传。

1976年，江青反革命集团终于被彻底粉碎，中国曲艺界贯彻“实践是检验真理的唯一标准”的指导思想，重新步入了正常发展的轨道。1979年，中国曲艺工作者协会恢复工作，改名为“中国曲艺家协会”，并于1981年和1982年与文化部联合举办了两次全国曲艺优秀节目观摩演出。其后文化部、曲协、中央电视台等单位又组织了“中国曲艺节”等全国性的综合曲艺赛事以及“全国二人转汇演”、“全国相声评比”、“中国苏州评弹艺术节”等专项性的曲艺评奖活动。中国文联、中国曲艺家协会还联合设立了每年评选的全国曲艺界最高奖——中国曲艺牡丹奖。

广大曲艺工作者对重新获得的艺术生命分外珍惜，他们从人民群众的需求出发，深入农村和基层，创作出了苏州弹词《山山水水寄深情》，扬州评话《陈毅拜客》，京韵大鼓《和氏璧》，梅花大鼓《二泉映月》，天津时调《梦回神州》、《春来了》，西河大鼓《康熙用膳》，二人转《西厢幽会》，快书《下棋》、《拉关系》，相声《打电话》、《京九演义》、《英雄母亲的一天》、《虎口遐想》、《小偷公司》、《武松打虎》等大批优秀的新作品。

随着科技的发展和现代生活节奏的加快，传统的曲艺表演场所有所改变，电视、广播等媒体逐渐成为曲艺文化传播的主要途径。许多电视节目，诸如中央电视台的《曲苑杂坛》以及定期举办的“全国电视相声大赛”等都受到观众的广泛欢迎，大量优秀曲艺新作正是通过现代媒体不胫而走，迅速传遍全国。

后记

《走进中国艺术殿堂》是“中华文明之旅丛书”中的一部，它简明扼要，通俗易懂，生动有趣，图文并茂，体系完整。全书共分为十二章，大体上按照中国艺术起源、发展和演变的顺序次第展开，力求对艺术家及其创作、艺术流派和思潮及相关内容进行深入浅出、重点突出而又系统全面的介绍。通过对该书以及该套丛书中其他图书的阅读和学习，将有助于全面了解中华民族悠久的历史传统，感知中华优秀传统文化的博大精深，体悟中华文明在世界文明史中的重要地位，增强民族文化自信和价值观自信，努力做中华优秀文化的传承者和弘扬者；将有助于读者开阔视野，优化知识结构，养成博大的学术胸怀，形成跨学科的贯通性思维，博采众长，勇于创新，更好地适应当今时代对人才全面发展的要求；将有助于公众理解中华优秀传统文化讲仁爱、重民本、守诚信、崇正义、尚和合、求大同的价值追求，增强国家认同，培养爱国情感，激发家国情怀，完善人格修养，树立远大志向，自觉把个人理想和国家梦想结合起来，为实现中华民族伟大复兴的中国梦而不懈奋斗。

这部具有较高品位、可读性很强的中华优秀文化通用素质教育读本，既可作为相关专业学生的入门读物，也可作为其他专业素质教育课或通识课的参考用书，同时也适合相关专业爱好者以及希望了解中国文化的公众阅读。

在本书的编写过程中，我们阅读参考了大量中国艺术史原著和国内外学者撰写的有关中国艺术的著作，出于本书体例上的考虑，许多著作在书中未能一一注明。在此，我们向诸位作者深表感谢。为了配合和形象地说明书中的相应内容，我们选用了大量图片，凡能查到作者的均一一注明。但也有许多图片因所引出处未注明作者，一时难以查到而没有署名，对此，我们向这些图片的作者深表歉意。一些图片的原始出处和发表年代无法确定，或是无法与作者和版权拥有人取得联系，请在版权保护期内的图片的作者和版权拥有人及时与出版社联系，出版社将按有关规定向您支付稿酬。在此，我们向所有图片的作者深表感谢。

本丛书得到山东大学"国家大学生文化素质教育基地"经费资助。在此，我们深表感谢。

在该书的写作和出版过程中，我们得到了许多专家学者、同事、学友及学生的帮助，应该说本书是大家共同努力的结果。在此需要特别提及的是，山东大学出版社总编辑、博士生导师马新教授，山东大学出版社原社长、博士生导师孔令栋教授和艺术史专家刘再生教授于百忙中对该书稿进行了修改和润色，并提出了许多很好的建议；刘旭东先生、林开甲先生、朱以青女士、牛钧先生、王钧女士、许晓丽女士、常翠音女士、贺宜女士、陈汝秀女士、蒋方女士、张爱民先生的出色工作也为该书增色不少。在此，我们对他们的支持和关心表示感谢。此外，王玉、王伟、刘建华、王辉、范江涌、牟杰、王宜凯参加了部分内容的撰写、查找资料和文稿校对，对他们的辛勤工作，我们也深表感谢。

因受时间和水平所限，尽管我们作了很大努力，书中的疏漏、错误和不妥之处在所难免，恳请广大读者批评指正，以便日后补充修正。

编著者

2014 年 6 月